Soziale Vergünstigung für nichterwerbstätige Unionsbürger als Grundsatz der Europäischen Union

Beiträge zum nationalen und internationalen öffentlichen Recht

Herausgegeben von Prof. Dr. Burkhard Schöbener

Band 27

Zur Qualitätssicherung und Peer Review der vorliegenden Publikation

Die Qualität der in dieser Reihe erscheinenden Arbeiten wird vor der Publikation durch den Herausgeber der Reihe geprüft.

Notes on the quality assurance and peer review of this publication

Prior to publication, the quality of the work published in this series is reviewed by the editors of the series.

Nico Benedict Herbst

Soziale Vergünstigung für nichterwerbstätige Unionsbürger als Grundsatz der Europäischen Union

PETER LANG

Bibliografische Information der Deutschen Nationalbibliothek
Die Deutsche Nationalbibliothek verzeichnet diese Publikation in der Deutschen Nationalbibliografie; detaillierte bibliografische Daten sind im Internet über http://dnb.d-nb.de abrufbar.

Zugl.: Köln, Univ., Diss., 2018

D 38
ISSN 1613-8406
ISBN 978-3-631-79006-9 (Print)
E-ISBN 978-3-631-78530-0 (E-PDF)
E-ISBN 978-3-631-79007-6 (EPUB)
E-ISBN 978-3-631-79008-3 (MOBI)
DOI 10.3726/b15619

Peter Lang – Berlin · Bern · Bruxelles · New York · Oxford · Warszawa · Wien

Diese Publikation wurde begutachtet.

www.peterlang.com

Meinen Eltern und Großeltern

Vorwort

Die vorliegende Arbeit wurde im Wintersemester 2018/2019 von der Rechtswissenschaftlichen Fakultät der Universität zu Köln als Dissertation angenommen. Rechtsprechung und Literatur konnten bis Juni 2018 berücksichtigt werden.

Diese Arbeit wäre ohne die Unterstützung von einer Vielzahl von Menschen in dieser Form nicht möglich gewesen, bei denen ich mich an dieser Stelle ganz herzlich bedanken möchte. Dieser Dank gilt zuallererst meinem Doktorvater Herrn Professor Dr. Schöbener, der mir mit Rat und Tat zur Seite stand und mich unterstützte diese Arbeit zu vollenden. Seine Kritik hat mir stets geholfen mit dieser Arbeit weiter voranzukommen. Zudem gebührt Herrn Professor Dr. Dr. h.c. Hobe nicht nur für die zügige Erstellung des Zweitgutachtens Dank, sondern auch für die lehrreiche Zeit als wissenschaftlicher Mitarbeiter am Lehrstuhl für Völkerrecht, Europarecht, europäisches und internationales Wirtschaftsrecht der Universität zu Köln.

Bedanken möchte ich mich auch beim Kölner Gymnasial- und Stiftungsfonds für die finanzielle und ideelle Unterstützung bei der Erstellung dieser Arbeit.

Ganz besonderer Dank gilt meiner Familie und Freunden, deren Stolz und Vertrauen mich stets aufs Neue motiviert haben und die mich bis zum Schluss unterstützt haben. Zu nennen sind hier insbesondere Alexa Grüneberger, Familie Trimborn sowie Daniela Scholz.

Nico Benedict Herbst
Köln, Dezember 2018

Inhaltsverzeichnis

Vorwort 7

Abkürzungsverzeichnis 17

A. Einleitung 23

I. Einführung 23

II. Ablauf der Untersuchung 26

B. „Soziale Vergünstigung" im Unionsrecht 29

I. Notwendigkeit einer unionsrechtlichen Begriffsbestimmung 29

II. Definition „Soziale Vergünstigung" 30

III. Einzelne Leistungen der sozialen Vergünstigung 31

C. Vom Nationalstaatsbezug sozialer Rechte zu internationalen sozialen Rechten in der EU 35

I. Nationalstaatsabhängigkeit sozialer Rechte 36

II. Bestimmung des Leistungsadressaten: Vom Personalitätsprinzip zum Territorialitätsprinzip 37

III. Internationalisierung des Sozialrechts im Rahmen der Europäischen Union 38

1. Erste Phase: Sozialversicherungskoordinierung als Voraussetzung für Arbeitnehmermobilität in der EWG 40
2. Zweite Phase: Koordinierung unterschiedlicher Systeme der sozialen Sicherheit im Rahmen der Arbeitnehmerfreizügigkeit der EG 41
3. Dritte Phase: Einbeziehung aller Unionsbürger 44
4. Ausweitung des Diskriminierungsverbotes 46
   a) Ausgangspunkt Marktbürger 46
   b) Loslösung vom Marktbezug der Unionsbürgerschaft 48
   c) Rückkehr zum Marktbürger 50

aa) Rs. Dano ... 52
bb) Rs. Alimanovic ... 53
cc) Fazit ... 54
5. Fazit ... 55

IV. Ausweitung des persönlichen Anwendungsbereichs erwerbstätiger Unionsbürger ... 56
1. Ausgangspunkt: Der Arbeitnehmer ... 57
2. Selbstständige ... 60
3. Arbeitsuchende Unionsbürger ... 61
4. Fazit: Weiter Anwendungsbereich erwerbstätiger Unionsbürger ... 62

V. Weiter Anwendungsbereich der Freizügigkeitsrechte nichterwerbstätiger Unionsbürger ... 62
1. Umfang der ökonomischen Voraussetzungen ... 63
2. Ausreichende Existenzmittel ... 65
a) Systemische Betrachtung ... 66
b) Individuelle Betrachtung ... 67
c) Kombinierte Betrachtung ... 68
d) Kriterien zur Feststellung der ausreichenden Existenzmittel ... 69
e) Fazit: Weites Spektrum von Kriterien zur Feststellung ausreichender Existenzmittel ... 71
3. Umfassender Krankenversichertenschutz ... 72

VI. Fazit: Internationalisierung sozialer Rechte durch unionsrechtliche Einflüsse ... 72

D. Prinzipientheoretischer Ansatz ... 75

I. Regeln und Prinzipien ... 76

II. Prinzipien als Optimierungsgebote ... 79

III. Kollisionsverhalten ... 81
1. Regelkollision ... 81
2. Prinzipienkollision ... 82
3. Regel-/Prinzipienkollision ... 84

IV. Absolute Prinzipien 85

V. Der unterschiedliche prima facie-Charakter von Regeln und Prinzipien 86

VI. Formelle Prinzipien 87

VII. Prinzipien als Freiheits-, Gleichheits- und Leistungsnormen 88

1. Unterschiedliche Handlungsanweisungen von Leistungs- und Freiheitsrechten 89
2. Ziel von Leistungsrechten: Herstellung faktischer Freiheit 89
3. Gleichheitsrechte als Prinzipien 90
4. Fazit: Anwendbarkeit der Regel-/Prinzipiendiskussion auf Leistungs- und Gleichheitsrechte 91

VIII. Richterliche Entscheidungen im Rahmen von Prinzipiendisputen 91

IX. Prinzipien und Verhältnismäßigkeit 92

X. Anwendbarkeit auf europäischer Ebene 93

XI. Grundsatz als Prinzip 95

XII. Verhältnis von Grundsätzen zu allgemeinen Rechtsgrundsätzen und Zielen 98

XIII. Völkerrechtliche Verträge und gemeinsame Verfassungsüberlieferungen der Mitgliedstaaten als Indikator für ein Prinzip 99

XIV. EUGRCh und Europäische Verträge als rechtliche Anknüpfungspunkte für ein Prinzip 100

XV. Verknüpfung mit Rechtsnormen 102

XVI. Fazit 104

E. Soziale Vergünstigung in internationalen Abkommen und als allgemeiner Rechtsgrundsatz 107

I. Internationale Abkommen 108

1. Ausgangspunkt: Allgemeine Erklärung der Menschenrechte von 1948 108
2. Europäisches Fürsorgeabkommen 111

3. Europäische Menschenrechtskonvention ... 112
a) Sozialrechtlicher Gehalt der EMRK ... 114
b) Menschenwürde in der EMRK ... 117
4. Europäische Sozialcharta ... 119
5. Internationaler Pakt über wirtschaftliche, soziale und kulturelle Rechte ... 123
6. Gemeinschaftscharta der sozialen Grundrechte der Arbeitnehmer ... 124
7. Fazit: Unterschiedliche Ausprägungen sozialer Vergünstigung in internationalen Abkommen ... 125
II. Soziale Vergünstigung als allgemeiner Rechtsgrundsatz in der Europäischen Union ... 126
1. Direkt verfassungsrechtlich garantiertes Recht auf Existenzminimum ... 129
a) Deutschland ... 129
b) Frankreich ... 131
c) Portugal ... 132
d) Spanien ... 133
2. Indirekt verfassungsrechtlich garantiertes Recht auf Existenzminimum ... 135
a) Belgien ... 135
b) Dänemark ... 136
c) Vereinigtes Königreich ... 137
d) Niederlande ... 139
e) Schweden ... 141
3. Fazit: Soziale Vergünstigung in einzelnen Mitgliedstaaten ... 142

F. EU als Staatenverbund mit normativen sozialen Grundzügen ... 145
I. Koordinierungsregelungen ... 147
II. Grundfreiheiten und Unionsbürgerschaft als mögliche Anknüpfungspunkte sozialer Vergünstigung ... 149

III. Begrenzte Legitimation durch EUGRCh ... 151
1. Art. 34 II EUGRCh ... 151
a) Art. 34 II EUGRCh als subjektives Recht ... 151
b) Persönlicher Schutzbereich ... 153
c) Rechtmäßiger Wohnsitz und Aufenthalt als Voraussetzung der Inländergleichbehandlung ... 154
d) Leistungsspektrum ... 155
e) Nach dem Unionsrecht und den einzelstaatlichen Rechtsvorschriften und Gepflogenheiten ... 156
f) Beeinträchtigungsmöglichkeit ... 157
g) Fazit ... 158
2. Art. 34 III EUGRCh ... 158
a) Berechtigte ... 160
b) Leistungsspektrum ... 161
c) Verknüpfung der Menschenwürde mit Leistungen sozialer Unterstützung durch Art. 34 III EUGRCh ... 162
aa) Grammatikalische Auslegung ... 163
bb) Menschenwürdebezug des Art. 34 III EUGRCh im Lichte der teleologischen und historischen Auslegung ... 164
cc) Fazit: Bezug zur Menschenwürde aus Art. 1 EUGRCh ... 165
d) Beeinträchtigungsmöglichkeit ... 165
e) Fazit ... 166
3. Begrenzter Anwendungsbereich der EUGRCh ... 166
IV. Fazit ... 168

G. Untergrenze: Die Menschenwürde ... 171
I. Menschenwürde in der Europäischen Union ... 173
1. Menschenwürde in der Rechtsprechung des EuGH ... 173
2. Gewährleistung der Menschenwürde in den Verfassungen der Mitgliedstaaten ... 175
3. Menschenwürde in der EUGRCh ... 177
4. Fazit ... 180

II. Menschenwürde als absolutes Prinzip ... 181
1. Anwendbarkeit des Art. 52 I EUGRCh auf die Menschenwürde ... 181
2. Unantastbarkeit der Menschenwürde ... 183
3. Fazit ... 185
III. Sozialrechtlicher Gehalt der Menschenwürde ... 185
1. Existenzminimum ... 188
a) Historischer Begriff ... 189
b) Physiologisches und soziokulturelles Existenzminimum ... 191
2. Berücksichtigung der vorherrschenden Lebensgewohnheiten ... 193
3. Erbringungsmodus ... 195
IV. Fazit: Menschenwürde mit Gehalt sozialer Vergünstigung in der Europäischen Union ... 197
H. Kollision mit dem Solidaritätsprinzip ... 201
I. Positive Gewährleistung der Solidarität ... 201
II. Gegenläufiges Interesse der Solidarität ... 203
III. Notwendiger Solidaritätsrahmen ... 205
1. Solidargemeinschaft ... 207
2. Solidargesellschaft ... 209
IV. Solidaritätsprinzip in der Europäischen Union ... 211
1. Solidarität als Fundament der Europäischen Union ... 211
2. Solidarität als unbestimmtes Prinzip ... 214
3. Solidarität zwischen den einzelnen Mitgliedstaaten ... 215
4. Unionsbürgerschaft als Ausfluss einer europäischen personellen Solidarität ... 217
a) Unionsbürgerschaft als entscheidendes Kriterium für Solidarrechte ... 218
b) Marktwirtschaftliche Solidarität ... 219
c) Marktlosgelöste Solidarität ... 220

5. EUGRCh als Ausdruck eines personellen Solidaritätsprinzips.... 224
6. Fazit: Personelle Solidarität mit Gehalt sozialer Vergünstigung in der Europäischen Union.... 226
V. Pflicht zur Begründung von Einzelfallentscheidungen.... 228
VI. Interessenausgleich durch Verhältnismäßigkeitsprüfung.... 229
1. Ausschluss ohne Verhältnismäßigkeitsprüfung.... 230
2. Notwendige Verhältnismäßigkeitsprüfung.... 232
3. Verknüpfung mit dem Aufenthaltsrecht.... 234
4. Einfluss der Menschenwürde auf die Verhältnismäßigkeitsprüfung.... 236
VII. Fazit.... 237

I. Kollision mit dem Subsidiaritätsprinzip.... 241
I. Gegenläufiges Interesse der Subsidiarität.... 241
II. Subsidiaritätsprinzip in der EU.... 243
1. Maßnahmen unter dem Subsidiaritätsprinzip.... 243
2. Anwendbarkeit des Subsidiaritätsprinzips auf dem Gebiet der Sozialpolitik ….... 244
3. Transnationale Aspekte des Grundsatzes der sozialen Vergünstigung.... 244
4. Bessere Verwirklichung des Grundsatzes der sozialen Vergünstigung auf Unionsebene.... 246
III. Spannungsverhältnis zwischen Subsidiarität und Solidarität in der EU.... 247
IV. Subsidiarität als formelles Prinzip.... 248
V. Abwägung zwischen Subsidiarität und sozialer Vergünstigung.... 249
VI. Fazit.... 251

J. Gesamtergebnis.... 253
I. Zum Begriff der „sozialen Vergünstigung“ im Unionsrecht.... 253
II. Zur Internationalisierung sozialer Rechte in der EU.... 253
III. Zum prinzipientheoretischen Ansatz.... 254

IV. Zur sozialen Vergünstigung in internationalen Abkommen und als allgemeiner Rechtsgrundsatz 255

V. Zur EU als Staatenverbund mit normativen sozialen Grundzügen 255

VI. Zur Menschenwürde als Untergrenze 257

VII. Zur Kollision mit dem Solidaritätsprinzip 257

VIII. Zur Kollision mit dem Subsidiaritätsprinzip 258

K. Schlussbemerkung 259

Literaturverzeichnis 261

Abkürzungsverzeichnis

A

a.A	andere Ansicht
Abl.	Amtsblatt
Abs.	Absatz
AdR	Ausschuss der Regionen
AEMR	Allgemeine Erklärung der Menschenrechte
AEUV	Vertrag über die Arbeitsweise der Europäischen Union
ALG II	Arbeitslosengeld 2
ALR	Allgemeines Landrecht für die Preußischen Staaten
Anm.	Anmerkung
AöR	Archiv des öffentlichen Rechts
Art.	Artikel
Aufl.	Auflage
AVR	Archiv des Völkerrechts
AWL	Akademie der Wissenschaften und der Literatur
Az.	Aktenzeichen

B

BayVBl.	Bayrische Verwaltungsblätter
Bd.	Band
Beschw.	Beschwerde
BGB	Bürgerliches Gesetzbuch
BMAS	Bundesministerium für Arbeit und Soziales
BSG	Bundessozialgericht
BSGE	Entscheidungen des Bundessozialgerichts
bsplw.	beispielsweise
BT	Bundestag
BT-Drucks.	Drucksachen des Deutschen Bundestages
BVerfG	Bundesverfassungsgericht
BVerfGE	Entscheidungen des Bundesverfassungsgericht
BVerwG	Bundesverwaltungsgericht
BVerwGE	Entscheidungen des Bundesverwaltungsgericht
BW	Baden-Württemberg

C

CalLRev.	California Law Review
CJEL	Columbia Journal of European Law
CMLR	Common Market Law Review
CYELS	Cambridge Yearbook of European Legal Studies

D

ders.	derselbe
dies.	dieselbe
DÖV	Die öffentliche Verwaltung
DRdA	Das Recht der Arbeit
DVBl	Deutsche Verwaltungsblätter

E

EFA	Europäisches Führsorgeabkommen
EG	Europäische Gemeinschaft
EGMR	Europäischer Gerichtshof für Menschenrechte
EGV	Vertrag zur Gründung der Europäischen Gemeinschaft
ELJ	European Law Journal
EJML	European Journal of Migration and Law
EL	Ergänzungslieferung
ELRev	European Law Review
EMRK	Europäische Menschenrechtskonvention
Empf.	Empfehlung
EP	Europäisches Parlament
ERA-Forum	Journal of the Academy of European Law
ESC	Europäische Sozialcharta
EU	Europäische Union
EuG	Gericht der Europäischen Union
EuGH	Europäischer Gerichtshof
EUGRCh	Charta der Grundrechte der Europäischen Union
EuGRZ	Europäische Grundrechtszeitschrift
EuR	Zeitschrift für Europarecht
EUV	Vertrag über die Europäische Union
EuZW	Europäische Zeitschrift für Wirtschaftsrecht
EWG	Europäische Wirtschaftsgemeinschaft
EWGV	Vertrag zür Grundung der Europäischen Gemeinschaft

EWS	Europäisches Wirtschafts- und Steuerrecht
EWSA	Europäischer Wirtschafts- und Sozialausschuss

F

f.	folgende
ff.	fortfolgende
Fn	Fußnote
Fordham Int'l J	Fordham International Law Journal
FreizügG/EU	Gesetz über die allgemeine Freizügigkeit von Unionsbürgern
FS	Festschrift

G

GA	Generalanwalt
GB	Großbritannien
GCSGA	Gemeinschaftscharta der sozialen Grundrechte der Arbeitnehmer
GG	Grundgesetz für die Bundesrepublik Deutschland
GLJ	German Law Journal
GS	Gedächtnisschrift

H

HdStR	Handbuch des Staatsrechts
HL	House of Lords
Hrsg.	Herausgeber

I

ICLQ	International and Comparative Law Quarterly
ILO	Internationale Arbeitsorganisation
InfAuslR	Informationsbrief Ausländerrecht
info-also	Informationen zum Arbeitslosenrecht und Sozialrecht
insb.	insbesondere
IPwskR	Internationaler Pakt über wirtschaftliche, soziale und kulturelle Rechte
i.S.d.	im Sinne des
i.S.v.	im Sinne von
i.V.m.	in Verbindung mit

J

JA	Juristische Arbeitsblätter
JBl	Juristische Blätter
JIANL	Journal of Immigration, Asylum and Nationality Law
JöR N.F.	Jahrbuch des öffentlichen Rechts der Gegenwart
JSSL	Journal of Social Security Law
JURA	Juristische Ausbildung
JuS	Juristische Schulung
JZ	Juristenzeitung

K

Kap.	Kapitel
KJ	Kritische Justiz

L

LIEI	Legal Issues of Economic Integration
lit.	littera
LSG	Landesozialgericht
LVerf	Landesverfassung

M

MJECL	Maastricht Journal of European and Comparative Law
Mrd.	Milliarden
MS	Mitgliedstaaten
m.w.N.	mit weiteren Nachweisen

N

NdsVBl	Niedersächsische Verwaltungsblätter
NJ	Neue Justiz
NJW	Neue Juristische Wochenschrift
Nr.	Nummer
NRW	Nordrhein-Westfalen
NVwZ	Neue Zeitschrift für Verwaltungsrecht
NZA	Neue Zeitschrift für Arbeitsrecht
NZS	Neue Zeitschrift für Sozialrecht

O

OBG	Ordnungsbehördengesetz
OJLS	Oxford Journal of Legal Studies

P

para	Paragraph
paras	Paragraphen

R

RabelsZ	Rabels Zeitschrift für ausländisches und internationales Privatrecht
Rat	Europäischer Rat
RL	Richtlinie
Rn.	Randnummer
Rs.	Rechtssache

S

S.	Seite
Sec.	Section
SEV	Sammlung der Europäischen Verträge
SG	Sozialgericht
SGb	Die Sozialgerichtsbarkeit
SGB	Sozialgesetzbuch
Slg.	Sammlung der Rechtsprechung des Gerichtshofs
s.o.	siehe oben
sog.	sogenannte
SRa	Sozialrecht aktuell

T

TzBfG	Gesetz über Teilzeitarbeit und befristete Arbeitsverhältnisse

U

u.	und
u.a.	und andere

UKHL	United Kingdom House of Lords
UN-Doc.	UN Dokument

V

v.	von
verb.	verbundene
VfGH	Österreichischer Verfassungsgerichtshof
Vgl.	vergleiche
VO	Verordnung
VVDStRL	Veröffentlichungen der Vereinigung der Deutschen Staatsrechtslehrer

W

WD	Wissenschaftliche Dienste

Z

ZaöRV	Zeitschrift für ausländisches öffentliches Recht und Rechtsvergleichung
ZAR	Zeitschrift für Ausländerrecht und Ausländerpolitik
ZeS	Zentrum für Sozialpolitik
ZESAR	Zeitschrift für europäisches Sozial- und Arbeitsrecht
ZEuP	Zeitschrift für Europäisches Privatrecht
ZEuS	Zeitschrift für Europarechtliche Studien
ZfRV	Zeitschrift für Rechtsvergleichung
ZFSH/SGB	Zeitschrift für die sozialrechtliche Praxis
ZfSR	Zeitschrift für schweizerisches Recht
ZIP	Zeitschrift für Wirtschaftsrecht
ZP EMRK	Zusatzprotokoll zur Europäischen Menschenrechtskonvention
ZRP	Zeitschrift für Rechtspolitik

A. Einleitung

I. Einführung

Regelmäßig werden die Mitgliedstaaten der Europäischen Union bezichtigt, dass diese lediglich die wirtschaftliche Integration vorantreiben, die soziale Integration jedoch vernachlässigen würden.[1] Seinen Höhepunkt fand dieses Anprangern der fehlenden sozialen Integration im Jahre 2005, als das französische Verfassungsreferendum sich gegen den damals ausgehandelten Verfassungsvertrag stellte. Einer der Hauptgründe dafür war, dass, nach Meinung der abstimmungsberechtigten Franzosen, die EU lediglich die wirtschaftliche Integration mit dem gemeinsamen Binnenmarkt ausbaue und eine damit einhergehende notwendige soziale Integration vergesse. Die freie Marktwirtschaft sei nicht ausreichend sozial flankiert worden.[2] Inzwischen wird behauptet, die soziale Integration gehe zu weit. Auch wenn die politische Agenda aktuell vom Brexit und der Flüchtlingskrise dominiert wird und die Grundsatzfragen eines sozialen Charakters der Europäischen Union in der letzten Zeit in den Hintergrund gedrängt wurden,[3] so ist das Thema der sozialen Teilhabe nichterwerbstätiger Unionsbürger, wegen der damit verbundenen finanziellen Verpflichtungen, immer noch aktuell.[4] Insbesondere in der Diskussion um den Brexit ging es auch immer um die Frage, wie weit eine finanzielle Solidarität für Unionsbürger, welche keine eigenen Staatsangehörigen sind, gehen kann und ob nicht der nationale Sozialstaat vor einer übermäßigen Beanspruchung geschützt werden müsse.[5] Dabei stand auch ein möglicher

---

1 Vgl. *Göhler/Jopp*, Integration 2006, 91 (95 f.); vgl. auch: *Kingreen*, EuR, Beiheft 1 2007, 44, welcher von „akzessorischer Sozialpolitik" spricht; sowie *Stolleis*, Geschichte des Sozialrechts in Deutschland, S. 2, welcher die ersten Jahrzehnte des neuen Jahrtausends als eine der schwierigsten Perioden des Sozialrechts bezeichnet.

2 Vgl. *Göhler/Jopp*, Integration 2006, 91 (95 ff.); vgl. auch: *Cremer*, EuR 2017, 681 (682).

3 Vgl. *Bast/Rödl*, EuR, Beiheft 1 2013, 5 (5).

4 Schlussantrag GA Wathelet, EUGH, C-67/14, *Alimanovic*, Rn. 2, der von einer „menschlich wie rechtlich heiklen Frage" spricht; vgl. auch: *Cremer*, EuR 2017, 681 (681); sowie: *Muckel/Ogorek*, Sozialrecht, S. 614.

5 Vgl. *Cremer*, EuR 2017, 681 (681); sowie: *Kramer*, CYELS 2016, 270 (270); vgl. auch: *Verschueren*, EJML 2014, 147 (147), welcher von einer politisch hoch sensiblen Frage spricht. Vgl. ferner die Stellungnahme von *Boris Johnson* vom 26.05.2016, abrufbar unter: http://www.voteleavetakecontrol.org/boris_johnson_the_only_way_to_take_back_control_of_immigration_is_to_vote_leave_on_23_june.html (zuletzt aufgesucht am: 27.03.2018). Vgl. auch: *Begg*, Integration 2016, 230 (234). Sowie: *Oppermann*,

Sozialleistungstourismus im Fokus; dieser wurde schon seit Einführung der Personenfreizügigkeit für alle Unionsbürger befürchtet.[6] Der Schutz des Wohlfahrtstaates, als historisches Charakteristikum in Europa angesehen,[7] ist dabei für die Freizügigkeitsskeptiker in allen Mitgliedstaaten stets das Argument, weshalb die Freizügigkeit eingeschränkt werden müsse.[8] Diese Befürchtung scheint nicht unbegründet. Im Jahr 2013 waren 5 Prozent der registrierten Arbeitslosen in Deutschland Staatsangehörige aus anderen Mitgliedstaaten der Union.[9]

Auch wird schon heute über die zukünftige Ausgestaltung der EU debattiert, um auf die sich in naher Zukunft anbahnenden Herausforderungen angemessen reagieren zu können. Die dafür relevante Umgestaltung der EU und die damit einhergehenden rechtlichen Entwicklungen und Neuanpassungen werden jedoch auch zu sozialen „Herausforderungen und Verwerfungen" führen.[10] Diese sozialen Herausforderungen werden sich auch mit der Frage beschäftigen müssen, welcher Personenkreis Zugang zu Sozialleistungssystemen in Mitgliedstaaten erhält, deren Staatsangehörigkeit er nicht besitzt.

Zusätzlich befeuert wurde die Diskussion um die Reichweite der Freizügigkeit durch die Vielzahl an Entscheidungen des EuGH, welche zu alledem nicht stringent waren.[11] Das verwundert, da das Thema der sozialen Dimension der Europäischen Union in den Verfahren regelmäßig von entscheidungserheblicher Relevanz ist. Allein im Jahr 2015 waren 39 Verfahren beim EuGH anhängig, welche sich mit der Sozialpolitik und der sozialen Sicherheit von

---

Politische Vierteljahresschrift 2016, 516 (517 ff.), welcher differenziert auf die innen- und parteipolitischen Gründe des Brexit eingeht.

6 Vgl. *Kokott*, in: FS für Christian Tomuschat, 207 (215 f.); vgl. auch: *Strick*, NJW 2005, 2182 (2182), welche dem Thema große ökonomische Brisanz prophezeite. Siehe auch *Bülow*, welcher einzelnen politischen Gruppen bescheinigt, den Begriff des „Sozialtourismus" geprägt zu haben, *Bülow*, ZAR 2015, 181 (181). *Sodan* befürchtete, dass durch die Osterweiterung der EU Deutschland ein Magnet für Einwanderer werden würde und, dass bei einer uneingeschränkten Anwendung der Freizügigkeitsrechte auf EU-Bürger der osteuropäischen Staaten die deutschen sozialen Sicherungssysteme existenziell gefährdet werden würden, vgl.: *Sodan*, JZ 2002, 53 (53).

7 Vgl. *Graser*, EuR, Beiheft 1 2013, 15 (20).

8 Vgl. *Verschueren*, EJML 2014, 147 (149).

9 Abschlussbericht des Staatssekretärsausschusses zu „Rechtsfragen und Herausforderungen bei der Inanspruchnahme der sozialen Sicherungssysteme durch Angehörige anderer EU-Mitgliedstaaten"; vgl. auch: *Greiner/Kock*, NZS 2017, 201 (201).

10 Vgl. *Calliess*, NVwZ 2018, 1 (2).

11 Siehe dazu unten: C.III.4.; vgl. auch: *Cremer*, EuR 2017, 681 (681), welcher von einem „Hin und Her" spricht.

Wanderarbeitnehmern befassten.[12] Das untermauert noch einmal die Bedeutung des Themas. Hier rücken dann auch wieder die nichterwerbstätigen Unionsbürger in den Fokus. Diese leisten im Vergleich zu erwerbstätigen Unionsbürgern gerade keinen Beitrag zur Sicherung ihres Existenzminimums und sind somit auf Unterstützung angewiesen.

Bei der Frage um Leistungen der sozialen Vergünstigung für nichterwerbstätige Unionsbürger geht es jedoch nicht nur um die Freizügigkeit innerhalb der EU. Im Kern geht es auch darum, welcher Wert der Unionsbürgerschaft und damit einhergehend der Europäischen Union zugesprochen wird. Die Einführung der Unionsbürgerschaft war bedeutender als die Einführung des Euros.[13] Seitdem hat die Unionsbürgerschaft eine eigene Dynamik entwickelt, welche sich auch auf soziale Bereiche ausgedehnt hat. Sollte die Unionsbürgerschaft ursprünglich nur Ausdruck von mehr „Bürgernähe" sein, hat sie sich inzwischen zu einem fundamentalen Prinzip der Europäischen Union entfaltet.[14] Die sozialen Aspekte, welche mit der Unionsbürgerschaft einhergehen, ergeben sich aber nicht unmittelbar. Ausschlaggebend sind vielmehr die hinter der Unionsbürgerschaft stehenden Prinzipien bzw. Grundsätze im Unionsrecht, welche Wirkung auf alle Bereiche des Rechts der EU ausüben und so die gesamte EU prägen.[15] Gerade hierin liegt aber auch das Problem der mangelnden Akzeptanz der Gewährung von Leistungen der sozialen Vergünstigung. Prinzipien kodifizieren oft nicht wortwörtlich ihre Inhalte und wortwörtlich gewährt die Unionsbürgerschaft eben keine Sozialleistungen.

Der Streit, ob nichterwerbstätige Unionsbürger einen Anspruch auf Leistungen der sozialen Vergünstigung haben, wird zudem durch die doch sehr begrenzte Übertragung der mitgliedstaatlichen Kompetenzen im sozialen Bereich auf die Europäische Union befeuert. Es entsteht ein Spannungsverhältnis zwischen den mitgliedstaatlichen Sozialsystemen einerseits und den, teilweise indirekten, Einflüssen des Unionsrechts auf die Sozialsysteme andererseits. Denn in den einzelnen Mitgliedstaaten bestehen immer noch die jeweils eigenen

12 Vgl. EuGH, Rechtsprechungsbericht 2015, S. 81. Auf nationaler Ebene hat das Thema des Sozialleistungsbezugs für Unionsbürger inzwischen eine nicht unerhebliche Präsenz in der Judikatur. So hat es um das Jahr 2014 mehr als 250 Entscheidungen deutscher Sozialgerichte diesbezüglich gegeben, vgl.: *Deter,* ZFSH/SGB, 462 (462); vgl. auch: *Kador/Greiser,* ZFSH/SGB 2014, 152.

13 Vgl. *Tomuschat,* in: Europäische Demokratie, 73 (74).

14 Vgl. *Borchardt,* Die rechtlichen Grundlagen der Europäischen Union, S. 144 f.

15 Siehe für die grundsätzliche Bedeutung von Prinzipien im Unionsrecht: *Bogdandy,* in: Europäisches Verfassungsrecht – Theoretische und dogmatische Grundzüge, 13 (13 ff.).

Sozialsysteme. Ein einheitliches europäisches Sozialsystem existiert nicht, vielmehr gibt es viele unterschiedliche dezentrale Sozialsysteme. Gerade darum ist der Nachweis eines Grundsatzes der sozialen Vergünstigung für nichterwerbstätige Unionsbürger von derart entscheidender Bedeutung. Ein solcher Nachweis würde Sicherheit in der Form schaffen, dass für alle Beteiligten, seien es die einzelnen Mitgliedstaaten, die EU oder der nichterwerbstätige Unionsbürger selbst, klar erkennbar ist, ob und wenn ja, unter welchen Voraussetzungen der nichterwerbstätige Unionsbürger Leistungen der sozialen Vergünstigung beziehen kann. Die Herleitung eines Grundsatzes der sozialen Vergünstigung selbst ist im Recht der EU allerdings nicht immer einfach.[16] Es überrascht daher nicht, dass sich der EuGH bisher noch nicht zu der Unterscheidung von Grundsätzen und Rechten geäußert hat.[17] Die Herleitung eines Grundsatzes der sozialen Vergünstigung muss in Folge dessen genau beleuchtet werden. Fraglich scheint, ob die unionsrechtlichen Bestimmungen ausreichen, um einen Grundsatz der sozialen Vergünstigung herzuleiten, oder ob die unionsrechtlichen Verträge im Wege einer Vertragsrevision angepasst werden müssten. Im Zusammenhang mit dem von der Kommission am 01.03.2017 vorgelegten Weißbuch zur Zukunft Europas betonte Kommissionspräsident *Junker*, dass das derzeitige Primärrecht ausreiche, um die aktuellen Herausforderungen der Zukunft meistern zu können, soweit die primärrechtlichen Vertragspotentiale ausgeschöpft werden würden.[18] Ob das auch für einen Grundsatz der sozialen Vergünstigung gilt, wird in der vorliegenden Arbeit thematisiert. Exemplarisch soll dazu die soziale Vergünstigung für nichterwerbstätige Unionsbürger genutzt werden, um einen Grundsatz herzuleiten.

II. Ablauf der Untersuchung

In der folgenden Abhandlung wird zunächst der Begriff „soziale Vergünstigung“[19] erläutert. So wird das behandelte Leistungsspektrum deutlich. Die inhaltliche Festlegung des Begriffs „soziale Vergünstigung“ stellt sich bedingt durch die Unbestimmtheit dieses Begriffs als schwierig heraus. Zudem besteht im Bereich der sozialen Teilhabe eine Fülle von unterschiedlichen Leistungsarten und Begriffen, welche von der vorliegenden Arbeit umfasst werden sollen.

---

16 Vgl. *Danwitz/Paraschas*, Fordham Int'l J. 2012, 1396 (1412).

17 *Vgl. Ladenburger*, in: *Stern/Sachs*, Europäische Grundrechte-Charta, Art. 52, Rn. 96.

18 Vgl. *Schorkopf*, NVwZ 2018, 9 (10).

19 Vgl. unten: B.

Anschließend wird herausgearbeitet, wie sich das Sozialrecht in der EU entwickelt hat. Das Sozialrecht liegt im Kern zwar noch immer im Kompetenzbereich der einzelnen Mitgliedstaaten der Europäischen Union. Das mitgliedstaatliche Sozialrecht wird jedoch immer stärkeren unionsrechtlichen Einflüssen ausgesetzt und hat sich somit in den letzten Jahrzehnten immer deutlicher internationalisiert.[20]

Im nächsten Schritt wird der Begriff „Grundsatz" erläutert und die Voraussetzungen eines solchen Grundsatzes beleuchtet.[21] Einen Anknüpfungspunkt kann hier ein prinzipientheoretischer Ansatz bieten. Der Begriff „Grundsatz" wird daher in diesen Ansatz eingeordnet und es werden die sich aus dieser Einordnung ergebenden Auswirkungen generell und speziell auf das Unionsrecht beschrieben. Ferner werden die Voraussetzungen für einen Grundsatz hergeleitet.

In einem weiteren Schritt finden dann die aufgezeigten Voraussetzungen für einen Grundsatz konkret auf die soziale Vergünstigung Anwendung. Zunächst werden die internationalen Verpflichtungen der EU und ihrer Mitgliedstaaten beleuchtet. Anschließend beschreibe ich exemplarisch Gesetzgebung aus einzelnen Mitgliedstaaten, welche die soziale Vergünstigung betrifft.[22]

Um die für einen Grundsatz geforderte rechtliche Verankerung im Unionsrecht aufzuzeigen, werden zudem die bereits vorhanden Normen im Unionsrecht untersucht, welche eine legitimatorische Grundlage für einen Grundsatz der sozialen Vergünstigung darstellen können.[23] Das Unionsrecht bietet heute schon eine Vielzahl von Normen, die einen Gehalt aufweisen, der für die Herleitung eines Grundsatzes der sozialen Vergünstigung genutzt werden kann. Ob diese jedoch direkt für die Herleitung eines Grundsatzes der sozialen Vergünstigung dienen können, scheint fraglich. Es sprechen unterschiedliche rechtliche Argumente dagegen, die hier jeweils diskutierten Normen alleine als legitimatorische Basis für einen Grundsatz der sozialen Vergünstigung zu nutzen.

Weiterhin werden rechtliche Anknüpfungspunkte im Unionsrecht gesucht, um einen Grundsatz der sozialen Vergünstigung zu belegen. In diesem Zusammenhang werden sowohl die Menschenwürde als auch das Solidaritätsprinzip als mögliche rechtliche Anknüpfungspunkte für ein Prinzip beleuchtet.[24]

Das Solidaritätsprinzip kann in diesem Zusammenhang nicht nur als Legitimation für einen Grundsatz der sozialen Vergünstigung dienen, sondern

20 Vgl. unten: C.
21 Vgl. unten: D.
22 Vgl. unten: E.
23 Vgl. unten: F.
24 Vgl. unten: G. u. H.

gleichzeitig ein solches auch begrenzen. Dies ist in der ambivalenten Struktur des Solidaritätsprinzips begründet. Das Solidaritätsprinzip zeichnet sich also nicht nur durch das Füreinandereinstehen aus, sondern auch durch eine Abgrenzung zu sich außerhalb einer Solidargruppe befindenden Individuen oder Gruppen.

Zudem kann das Subsidiaritätsprinzip mit einem Grundsatz der sozialen Vergünstigung kollidieren.[25] Bedacht werden muss beim Subsidiaritätsprinzip jedoch, dass dieses in der EU keinen materiellrechtlichen Inhalt aufweisen kann. Das Subsidiaritätsprinzip dient lediglich der Frage, ob und wenn, wie ein Akteur innerhalb der EU Maßnahmen durchführen darf.

Abschließend wird eine Gesamtbewertung eines Grundsatzes der sozialen Vergünstigung vorgenommen und es werden Möglichkeiten vorgeschlagen, wie ein solcher Grundsatz normativ zu verankern und so auch für die Rechtsprechung direkt nutzbar zu machen wäre.[26]

25 Vgl. unten: I.

26 Vgl. unten: J.

B. „Soziale Vergünstigung" im Unionsrecht

Im Unionsrecht gibt es eine Vielzahl von unterschiedlichen Begriffen, welche sich mit sozialrechtlichen Tatbeständen befassen. Dies resultiert daraus, dass, anders als beispielsweise das deutsche Sozialrecht, das europäische Sozialrecht keine klare Dreigliederung zwischen Sozialversicherung, sozialer Entschädigung und sozialer Förderung kennt.[27] Vielmehr beruht das europäische Sozialrecht auf einer Vielzahl von unterschiedlichen Systemen, welche die soziale Teilhabe von Unionsbürgern regeln. Zu nennen sind in diesem Kontext die Begriffe „Sozialhilfe"[28], Leistungen der „sozialen Sicherheit"[29] und „besondere beitragsunabhängige Geldleistungen"[30].

I. Notwendigkeit einer unionsrechtlichen Begriffsbestimmung

Die vorliegende Arbeit befasst sich mit der Herleitung eines Grundsatzes der sozialen Vergünstigung nichterwerbstätiger Unionsbürger auf unionsrechtlicher

27 Vgl. *Heinig*, ZESAR 2008, 465 (467); sowie: *Soria*, JZ 2002, 643 (643).

28 Vgl. für die Bestimmung der „Sozialhilfe" insbesondere: EuGH, Urteil vom 19.09.2013, C-140/12, *Brey*, NZS 2014, 20 ff., Rn. 61; vgl. für eine Urteilszusammenfassung: *Fuchs*, NZS 2014, 121 (121 f.); vgl. ferner: *Bungenberg*, in: Enzyklopädie Europarecht, Bd. 2, Europäischer Grundrechteschutz, 683 (690); sowie: *Eichenhofer*, Sozialrecht, S. 7; vgl. auch: *Pfeil*, DRdA 2014, 299 (309).

29 Vgl. für die Bestimmung des Begriffs der „sozialen Sicherheit": EuGH, Urteil vom 05.05.1983, C-139/82, *Piscitello*, Slg. 1983, 1427, Rn. 8, 11; EuGH, Urteil vom 24.02.1987, C-379/85, *Giletti*, Slg. 1987, 955, Rn. 7; EuGH, Urteil vom 02.08.1992, C-66/92, *Acciardi*, Slg. 1983, I-4567, Rn. 14; EuGH, Urteil vom 05.03.1998, C-160/96, *Molenaar*, Slg. 1998, I-843, Rn. 20; EuGH, Urteil vom 21.02.2006, C-286/03, *Hosse*, Slg. 2006, I-01771, Rn. 37; EuGH, Urteil vom 18.12.2007, C-396/05, C-419/05 und C-450/05, *Habelt u.a.*, Slg. 2007, I-11895, Rn. 63; vgl. ferner: *Bungenberg*, in: Enzyklopädie Europarecht, Bd. 2, Europäischer Grundrechteschutz, 683 (690 ff.); sowie: *Reinhard*, ZESAR 2012, 83 (93); *Rose/Langer*, in: *Groeben/Schwarze/Hatje*, Europäisches Unionsrecht, Art. 153 AEUV, Rn. 21; *Rudolf*, in: *Meyer*, Charta der Grundrechte der Europäischen Union, Art. 34, Rn. 15; vgl. auch: *Soria*, JZ 2002, 643 (644).

30 Diese gelten als eigene Leistungsart: EuGH, Urteil vom 21.02.2006, C-286/03, *Hosse*, Slg. 2006, I-1771, Rn. 36 f.; sowie: EuGH, Urteil vom 18.10.2007, C-299/05, *Kommission/EP/Rat*, Slg. 2007, I-08695, Rn. 51; *Fuchs*, in: *Fuchs*, Europäisches Sozialrecht, Art. 70 VO (EG) 883/2004, Rn. 5; *Weber*, in: Enzyklopädie Europarecht, Bd. 7, Europäisches Arbeits- und Sozialrecht, 1087 (1087 ff.).

Ebene. Folglich kann die Einordnung einer Leistung nur gemeinschaftsrechtlich vorgenommen werden und ist unabhängig von einer nationalen Systematisierung.[31] Hierbei gilt, dass ein Begriff für das gesamte Unionsrecht einheitlich angewendet werden muss, es sei denn, der Begriff verweist ausdrücklich auf das Recht eines einzelnen Mitgliedstaates.[32]

II. Definition „Soziale Vergünstigung"

Um Abgrenzungsprobleme zwischen den einzelnen Leistungen zu vermeiden, wird in der vorliegenden Arbeit der Begriff „soziale Vergünstigung" gewählt. Dieser umfasst alle oben genannten Leistungstypen[33] und ist somit der weitreichendste Leistungstyp. Gleichwohl handelt es sich bei der „sozialen Vergünstigung" um einen offenen Rechtsbegriff, welcher weiterer Konkretisierung bedarf.

Der Begriff der „sozialen Vergünstigung" geht auf die VO (EWG) 1612/68[34] zurück und war dort zuerst nur im Kontext mit der Arbeitnehmereigenschaft der Unionsbürger zu betrachten. Auch im Rahmen der VO (EG) 492/2011[35] wurde der Begriff lediglich im Zusammenhang mit der Arbeitnehmerfreizügigkeit erwähnt. Gemäß Art. 7 II VO (EG) 492/2011 sind Arbeitnehmern, welche Staatsangehörige eines anderen Mitgliedstaats sind, in dem Mitgliedstaat, in dem sie tätig sind, die gleichen steuerlichen und sozialen Vergünstigungen zu gewähren wie inländischen Arbeitnehmern des entsprechenden Aufnahmestaates.[36] Diese Vorschrift stellt eine Konkretisierung des sich aus Art. 45 II AEUV ergebenden

31 Vgl. *Stewen,* Die Entwicklung des allgemeinen Freizügigkeitsrechts der Unionsbürger und seiner sozialen Begleitrechte, S. 146.

32 EuGH, Urteil vom 14.02.2012, C-204/09, *Flachglas Torgau,* NVwZ 2012, 491 ff., Rn. 37; EuGH, Urteil vom 11.04.2013, C-260/11, *Edwards und Pallikaropoulos,* NVwZ 2013, 855 ff., Rn. 29; EuGH, Urteil vom 19.09.2013, C-140/12, *Rs. Brey,* NZS 2014, 20 ff., Rn. 49.

33 Vgl. oben: B.

34 Verordnung (EWG) Nr. 1612/68 des Rates vom 15. Oktober 1968 über die Freizügigkeit der Arbeitnehmer innerhalb der Gemeinschaft, Abl. Nr. L 257 v. 19.10.1968, S. 2–12.

35 Verordnung (EU) Nr. 492/11 des Europäischen Parlamentes und des Rates vom 05. April 2011 über die Freizügigkeit der Arbeitnehmer innerhalb der Union, Abl. Nr. L 141 v. 27.05.2011, S. 1–12.

36 Für die Unterscheidung zwischen steuerlichen und sozialen Vergünstigungen: EuGH, Urteil vom 10.09.2009, C-269/07, *Kommission/Deutschland,* Slg. 2009, I-7811, Rn. 38 ff.; vgl. dazu auch: *Jeck,* EuZW 2009, 743 (743 ff.).

Gleichbehandlungsgrundsatzes für Arbeitnehmer auf dem spezifischen Gebiet der sozialen Vergünstigung dar.[37]

Der EuGH legt in ständiger Rechtsprechung der Auslegung des Begriffs der sozialen Vergünstigung ein weites Verständnis zugrunde.[38] Insbesondere fordert er kein Arbeitsverhältnis als Grundvoraussetzung für den Erhalt sozialer Vergünstigungen. Eine Erwerbstätigeneigenschaft des Unionsbürgers ist folglich nicht notwendig. Nach der Rechtsprechung des EuGH handelt es sich bei Leistungen der sozialen Vergünstigung „um alle diejenigen, [Leistungen] die – ob sie an einen Arbeitsvertrag anknüpfen oder nicht – den inländischen Arbeitnehmern im allgemeinen hauptsächlich wegen deren objektiver Arbeitnehmereigenschaft oder einfach wegen ihres Wohnsitzes im Inland gewährt werden und deren Ausdehnung auf die Arbeitnehmer, die Staatsangehörige eines anderen Mitgliedstaates sind, deshalb als geeignet erscheint, deren Mobilität innerhalb der Gemeinschaft zu fördern."[39]

III. Einzelne Leistungen der sozialen Vergünstigung

Im Rahmen der Bestimmung der Leistungen sozialer Vergünstigung werden nicht nur Leistungen erfasst, welche einen direkten Bezug zu einer Arbeitstätigkeit des Unionsbürgers haben. So erkennt der EuGH Leistungen zur Sicherung des Altersmindesteinkommens,[40] Überbrückungsgeld für junge Arbeitslose[41] sowie Entschädigungen für Arbeitslosigkeit infolge von Flächenstilllegungen in der Landwirtschaft[42] als Leistungen der sozialen Vergünstigung an. Diese weisen alle einen Bezug zur Erwerbstätigeneigenschaft des Unionsbürgers auf.[43]

---

37 Vgl. *Steinmeyer*, in: *Fuchs*, Europäisches Sozialrecht, Art. 7 VO (EU) 492/2011, Rn. 4; *Stewen*, Die Entwicklung des allgemeinen Freizügigkeitsrechts der Unionsbürger und seiner sozialen Begleitrechte, S. 143.

38 Vgl. *Stewen*, Die Entwicklung des allgemeinen Freizügigkeitsrechts der Unionsbürger und seiner sozialen Begleitrechte, S. 148.

39 EuGH, Urteil vom 31.05.1979, C-207/78, *Even*, Slg. 1979, 2019, Rn. 22; vgl. ferner *Schulz*, Freizügigkeit für Unionsbürger, S. 256. Ferner auch schon: EuGH, Urteil vom 30.09.1975, C-32/75, *Cristini*, Slg. 1975, 1085, Rn. 7/9.

40 EuGH, Urteil vom 12.07.1984, C-261/83, *Castelli*, Slg. 1984, 319; EuGH, Urteil vom 06.06.1985, C-157/84, *Frascogna I*, Slg. 1985, 1739.

41 EuGH, Urteil vom 20.06.1985, C-94/84, *Deak*, Slg. 1985, 1873.

42 EuGH, Urteil vom 27.11.1997, C-57/96, *Meints*, Slg. 1997, I-6689.

43 Insbesondere fallen unter den Begriff der sozialen Vergünstigung auch alle sozialversicherungsrechtlichen Leistungen, die im Europarecht als Leistungen der sozialen Sicherheit eingestuft werden, vgl. *Soria*, JZ 2002, 643 (644).

Daneben werden aber auch Leistungen anerkannt, welche keinen direkten Bezug zur Erwerbstätigeneigenschaft des Unionsbürgers haben. So zum Beispiel Fahrpreisermäßigungen für kinderreiche Familien,[44] Behindertenbeihilfen,[45] zinslose Geburtsdarlehen,[46] Bestattungsgeld,[47] Ehegattensplitting,[48] Einschreibegebühren[49] sowie Unterhalts- und Ausbildungsförderung für Studenten[50].[51] Insbesondere hat der EuGH auch Leistungen zur Absicherung des notwendigen Lebensunterhaltes, nämlich Leistungen zur Existenzsicherung,[52] als Leistung der sozialen Vergünstigung eingeordnet.[53]

Dennoch ist die Anerkennung von Leistungen als Leistungen der sozialen Vergünstigung nicht grenzenlos. So fällt nach Ansicht des EuGH eine ungekürzte vorgezogene Altersrente für Kriegsopfer, die Kriegsdienst geleistet haben, nicht unter den Begriff der sozialen Vergünstigung.[54] Gerechtfertigt wird dies damit, dass Grund dieser Regelungen die Dienste seien, „die die Begünstigten in Kriegszeiten ihrem eigenen Land erwiesen haben, und sein wesentlicher Zweck besteht darin, diesen Staatsangehörigen eine Vergünstigung im Hinblick auf die für dieses Land erduldeten Prüfungen zu gewähren. Ein solcher Vorteil, der auf einer Rechtsstellung der nationalen Anerkennung beruht, kann deshalb nicht als eine Vergünstigung angesehen werden, die dem inländischen Arbeitnehmer vor allem wegen seiner Eigenschaft als Arbeitnehmer oder als im Inland Ansässiger

---

44 EuGH, Urteil vom 30.09.1975, C-32/75, *Cristini*, Slg. 1975, 1085.

45 EuGH, Urteil vom 16.12.1976, C-63/76, *Inzirillo*, Slg. 1976, 2057.

46 EuGH, Urteil vom 14.02.1982, C-65/81, *Reina*, Slg. 1982, 33.

47 EuGH, Urteil vom 23.05.1996, C-237/94, *O'Flynn*, Slg. 1996, I-2617.

48 EuGH, Urteil vom 16.05.2000, C-87/99, *Zurstrassen*, Slg. 2000, I-3337.

49 EuGH, Urteil vom 27.09.1988, C-263/86, *Humbel*, Slg. 1988, 5365.

50 EuGH, Urteil vom 21.06.1988, C-39/86, *Lair*, Slg. 1988, 3161; EuGH, Urteil vom 21.06.1988, C-197/86, *Brown*, Slg. 1988, 3205; EuGH, Urteil vom 27.09.1988, C-235/87, *Matteucci*, Slg. 1988, 5589; EuGH, Urteil vom 26.02.1992, C-357/89, *Raulin*, Slg. 1992, I-1027; EuGH, Urteil vom 26.02.1992, C-3/90, *Bernini*, Slg. 1992, I-1071.

51 Vgl. *Stewen*, Die Entwicklung des allgemeinen Freizügigkeitsrechts der Unionsbürger und seiner sozialen Begleitrechte, S. 148.

52 Vgl. für den Begriff der Existenzsicherung: *Leisner*, Existenzsicherung im Öffentlichen Recht, S. 1 ff.

53 EuGH, Urteil vom 27.03.1985, C-249/83, *Hoeckx*, Slg. 1985, 973; EuGH, Urteil vom 27.03.1985, C-122/84, *Scrivner*, Slg. 1985, 1027; vgl. auch: *Soria*, JZ 2002, 643 (644).

54 EuGH, Urteil vom 31.05.1979, C-207/78, *Even*, Slg. 1979, 2019.

gewährt wird“[55].[56] Auch einer Leistung, die ein Arbeitgeber an seinen wehrdienstleistenden Arbeitnehmer fortzahlen muss, wurde die Qualifizierung als Leistung der „sozialen Vergünstigung“ verwehrt.[57] Die hier genannten Ausnahmen sind jedoch sehr restriktiv zu behandeln. Die Gründe, die gegen eine Einordnung der Leistung als eine der „sozialen Vergünstigung“ sprachen, liegen in den Besonderheiten der in Frage stehenden Leistungen. So zeichnet beide Leistungen der besondere Bezug zum zahlenden beziehungsweise regelnden Staat in Form der Ableistung des Wehrdienstes aus. Diese Leistungen sind nicht mit den anderen oben genannten Leistungen vergleichbar, beruht solch ein Vorteil doch auf einer Rechtsstellung der nationalen Anerkennung.[58]

Auch wenn der EuGH den Begriff „soziale Vergünstigung“ nicht jeder Leistung zuspricht, kann dennoch festgehalten werden, dass dieser bis auf wenige Ausnahmen alle Arten von Sozialleistungen umfasst. Dazu zählen insbesondere Leistungen der Sozialhilfe, die nicht an eine Erwerbstätigeneigenschaft des Leistungsempfängers anknüpfen. In Bezug auf das deutsche Sozialrecht entspricht der Begriff „soziale Vergünstigung“ dem deutschen Begriff der „Sozialleistungen“.[59]

55 EuGH, Urteil vom 31.05.1979, C-207/78, *Even*, Slg. 1979, 2019, Rn. 23 f.
56 Vgl. *Stewen*, Die Entwicklung des allgemeinen Freizügigkeitsrechts der Unionsbürger und seiner sozialen Begleitrechte, S. 149.
57 EuGH, Urteil vom 14.03.1996, C-315/94, *de Vos*, Slg. 1996, I-1417.
58 Vgl. *Schulz*, Freizügigkeit für Unionsbürger, S. 258.
59 Vgl. *Soria*, JZ 2002, 643 (643).

C. Vom Nationalstaatsbezug sozialer Rechte zu internationalen sozialen Rechten in der EU

Das Sozialrecht wurde, wie der gesamte Nationalstaat,[60] seit seiner Entstehung immer mehr von internationalen Prozessen beeinflusst. Diese lösten die Verankerung des Sozialrechts in den Nationalstaaten jedoch nicht auf. Dem Nationalstaat ist und bleibt der Vorrang, sich um die soziale Absicherung der Personen auf seinem Territorium zu kümmern.[61] Dennoch gewinnen überstaatliche rechtliche Einflüsse auf das nationale Sozialrecht zunehmend an Bedeutung. Gerade der historisch gewachsene territoriale Anknüpfungspunkt des Sozialrechts birgt in einem System zunehmender Internationalisierung, wie dem der Europäischen Union, Spannungsverhältnisse zwischen den nationalstaatlichen Rechtssystemen und der internationalen Rechtsordnung.

Im Folgenden wird ein Überblick über die Entwicklung der Bestimmung des Leistungsadressaten im Sozialrecht gegeben. Der persönliche Bezugspunkt der Leistungsgewährung hat sich im Rahmen der Bildung der Nationalstaaten in Europa mitentwickelt.[62] Nach und nach wurden schließlich die Grundregeln, aus denen sich ein Leistungsbezug ergeben konnte, immer weiter aufgelöst.[63] Letztlich hat in Europa mit der Gründung der Europäischen Union und ihrer Vorgängerorganisation, der EWG beziehungsweise der EG, eine Internationalisierung auf unterschiedlichen Ebenen stattgefunden.[64]

---

60 Vgl. grundlegend zur Entwicklung des Staates im Rahmen der Internationalisierung: *Hobe,* Der offene Verfassungsstaat; sowie: *Hobe,* Der Staat 1998, 521. Für eine Beschreibung der zunehmenden internationalen Einflüsse auf den Nationalstaat am Beispiel des Umweltrechts: *Walter,* EuR 2005, 302.

61 EuGH, Urteil vom 02.02.2008, C-507/06, *Klöppel,* Slg. 2008, I-943, Rn. 16; vgl. auch: *Kingreen,* in: Grundlagen und Herausforderungen des Sozialstaats, 313 (313 f.).

62 Vgl. unten: C.I.

63 Vgl. unten: C.II.

64 Vgl. unten: C.III.–C.V.

I. Nationalstaatsabhängigkeit sozialer Rechte

Zum Ende des 19. Jahrhunderts entwickelte sich der Sozialstaat parallel zu der Entstehung der Nationalstaaten in Europa.[65] Die soziale Absicherung hatte insbesondere eine kollektivstiftende Funktion.[66]

Am Beispiel Deutschlands wird deutlich, dass die Entwicklung des Sozialstaats eng mit dem Neuverständnis und dem daraus resultierenden Erstarken des Nationalstaats verbunden war. So wurde das alte Verständnis vom Wohlfahrtsstaat abgelegt und man folgte dem Verständnis, der Staat sei ein Interventionsstaat.[67] Dies geschah jedoch nur vordergründig zum Wohle der Arbeiterschaft. Zwar sollten die Arbeiter vor sozialem Abstieg geschützt werden,[68] Hauptziel war jedoch die Erzeugung eines nationalen Kollektivbewusstseins. So stellte die Entwicklung des modernen Wohlfahrtsstaats für den damaligen Reichskanzler *Otto v. Bismarck* einen wichtigen Bauteil zur „inneren Reichsgründung" dar.[69] Dadurch wurde der moderne Wohlfahrtsstaat als der identitätsstiftende Kern der neuen deutschen Staatlichkeit aufgefasst.[70] Das Wohl sozial Schwacher war nicht das primäre Ziel.

Aber nicht nur in Deutschland entwickelte sich zu dieser Zeit ein sozialstaatlicher Gehalt heraus. Auch im Vereinigten Königreich und in den skandinavischen Staaten spielte die Wohlfahrtsstaatlichkeit eine entscheidende Rolle für die jeweiligen Staatsbegründungen.[71]

Der Sozialstaat war somit von Beginn an stark mit dem Nationalstaat verbunden. Hierbei diente er insbesondere der Kollektivstiftung innerhalb der einzelnen Staaten.

---

65 Vgl. *Eichenhofer,* Geschichte des Sozialstaats in Europa. Vgl. ferner am Beispiel Deutschlands: *Stolleis,* Konstitution und Intervention, S. 226 ff.

66 Vgl. *Heinig,* EuR, Beiheft 1 2013, 31 (31); vgl. ferner: *Kingreen,* EuR, Beiheft 1 2007, 44 (52).

67 Vgl. *Stolleis,* Konstitution und Intervention, S. 226 ff., S. 253 ff.

68 Vgl. *Graser,* Gemeinschaft ohne Grenzen, S. 20; vgl. auch: *Heinig,* EuR, Beiheft 1 2013, 31 (31); sowie: *Schulte,* in: Sozialstaat Deutschland: Geschichte und Gegenwart, 171 (176).

69 Vgl. *Eichenhofer,* Geschichte des Sozialstaats in Europa, S. 54; sowie: *Kingreen,* EuR, Beiheft 1 2007, 44 (52); vgl. auch *Tennstedt,* Zeitschrift für Sozialreform 1997, 88 (95, 98).

70 Vgl. *Heinig,* EuR, Beiheft 1 2013, 31 (32).

71 Vgl. *Heinig,* EuR, Beiheft 1 2013, 31 (32); *Eichenhofer,* Geschichte des Sozialstaats in Europa, S. 37 ff.

II. Bestimmung des Leistungsadressaten: Vom Personalitätsprinzip zum Territorialitätsprinzip

Zu Beginn der Entwicklung des modernen Wohlfahrtsstaates war der Bezug von Leistungen an die Nationalität des Leistungsempfängers gebunden.[72] Vor dem Hintergrund, dass der Sozialstaat im Rahmen der Gründung der Nationalstaaten kreiert wurde, scheint dies nur logisch. Der Staat sah keine Notwendigkeit, andere Personen als seine Staatsbürger abzusichern.[73] Bereits das preußische Allgemeine Landrecht (1794) regelte: „Dem Staate kommt es zu, für die Ernährung und Verpflegung derjenigen Bürger zu sorgen, die sich ihren Unterhalt nicht selbst verschaffen [...] können. [...] Fremde Bettler sollen in das Land nicht zugelassen, darin geduldet, und wenn sie sich gleichwohl einschleichen, sofort über die Grenze zurückgeschafft werden."[74] Hier wird eine Anknüpfung an die Nationalität deutlich.

Diese Form der Bestimmung des Leistungsadressaten stellt jedoch eine erhebliche Beeinträchtigung der Mobilität dar. In letzter Konsequenz führte dies dazu, dass Staatsangehörige eines anderen Staates, welche bedürftig geworden waren, auch noch nach langer Zeit wieder in ihre Heimat zurückgeschickt werden konnten, auch wenn sie jegliche Bindung an diese verloren hatten.[75] Um diese doch gravierenden Folgen für Bedürftige zu minimieren, wurde der Anknüpfungspunkt an die Nationalität des Bedürftigen nach und nach durch das Territorialitätsprinzip abgelöst.

Das Territorialitätsprinzip knüpft hierbei an den Aufenthalt des Leistungsempfängers an und nicht an dessen Staatsangehörigkeit. Infolgedessen ist der Staat dann nicht allein für seine Staatsangehörigen zuständig, sondern für alle Personen, die sich rechtmäßig im Staatsgebiet aufhalten.[76] Hierdurch konnte er für sozialen Frieden und soziale Sicherheit auf seinem Staatsgebiet sorgen.[77] Somit bestand eine räumliche Einstandspflicht für jede Person auf dem begrenzten Territorium, unabhängig davon, welche Staatsangehörigkeit der Bedürftige inne

72 Vgl. *Kingreen,* EuR, Beiheft 1 2007, 44 (52).

73 Siehe für eine detaillierte Beschreibung der Entwicklung des Sozialstaats in Europa: *Eichenhofer,* Geschichte des Sozialstaats in Europa.

74 ALR Teil II Titel 19, §§ 1 u. 4; vgl. auch: *Heinig,* EuR, Beiheft 1 2013, 31 (32).

75 Vgl. *Kingreen,* EuR, Beiheft 1 2007, 44 (52); vgl. auch: *Schönberger,* Unionsbürger, S. 351.

76 Vgl. *Heinig,* EuR, Beiheft 1 2013, 31 (33); vgl. auch: *Rabenschlag,* Leitbilder der Unionsbürgerschaft, S. 276.

77 Vgl. *Kingreen,* EuR, Beiheft 1 2007, 44 (52); sowie: *Kingreen,* BayVBl 2014, 289 (290).

hatte. Einzige Voraussetzung war, dass der Leistungsempfänger ein Aufenthaltsrecht besaß.

Das Territorialitätsprinzip überlagerte das Personalitätsprinzip jedoch nicht vollständig,[78] es bildeten sich Mischformen aus beiden Prinzipien heraus.[79] So hängt es vom Schutzsystem und der darauf beruhenden Leistungsart ab, ob die Staatsangehörigkeit oder der Aufenthalt das maßgebende Kriterium für einen Leistungsbezug ist.[80] Als Beispiel für unterschiedliche Anknüpfungspunkte können verschiedene Regelungen in Deutschland herangezogen werden. Auf der einen Seite ist die Staatsangehörigkeit im Sozialhilferecht immer noch ausschlaggebend.[81] Nichtstaatsangehörige können pauschal aufgrund ihrer Staatsangehörigkeit von Leistungen der Sozialhilfe ausgeschlossen werden.[82] Hier wird die Anknüpfung an die Nationalität, als der entscheidende Bezugspunkt um einen Leistungsadressaten zu bestimmen, deutlich. Auf der anderen Seite eröffnet die gesetzliche Sozialversicherung in der Bundesrepublik Deutschland für jeden Erwerbstätigen ihren Schutzbereich, der im Bundesgebiet in einem Angestelltenverhältnis steht oder selbstständig ist;[83] dies umfasst auch alle erwerbstätigen Unionsbürger. Die Staatsangehörigkeit ist für die gesetzliche Sozialversicherung irrelevant. Entscheidend ist hier lediglich der Beschäftigungsort als Konkretisierung des Territorialitätsprinzips. Auch im sonstigen Sozialrecht hängt die Leistungsberechtigung wiederum von dem gewöhnlichen Aufenthalt des Leistungsempfängers ab. Teilweise wird hier jedoch eine gewisse „Verfestigung" des aufenthaltsrechtlichen Status verlangt.[84]

III. Internationalisierung des Sozialrechts im Rahmen der Europäischen Union

Bis zur Gründung der Europäischen Wirtschaftsgemeinschaft war der Nationalstaat der entscheidende Akteur, welcher die Regeln für den Bezug von Leistungen sozialer Vergünstigung festlegte.[85] Erst durch die Gründung der EWG verlor

78 Vgl. *Heinig*, ZESAR 2008, 465 (466); *Heinig*, EuR, Beiheft 1 2013, 31 (32).
79 Vgl. *Heinig*, EuR, Beiheft 1 2013, 31 (32).
80 Vgl. *Heinig*, EuR, Beiheft 1 2013, 31 (32).
81 Vgl. *Kingreen*, BayVBl 2014, 289 (290).
82 § 7 SGB II.
83 Vgl. § 3 SGB IV.
84 Vgl. *Heinig*, ZESAR 2008, 465 (467).
85 Die Gründung der Gemeinschaft für Kohle und Stahl, sowie der Atomgemeinschaft hatten so gut wie keine direkten Auswirkungen auf das Sozialrecht der einzelnen

der einzelne Mitgliedstaat im Rahmen der Sozialpolitik seine uneingeschränkte Gestaltungsmöglichkeit;[86] gleichzeitig gewann die soziale Integration der Mitgliedstaaten an Bedeutung.[87]

Schon von Beginn an spielten einzelne Bereiche des Sozialrechts in der EWG eine entscheidende Rolle.[88] Sinn der Gemeinschaft war auch, sich „den wirtschaftlichen und sozialen Fortschritt zu sichern", eine „stetige Besserung der Lebens- und Beschäftigungsverhältnisse" zu bewirken sowie „den Abstand zwischen einzelnen Gebieten und den Rückstand weniger begünstigter Gebiete" zu „verringern".[89]

Zu beachten ist, auch wenn die Bestrebungen im sozialrechtlichen Bereich mit Gründung der Europäischen Wirtschaftsgemeinschaft nicht unerheblich waren, dass das Hauptziel der EWG immer noch die Schaffung eines Gemeinsamen Marktes war.[90] Dieser sollte jedoch auch zur „beschleunigten Hebung der Lebenshaltung" in den anderen Ländern der Gemeinschaft beitragen.[91] Die daran anknüpfende schrittweise Entwicklung der sozialen Komponente lässt sich in unterschiedlichen Phasen der EWG sowie der EG und der EU nachverfolgen.

Demnach kann man die Entwicklung der europäischen Sozialpolitik in drei Phasen unterteilen. Hierbei sind die einzelnen Phasen nicht komplett separat voneinander zu betrachten. Sie zeichnen sich durch Überschneidungen in Bezug auf die Reichweite sozialer Regelungen aus.[92] Dennoch kann jeder Phase eine besondere, herausragende Errungenschaft im Bereich der sozialen Vergünstigung zugeschrieben werden.

Mitgliedstaaten, vgl. *Henningsen*, Sozialer Fortschritt 1992, 203 (203 ff.); sowie: *Zacher*, Internationales und Europäisches Sozialrecht, S. 589 ff.

86 Vgl. *Schulte*, in: Sozialstaat Deutschland: Geschichte und Gegenwart, 171 (180).

87 Vgl. *Zacher*, in: HdStR, Bd. II, 659 (764).

88 Bereits die ersten Verordnungen regelten sozialrechtliche Aspekte für Wanderarbeitnehmer: VO Nr. 3 und Nr. 4, ABl. 1958, 561 u. ABl. 1958, 597; vgl. auch: *Becker*, in: Sozialstaat Deutschland: Geschichte und Gegenwart, 313 (316); sowie: *Heinig*, EuR, Beiheft 1 2013, 31 (35); vgl. ferner: *Wallrabenstein*, in: Enzyklopädie Europarecht, Bd. 7, Europäisches Arbeits- und Sozialrecht, 867 (868).

89 Präambel Abs. II, III und V EWGV; vgl. auch: *Zacher*, in: HdStR, Bd. II, 659 (764).

90 Vgl. *Tryfonidou*, CMLR 2009, 1591 (1592).

91 Art. 2 EWGV; vgl. auch: *Zacher*, in: HdStR, Bd. II, 659 (764).

92 Vgl. *Wallrabenstein*, in: Enzyklopädie Europarecht, Bd. 7, Europäisches Arbeits- und Sozialrecht, 867 (867).

1. Erste Phase: Sozialversicherungskoordinierung als Voraussetzung für Arbeitnehmermobilität in der EWG

Wie bereits erläutert[93] befasste sich die Europäische Wirtschaftsgemeinschaft schon früh mit sozialen Rechten, insbesondere denen der Wanderarbeitnehmer. Es wurde erkannt, dass ein Gemeinsamer Markt nur möglich war, wenn sich auch die dort ansässigen Wanderarbeitnehmer ohne größere Hindernisse zwischen den einzelnen Mitgliedstaaten bewegen konnten. Wollte man die grenzüberschreitende Mobilität der Wanderarbeitnehmer fördern, musste gewährleistet sein, dass diese bei der Wanderung in andere Mitgliedstaaten nicht ihre bereits erworbenen Sozialleistungsansprüche verlieren.[94] Da ein supranationales Sozialleistungssystem dennoch nicht gewünscht war, kam der Europäischen Wirtschaftsgemeinschaft die Aufgabe zu, die einzelnen mitgliedstaatlichen Sozialsysteme zu koordinieren.[95] Hauptaufgabe dieses Koordinierungsmandats war es, die Rechtspositionen, die der Arbeitnehmer in einem Mitgliedstaat erworben hatte, bei Verlassen dieses Mitgliedstaates fortbestehen zu lassen und die spätere Berücksichtigung dieser Rechtspositionen im neuen Mitgliedstaat zu gewährleisten.[96]

Infolge dessen wurden zwei Koordinierungsverordnungen erlassen, welche die Rechtspositionen der Wanderarbeitnehmer sichern sollten. Diese beiden Koordinierungsverordnungen 3 und 4 von 1958 gingen dabei auf Art. 51 EWGV zurück.[97] Dieser verpflichtete den Rat zu einem zwischenstaatlichen Koordinierungssystem, um „die auf dem Gebiet der sozialen Sicherheit für die Herstellung der Freizügigkeit der Arbeitnehmer notwendigen Maßnahmen" zu gewährleisten, sodass „alle […] nach den unterschiedlichen innerstaatlichen Rechtsvorschriften berücksichtigten Zeiten für den Erwerb und die Aufrechterhaltung des Leistungsanspruchs sowie für die Berechnung der Leistungen zusammengerechnet

93 S.o. C.III.

94 Vgl. *Krebber*, in: Enzyklopädie Europarecht, Bd. 4, Europäisches Wirtschaftsordnungsrecht, 121 (147); vgl. ferner: *O'Leary*, in: The Evolution of EU Law, 499 (502).

95 Vgl. *Kingreen*, in: Grundlagen und Herausforderungen des Sozialstaats, 313 (317); sowie: *Krebber*, in: Enzyklopädie Europarecht, Bd. 4, Europäisches Wirtschaftsordnungsrecht, 121 (147).

96 Vgl. *Wallrabenstein*, in: Enzyklopädie Europarecht, Bd. 7, Europäisches Arbeits- und Sozialrecht, 867 (868 f.).

97 Verordnung Nr. 3 über die Soziale Sicherheit der Wanderarbeitnehmer, Abl. 1958 v. 16.12.1958, S. 561–596 u. Verordnung Nr. 4 zur Durchführung und Ergänzung der Verordnung Nr. 3 über die Soziale Sicherheit der Wanderarbeitnehmer, Abl. 1958 v. 16.12.1958, S. 597–664.

und die Leistungen an Personen, die in den Hoheitsgebieten der Mitgliedstaaten wohnen gezahlt werden“[98].[99]

Entscheidend war bei diesen Verordnungen, dass der persönliche Anwendungsbereich auf Wanderarbeitnehmer beschränkt war.[100] Dadurch wurden insbesondere Grenzgänger, Saisonarbeitnehmer und andere Erwerbstätige ausgeschlossen. Dies macht deutlich, dass stets ein starker Bezug zur Erwerbstätigkeit gefordert wurde[101] und zu Beginn nicht einmal alle in Betracht kommenden Akteure des Binnenmarktes berücksichtigt werden sollten.

Das Europäische Sozialrecht war folglich akzessorisch zum Binnenmarkt. Regelungen wurden nur insoweit getroffen, als sie das Ziel, einen Gemeinsamen Markt zu schaffen, förderten. Eine Gewährleistung eigener europäischer sozialer Rechte konnte das Gemeinschaftsrecht zu dieser Zeit nicht leisten. Lediglich soweit sozialrechtliche Regelungen für die Etablierung des Binnenmarktes erforderlich waren, erstreckte sich das Sozialrecht auf Konstellationen mit transnationalem Bezug.[102] Vor diesem Hintergrund ist dann in der 1. Phase auch die Entterritorialisierung des Sozialrechts zu verstehen. Diese war funktional beschränkt auf die Sicherung grenzüberschreitender Erwerbstätigkeit.[103] Dabei war sie jedoch auch untrennbar mit der Erwerbstätigeneigenschaft verknüpft.[104]

2. Zweite Phase: Koordinierung unterschiedlicher Systeme der sozialen Sicherheit im Rahmen der Arbeitnehmerfreizügigkeit der EG

Schon bald wurde deutlich, dass die bis dahin geschaffenen Regeln nicht ausreichten, um der stetig wachsenden Anzahl von grenzüberschreitenden Erwerbstätigen eine adäquate soziale Absicherung zu gewährleisten. Aufgrund dessen wurden die in der 1. Phase erlassenen Regeln weiter modifiziert. Insbesondere die bis dahin nicht berücksichtigten Personengruppen wurden in die

---

98 Art. 51 lit. a), b) EWGV.

99 Vgl. *Wallrabenstein*, in: Enzyklopädie Europarecht, Bd. 7, Europäisches Arbeits- und Sozialrecht, 867 (868).

100 Vgl. *Wallrabenstein*, in: Enzyklopädie Europarecht, Bd. 7, Europäisches Arbeits- und Sozialrecht, 867 (869).

101 Vgl. *Kingreen*, EuR, Beiheft 1 2007, 44 (43).

102 Vgl. *Kingreen*, in: Grundlagen und Herausforderungen des Sozialstaats, 313 (317); vgl. auch: *Schulte*, in: Sozialstaat Deutschland: Geschichte und Gegenwart, 171 (181).

103 Vgl. *Kingreen*, in: Grundlagen und Herausforderungen des Sozialstaats, 313 (318).

104 Vgl. *Kingreen*, in: Grundlagen und Herausforderungen des Sozialstaats, 313 (318); sowie: *Schulte*, in: Sozialstaat Deutschland: Geschichte und Gegenwart, 171 (181).

Koordinierungsregelungen mit einbezogen. So wurde der Koordinierungsbedarf für Saisonarbeitnehmer und Grenzgänger nachgeholt.[105] Daneben erweiterte der EuGH die Anforderungen zur Berücksichtigung der Sicherungsinteressen im Rahmen der Koordinierung der Sozialsysteme für Arbeitnehmer immer weiter.[106]

Dank der Einführung der Arbeitnehmerfreizügigkeit durch die VO (EWG) 1612/68 änderte sich das Koordinierungsrecht fundamental. Die neu gewonnene Arbeitnehmerfreizügigkeit diente der Implementierung eines umfassend angelegten Anspruchs auf soziale Teilhabe der Wanderarbeitnehmer in den Mitgliedstaaten.[107] Kodifiziert in Art. 7 II VO (EWG) 1612/68 führte dies zu einer Verknüpfung des Freizügigkeitsrechts mit dem Koordinierungsrecht. Daraus folgte ein Spannungsverhältnis zwischen dem sich aus der

---

105 Vgl. *Wallrabenstein,* in: Enzyklopädie Europarecht, Bd. 7, Europäisches Arbeits- und Sozialrecht, 867 (869).

106 Zum persönlichen Anwendungsbereich der VO Nr. 3: EuGH, Urteil vom 19.03.1964, C-75/63, *Unger,* Slg. 1964, 347; EuGH, Urteil vom 09.12.1965, C-44/65, *Hess. Knappschaft,* Slg. 1965, 1191; EuGH, Urteil vom 27.10.1971, C-23/71, *Janssen,* Slg. 1971, 859, Rn. 3/9. Zum Umfang der Kollisionsnormen: EuGH, Urteil vom 09.06.1964, C-92/63, *Nonnenmacher,* Slg. 1964, 557. Zum Begriff der Sachleistung: EuGH, Urteil vom 01.12.1965, C-33/65. *Dekker,* Slg. 1965, 1111; EuGH, Urteil vom 30.06.1966, C-61/65, *Vaassen-Göbbels,* Slg. 1966, 377, S. 603 f. Zur Zusammenrechnung von Rentenanwartschaftszeiten: EuGH, Urteil vom 13.07.1966, C-4/66, *Hagenbeek,* Slg. 1966, 617. Zur autonomen Rentenberechnung: EuGH, Urteil vom 05.07.1967, C-1/67, *Ciechelsky,* Slg. 1967, 235; EuGH, Urteil vom 05.07.1967, C-2/67, *de Moor,* Slg. 1967, 255; EuGH, Urteil vom 05.07.1967, C-9/67, *Colditz,* Slg. 1967, 297; EuGH, Urteil vom 10.11.1971, C-27/71, *Keller,* Slg. 1971, 885. Zur Zusammenrechnung von Zeiten zur Bestimmung der Höhe von Sozialversicherungsleistungen: EuGH, Urteil vom 10.11.1971, C-26/71, *Groß,* Slg. 1971, 871; EuGH, Urteil vom 10.11.1971, C-28/71, *Höhn,* Slg. 1971, 893. Zu gleichgestellten Zeiten: EuGH, Urteil vom 05.12.1967, C-14/67, *Welchner,* Slg. 1967, 427; EuGH, Urteil vom 06.06.1972, C-2/72, *Murru,* Slg. 1972, 333. Zur Umrechnung von Zeiten: EuGH, Urteil vom 30.11.1967, C-18/67, *Cossutta,* Slg. 1967, 399. Zur Anwendbarkeit der VO Nr. 3 aus 1958 auch auf beitragsunabhängige Leistungen: EuGH, Urteil vom 07.05.1969, C-28/68, *Torrekens,* Slg. 1969, 125; EuGH, Urteil vom 22.06.1972, C-1/72, *Frilli,* Slg. 1972, 457. Zum sachlichen Anwendungsbereich (Leistungen bei Krankheit), EuGH, Urteil vom 16.11.1972, C-14/72, *Heinze,* Slg. 1972, 1105. Zur Möglichkeit der Beschränkung von Leistungen: EuGH, Urteil vom 10.12.1969, C-34/69, *Duffy,* Slg. 1969, 597. Zur Entsendung von Arbeitnehmern: EuGH, Urteil vom 17.12.1970, 35/70, *Manpower,* Slg. 1970, 1251. Vgl. auch *Wallrabenstein,* in: Enzyklopädie Europarecht, Bd. 7, Europäisches Arbeits- und Sozialrecht, 867 (869).

107 Vgl. *Wallrabenstein,* in: Enzyklopädie Europarecht, Bd. 7, Europäisches Arbeits- und Sozialrecht, 867 (870).

Arbeitnehmerfreizügigkeit ableitenden Harmonisierungsbedarf einerseits und andererseits dem zwischenstaatlichen Ansatz des Koordinierungsrechts, welches die Autonomie der einzelnen Mitgliedstaaten bei der Ausgestaltung der Systeme sozialer Sicherheit wahrt.[108]

Ein weiterer gravierender Einschnitt für die Koordinierung der sozialen Sicherheit waren die Beitritte weiterer Mitgliedstaaten. Insbesondere durch den Beitritt des Vereinigten Königreichs, Irlands und Dänemarks wurde die Koordinierung weitaus komplexer. Bis dahin regelten alle Mitgliedstaaten ihre Sozialsysteme nach dem Bismarck'schen Modell; nun kamen Staaten hinzu, die ihre Sozialsysteme nach dem Beveridge-Modell organisiert hatten.[109] Beim Beveridge-Modell ist nicht die Erwerbseigenschaft des Bedürftigen entscheidend, sondern es wird ein Einwohnersicherungssystem angewandt. In Bezug auf die Koordinierung solcher Systeme kommt es somit nicht auf die Portabilität von Versicherungszeiten oder die Exportierbarkeit von Geldleistungen an, wie es bei Systemen nach dem Bismarck'schen Modell der Fall war. Vielmehr war hier die Gleichstellung Zugewanderter mit den Einwohnern des Sicherungssystems entscheidend. Insbesondere auf dem Gebiet der besonderen beitragsunabhängigen Geldleistungen wurde das Spannungsverhältnis deutlich. Diese werden beitragsunabhängig, das heißt aus Steuermitteln finanziert, knüpfen mit ihrem sachlichen Anwendungsbereich jedoch an die klassisch durch das Koordinierungsrecht geregelten Sachverhalte an.[110]

Aufgrund der durch die in der 1. Phase neu eingeführten Regelungen, welche nur einen privilegierten Personenkreis erfassten, wurden in der 2. Phase insbesondere die Rechte der Arbeitnehmer und Erwerbstätigen gestärkt, indem man vorhandene Regelungslücken schloss, den Anwendungsbereich der Koordinierungsregelungen erweiterte und versuchte, die unterschiedlichen Modelle der Sozialsysteme in die unionsrechtlichen Koordinierungsregeln miteinzubeziehen. Eine Ausweitung auf alle Unionsbürger, unabhängig von ihrem Status als Erwerbstätige oder Nichterwerbstätige, fand hingegen noch nicht statt.

---

108 Vgl. *Wallrabenstein*, in: Enzyklopädie Europarecht, Bd. 7, Europäisches Arbeits- und Sozialrecht, 867 (870).

109 Vgl. für die Unterscheidung beider Systeme: *Eichenhofer*, NZS 1997, 97 (100 f.).

110 Vgl. Art. 70 II VO (EG) 883/2004; vgl. auch: *Fuchs*, in: *Fuchs*, Europäisches Sozialrecht, Art. 70 VO (EG) 883/2004. Vgl. für die „besonderen beitragsunabhängigen Geldleistungen“ der VO (EWG) 1408/71: *Beschorner*, ZESAR 2008, 320 (322 f.).

3. Dritte Phase: Einbeziehung aller Unionsbürger

Aufgrund der starken Ausweitung des Koordinierungsrechts und der mit der Erweiterung der EWG einhergehenden Konfrontation mit anderen Systemen sozialer Absicherung in der zweiten Phase, musste eine Vereinfachung des bisherigen Koordinierungsrechts stattfinden.[111] Gerade die extensive Rechtsprechung des EuGH,[112] dessen Entscheidungen die bisher vorhandenen Regeln konkretisierten und ausgestalteten, machte eine Neukodifizierung notwendig.

Daneben spielte die politische Neuausrichtung der EWG hin zu einer Europäischen Union und der damit einhergehenden angemahnten Institutionalisierung der „Europäischen Bürgerschaft" eine entscheidende Rolle.[113] Gerade die Einführung der Unionsbürgerschaft änderte das Grundverständnis von einem reinen Marktbürger zu einer vom Markt losgelösten Unionsbürgerschaft. Zwar wurde schon zu Beginn der 70er Jahre der Begriff „Le citoyen à la une de l'Europe"[114] verwendet.[115] Einzug in die unionsrechtlichen Verträge erhielt der Begriff des Unionsbürgers jedoch erst mit dem Vertrag von Maastricht (1993).[116]

Die Unionsbürgerschaft war zu Beginn eher noch eine Randerscheinung, welche keine ausschlaggebende Rolle für den einzelnen Unionsbürger spielte.[117] Sie entwickelte sich nach und nach jedoch zu einem grundlegenden Status, welcher in allen Bereichen des EU-Rechts Wirkung entfaltete.[118] Dabei sprach man dem Unionsbürger seine Rechte nicht nur aufgrund seiner ökonomischen Funktion

---

111 Siehe 3. Erwägungsgrund VO (EG) 883/2004.

112 S.o. C.III.2.

113 Vgl. *Hobe,* Der Staat 1993, 245; vgl. auch: *Wollenschläger,* Grundfreiheit ohne Markt, S. 90 ff.; sowie: *Wollenschläger,* ZEuS 2009, 1 (20).

114 *Lhoest,* Revue du Marché Commun 1975, 431 (431).

115 Vgl. *Wollenschläger,* ZEuS 2009, 1 (2).

116 Vgl. *Wollenschläger,* ELJ 2011, 1 (1).

117 So bezeichnete Joseph H.H. Weiler die Unionsbürgerschaft als „little more than a cynical exercise in public relation on the part of the High Contracting Parties"; vgl. *Weiler,* Revue du Marché Unique Européen 3 1969, 35 (36); vgl. für die kritische Betrachtung der Unionsbürgerschaft: *Weiler,* in: Reforming the Treaty on European Union, 57 (65 ff.); vgl. dazu: *Kokott,* in: FS für Christian Tomuschat, 207 (207 f.).

118 Vgl. für die Entwicklung der Unionsbürgerschaft: *Nettesheim,* JZ 2011, 1030; *Elsmore/Starup,* Yearbook of European Law 2007, 57; sowie: *Schönberger,* Unionsbürger. Für *Tomuschat,* in: Europäische Demokratie, 73 (74), ist die Unionsbürgerschaft eine der bedeutsamsten Errungenschaften des Vertrages von Maastricht; vgl. dazu auch: *Kokott,* in: FS für Christian Tomuschat, 207 (207); vgl. ferner: *O'Keeffe,* in: Legal Issues of the Maastricht Treaty, 87 (106), für den die Besonderheit der Unionsbürgerschaft in den Versprechen dieser für die Zukunft liegt.

als Erwerbstätiger zu. Auch eine vorherige Erwerbstätigeneigenschaft oder eine Familienzugehörigkeit zu einem Erwerbstätigen waren nicht ausschlaggebend. Vielmehr verlieh der Unionsbürgerstatus als solcher direkt subjektive Rechte. So bezeichnete der EuGH den Unionsbürgerstatus dann auch als den „grundlegenden Status der Angehörigen der Mitgliedstaaten".[119]

Die Koordinierungsregelungen, allen voran die VO (EG) 883/2004[120], welche die VO (EWG) 1408/71[121] ablöste,[122] setzten die geplante Neuausrichtung und die mit ihr einhergehende Aufwertung der Unionsbürgerschaft jedoch nicht konsequent um. Zwar legt der persönliche Anwendungsbereich der VO (EG) 883/2004 fest, dass es lediglich auf die Staatsangehörigkeit des Leistungsempfängers als solche ankommt und nicht etwa auf seine Eigenschaft als Arbeitnehmer.[123] Der sachliche Anwendungsbereich bezieht sich allerdings weiterhin nur auf die „klassischen" Systeme sozialer Sicherheit, welche beitragsfinanziert sind und somit lediglich von Arbeitnehmern im Rahmen der Sozialversicherung geleistet und bereitgestellt werden.[124] Eine Ausnahme stellen im Rahmen der Koordinierung die besonderen beitragsunabhängigen Geldleistungen dar. Diese können nur unter strengen Voraussetzungen in den sachlichen Anwendungsbereich des Koordinierungsrechts fallen.[125] Gleichwohl werden hier, wie

---

119 EuGH, Urteil vom 20.09.2001, C-184/99, *Grzelczyk*, Slg. 2001, I-6193. Rn. 31; eine ausführliche Urteilsbesprechung dazu: *Höfler*, NVwZ 2002, 1206; sowie: *Letzner*, JuS 2003, 118; *Obwexer*, EuZW 2002, 52; und *Streinz*, JuS 2002, 387. Sowie: EuGH, Urteil vom 17.09.2002, C-413/99, *Baumbast und R*, Slg. 2002, I-7091, Rn. 82; EuGH, Urteil vom 02.10.2003, C-148/02, *Garcia Avello*, Slg. 2003, I-11613, Rn. 22; EuGH, Urteil vom 19.10.2004, C-200/02, *Zhu und Chen*, Slg. 2004, I-9925, Rn. 25; EuGH, Urteil vom 02.03.2010, C-135/08, *Rottmann*, Slg. 2010 I-1449, Rn. 43; EuGH, Urteil vom 08.03.2011, C-34/09, *Zambrano*, Slg. 2011, I-1177, Rn. 41; kritisch im Rahmen des Staatsangehörigen- und Aufenthaltsrechts dazu: *Schoch*, in: FS für Kay Hailbronner, 355 (358 ff.).

120 Verordnung (EG) Nr. 883/2004 des Europäischen Parlamentes und des Rates vom 29. April 2004 zur Koordinierung der Systeme der sozialen Sicherheit, Abl Nr. L 166 v. 30.04.2004, S. 1–123.

121 Verordnung (EWG) Nr. 1408/71 des Rates vom 14. Juni 1971 zur Anwendung der Systeme der sozialen Sicherheit auf Arbeitnehmer und Selbstständige sowie deren Familienangehörige, die innerhalb der Gemeinschaft zu- und abwandern, Abl. Nr. L 149 v. 05.07.1971, S. 2–50.

122 Vgl. 3. Erwägungsgrund VO (EG) 883/2004.

123 Vgl. Art. 2 VO 883/2004/EG.

124 Vgl. *Fuchs*, in: *Fuchs*, Europäisches Sozialrecht, Art. 3 VO (EG) 883/2004, Rn. 3, 7; vgl. ferner: *Giesen*, ZESAR 2015, 193 (198).

125 Vgl. Art. 70 VO (EG) 883/2004.

bei vorherigen Koordinierungsregeln auch, zwei Ziele verfolgt: Zum einen sollen die Anwartschaftszeiten für Leistungen sozialer Sicherheit weiterhin zusammengerechnet werden können.[126] Zum anderen wird die Exportierbarkeit besonderer beitragsunabhängiger Geldleistungen ausgeschlossen.[127]

Insbesondere durch den doch sehr beengten sachlichen Anwendungsbereich sind auch weiterhin nur erwerbstätige Unionsbürger vor sozialen Risiken geschützt. Durch den Ausschluss gerade der besonderen beitragsunabhängigen Geldleistungen, welche klassisch die Unterstützungsleistungen für Nichterwerbstätige umfassen,[128] erhalten nichterwerbstätige Unionsbürger, oder solche, die ihren Status nicht von einem Erwerbstätigen ableiten können, kaum sozialen Schutz.

4. Ausweitung des Diskriminierungsverbotes

Aufgrund dessen wurde versucht, nichterwerbstätigen Unionsbürgern über das Diskriminierungsverbot weitere soziale Rechte einzuräumen. Das Diskriminierungsverbot ist in diesen Konstellationen an das Freizügigkeitsrecht des entsprechenden Unionsbürgers gebunden.[129] Voraussetzung ist folglich, dass sich der potentielle Leistungsempfänger nur auf das Diskriminierungsverbot berufen kann, wenn er ein Freizügigkeitsrecht innehat.

a) Ausgangspunkt Marktbürger

Schon zu Beginn der Gründung der EWG wurde die Notwendigkeit erkannt, den Wanderarbeitnehmer in das Koordinierungsrecht einzubeziehen.[130] Deshalb wurden parallel dazu im Rahmen des Diskriminierungsverbotes die „Annexrechte“ des Marktbürgers ausgebaut.[131] Gerade durch die Anerkennung der

---

126 Vgl. Art. 6 VO (EG) 883/2004.

127 Art. 70 i.V.m. Art. 7 VO (EG) 883/2004.

128 Vgl. *Beschorner*, ZESAR 2008, 320 (322 ff.); sowie: *Weber*, in: Enzyklopädie Europarecht, Bd. 7, Europäisches Arbeits- und Sozialrecht, 1087 (1090).

129 EuGH, Urteil vom 12.05.1998, C-58/96, *Martínez Sala*, Slg. 1998, I- 2691, Rn. 63; EuGH, Urteil vom 23.10.2007, C-11/06 u. C-12/06, *Morgan*, Slg. 2007, I-9161, Rn. 23; EuGH, Urteil vom 16.12.2008, C-524/06, *Huber*, Slg. 2008, I-9705, Rn. 71; EuGH, Urteil vom 13.04.2010, C-73/08, *Bressol*, Slg. 2010, I-2735, Rn. 31; vgl. auch: *Epiney*, in: *Calliess/Ruffert*, EUV/AEUV Kommentar, Art. 18 AEUV, Rn. 24; sowie ferner: *Hailbronner*, JZ 2014, 869 (874).

130 S.o. C.III.1.

131 So wurde von vornherein erkannt, dass es sich nicht nur um ein bloßes Freizügigkeitsrecht handelte, sondern dieses auch mit einem Diskriminierungsverbot verknüpft war; vgl. *Hallstein*, Die Europäische Gemeinschaft, S. 203.

direkten Wirkung der Marktfreiheiten auch für einzelne Individuen[132] wurde eine neue Rechtspersönlichkeit in Form des Marktbürgers geschaffen.[133] Durch die Einführung der Marktfreiheiten wurden die Beschränkungen aufgehoben, welche es dem ausländischen Erwerbstätigen versagten, einer Tätigkeit nachzugehen, oder ihm den Zugang zum nationalen Arbeitsmarkt im Vergleich zu Staatsangehörigen des Aufnahmestaates schwerer machten.[134] Die Aufhebung der Beschränkungen für ausländische Erwerbstätige begrenzte sich jedoch nicht nur auf den direkten Zugang zum Arbeitsmarkt. Nach und nach wurden weitere Bereiche mit Bezug zur Erwerbstätigkeit aufgrund der Arbeitnehmer- und Niederlassungsfreiheit für ausländische Erwerbstätige zugänglich gemacht. So zum Beispiel die Pflicht, im Verhältnis zu einheimischen Erwerbstätigen gleiche Entlohnung zu zahlen sowie gleichwertige Arbeitsbedingungen zu schaffen, aber auch gleiche steuerliche Vorteile zu gewähren.[135]

Im Rahmen des Diskriminierungsverbotes wurde stets ein Bezug der in Frage stehenden Regelungen zur Erwerbstätigkeit gefordert. Nach und nach schloss das Diskriminierungsverbot nun auch Regelungen mit ein, welche nicht direkt im Zusammenhang mit der Erwerbstätigkeit des Unionsbürgers standen. Letztlich wurden auch soziale Leistungen umfasst.[136] Grundvoraussetzung war auch hier weiterhin, dass der entsprechende Unionsbürger erwerbstätig war. Gewährleistet wurden dann alle Leistungen, die, „ob sie an einen Arbeitsvertrag anknüpfen oder nicht, den inländischen Arbeitnehmern im allgemeinen hauptsächlich wegen deren objektiver Arbeitnehmereigenschaft oder einfach wegen ihres Wohnsitzes im Inland gewährt werden und deren Ausdehnung auf die Arbeitnehmer, die Staatsangehörige eines anderen Mitgliedstaats sind, deshalb als geeignet erscheint, deren Mobilität innerhalb der Gemeinschaft zu fördern“[137].

---

132 EuGH, Urteil vom 05.02.1963, C-26/62, *van Gend en Loos,* Slg. 1963, 3, S. 25.

133 Vgl. *Ipsen,* Europäisches Gemeinschaftsrecht, S. 187; sowie: *Ipsen/Nicolaysen,* NJW 1964, 339 (340); *Oppermann,* in: Lüneburger Symposium für Hans Peter Ipsen, 87 (88); vgl. dazu auch: *Kokott,* in: FS für Christian Tomuschat, 207 (209).

134 Vgl. *Wollenschläger,* ZEuS 2009, 1 (11); vgl. auch: *Krebber,* in: Enzyklopädie Europarecht, Bd. 4, Europäisches Wirtschaftsordnungsrecht, 121 (139).

135 EuGH, Urteil vom 12.02.1974, C-152/73, *Sotgiu,* Slg. 1974, 153, Rn. 9; EuGH, Urteil vom 12.03.1998, C-187/96, *Kommission/Griechenland,* Slg. 1998, I-1095, Rn. 23; EuGH, Urteil vom 08.05.1990, C-175/88, *Biehl,* Slg. 1990, I-1779, Rn. 12; vgl. auch: *Brechmann,* in: *Calliess/Ruffert,* EUV/AEUV Kommentar, Art. 45 AEUV, Rn. 61, 64 f.

136 Vgl. *Hallstein,* Die Europäische Gemeinschaft, S. 203 f.; vgl. auch: *Krebber,* in: Enzyklopädie Europarecht, Bd. 4, Europäisches Wirtschaftsordnungsrecht, 121 (144).

137 EuGH, Urteil vom 31.05.1979, C-207/78, *Even,* Slg. 1979, 2019, para 22.

Der EuGH ging schließlich noch einen Schritt weiter und baute das Diskriminierungsverbot zu einem umfassenden Recht aus und löste sich immer mehr vom ökonomischen Aspekt der in Frage stehenden Regelungen.[138] So stellte der EuGH fest, dass es sich bei der Inländergleichbehandlung um einen „generellen Ansatz“ handele.[139] In Folge dessen wurden nun auch private Lebensbereiche miteinbezogen.[140]

Parallel dazu verlief die Entwicklung des Diskriminierungsverbotes für Selbstständige im Rahmen der Niederlassungsfreiheit.[141] Sowohl Arbeitnehmern als auch Selbstständigen wurde nun eine Gleichstellung mit vergleichbaren inländischen Personengruppen in allen Lebensbereichen zugesprochen und die Annexrechte erwerbstätiger Unionsbürger wurden weit ausgelegt.[142] Dies scheint nur konsequent, da alle erwerbstätigen Personengruppen durch ihre ökonomische Tätigkeit und durch die Zahlung von Steuern selbst einen Beitrag zur Förderung des Aufnahmestaates leisten.

b) Loslösung vom Marktbezug der Unionsbürgerschaft

Zuerst wurde nur die Gleichstellung des erwerbstätigen Unionsbürgers vorangetrieben. Im Unterschied dazu glich der EuGH, insbesondere nach Inkrafttreten des Vertrages von Maastricht, die Rechte nichterwerbstätiger Unionsbürger mit vergleichbaren inländischen Personengruppen nach und nach an.

Nach der politischen Neuausrichtung im Zuge des Vertrags von Maastricht änderte auch der EuGH seine Rechtsprechung und stärkte nun den Unionsbürger, unabhängig davon, ob er einer wirtschaftlichen Tätigkeit nachging oder nicht.[143] Die herausragende Errungenschaft war hierbei die Unionsbürgerschaft, die zwar

---

138 Vgl. *Wollenschläger*, ELJ 2011, 1 (5).

139 EuGH, Urteil vom 14.07.1977, C-8/77, *Sagulo et al*, Slg. 1977, 1495, Rn. 12. Deutlicher in der englischen Sprachfassung, wo es heißt: „community law ... is based on the freedom of movement to persons and, apart from certain exceptions, on the general application of the principle of equal treatment with nationals“; vgl. auch: *Wollenschläger*, ELJ 2011, 1 (5).

140 EuGH, Urteil vom 07.03.1996, C-334/94, *Kommission/Frankreich*, Slg. 1969, I-1307, Rn. 20 ff.; EuGH, Urteil vom 12.06.1997, C-151/96, *Kommission/Irland*, Slg. 1997, I-3327, Rn. 13 ff.

141 EuGH, Urteil vom 10.03.1993, C-111/91, *Kommission/Luxemburg*, Slg. 1993, I-817, Rn. 17; EuGH, Urteil vom 30.05.1989, C-305/87, *Kommission/Griechenland*, Slg. 1989, 1461, Rn. 21 ff.; vgl. auch: *Wollenschläger*, ELJ 2011, 1 (5).

142 Vgl. *Devetzi*, EuR 2014, 638 (643).

143 Vgl. *Almhofer*, ZEuS 2015, 95 (96).

genetisch und grammatikalisch ein „qualitatives Minus“ zur nationalen Staatsbürgerschaft darstellte,[144] jedoch nach und nach immer mehr auf die einzelnen Mitgliedstaaten einwirkte.[145] So begann der EuGH seine doch sehr umfangreiche Rechtsprechung zum Diskriminierungsverbot bei nichterwerbstätigen Unionsbürgern mit der Entscheidung in der Rs. *Martínez Sala*[146] vom 12.05.1998 und entwickelte diese in einer Vielzahl von Entscheidungen[147] weiter.[148] Die sozialen

---

144 Vgl. *Hailbronner,* in: Staatsangehörigkeitsrecht, Rn. 18; sowie: *Hobe,* Der Staat 1993, 245 (257).

145 Vgl. *Schmahl,* in: FS für Kay Hailbronner, 339 (340).

146 EuGH, Urteil vom 12.05.1998, C-85/96, *Martínez Sala,* Slg. 1998, I-2691; vgl. *Montero,* in: The Past and Future of EU Law, 394; sowie: *Shaw,* in: The Past and Future of EU Law, 356; vgl. auch: *Tomuschat,* CMLR 2000, 449. Vgl. für eine kritische Betrachtung der Entscheidung: *Hailbronner,* NJW 2004, 2185; und *Hailbronner,* ZaöRV 2004, 603 (607 f.); *Hailbronner,* JZ 2005, 1138 (1139); sowie: *Menéndez,* in: The Past and Future of EU Law, 363.

147 EuGH, Urteil vom 24.11.1998, C-274/96, *Bickel und Franz,* Slg. 1998, I-7637; EuGH, Urteil vom 20.09.2001, C-184/99, *Grzelczyk,* Slg. 2001, I-6193; EuGH, Urteil vom 21.09.1999, C-378/97, *Wijsenbeek,* Slg. 1999, I-6207; EuGH, Urteil vom 23.11.2000, C-135/99, *Elsen,* Slg. 2000, I-10409; EuGH, Urteil vom 11.07.2002, C-224/98, *D'Hoop,* Slg. 2002, I-6191; EuGH Urteil vom 17.09.2002, C-413/99, *Baumbast und R,* Slg. 2002, I-7091; EuGH, Urteil vom 02.10.2003, C-148/02, *Avello,* Slg. 2003, I-11613; EuGH, Urteil vom 23.03.2004, C-138/02, *Collins,* Slg. 2004, I-2703; EuGH, Urteil vom 29.04.2004, C-224/02, *Pusa,* Slg. 2004, I-5763; EuGH, Urteil vom 07.09.2004, C-456/02, *Trojani,* Slg. 2004, I-7573; EuGH, Urteil vom 19.10.2004, C-200/02, *Zhu/Chen,* Slg. 2004, I-9925; EuGH, Urteil vom 15.03.2005, C-209/03, *Bidar,* Slg. 2005, I-2119; EuGH, Urteil vom 12.07.2005, C-403/03, *Schempp,* Slg. 2005, I-6421; EuGH, Urteil vom 15.09.2005, C-258/04, *Ioannidis,* Slg. 2005, I-8275; EuGH, Urteil vom 27.04.2006, C-96/94, *Standesamt Niebüll,* Slg. 2006, I-3561; EuGH, Urteil vom 18.07.2006, C-406/04, *De Cuyper,* Slg. 2006, I-6947; EuGH, Urteil vom 26.10.2006, C-192/05, *Tas-Hagen,* Slg. 2006, I-10451; EuGH, Urteil vom 09.11.2006, C-520/04, *Turpeinen,* Slg. 2006, I-10685; EuGH, Urteil vom 11.09.2007, C-76/05, *Schwarz u. Gootjes-Schwarz,* Slg. 2007, I-6849; EuGH, Urteil vom 04.06.2009, C-22/08, *Vatsouras/Koupatantze,* Slg. 2009, I-4585; vgl. dazu: *Stewen,* Die Entwicklung des allgemeinen Freizügigkeitsrechts der Unionsbürger und seiner sozialen Begleitrechte; vgl. ferner: *Domröse/Kubicki,* EuR 2008, 873; *Hailbronner,* ZaöRV 2004, 603 (606 ff.); und *Husmann,* NZS 2009, 547. Sowie die neueren Entscheidungen: EuGH, Urteil vom 19.09.2013, C-140/12, *Brey,* NZS 2014, 20 ff.; EuGH, Urteil vom 11.11.2014, C-333/13, *Dano,* NJW 2015, 145 ff.; EuGH, Urteil vom 15.09.2015, C-67/14; *Alimanovic,* NJW 2016, 555 ff.; EuGH, Urteil vom 25.02.2016, C-299/14, *García Nieto,* NJW 2016, 1145 ff.

148 Vgl. *Wollenschläger,* Grundfreiheit ohne Markt, S. 3 f.

Rechte wurden dabei stets auf Grundlage der Art. 18 AEUV i.V.m. Art. 21 AEUV[149] gewährt.[150] Jeder Unionsbürger, der von seinem Freizügigkeitsrecht Gebrauch macht, könne sich im Falle einer Ungleichbehandlung allein schon aufgrund seiner Unionsbürgerschaft direkt auf das Diskriminierungsverbot berufen.[151] Grundvoraussetzung war hierbei jedoch immer, dass der entsprechende Unionsbürger ein Aufenthaltsrecht innehat und er sich so auf seine Freizügigkeit berufen kann. Dies erscheint nur logisch, da das Diskriminierungsverbot des Art. 18 AEUV gerade dann betroffen ist, wenn dies dem Schutz der Freizügigkeit des Unionsbürgers aus Art. 21 AEUV dient.[152]

c) Rückkehr zum Marktbürger

Gerade hier setzte der EuGH in seiner neueren Rechtsprechung an und änderte seine bis dahin auf Ausweitung des Diskriminierungsverbotes angelegte Rechtsprechung, indem er deutlich machte, dass ein Sozialleistungsbezug nichterwerbstätiger Unionsbürger nicht grenzenlos bestehen könne. In den Rs. *Dano*[153] und *Alimanovic*[154] verneinte der EuGH eine Verletzung des Diskriminierungsverbotes gegenüber den betroffenen Personen und erachtete die Verweigerung der Behörden, Leistungen der sozialen Vergünstigung zu erbringen, für rechtmäßig. Der EuGH interpretierte das Freizügigkeitsrecht aus Art. 21 AEUV und das mit diesem einhergehende Diskriminierungsverbot aus Art. 18 AEUV in diesen Fällen restriktiv und deutete damit eine Rückkehr zum Prinzip des „Marktbürgers" an.[155] Beide Verfahren hatten gemeinsam, dass jeweils die Unionsrechtskonformität des deutschen § 7 I Nr. 2 lit. b) SGB II im Mittelpunkt der Entscheidung stand, welcher pauschal Ausländer von Leistungen der Sozialhilfe

---

149 Bzw. aufgrund der Vorgängerregelungen Art. 12 u. Art. 18 EGV.

150 Vgl. *Felten,* DRdA 2012, 461 (464).

151 EuGH, Urteil vom 17.09.2002, C-413/99, *Baumbast und R,* Slg. 2002, I-7091; vgl. auch: *Felten,* DRdA 2012, 461 (464).

152 Vgl. *von Bogdandy,* in: *Grabitz/Hilf/Nettesheim,* Das Recht der Europäischen Union, Art. 18 AEUV, Rn. 41; *Epiney,* in: *Calliess/Ruffert,* EUV/AEUV Kommentar, Art. 18 AEUV, Rn. 18; vgl. auch: *Hobe,* Europarecht, S. 170; und: *Holoubek,* in: *Schwarze* u. a., EU-Kommentar, Art. 18 AEUV, Rn. 25; sowie: *Streinz,* in: *Streinz,* EUV/AEUV Kommentar, Art. 18 AEUV, Rn. 22.

153 EuGH, Urteil vom 11.11.2014, *Dano,* NJW 2015, 145 ff.

154 EuGH, Urteil vom 15.09.2015, C-67/14, *Alimanovic,* NJW 2016, 555 ff.

155 Vgl. *Kingreen,* NVwZ 2015, 1503; *Kötter,* info-also 2016, 3 (4); sowie: *Thym,* NJW 2015, 130.

ausschloss, deren Aufenthaltsrecht sich lediglich aus einer Arbeitssuche ergab.[156] Der Unterschied zwischen beiden Verfahren bestand in dem unterschiedlichen Grad der Integration beider Leistungsempfänger in den deutschen Arbeitsmarkt. Zu beachten ist hierbei, dass § 7 I 2 SGB II den Art. 24 II RL 2004/38/EG[157] in deutsches Recht umsetzt.[158] Letzterer regelt, dass das Diskriminierungsverbot des Art. 24 I RL 2004/38/EG den „Aufnahmemitgliedstaat jedoch nicht verpflichtet, anderen Personen als Arbeitnehmern oder Selbstständigen, Personen, denen dieser Status erhalten bleibt, und ihren Familienangehörigen während der ersten drei Monate des Aufenthalts oder gegebenenfalls während des längeren Zeitraums nach Art. 14 Absatz 4 Buchstabe b einen Anspruch auf Sozialhilfe oder vor Erwerb des Rechts auf Daueraufenthalt Studienbeihilfen, einschließlich Beihilfen zur Berufsausbildung, in Form eines Stipendiums oder Studiendarlehens, zu gewähren". Art. 24 II RL 2004/38/EG umfasst somit insbesondere solche Unionsbürger, die lediglich ein Aufenthaltsrecht aufgrund ihrer Arbeitssuche innehaben.[159] Gerade die Absolutheit des Art. 24 II RL 2004/38/EG lässt an der Primärrechtskonformität der Norm zweifeln.[160] In diesem Zusammenhang kann ein Grundsatz der sozialen Vergünstigung ein wichtiges Auslegungskriterium sein, um die Vereinbarkeit des Art. 24 II RL 2004/38/EG mit Primärrecht herauszuarbeiten.

---

156 Schon damals kritisch in Bezug auf die Unionsrechtskonformität: *Schreiber,* info-also 2008, 3 (5 ff.); vgl. auch: *Eichenhofer,* ZESAR 2012, 357; *Hofmann/Kummer,* ZESAR 2013, 199; *Kötter,* info-also 2013, 243 (248 ff.). Siehe ausführlich zu dem Kreis der Leistungsberechtigten des SGB II, jedoch vor den aktuellen Entscheidungen des EuGH: *Zimmermann,* NJ 2011, 137.

157 Richtlinie 2004/38/EG des Europäischen Parlamentes und des Rates vom 29. April 2004 über das Recht der Unionsbürger und ihrer Familienangehörigen, sich im Hoheitsgebiet der Mitgliedstaaten frei zu bewegen und aufzuhalten, zur Änderung der Verordnung (EWG) Nr. 1612/68 und zur Aufhebung der Richtlinien 64/221/EWG, 68/360/EWG, 72/194/EWG, 73/148/EWG, 75/34/EWG, 75/35/EWG, 90/364/EWG, 90/365/EWG und 93/96/EWG, Abl. Nr. L 158 v. 30.04.2004, S. 77–123.

158 BT-Drucks 16/688, S. 13; vgl. auch: *Frings,* in: Arbeitsmarktintegration und Integrationspolitik, 23 (28). Ein Großteil der RL 2004/38/EG wurde in Deutschland durch das FreizügG/EU umgesetzt, vgl. dazu: *Brinkmann,* ZAR 2014, 213; *Groß,* ZAR 2005, 81; und: *Groß,* ZAR 2006, 61; sowie: *Tewocht,* ZAR 2013, 221. Kritisch zur deutschen Umsetzung der Freizügigkeitsrichtlinie: *Frenz/Kühl,* ZESAR 2007, 315.

159 Vgl. Art. 14 IV RL 2004/38/EG.

160 Vgl. für eine kritische Auseinandersetzung: *Kötter,* info-also 2016, 3 (4 ff.); *Frings/Steffen,* in: Gerechtigkeit in der Migrationsgesellschaft, 195 (199 f.); *Wunder,* SGb 2015, 620 (621).

aa) Rs. Dano

Den Anfang der neueren Rechtsprechung leitete das Urteil des EuGH in der Rs. *Dano* ein. Dem Urteil lag folgender Sachverhalt zugrunde: Die rumänische Staatsangehörige *Dano* zog mit ihrem minderjährigen Sohn im November 2010 von Rumänien nach Deutschland und lebte dort mit ihrer Schwester in deren Wohnung. Frau *Dano*, die lediglich eine rudimentäre, dreijährige Schulausbildung in Rumänien genossen hatte und keinen Schulabschluss besaß, kaum Deutsch sprach und keinen Beruf erlernt hatte, war bis dahin weder in Rumänien noch in Deutschland einer Erwerbstätigkeit nachgegangen. In Deutschland bemühte Frau *Dano* sich nicht, eine Arbeitsstelle zu finden. Anfang 2012 beantragte Frau *Dano* Leistungen der sozialen Vergünstigung in Form von Grundsicherungsleistungen für sich und ihren Sohn; dieses Ersuchen wurde vom zuständigen Jobcenter abgelehnt. Das im Anschluss an die darauf hin erhobene Klage zuständige Sozialgericht setzte das Verfahren aus und legte dem EuGH den Sachverhalt zur Vorabentscheidung vor. Das Sozialgericht zweifelte unter anderem an, ob unter Unionsrecht Mitgliedstaaten bedürftige Unionsbürger von Leistungen der sozialen Vergünstigung ausschließen dürfen. Das vorlegende Sozialgericht befürchtete eine Verletzung der Art. 18 und 20 II AEUV in Verbindung mit Art. 24 II RL 2004/38 durch die Verweigerung der Mitgliedstaaten, soziale Vergünstigungen an nichterwerbstätige Unionsbürger zu leisten.

Der EuGH stellte hier nochmals heraus, dass das Diskriminierungsverbot an das Vorliegen eines Aufenthaltsrechtes geknüpft sei.[161] Aufgrund der Tatsache, dass Frau *Dano* nie einer Erwerbstätigkeit nachgegangen war, sich selbst nicht um Arbeit bemühte und auch die Aussicht auf eine erfolgreiche Arbeitssuche in Folge der fehlenden Schul- und Berufsausbildung sehr gering war, verneinte der EuGH grundsätzlich schon das Vorliegen eines Aufenthaltsrechts. Hier lag für den EuGH ein eindeutiger Sachverhalt vor, da es keine Anhaltspunkte, welche für die Begründung eines Aufenthaltrechts von Frau *Dano* gesprochen hätten, gab. Frau *Dano* verfüge aufgrund der Beantragung nicht über die nach Art. 7 I lit. b) RL 2004/38/EG geforderten ausreichenden Existenzmittel, wodurch sie schon nicht in den Anwendungsbereich des Diskriminierungsverbotes gemäß Art. 24 I RL 2004/38/EG falle, welcher einen Aufenthalt auf Grund der RL 2004/38/EG voraussetzt.[162] Auch ein Freizügigkeitsrecht aus anderen Gründen kam hier nicht in Betracht. Hier konnte insbesondere offen bleiben, ob ein

161 EuGH, Urteil vom 11.11.2014, C-333/13, *Dano*, NJW 2015, 545 ff., Rn. 73 ff.

162 EuGH, Urteil vom 11.11.2014, C-333/13, *Dano*, NJW 2015, 545 ff., Rn. 81; vgl. auch: *Schreiber*, info-also 2015, 3 (4). Vgl. aber auch: *Fuchs*, ZESAR 2015, 95 (100), welcher

Aufenthaltsrecht aufgrund der Arbeitssuche vorlag oder nicht, da der Sachverhalt hier keine Anhaltspunkte für eine Arbeitssuche lieferte. Durch das Fehlen eines Freizügigkeitsrechts konnte der EuGH hier noch die Frage unbeantwortet lassen, wie das Diskriminierungsverbot sich zum Freizügigkeitsrecht von nichterwerbstätigen Unionsbürgern verhält.

bb) Rs. Alimanovic

In der auf die Rs. *Dano* folgenden Rs. *Alimanovic* war die Ausgangslage hingegen nicht so eindeutig. Frau *Alimanovic* beantragte Leistungen des Jobcenters in Deutschland für sich und ihre drei Kinder. Alle vier Personen waren schwedische Staatsangehörige. Die Familie war 1999 von Deutschland nach Schweden gezogen und im Juni 2010 wieder nach Deutschland zurückgekehrt. Nach der Rückkehr gingen sowohl Frau *Alimanovic* als auch ihre älteste Tochter unterschiedlichen kürzeren Beschäftigungen von insgesamt weniger als einem Jahr nach. Danach waren sie nicht mehr erwerbstätig. Anschließend gewährte das Jobcenter ihnen Leistungen der sozialen Vergünstigung über einen Zeitraum von sechs Monaten. In diesen sechs Monaten wurden beide noch als erwerbstätige Unionsbürger angesehen.[163] Nach Ablauf dieser sechs Monate stellte das Jobcenter die Zahlungen mit der Begründung ein, dass Frau *Alimanovic* und ihre Tochter als ausländische Arbeitsuchende, deren Aufenthaltsrecht sich allein aus dem Zwecke der Arbeitsuche ergebe, keinen weiteren Anspruch auf Leistungen der sozialen Vergünstigung hätten, da sie nicht mehr ernsthaft nach Arbeit suchen würden. Auch hier setzte das zuständige Gericht das Verfahren aus und rief den EuGH im Rahmen des Vorabentscheidungsverfahrens an.

Der EuGH erkannte zwar ein Aufenthaltsrecht zum Zweck der Arbeitssuche an, hielt jedoch auch Art. 24 II RL 2004/38/EG als die hier relevante Sekundärrechtsnorm für vereinbar mit dem Primärrecht. Aufgrund dessen konnte Frau *Alimanovic* der Bezug von Leistungen der sozialen Vergünstigung nach sechs Monaten verwehrt werden.[164] Ab dann galt sie nicht mehr als erwerbstätige

---

moniert, dass der EuGH keine Stellung bezüglich des Verhältnisses vom deutschen ALG II und der VO (EG) 883/2005 bezieht.

163 Vgl. Art. 7 III lit. c) RL 2004/38/EG, wonach die Erwerbstätigeneigenschaft mindestens sechs weitere Monate bestehen bleibt, wenn sich der Unionsbürger bei ordnungsgemäß bestätigter unfreiwilliger Arbeitslosigkeit nach Ablauf eines auf weniger als ein Jahr befristeten Arbeitsvertrags oder bei im Laufe der ersten zwölf Monate eintretender unfreiwilliger Arbeitslosigkeit dem zuständigen Arbeitsamt zur Verfügung stellt.

164 EuGH, Urteil vom 15.09.2015, C-67/14, *Alimanovic*, NJW 2016, 555 ff., Rn. 57.

Unionsbürgerin gemäß Art. 7 III lit. c) RL 2004/38/EG. Aber selbst wenn Frau *Alimanovic* und ihre Tochter unter die Voraussetzungen des Art. 7 III lit. b) RL 2004/38/EG fielen, wäre die Verwehrung der Leistungen der sozialen Vergünstigung rechtmäßig; es greife in diesen Fällen dann die Ausnahme vom Diskriminierungsverbot nach Art. 24 II RL 2004/38/EG.

Die Entscheidung des EuGH in der Rs. *Alimanovic* ist beachtlich. In der Rs. *Dano* ging man aufgrund des Fehlens irgendeiner Verbindung zum deutschen Arbeitsmarkt noch von einem Sonderfall aus, der kaum praktische Relevanz besaß.[165] Daher konnte der Zugang zu Leistungen der sozialen Vergünstigung noch nachvollziehbar verweigert werden. In der Rs. *Alimanovic* bestand hingegen eine Verbindung zum Arbeitsmarkt in Form der vorangegangenen Tätigkeiten von Frau *Alimanovic* und ihrer Tochter. Beide waren auch redlich bemüht, eine neue Arbeitsstelle zu finden. Umso erstaunlicher ist nun, dass der EuGH auch hier die Verweigerung des Leistungsbezugs für rechtmäßig erklärt.

cc) Fazit

In beiden Entscheidungen wird deutlich, dass der EuGH das Diskriminierungsverbot nicht unbegrenzt aufrechterhalten will. Vielmehr wird hier ein klarer Bezug zum Aufnahmestaat gefordert. Entscheidend ist immer noch das Vorliegen eines Aufenthaltsrechts. Ob der EuGH dadurch jedoch eine komplette „Rückkehr zum Marktbürgerstatus, der an wirtschaftliche, durch die Marktfreiheiten geschützte Aktivitäten gebunden ist“[166], vollzieht, scheint zweifelhaft. Zwar baut der EuGH die Rechte im Bereich der sozialen Vergünstigungen nichterwerbstätiger Unionsbürger nicht weiter aus. Eine direkte Verknüpfung mit ökonomischen Voraussetzungen wird jedoch nicht ersichtlich. Vielmehr rückt das Aufenthaltsrecht des Unionsbürgers in den Mittelpunkt. Die Berufung des EuGH auf Art. 24 II RL 2004/38/EG, welche den Ausschluss von Sozialleistungen arbeitsuchender Unionsbürger ohne Prüfung der Verhältnismäßigkeit vorsieht, scheint jedoch kritisch. Eine derartige Beschränkung könnte gegen das allgemeine Freizügigkeitsrecht der Unionsbürger aus Art. 20 II i.V.m. 21 AEUV verstoßen.[167] Hier

165 Vgl. *Kingreen,* NVwZ 2015, 1503 (1504) sowie: *Wollenschläger,* NVwZ 2014, 1628 (1631).

166 *Kötter,* info-also 2016, 3 (4). Vgl. ferner: *Janda,* ZRP 2016, 152 (154); sowie: *Kingreen,* NVwZ 2015, 1503.

167 Vgl. für eine kritische Auseinandersetzung mit der Frage nach der Primärrechtskonformität des Art. 24 II RL 2004/38/EG: *Kötter,* info-also 2016, 3 (4 ff.); sowie: *Wunder,* SGb 2015, 620 (621); In diese Richtung auch argumentierend: *Wollenschläger,* NVwZ

würde ein Prinzip der sozialen Vergünstigung letztlich die nötige Klarheit geben, ob Art. 24 II RL 2004/38/EG in dieser Ausgestaltung primärrechtskonform ist.

5. Fazit

Der Sozialleistungsbezug war zuerst örtlich sehr stark begrenzt und nur Staatsangehörigen vorbehalten.[168] Dies änderte sich durch das in die Sozialsysteme der einzelnen Mitgliedstaaten einziehende Territorialitätsprinzip, welches aufgrund ansteigender Zahlen bei den Wanderarbeitnehmern eingeführt wurde.[169] Die Staatsangehörigen sollten die Möglichkeit bekommen, ohne größere Nachteile von ihrer Mobilität Gebrauch zu machen.

Die steigende Relevanz des Territorialitätsprinzips wurde durch Supranationalisierungs- und Internationalisierungsprozesse, insbesondere durch die Gründung der EWG noch weiter vorangetrieben.[170] Hierbei rückte zuerst nur die Mobilität der erwerbstätigen Unionsbürger in den Fokus. Um den gemeinsamen Binnenmarkt zu stärken, musste gewährleistet sein, dass erwerbstätige Unionsbürger über die Staatsgrenzen hinweg einer Erwerbstätigkeit nachgehen konnten. Dafür war es unerlässlich, diesen auch Sozialleistungen zuzusprechen; was zuerst nur für die Erwerbstätigen im Rahmen des Koordinierungsrechts galt. Später wurden die vorhandenen Regeln aufgrund der ausführlichen EuGH-Rechtsprechung und den Konflikten mit den neu zur EWG hinzugekommenen Mitgliedstaaten angepasst. Erst durch den Vertrag von Maastricht und die Einführung der Unionsbürgerschaft änderte sich das Verständnis dahingehend, dass jeder Unionsbürger, ob erwerbstätig oder nicht, gewisse soziale Rechte innehatte. Infolge dessen wurden nun auch die nichterwerbstätigen Unionsbürger vom Koordinierungsrecht erfasst.

Parallel zum Koordinierungsrecht gewährte das Diskriminierungsverbot des heutigen Art. 18 i.V.m. Art. 21 AEUV jedem Unionsbürger sozialen Schutz. Diese „sekundäre Sozialpolitik“[171] wurde bis 2014 insbesondere vom EuGH vorangetrieben. Inzwischen wendet sich der EuGH jedoch von seiner doch sehr

---

2014, 1628 (1631); vgl. ferner: *Oberhäuser/Steffen,* ZAR 2017, 149 (150); *Schreiber,* NZS 2016, 847 (853).

168 S.o. C.I.

169 S.o. C.II.

170 Vgl. *Kingreen,* SGb 2013, 132 (139).

171 Vgl. *Zacher,* in: HdStR, Bd. II, 659 (769).

offenen Rechtsprechung in Bezug auf Sozialleistungen für nichterwerbstätige Unionsbürger wieder ab.[172]

Gerade beim Diskriminierungsverbot ist ein Freizügigkeitsrecht des entsprechenden Unionsbürgers die zentrale Voraussetzung, um den Schutzbereich zu eröffnen.[173] Aufgrund dessen sollen im Weiteren die Freizügigkeitsrechte der einzelnen relevanten Personengruppen untersucht werden.

IV. Ausweitung des persönlichen Anwendungsbereichs erwerbstätiger Unionsbürger

Bedenkt man, dass die sozialen Rechte der Unionsbürger nicht gleichmäßig angewachsen sind, sondern verzögert in unterschiedlichen Phasen, zuerst für erwerbstätige Unionsbürger und dann letztlich für alle Unionsbürger, ist maßgeblich, wie der Unionsbürger unter die verschiedenen Personengruppen eingeordnet werden kann. Die Zuordnung zu einer bestimmten Personengruppe ist das entscheidende Kriterium, um das Freizügigkeitsrecht und damit einhergehend das Aufenthaltsrecht zu begründen. Aus dieser Einordnung ergibt sich letztlich der Zugang zu Leistungen der sozialen Vergünstigung[174] und sie wird in der jüngeren EuGH-Rechtsprechung wieder mehr in den Mittelpunkt gerückt. Das Unionsrecht unterscheidet hierbei zwischen zwei verschiedenen Arten von Aufenthaltsrechten.

Zum einen Aufenthaltsrechte, welche als „Annex" mit den Grundfreiheiten einhergehen.[175] Hierbei knüpfen die Annexrechte der Grundfreiheiten allein an das Vorliegen der jeweiligen Voraussetzungen der Grundfreiheit an. Mithin

---

172 EuGH, Urteil vom 11.11.2014, C-333/13, *Dano*, NJW 2015, 145 ff.; EuGH, Urteil vom 15.09.2015, C-67/14, *Alimanovic*, NJW 2016, 555 ff.; EuGH, Urteil vom 25.02.2016, C-299/14, *Garcia Nieto*, NJW 2016, 1145 ff.

173 S.o. C.III.4.

174 Vgl. insbesondere für die Auswirkungen der Einordnung in die verschiedenen Personengruppen: Art. 24 II RL 2004/38/EG; vgl. auch: *Spaventa*, CMLR 2008, 13 (14).

175 Darunter fallen als personenbezogene Grundfreiheiten nur die Arbeitnehmerfreizügigkeit und die Niederlassungsfreiheit. Die Dienstleistungsfreiheit (Art. 56 ff. AEUV) spielt für diese Thematik keine Rolle, ist sie doch immer nur auf einen vorübergehenden Aufenthalt ausgerichtet; vgl. *Kluth*, in: *Calliess/Ruffert*, EUV/AEUV Kommentar, Art. 57 AEUV, Rn. 27, 30 ff. Die sachbezogenen Grundfreiheiten können schon von ihrer Art her kein Aufenthaltsrecht beinhalten. So ist die Kapitalverkehrsfreiheit, Art. 63 I AEUV, völlig losgelöst von Personen, vgl. *Bröhmer*, in: *Calliess/Ruffert*, EUV/AEUV Kommentar, Art. 63 AEUV, Rn. 6; *Ress/Ukrow*, in: *Grabitz/Hilf/Nettesheim*, Das Recht der Europäischen Union, 52. EL Januar 2014, Art. 63 AEUV, Rn. 120.

ist Anknüpfungspunkt entweder eine abhängige oder eine unabhängige selbstständige Tätigkeit. Zum anderen wird ein eigenständiges Aufenthaltsrecht für Unionsbürger, welche keiner wirtschaftlichen Tätigkeit nachgehen, anerkannt.[176] Dieses unterliegt eigenen Voraussetzungen, die sich unmittelbar aus dem Freizügigkeitsrecht selbst ergeben.[177]

Zuerst wurden die Rechte der erwerbstätigen Unionsbürger ausgebaut und auch auf Leistungen, die nicht direkt mit der Erwerbstätigeneigenschaft zusammenhängen, erweitert.[178] Personen, die sich unter die Gruppe der erwerbstätigen Unionsbürger einordnen lassen, hatten somit immer die weitesten Rechte in Bezug auf Leistungen der sozialen Vergünstigung. Erst später wurden Leistungen der sozialen Vergünstigung auch nichterwerbstätigen Unionsbürgern zugesprochen. Im Folgenden wird nun zuerst der persönliche Anwendungsbereich der Arbeitnehmer, Selbstständigen und arbeitsuchenden Unionsbürger dargestellt.[179] Anschließend werden die Voraussetzungen des Freizügigkeitsrechts für nichterwerbstätige Unionsbürger erläutert.[180]

1. Ausgangspunkt: Der Arbeitnehmer

Auch Arbeitnehmer können auf Leistungen der sozialen Vergünstigung angewiesen sein, insbesondere dann, wenn deren Einkommen nicht ausreicht, einen ausreichenden Lebensunterhalt zu gewährleisten.[181]

Eine Legaldefinition der Arbeitnehmereigenschaft ist im Unionsrecht nicht vorhanden.[182] Infolgedessen muss der Arbeitnehmerbegriff durch Auslegung bestimmt werden. Hierbei haben sich drei Kriterien manifestiert, welche kumulativ vorliegen müssen.[183] So muss die Tätigkeit auf eine gewisse Dauer ausgelegt sein, es muss sich um ein Über-/Unterordnungsverhältnis handeln und die wirtschaftliche Leistung muss gegen Entgelt erfolgen.[184] Der EuGH legt dabei den

176 Art. 21 I AEUV.

177 Vgl. Art. 21 AEUV i.V.m. Art. 6 u. 7 RL 2004/38/EG.

178 S.o. C.III.1.–C.III.4.

179 Siehe unten: C.IV.1.–C.IV.3.

180 Siehe unten: C.V.

181 Vgl. *Derksen,* Das Aufenthaltsrecht von Unionsbürgern aus anderen Mitgliedstaaten, S. 11.

182 Vgl. *Lehmann,* ZAR 2015, 212 (214); *Schlachter,* ZESAR 2011, 156 (159).

183 Vgl. *Lehmann,* ZAR 2015, 212 (214).

184 EuGH, Urteil vom 03.07.1986, C-66/85, *Lawrie-Blum,* Slg. 1986, 2121, Rn. 17.

Arbeitnehmerbegriff insgesamt weit aus.[185] Er beschreibt den „Arbeitnehmer [als] jede Person, die eine tatsächliche und echte Tätigkeit ausübt, wobei Tätigkeiten außer Betracht bleiben, die einen so geringen Umfang haben, dass sie sich als völlig untergeordnet und unwesentlich darstellen“[186].

Die Ausnahmen und Einschränkungen des Arbeitnehmerbegriffs werden hingegen eng ausgelegt.[187] So sollen durch das Kriterium der „tatsächlichen und echten“ Tätigkeit nur solche Personen erfasst werden, die am Wirtschaftsleben teilhaben wollen oder schon tätig sind.[188] Tätigkeiten, die der Wiedereingliederung der Person in das Arbeitsleben oder einer Rehabilitation dienen, werden von vornherein nicht umfasst.[189] Aufgrund der wenigen Einschränkungsmöglichkeiten ist die Schwelle, um eine Arbeitnehmereigenschaft annehmen zu können, nicht sehr hoch. Eine geringe Vergütung,[190] ein geringer Umfang der

---

185 EuGH, Urteil vom 13.04.2000, C-176/96, *Lehtonen*, Slg. 2000, I-2681, Rn. 42; EuGH, Urteil vom 07.09.2004, C-456/02, *Trojani*, Slg. 2004, I-7573, Rn. 15.

186 St. Rspr. EuGH: EuGH, Urteil vom 23.03.1982, C-53/81, *Levin*, Slg. 1982, 1035, Rn. 17; EuGH, Urteil vom 13.04.2000, C-176/96, *Lehtonen*, Slg. 2000, I-2681, Rn. 43 f.; EuGH, Urteil vom 07.09.2004, C-456/02, *Trojani*, Slg. 2004, I-7573, Rn. 15; EuGH, Urteil vom 17.07.2008, C-94/07, *Raccanelli*, Slg. 2008, I-5939, Rn. 33; EuGH, Urteil vom 04.06.2009, C-22/08 u. C-23/08, *Vatsouras/Koupatantze*, Slg. 2009, I-4585, Rn. 26. Durch das Erfordernis der „wirtschaftlichen Leistung“ wird der Bezug der Grundfreiheiten zu wirtschaftlichen Tätigkeiten deutlich. Soziale, kulturelle und sportliche Tätigkeiten werden nicht erfasst, vgl. *Becker*, in: Europäische Grundrechte und Grundfreiheiten, § 9 I 2, Rn. 7.

187 St. Rspr. EuGH: EuGH, Urteil vom 23.03.1982, C-53/81, *Levin*, Slg. 1982, 1035, Rn. 13; EuGH, Urteil vom 03.06.1986, C-139/85, *Kempf*, Slg. 1986, 1741, Rn. 13; EuGH, Urteil vom 17.03.2005, C-109/04, *Kranemann*, Slg. 2005, I-2421, Rn. 12; EuGH, Urteil vom 26.04.2007, C-392/05, *Alevizos*, Slg. 2007, I-3505, Rn. 67; EuGH, Urteil vom 17.07.2008, C-94/07, *Raccanelli*, Slg. 2008, I-5939, Rn. 33; vgl. auch *Lehmann*, ZAR 2015, 212 (218).

188 EuGH, Urteil vom 31.05.1989, C-344/87, *Bettray*, Slg. 1989, 1621, Rn. 13, 17; EuGH, Urteil vom 07.09.2004, C-456/02, *Trojani*, Slg. 2004, I-7573, Rn. 18.

189 EuGH, Urteil vom 31.05.1989, C-344/87, *Bettray*, Slg. 1989, 1621, Rn. 17 ff.; EuGH, Urteil vom 07.09.2004, C-456/02, *Trojani*, Slg. 2004, I-7573, Rn. 18.

190 Die Höhe der Vergütung ist für sich allein gesehen kein ausreichendes Kriterium, eine Arbeitnehmereigenschaft abzulehnen; vgl. EuGH, Urteil vom 23.03.1982, C-53/81, *Levin*, Slg. 1982, 1035, Rn. 14; EuGH, Urteil vom 30.03.2006, C-10/05, *Mattern und Cikotic*, Slg. 2006, I-3145, Rn. 22; EuGH, Urteil vom 04.06.2009, C-22 u. 23/08, *Vatsouras/Koupatantze*, Slg. 2009, I-4585, Rn. 27 f.

Arbeitszeit in Form von wenigen Wochenarbeitsstunden,[191] sowie eine stärkere oder schwächere Produktivität eines Arbeitnehmers stellen die Arbeitnehmereigenschaft der entsprechenden Person nicht in Frage.[192]

Eine geringe Vergütung der Tätigkeit ist gerade im Zusammenhang mit den Leistungen der sozialen Vergünstigung relevant. Eine Vergütung wird schon als hinreichend für die Annahme einer Arbeitnehmereigenschaft angesehen, wenn diese nicht ausreicht, um das Existenzminimum zu sichern.[193] Eine Einkommensuntergrenze ist nicht maßgebend. Es ist nicht entscheidend, ob der Beschäftigte neben seiner Vergütung noch auf Zuschüsse aus seinem Vermögen, dem Vermögen Dritter oder auf Leistungen der öffentlichen Hand angewiesen ist.[194] Demnach kann eine Arbeitnehmereigenschaft angenommen werden, obwohl die Mittel nicht ausreichen, die Lebenserhaltungskosten zu decken. Der Unionsbürger kann sich dann auf seine Gleichstellung mit Staatsangehörigen des Aufnahmestaats berufen und Leistungen der sozialen Vergünstigung verlangen.

Hat der Unionsbürger einmal die Arbeitnehmereigenschaft inne, entfällt diese auch nur unter engen Voraussetzungen. So schadet eine vorübergehende Phase der Nichtausübung der Erwerbstätigkeit nicht. Der Unionsbürger verliert seine Arbeitnehmereigenschaft auch nicht aufgrund von Krankheit und einer daraus

---

191 Vgl. EuGH, Urteil vom 03.06.1986, C-139/85, *Kempf*, Slg. 1986, 1741, Rn. 11 f., wonach 12 Wochenarbeitsstunden für die Annahme der Arbeitnehmereigenschaft ausreichen; vgl. aber auch EuGH, Urteil vom 26.02.1992, C-357/89, *Raulin*, Slg. 1992 I-1027, Rn. 15, wonach die geringe Arbeitszeit und -dauer ein Anhaltspunkt sein kann um eine Arbeitnehmereigenschaft und die daraus resultierende Freizügigkeit abzulehnen. Zu beachten ist hier jedoch, dass Teilzeitbeschäftigungen ausreichen, um die Arbeitnehmereigenschaft anzunehmen. Lediglich sehr kurz dauernde Aufträge sollen nicht ausreichend sein: vgl. *Lehmann*, ZAR 2015, 212 (214); vgl. auch: *Raschka*, EuR 2013, 116 (119); sowie: *Schlachter*, ZESAR 2011, 156 (160).

192 Vgl. *Derksen*, Das Aufenthaltsrecht von Unionsbürgern aus anderen Mitgliedstaaten, S. 12.

193 Vgl. *Lehmann*, ZAR 2015, 212 (214).

194 Vgl. st. Rspr. EuGH, Urteil vom 23.03.1982, C-53/81, *Levin*, Slg. 1982, 1035, Rn. 16; EuGH, Urteil vom 31.05.1989, C-344/87, *Bettray*, Slg. 1989 1621, Rn. 15; EuGH, Urteil vom 19.11.2002, C-188/00, *Kurz*, Slg. 2002 I-10691, Rn. 32; EuGH, Urteil vom 07.09.2004, C-456/02, *Trojani*, Slg. 2004 I-7573, Rn. 16; EuGH, Urteil vom 17.03.2005, C-109/04, *Kranemann*, Slg. 2005 I-2421, Rn. 17; EuGH, Urteil vom 30.03.2006, C-10/05, *Mattern/Cikotic*, Slg. 2006 I-3145; Rn. 22; EuGH, Urteil vom 04.06.2009, C-22 u, C-23/08, *Vatsouras/Koupatantze*, Slg. 2009 I-4585, Rn. 27, 28; vgl. auch: *Lehmann*, ZAR 2015, 212 (214).

resultierenden Arbeitsunfähigkeit.[195] Auch bei einer unfreiwilligen Arbeitslosigkeit bleibt der Arbeitnehmerstatus bestehen, wenn der Unionsbürger sich dem Arbeitsamt zur Verfügung stellt.[196] Daneben führt auch der Beginn einer Berufsausbildung, bei welcher ein Bezug zwischen der Ausbildung und der früheren beruflichen Tätigkeit besteht, nicht zum Verlust der Arbeitnehmereigenschaft.[197]

2. Selbstständige

Die Personengruppe der Selbstständigen ergibt sich aus der Niederlassungsfreiheit gemäß Art. 49 AEUV. Ähnlich wie der Begriff des „Arbeitnehmers" ist auch die Gruppe der Selbstständigen weit zu fassen. Neben gewerblichen Tätigkeiten in Industrie, Handel und Handwerk, werden auch freiberufliche Tätigkeiten mit erfasst.[198] Diese Tätigkeiten müssen wiederum eine „stetige und dauerhafte"[199] sowie „stabile und kontinuierliche"[200] Teilnahme am Wirtschaftsleben im Aufnahmestaat gewährleisten.[201] Begibt sich der Unionsbürger nur vorübergehend in einen anderen Mitgliedstaat, kann nicht von einer Selbstständigkeit gesprochen

---

195 Art. 7 III lit. a) RL 2004/38/EG; vgl.: *Brechmann,* in: *Calliess/Ruffert,* EUV/AEUV Kommentar, Art. 45 AEUV, Rn. 89. Darüber hinaus ist ein nicht durch Unionsrecht geregelter, aber in der Rechtsprechung anerkannter Fall die Unterbrechung der Arbeitnehmereigenschaft aufgrund von Schwangerschaft und Geburt; EuGH, Urteil vom 19.07.2014, C-507/12, *Saint Prix,* EuZW 2014, 720 ff., Rn. 47, aber auch nur dann, wenn der Arbeitnehmer in einem angemessenem Zeitraum nach der Geburt wieder die Beschäftigung aufnimmt oder eine neue Arbeitsstelle findet. Hierbei obliegt es den nationalen Gerichten festzulegen, was einen „angemessenen Zeitraum" darstellt, wobei alle konkreten Umstände des vorliegenden Verfahrens und die für die Dauer des Mutterschaftsurlaubs einschlägigen nationalen Vorschriften im Einklang mit der RL 92/85/EWG zu beachten sind; vgl. *Schubert/Jerchel,* EuZW 2015, 340 (342).

196 Art. 7 III lit. b) RL 2004/38/EG; *Brechmann,* in: *Calliess/Ruffert,* EUV/AEUV Kommentar, Art. 45 AEUV, Rn. 89; *Franzen,* in: *Streinz,* EUV/AEUV Kommentar, Art. 45, Rn. 32.

197 Art. 7 III lit. c) RL 2004/38/EG; *Franzen,* in: *Streinz,* EUV/AEUV Kommentar, Art. 45, Rn. 32.

198 Vgl. *Schlag,* in: *Schwarze* u. a., EU-Kommentar, Art. 49 AEUV, Rn. 24. Vgl. für eine ausführliche Aufzählung der von der Niederlassungsfreiheit umfassten Berufsfelder: *Müller-Graff,* in: *Streinz,* EUV/AEUV Kommentar, Art. 49 AEUV, Rn. 12 ff.

199 EuGH, Urteil vom 17.06.1994, C-70/95, *Sodemare,* Slg. 1997 I-3395, Rn. 24.

200 EuGH, Urteil vom 30.11.1995, C-55/94, *Gebhard,* Slg. 1995 I-4165, Rn. 25.

201 Vgl. *Korte,* in: *Calliess/Ruffert,* EUV/AEUV Kommentar, Art. 49 AEUV, Rn. 25 ff.

werden.[202] Hier werden ebenfalls nur tatsächliche und echte Tätigkeiten umfasst.[203] Liegen diese Voraussetzungen nicht vor, kann sich der Unionsbürger schon von Beginn an nicht auf die Niederlassungsfreiheit berufen.

Entscheidende Voraussetzung bei der Abgrenzung zu anderen erwerbstätigen Personengruppen ist die Selbstständigkeit. Anhaltspunkte für eine solche sind die Beteiligung an Gewinn und Verlust, die freie Einteilung der Arbeitszeit, die Weisungsfreiheit und die mögliche eigene Auswahl der Mitarbeiter.[204] In Bezug auf den Verdienst ist festzuhalten, dass, ähnlich wie beim Arbeitnehmer, der Selbstständige keine bestimmte Mindestsumme verdienen muss.[205] Eine Selbstständigkeit kann immer noch angenommen werden, selbst wenn der erzielte Gewinn nicht ausreicht, das Existenzminimum des jeweiligen Unionsbürgers und seiner Familienangehörigen zu decken.[206] Dann kann der Selbstständige wiederum Leistungen der sozialen Vergünstigung für sich und seine Familie beanspruchen.

3. Arbeitsuchende Unionsbürger

Parallel zum Arbeitnehmerstatus verläuft die Einordnung der arbeitsuchenden Unionsbürger.[207] Diese sind jedoch keine Arbeitnehmer.[208] Auch für diese Gruppe ist der Zugang zu Leistungen der sozialen Vergünstigung relevant, gehen diese ja keiner Erwerbstätigkeit nach und sind demnach zumeist auf soziale Leistungen angewiesen.

Der Status als Arbeitsuchender ergibt sich aus der Arbeitssuche selbst. Auch hier muss, gleichlaufend mit der Arbeitnehmereigenschaft, die Arbeitssuche

---

202 Dann kommt lediglich die Dienstleistungsfreiheit nach Art. 56 ff. in Betracht; vgl. *Korte*, in: *Calliess/Ruffert*, EUV/AEUV Kommentar, Art. 49 AEUV, Rn. 26; *Müller-Graff*, in: *Streinz*, EUV/AEUV Kommentar, Art. 49 AEUV, Rn. 16.

203 Das Kriterium dient vor allem vor missbräuchlicher Berufung auf die Selbstständigkeit; vgl. *Forsthoff*, in: *Grabitz/Hilf/Nettesheim*, Das Recht der Europäischen Union, Art. 49 AEUV, Rn. 24.

204 Vgl. auch *Derksen*, Das Aufenthaltsrecht von Unionsbürgern aus anderen Mitgliedstaaten, S. 20.

205 Vgl. *Forsthoff*, in: *Grabitz/Hilf/Nettesheim*, Das Recht der Europäischen Union, Art. 49 AEUV, Rn. 20.

206 Vgl. etwa: *Korte*, in: *Calliess/Ruffert*, EUV/AEUV Kommentar, Art. 49 AEUV, Rn. 13.

207 Vgl. für die Rechtsverlustfeststellung bei arbeitssuchenden Unionsbürgern: *Welte*, ZAR 2014, 190.

208 Dies ergibt sich schon aus dem Wortlaut des Art. 45 III AEUV, welcher explizit die Arbeitssuche aufzählt.

tatsächlich erfolgen.[209] Es kann daher auf die obigen Ausführungen zum Arbeitnehmer verwiesen werden.[210]

4. Fazit: Weiter Anwendungsbereich erwerbstätiger Unionsbürger

Die unterschiedlichen Personengruppen der erwerbstätigen Unionsbürger sind weit zu fassen.[211] Dies scheint insofern nur logisch, als auch in der 3. Phase[212] nichterwerbstätige Unionsbürger zwar die Möglichkeit erhielten, in den Genuß von Leistungen der sozialen Vergünstigung zu kommen, der sachliche Anwendungsbereich der Koordinierungsregelungen aber eigentlich nur Leistungen der erwerbstätigen Unionsbürger umfasste. Faktisch beanspruchen so nur erwerbstätige Unionsbürger Leistungen der sozialen Vergünstigung. Aufgrund dessen wurde der persönliche Anwendungsbereich der Arbeitnehmer sehr weit gefasst, um einen möglichst großen Personenkreis umfassen zu können. Im Rahmen der Leistungen der sozialen Vergünstigung sind insbesondere die arbeitsuchenden Unionsbürger relevant, sowie solche Erwerbstätige, welche zwar ein Einkommen haben, dieses jedoch nicht ausreicht, das Existenzminimum zu sichern. Diese können dann auf Leistungen der sozialen Vergünstigung angewiesen sein. Selbst dann entfällt ihr Freizügigkeitsrecht nicht.

V. Weiter Anwendungsbereich der Freizügigkeitsrechte nichterwerbstätiger Unionsbürger

Im Rahmen des Bezugs von Leistungen der sozialen Vergünstigung stehen als weitere Gruppe insbesondere die nichterwerbstätigen Unionsbürger im Fokus der Öffentlichkeit. Gehen diese ja gerade keiner Erwerbstätigkeit nach und weisen, im Gegensatz zu den arbeitsuchenden Unionsbürgern, keinen Bezug zu einer wirtschaftlichen Tätigkeit auf.

Die Personengruppe der nichterwerbstätigen Unionsbürger knüpft nicht, wie die drei zuvor erläuterten Gruppen, an eine bestimmte Eigenschaft des Unionsbürgers an. Somit ist das Freizügigkeitsrecht der wirtschaftlich inaktiven Unionsbürger auch nicht akzessorisch zu den Grundfreiheiten.[213] Vielmehr sind die Voraussetzungen des Aufenthaltsrechts selbst das entscheidende Kriterium, um

209 Vgl. für die Voraussetzungen einer „tatsächlichen" Arbeitssuche oben: C.IV.1.

210 S.o. C.IV.1.

211 Vgl. *Farahat*, DÖV 2016, 45 (50).

212 S.o. C.III.3.

213 Vgl. *Magiera*, in: *Streinz*, EUV/AEUV Kommentar, Art. 21 AEUV, Rn. 9.

die Freizügigkeit zu begründen.[214] Infolgedessen unterliegt die Freizügigkeit der Unionsbürger nach Art. 21 AEUV, im Gegensatz zu den anderen Grundfreiheiten, „Beschränkungen und Bedingungen".[215] Das Freizügigkeitsrecht aus Art. 21 AEUV wird dabei durch die RL 2004/38/EG auf sekundärrechtlicher Ebene konkretisiert.[216] Unterschieden wird hierbei zwischen Aufenthalten von bis zu drei Monaten und von mehr als drei Monaten. Das Freizügigkeitsrecht entsteht mit Einreise in den Aufnahmestaat; bis zu drei Monaten besteht es vorbehaltlos,[217] bei mehr als drei Monaten ist das Freizügigkeitsrecht an einen umfassenden Krankenversicherungsschutz sowie ausreichende Existenzmittel geknüpft.[218] Im Gegensatz zu den Freiheitsrechten, welche sich aus den Grundfreiheiten ergeben und vorbehaltlos gewährleistet werden, knüpft das Freizügigkeitsrecht der nichterwerbstätigen Unionsbürger somit an ökonomische Voraussetzungen an.[219]

1. Umfang der ökonomischen Voraussetzungen

Entscheidend ist hierbei, wie der Begriff der „ökonomischer Voraussetzungen" für die Aberkennung des Freizügigkeitsrechts bei einem Aufenthalt von mehr als drei Monaten verstanden wird. Legt man den deutschen Wortlaut des Art. 7 I lit. b) RL 2004/38/EG so aus, dass bei der erstmaligen Inanspruchnahme von Leistungen der sozialen Vergünstigung der Unionsbürger sein Freizügigkeitsrecht

---

214 Vgl. RL 2004/38/EG als Durchführungsbestimmung für Art. 21 AEUV; vgl. dazu: *Hatje,* in: *Schwarze* u.a., EU-Kommentar, Art. 21 AEUV, Rn. 20.

215 Vgl. Art. 21 I AEUV.

216 Die RL 2004/38/EG vereint die Regeln bezüglich der Rentner, Studenten und sonstige nicht schon anderweitig aufenthaltsberechtigte Angehörige der Mitgliedstaaten: RL 90/364/EWG des Rates v. 28.06.1990 über das Aufenthaltsrecht, Abl. Nr. L 180 v. 13.07.1990 S. 26; RL 90/365/EG des Rates v. 28.06.1990 über das Aufenthaltsrecht der aus dem Erwerbsleben ausgeschiedenen Arbeitnehmer und selbständig Erwerbstätigen, Abl. Nr. L 180 v. 13.07.1990 S. 28; RL 93/96/EWG des Rates v. 29.10.1993 über das Aufenthaltsrecht der Studenten, Abl. Nr. L 317 v. 18.12.1993 S. 59; vgl. *Höfler,* Die Unionsbürgerfreizügigkeit, S. 49 ff.; vgl. auch: *Scheuing,* EuR 2003, 744 (755 f. u. 766 f.); *Wollenschläger,* ZEuS 2009, 1 (15).

217 Einzige Voraussetzung sind lediglich gültige Ausweispapiere; vgl. *Groß,* ZAR 2006, 61 (62).

218 Art. 7 I lit. b) RL 2004/38/EG; vgl. *Derksen,* ZAR 2016, 324 (324); sowie: *Groß,* ZAR 2006, 61 (62); *Hailbronner,* JZ 2014, 869 (869); *Husmann,* NZS 2009, 652 (653).

219 Vgl. *Wollenschläger,* NVwZ 2014, 1628 (1629); vgl. ferner: *Vitzthum,* EuR 2011, 550 (564), welcher als Zweck der Voraussetzungen die Vermeidung von Sozialtourismus nennt.

verliert,[220] würde jeder Bezug von Leistungen der sozialen Vergünstigung zu einem Verlust des Aufenthaltsrechts führen. Untermauert wird dies durch die Regelung des Art. 14 II RL 2004/38/EG, welcher bestimmt, dass das Aufenthaltsrecht für Unionsbürger nur besteht, „solange sie die [in Art. 7 I lit. b) RL 2004/38/EG] genannten Voraussetzungen erfüllen".[221]

Die Wortlaute anderer Sprachfassungen des Art. 7 I lit. b) RL 2004/38/EG sind nicht derart „absolut" formuliert.[222] So heißt es in der englischen Sprachfassung: „not to become a burden on the social assistance system". Auch die französische Sprachfassung spricht von „ne pas devenir une charge pour le système d'assistance sociale". Beide Sprachfassungen sprechen lediglich von einer „Belastung"[223] der Sozialsysteme. Ein direkter Verlust des Aufenthaltsrechts ist hier nicht vorgesehen. Bedenkt man, dass trotz der unterschiedlichen Sprachfassungen der Regelung eine einheitliche Auslegung für alle Sprachfassungen gefunden werden muss, ist die Divergenz der unterschiedlichen Sprachfassungen durch andere Auslegungsmethoden zu lösen.[224] Hierbei sind insbesondere die systematische und teleologische Auslegung relevant.[225]

Aus dem Telos der RL 2004/38/EG ergibt sich eine weite Auslegung für die Anwendung des Freizügigkeitsrechts,[226] spiegelbildlich dazu eine enge Auslegung für die Beschränkung des Freizügigkeitsrechts der Unionsbürger.[227] Schon

---

220 Vgl. *Thym*, NZS 2014, 81 (85).

221 Vgl. *Thym*, NZS 2014, 81 (85).

222 GA *Wahl*, Schlussantrag C-142/12, *Brey*, Rn. 77, spricht über das Verhältnis zwischen der deutschen Version und anderen Sprachfassungen von „befremdlich"; vgl. auch *Thym*, NZS 2014, 81 (85).

223 In der englischen Sprachfassung: „burden", in der französischen Sprachfassung: „charge".

224 EuGH, Urteil vom 12.11.1969, C-29/69, *Stauder*, Slg. 1969, 419, Rn. 3 f.; EuGH, Urteil vom 27.10.1977, C-30/77, *Boucherau*, Slg. 1977, 1999, Rn. 13/14; EuGH, Urteil vom 07.02.1985, C-135/83, *Abels*, Slg. 1985, 469, Rn. 11–13; EuGH, Urteil vom 07.07.1988, C-55/87, *Moksel*, Slg. 1988, 3845, Rn. 15; EuGH, Urteil vom 07.12.1995, C-449/93, *Rockfon*, Slg. 1995, I-4291, Rn. 28; EuGH, Urteil vom 24.10.1996, C-72/95, *Aannemersbedrijf Kraaijeveld*, Slg. 1996, I-5403, Rn. 28; EuGH, Urteil vom 20.11.2001, C-268/99, *Jany*, Slg. 2001, I-8615, Rn. 47; vgl. auch *Riesenhuber*, in: Europäische Methodenlehre, 199 (205).

225 Vgl. EuGH, Urteil vom 27.01.2005, C-188/03, *Junk*, Slg. 2005, I-885, Rn. 33; vgl. für den speziellen Fall des Art. 7 I lit. b) RL 2004/38/EG: *Thym*, NZS 2014, 81 (85).

226 Vgl. *Derksen*, Das Aufenthaltsrecht von Unionsbürgern aus anderen Mitgliedstaaten, S. 23 f.; *Thym*, NZS 2014, 81 (85).

227 EuGH, Urteil vom 19.11.2013, C-140/12, *Brey*, NZS 2014, 20 ff., Rn. 70.

aus dem 3. Erwägungsgrund der Präambel der RL 2004/38/EG geht hervor, dass die RL 2004/38/EG die Freizügigkeit der Unionsbürger stärken soll, indem die Unionsbürgerschaft als grundlegender Status der Bürger anerkannt wird, wenn diese ihr Freizügigkeitsrecht wahrnehmen.[228]

Darüber hinaus müssen die sekundärrechtlichen Regelungen im Lichte des Primärrechtes ausgelegt werden.[229] Das Recht der Unionsbürger, sich frei innerhalb der Territorien der Mitgliedstaaten der Europäischen Union zu bewegen und niederzulassen, ist in den primärrechtlichen Regelungen des Art. 21 AEUV und Art. 45 EUGRCh verankert.[230] Ursprünglich auch als Annexrecht der Niederlassungsfreiheit und der Dienstleistungsfreiheit angesehen, hat sich die Freizügigkeit seit der Einführung des Art. 18 EGV (jetzt: Art. 21 AEUV) durch den Vertrag von Maastricht von einem wirtschaftlichen Bezug komplett losgelöst.[231] Die Unionsbürgerschaft entfaltet direkte Wirkung auf den einzelnen Unionsbürger.[232] Freilich wird dieses Recht nicht vorbehaltlos gewährleistet und unterliegt Beschränkungen. Bedenkt man, dass die Unionsbürgerschaft direkt durch Primärrecht gewährleistet wird, müssen diese Beschränkungen jedoch eng ausgelegt werden.[233] Im Gegensatz dazu ist das Freizügigkeitsrecht der Unionsbürger jedoch weit auszulegen.[234]

Die Inanspruchnahme von staatlicher Unterstützung ist mithin nicht „absolut“ zu verstehen. Die deutsche Sprachfassung ist in dieser Hinsicht zu ungenau. Eine abgestufte Betrachtung ist folglich geboten.[235]

2. Ausreichende Existenzmittel

Nicht jeder Sozialleistungsbezug im Aufnahmestaat führt zu einem automatischen Verlust des Freizügigkeitsrechts für nichterwerbstätige Unionsbürger.[236]

---

228 Vgl. auch *Van Overmeiren/Eichenhofer/Verschueren*, Analytical Study 2011, S. 8 f.

229 A.A. *Thym*, NZS 2014, 81 (85), welcher aufgrund der richtlinienimmanenten Lösung keinen Rückgriff auf das Primärrecht mehr verlangt.

230 Vgl. *Hatje*, in: *Schwarze* u. a., EU-Kommentar, Art. 21 AEUV, Rn. 9; sowie: *Kluth*, in: *Calliess/Ruffert*, EUV/AEUV Kommentar, Art. 21 AEUV, Rn. 1 u. 3.

231 Siehe dazu oben: C.III.4.

232 Vgl. EuGH, Urteil vom 08.04.1976, C-48/75, *Royer*, Slg. 1976, 497, Rn. 31/33.

233 EuGH, Urteil vom 19.11.2013, C-140/12, *Brey*, NZS 2014, 20 ff., Rn. 70.

234 Vgl. *Haag*, in: *Groeben/Schwarze/Hatje*, Europäisches Unionsrecht, Art. 21 AEUV, Rn. 30.

235 A.A. *Husmann*, NZS 2009, 652 (653), welcher eine Verhältnismäßigkeitsprüfung dann aber aus den allgemeinen Grundsätzen des Gemeinschaftsrechts ableitet.

236 Vgl. oben: C.V.1.

Der Sozialleistungsbezug allein ist somit nicht ausschlaggebend für den Verlust des Freizügigkeitsrechts.[237] Vielmehr muss sich der Sozialleistungsbezug als „unangemessen" erweisen, mithin muss dieser eine Belastung für das Sozialsystem des Aufnahmestaates darstellen.[238] Im Rahmen der Feststellung, ob ein Sozialleistungsbezug unangemessen ist, kommen hierbei mehrere Herangehensweisen in Betracht.

a) Systemische Betrachtung

Zunächst scheint eine systemische Betrachtung möglich. Im Rahmen der systemischen Betrachtung werden die Auswirkungen eines Leistungsbezuges im Einzelfall auf die Funktionsfähigkeit des gesamten nationalen Sozialsystems prognostiziert.[239] Hierbei ist der Schutz der Sozialkassen nicht das grundsätzliche Ziel.[240] Vielmehr stellt die individuelle Beanspruchung von Sozialleistungen eine Belastung für die öffentlichen Kassen dar, welche sich dann wiederum negativ auf das gesamte Niveau der Leistungszahlungen auswirkt.[241]

Für die systemische Betrachtung spricht, dass das Unionsrecht selbst in anderen Konstellationen eine systemische Betrachtungsweise kennt. Beispielhaft für die Anwendung einer systemischen Betrachtung ist etwa der Universitätszugang zur medizinischen Ausbildung, welcher Unionsbürgern nur bei nachweisbaren negativen Konsequenzen für die medizinische Ausbildung als solche verschlossen werden kann.[242]

Gerade jedoch bei steuerfinanzierten Sozialleistungen sind die öffentlichen Kassen nicht bedroht. Das gesamte Sozialleistungssystem bricht wegen einer

---

237 Schlussantrag GA Wahl, C-140/12, *Brey*; vgl. auch *Verschueren*, EJML 2014, 147 (155 f.).

238 EuGH, Urteil vom 19.11.2013, C-140/12, *Brey*, NZS 2014, 20 ff., Rn. 78; vgl. auch *Verschueren*, CMLR 2015, 363 (367).

239 Vgl. *Thym*, NZS 2014, 81 (86).

240 Vgl. *Shuibhne/Maci*, CMLR 2013, 965 (965, 997, 1003); So dem Anschein nach der EuGH, Urteil vom 19.09.2013, C-140/12, *Brey*, NZS 2014, 20 ff., Rn. 55; welcher den 10. Erwägungsgrund der RL 2004/38/EG so verstanden haben will, dass er die berechtigten Interessen der einzelnen Mitgliedstaaten schützen soll.

241 EuGH, Urteil vom 20.09.2001, C-184/99, *Bidar*, Slg. 2001, I-6193, Rn. 56; EuGH, Urteil vom 18.11.2008, C-158/07, *Förster*, Slg. 2008, I-8507, Rn. 48; EuGH, Urteil vom 19.09.2013, C-140/12, *Brey*, NZS 2014, 20 ff., Rn. 61.

242 EuGH, Urteil vom 13.04.2010, C-73/08, *Bressol u. Chavrerot*, Slg. 2010, I-2735, Rn. 67 f.

höheren Zahl von Bedürftigen nicht zusammen, notfalls könnten immer noch Steuern erhöht werden.[243] Mithin ist der Vergleich nicht passend.

Auch eine teleologische Auslegung der RL 2004/38/EG spricht gegen eine rein systemische Betrachtung. Schon der 16. Erwägungsgrund der RL 2004/38/EG verlangt, dass die individuellen Lebensumstände des einzelnen Unionsbürgers ausschlaggebend für eine Beendigung des Aufenthaltsrechts sein sollen.[244] Dort werden auch einzelne Beispiele für die Kriterien zur Bestimmung der Unangemessenheit genannt, was folglich gegen eine rein systemische Betrachtung spricht. Der Gesetzgeber wollte gerade, dass die individuellen Kriterien der Leistungsempfänger in Betracht gezogen werden und die persönlichen Umstände des Einzelfalles eine entscheidungserhebliche Rolle spielen. Darüber hinaus würde ein sofortiger Verlust des Aufenthaltsrechts zu einer erheblichen Beeinträchtigung des Freizügigkeitsrechts führen und dem Grundsatz der weiten Anwendung der Freizügigkeit bei gleichzeitig nur restriktiven Einschränkungsmöglichkeiten der Freizügigkeit nicht gerecht werden.

Eine rein systemische Betrachtung ist somit nicht vom Unionsrecht erfasst.

b) Individuelle Betrachtung

Der systemischen Betrachtung steht die individuelle Betrachtung der Inanspruchnahme der Sozialleistungen des Unionsbürgers gegenüber. Im Rahmen der individuellen Betrachtung werden die im Einzelfall vorliegenden Faktoren des Unionsbürgers berücksichtigt. Aufgrund einer Gesamtwürdigung wird anschließend entschieden, ob ein unangemessener Bezug von Leistungen der sozialen Vergünstigung vorliegt.

Für eine individuelle Betrachtung spricht bereits der 16. Erwägungsgrund der RL 2004/38/EG, welcher von einer Prüfung des konkreten Falles ausgeht. Hierbei soll geprüft werden, ob es sich in dem betreffenden Fall nur um vorübergehende Schwierigkeiten handelt.[245] Der EuGH selbst überprüfte in der Rs. *Brey* den vorübergehenden Charakter des Leistungsbezugs und berücksichtigte hierbei die privaten Lebensumstände unter Einschluss der Aufenthaltsdauer.[246] Einen ähnlichen

243 EuGH, Schlussantrag GA Sharpson, C-523/11 und C-585/11, *Prinz u. Seeberger,* Rn. 58–63.

244 EuGH, Urteil vom 19.09.2013, C-140/12, *Brey,* NZS 2014, 20 ff., Rn. 69.

245 Vgl. *Thym,* NZS 2014, 81 (86).

246 EuGH, Urteil vom 19.09.2013, C-140/12, *Brey,* NZS 2014, 20 ff., Rn. 78.

Weg ging der EuGH schon vorher in der Rs. *Steward*.[247] Die Notwendigkeit einer individuellen Betrachtungsweise des Einzelfalles wird darüber hinaus noch einmal durch das Urteil des EuGH in der Rs. *Giersch* untermauert, wo der EuGH neben dem Schutz der öffentlichen Sozialsysteme und deren Funktionsfähigkeit sowohl den Sozialtourismus als auch den Stipendientourismus vermeiden will.[248]

Es kann folglich festgehalten werden, dass die individuellen Aspekte des Einzelfalles in jede Abwägung mit einzubeziehen sind.

c) Kombinierte Betrachtung

Denkbar wäre auch eine Kombination beider Ansätze. So könnten in einem ersten Schritt die persönlichen Umstände des Unionsbürgers und die Auswirkungen des einzelnen Sozialleistungsbezugs auf das gesamte Sozialsystem betrachtet werden. Käme man dann zu dem Schluss, dass die individuellen Aspekte des Einzelfalles grundsätzlich ausreichen, um einen unangemessenen Sozialleistungsbezug im Sinne des Art. 7 RL 2004/38/EG anzunehmen, könnte in einem zweiten Schritt geprüft werden, ob alle an Unionsbürger erbrachten Sozialleistungen im Aufnahmestaat das Sozialsystem als Ganzes belasten, sodass das gesamte Niveau der Beihilfe darunter leidet.[249]

Für diese Betrachtung spricht, dass der EuGH selbst klargestellt hat, dass Aufnahmestaaten nur solchen Unionsbürgern, welche eine gewisse Verbindung zum Aufnahmestaat haben, Leistungen der sozialen Vergünstigung gewähren sollten.[250] Die individuelle Facette des Einzelfalles muss immer mitbetrachtet werden.[251] Auch können rein ökonomische Gründe nicht ausreichen, um einen Bezug von Leistungen der sozialen Vergünstigung zu verwehren. Durch die Kombinierung beider Herangehensweisen wird sichergestellt, dass einerseits die ökonomische Belastung der Sozialsysteme berücksichtigt wird. Andererseits wird dem Gebot Rechnung getragen, dass Grundfreiheiten nicht aufgrund von

---

247 EuGH, Urteil vom 21.07.2011, C-503/09, *Steward*, Slg. 2011, I-6497, Rn. 92 ff.; Vgl. auch *Rebhahn*, EuR, Beiheft 1 2015, 95 (100).

248 EuGH, Urteil vom 20.06.2013, C-20/12, *Giersch*, DÖV 2013, 692 ff., Rn. 80.

249 Vgl. *Verschueren*, EJML 2014, 147 (172).

250 EuGH, Urteil vom 15.03.2005, C-209/03, *Bidar*, Slg. 2005, I-2119, Rn. 56 f.; EuGH, Urteil vom 23.10.2007, C-11/06, *Morgan*, Slg. 2007, I-9161, Rn. 43 f.; EuGH, Urteil vom 18.07.2013, C-523/11, *Prinz u. Seeberger*, NJW 2013, 2879 ff., Rn. 36; EuGH, Urteil vom 24.10.2013, C-220/12, *Thiele Meneses*, NJW 2014, 1077 ff., Rn. 35.

251 S.o. C.V.2.b).

ökonomischen Interessen beeinträchtigt werden dürfen.[252] Zwar können finanzielle Belastungen eines Sozialsystems und die Maßnahmen zur Verhinderung solcher Belastungen die Sozialpolitik eines Staates beeinflussen. Gleichwohl ist der Schutz vor finanziellen Belastungen nicht das Ziel einer Sozialpolitik.[253]

Die kombinierte Betrachtungsweise ist somit die vorzugswürdige. Hier werden sowohl die Einzelaspekte jedes Falles bedacht als auch die Auswirkungen auf das gesamte Sozialleistungssystem. So ist gewährleistet, dass die Interessen sowohl des einzelnen Mitgliedstaates als auch die des Unionsbürgers berücksichtigt werden.

d) Kriterien zur Feststellung der ausreichenden Existenzmittel

Um bestimmen zu können, ob der entsprechende Unionsbürger über ausreichende Existenzmittel verfügt, stehen eine Vielzahl von Kriterien zu Verfügung. In jedem Einzelfall muss eine Interessenabwägung stattfinden, welche eine Ermessensentscheidung darstellt.[254] Dabei ist irrelevant, ob die Existenzmittel von vornherein nicht ausreichen oder ob sie erst im Nachhinein die Erforderlichkeitsschwelle unterschreiten.[255] Als Ausgangspunkt zur Überprüfung kann sich am 16. Erwägungsgrund der RL 2004/38/EG orientiert werden. So soll der Aufnahmestaat überprüfen, „ob es sich bei dem betreffenden Fall um vorübergehende Schwierigkeiten handelt, und die Dauer des Aufenthalts, die persönlichen Umstände und den gewährten Sozialhilfebetrag berücksichtigen, um zu beurteilen, ob der Leistungsempfänger die Sozialhilfeleistungen unangemessen in Anspruch genommen hat, und in diesem Fall seine Ausweisung zu veranlassen." Es wird deutlich, dass der Gesetzgeber eine Abwägung zwischen der in Frage stehenden Summe, welche eine Belastung für das Sozialsystem des Aufnahmestaates darstellt und den Voraussetzungen, welche eine Verbindung zum Aufnahmestaat annehmen lassen können, im Sinn hatte. Je mehr der Unionsbürger im Aufnahmestaat integriert ist, umso höher soll auch seine persönliche Grenze sein, ab wann ein Sozialleistungsbezug seinerseits eine unangemessene Belastung des Sozialsystems des Aufnahmestaates darstellt.

252 EuGH, Urteil vom 17.03.2005, C-109/04, *Kranemann*, Slg. 2005, I-2421, Rn. 34 m.w.N.; EuGH, Urteil vom 24.10.2013, C-220/12, *Thiele Meneses*, NJW 2014, 1077 ff., Rn. 43; vgl. auch: *Shuibhne/Maci*, CMLR 2013, 965 (997).

253 EuGH, Urteil vom 20.03.2003, C-187/00, *Kutz-Bauer*, Slg. 2003, I-2741, Rn. 59; EuGH, Urteil vom 10.03.2005, C-196/02, *Nikoloudi*, Slg. 2005, I-1789, Rn. 53.

254 Vgl. *Höfler*, Die Unionsbürgerfreizügigkeit, S. 101 f.

255 Vgl. *Höfler*, Die Unionsbürgerfreizügigkeit, S. 101.

Hieran orientierte sich auch GA *Wahl* in der Rechtssache *Brey*, als dieser die Zahlung einer österreichischen Ausgleichszulage an einen deutschen Rentner als eine unangemessene Belastung des österreichischen Sozialsystems einstufte.[256] Hintergrund der Entscheidung war die österreichische Ausgleichszulage, welche als beitragsunabhängige Geldleistung allen Rentnern gewährt wird, die 15 Jahre in die Rentenkasse einzahlen[257] und inklusive sonstiger Einkommen die Mindesthöhe an Rente verfehlen.[258] Der österreichische Staat zahlt dann die Differenz zwischen der tatsächlichen Rente und dem Existenzminimum. Im konkreten Fall waren die voraussichtliche Dauer sowie die Höhe der Summe der Leistungen die entscheidenden Kriterien. Als erster Referenzpunkt für die Feststellung der Unangemessenheit können folglich diese beiden Punkte gelten.[259] Daraus lässt sich dann eine Prognose für den Aufnahmestaat entwickeln, wie hoch die Belastung für das Sozialsystem ausfallen wird. Eine nur vorübergehende Bedürftigkeit wird dem Aufnahmestaat zumutbar sein. Ist die Zukunftsprognose negativ, da beispielsweise von einer unabsehbaren Zeitspanne oder einer dauerhaften Bedürftigkeit auszugehen ist, wird der Aufnahmestaat eher die Möglichkeit haben, den Bezug von Leistungen sozialer Vergünstigung zu verwehren.[260] In der Rechtssache *Brey* spielte die Tatsache, dass der Antragsteller als Rentner wohl immer auf die Ausgleichszulage angewiesen sein wird, eine entscheidende Rolle für die Beurteilung eines unangemessenen Sozialleistungsbezugs.[261] Seine finanzielle Situation hätte sich aller Voraussicht nach nicht mehr verbessert. Hier lag eine negative Zukunftsprognose vor. Als weiterer Punkt kann folglich die voraussichtliche Dauer des Empfangs von Leistungen der sozialen Vergünstigung angenommen werden.[262]

---

256 Schlussantrag GA Wahl, EuGH, C-140/12, *Brey*.

257 Aufgrund einer früheren EuGH-Entscheidung muss der österreichische Staat auch die Versicherungszeiten berücksichtigen, die der Bedürftige in anderen Mitgliedstaaten gesammelt hat, EuGH, Urteil vom 29.04.2004, C-160/02, *Skalka*, Slg. 2004 I-563.

258 Für eine genauere Besprechung des Urteils und die daraus resultierenden Folgen: *Eichenhofer*, InfAuslR 2014, 63; *Spiegel*, ERA Forum 2014, 337; *Thym*, NZS 2014, 81; *Verschueren*, EJML 2014, 147.

259 Schlussantrag GA Wahl, EuGH, C-140/12, *Brey*, Rn. 84; Vgl. *Jacquesion*, ELRev 2002, 260 (276).

260 Vgl. *Höfler*, Die Unionsbürgerfreizügigkeit, S. 101 f.

261 Schlussantrag GA Wahl, EuGH, C-140/12, *Brey*, Rn. 84; vgl. auch: EuGH, Urteil vom 20.09.2001, C-184/99, *Grzelczyk*, Slg. 2001, I-6193, Rn. 45.

262 Vgl. *Jacquesion*, ELRev 2002, 260 (276).

Ein weiteres Kriterium zur Feststellung der ausreichenden Existenzmittel kann die Verschuldensfrage darstellen. Anknüpfungspunkt wäre die Frage, weshalb der Unionsbürger bedürftig geworden ist.[263] Geriet der Unionsbürger unverschuldet in die Bedürftigkeit oder ist ihm diese aufgrund eines von ihm verschuldeten Verhaltens persönlich zuzurechnen? Eine ähnliche Regelung gilt bereits in der RL 2004/38/EG in Bezug auf das Aufenthaltsrecht für Arbeitnehmer. Dort gelten „Zeiten unfreiwilliger Arbeitslosigkeit, die vom zuständigen Arbeitsamt ordnungsgemäß festgestellt werden, oder vom Willen des Betroffenen unabhängige Arbeitsunterbrechungen sowie krankheits- oder unfallbedingte Fehlzeiten oder Unterbrechungen [...] als Zeiten der Erwerbstätigkeit“[264].

Letztlich können auch die persönlichen Verbindungen zum Aufnahmestaat des Unionsbürgers bei der Beurteilung des unangemessenen Sozialleistungsbezugs mit einbezogen werden. Insbesondere, ob der jeweilige Unionsbürger familiäre Bindungen im Aufnahmestaat hat, ist zu berücksichtigen.[265] Je stärker die familiären Beziehungen im Aufnahmestaat sind, umso höher fällt entsprechend die Schwelle des unangemessenen Sozialleistungsbezugs aus.

Neben den individuellen Punkten des Einzelfalles muss auch der „systemische“ Aspekt der kombinierten Betrachtung beachtet werden. So spielt dann auch die voraussichtliche Höhe der zu beziehenden Sozialleistungen für das Sozialsystem des Aufnahmestaates eine Rolle und die daraus resultierende finanzielle Belastung.

Diese Kriterien stehen dabei nicht völlig unabhängig nebeneinander. Vielmehr sind sie kumulativ anzuwenden und in ihrer Gesamtheit zu betrachten.[266]

e) Fazit: Weites Spektrum von Kriterien zur Feststellung ausreichender Existenzmittel

Unterschiedliche Herangehensweisen zur Feststellung der ausreichenden Existenzmittel scheinen mithin möglich. Die individuelle Regelungsweise muss immer beachtet werden. Eine rein systemische Betrachtung hingegen erfüllt nicht die Anforderungen, welche an die Prüfung der ausreichenden Existenzmittel gestellt

263 Vgl. *Höfler*, Die Unionsbürgerfreizügigkeit, S. 102.

264 Art. 17 I RL 2004/38/EG.

265 Die Achtung des Familienlebens wird insbesondere durch Art. 8 EMRK gedeckt; vgl. dazu: EuGH, Urteil vom 11.07.2002, C-60/00, *Carpenter*, Slg. 2002, I-6279, Rn. 41; EuGH, Urteil vom 29.04.2004, C-482 u. C-493/01, *Orfanopoulos u. Oliveri*, Slg. 2003, I-9607, Rn. 97; EuGH, Schlussantrag GA Wathelet, C-67/14, *Alimanovic*, Rn. 109.

266 Vgl. *Höfler*, Die Unionsbürgerfreizügigkeit, S. 102.

werden. Um beide Betrachtungsweisen zu verbinden, kann eine kombinierte Betrachtung zielführend sein. Diese verbindet die notwendigen individuellen sowie systemischen Anforderungen an die Prüfung der ausreichenden Existenzmittel. So werden dort die individuellen Punkte des Einzelfalles beachtet sowie die Auswirkungen auf das Sozialsystem des Aufnahmestaates als Ganzes berücksichtigt. Im Rahmen der Feststellung der ausreichenden Existenzmittel steht dann eine Vielzahl unterschiedlicher Kriterien zur Verfügung, welche es ermöglichen, eine genaue Abwägung der entgegenstehenden Interessen durchzuführen.

3. Umfassender Krankenversichertenschutz

Ähnlich gelagert ist die Voraussetzung des „umfassenden Krankenversichertenschutzes". Auch wenn der Wortlaut des Art. 7 RL 2004/38/EG von einem „umfassenden Krankenversicherungsschutz"[267] spricht und somit wenig Spielraum für Interpretationen lässt, wird nicht verlangt, dass dieser allumfassend ist.[268] So entfällt das Aufenthaltsrecht nicht, wenn der von der RL 2004/38/EG geforderte Krankenversichertenschutz nicht alle Risiken abdeckt.[269]

VI. Fazit: Internationalisierung sozialer Rechte durch unionsrechtliche Einflüsse

Die Sozialsysteme der einzelnen Mitgliedstaaten sind seit der Gründung der EWG immer mehr internationalen Einflüssen ausgesetzt worden. Das ursprünglich vorherrschende Personalitätsprinzip ist nach und nach, wenn auch nicht vollständig, durch das Territorialitätsprinzip abgelöst worden. Dies geschah zunächst durch die Koordinierung der mitgliedstaatlichen Sozialsysteme, um Hindernisse für die Wanderungsbewegungen der erwerbstätigen Unionsbürger zu beseitigen. Später wurde der persönliche Anwendungsbereich auf alle Unionsbürger ausgeweitet, unabhängig davon, ob sie ihren Lebensunterhalt selbst finanzieren könnten oder nicht.

Gleichlaufend zu den Koordinierungsregelungen wurden die Freizügigkeitsrechte und die damit verknüpften „Annexrechte" der Unionsbürger weiter

---

267 Vgl. für die Voraussetzungen am Beispiel Deutschlands: *Dienelt*, in: *Bergmann/Dienelt*, Ausländerrecht, § 4 FreizügG/EU, Rn. 31 ff.; sowie ferner: *Brinkmann*, in: *Huber*, Aufenthaltsgesetz, § 4 FreizügG/EU, Rn. 4 f.; *Oberhäuser*, in: Ausländerrecht, § 4 FreizügG/EU, Rn. 4.

268 Vgl. zu den Auswirkungen eines nicht umfassenden Krankenversicherungsschutzes: EuGH, Urteil vom 17.09.2002, C-413/99, *Baumbast*, Slg. 2002, I-7091, Rn. 93 ff.

269 Vgl. *Wollenschläger*, NVwZ 2014, 1628 (1629).

ausgebaut. Dies geschah primär durch die weite Auslegung der unterschiedlichen Personengruppen der erwerbstätigen Unionsbürger. Schließlich erfolgte dann direkt durch die Einführung der Unionsbürgerschaft im Rahmen des Vertrags von Maastricht eine Ausweitung der Rechte des Unionsbürgers. Infolgedessen wurde die rechtliche Stellung insbesondere der nichterwerbstätigen Unionsbürger indirekt durch das Diskriminierungsverbot mit den Rechten Staatsangehöriger des Aufnahmestaates auf Leistungen der sozialen Vergünstigung angepasst. Eine vollständige Angleichung hat dennoch nicht stattgefunden. Insbesondere für die nichterwerbstätigen Unionsbürger stellt das Freizügigkeitsrecht ein Hindernis zu einer vollständigen Angleichung der Rechte auf soziale Vergünstigung im Vergleich zu den Staatsangehörigen des Aufnahmestaates dar. Somit scheint es nur konsequent, dass der EuGH die Anwendungsbereiche der unterschiedlichen Freizügigkeitsrechte eher weit fasst. Oft sind diese das einzige Hindernis, welches einem bedürftigen Unionsbürger den Bezug von Leistungen sozialer Vergünstigung verwehrt. Folglich besteht auch eine Vielzahl von Kriterien zur Feststellung der notwendigen ausreichenden Existenzmittel, um das Freizügigkeitsrecht nichterwerbstätiger Unionsbürger, auch bei der Inanspruchnahme von Leistungen der sozialen Vergünstigung, bestehen lassen zu können. Das Unionsrecht sieht somit Situationen vor, in denen ein nichterwerbstätiger Unionsbürger trotz der Inanspruchnahme von Sozialleistungen sein Aufenthaltsrecht nicht verliert. Diese Möglichkeit wird dem nichterwerbstätigen Unionsbürger nun vom EuGH selbst durch die strikte Anwendung der Ausnahmeregelungen in der RL 2004/38/EG wieder genommen.

Begründen lässt sich diese zurückhaltende Rechtsprechung dadurch, dass die Mitgliedstaaten nur sehr restriktiv Rechte ihrer Sozialpolitik auf die EU übertragen haben. Trotz der internationalen Einflüsse durch die EU liegt die wohlfahrtsstaatliche Staatsgewalt weiterhin bei den einzelnen Mitgliedstaaten.[270] Deutlich wird dies durch die unterschiedlichen nationalen Sozialleistungssysteme in den einzelnen Mitgliedstaaten.

Gerade diese Spannungslagen könnte ein Prinzip der sozialen Vergünstigung für nichterwerbstätige Unionsbürger lösen. Dies würde insgesamt in allen Situationen mit unionsrechtlichem Bezug Wirkung entfalten und somit den Zugang zu Leistungen der sozialen Vergünstigung auch für nichterwerbstätige Unionsbürger im Aufnahmestaat gewährleisten.

---

270 Vgl. *Kingreen,* in: Grundlagen und Herausforderungen des Sozialstaats, 313 (321).

D. Prinzipientheoretischer Ansatz

Bevor die soziale Vergünstigung als Grundsatz dargestellt werden kann, bedarf es einiger Ausführungen bezüglich des Begriffs des „Grundsatzes" und dessen Funktionen im Allgemeinen. Hierfür kann durch einen prinzipientheoretischen Ansatz der Begriff des Grundsatzes erläutert werden. Dies scheint auf den ersten Blick paradox, da hier ein „Grundsatz" und kein „Prinzip" dargelegt werden soll. Im Folgenden wird jedoch aufgezeigt, dass zwischen Grundsätzen und Prinzipien eine enge Verbindung besteht. Eine genaue Darstellung von Prinzipien und deren Unterschied zu Regeln kann daher auch Erkenntnisse für die Bestimmung von Grundsätzen geben. Insbesondere die Abgrenzung zwischen „Regeln" und „Prinzipien" muss daher erläutert werden. Erst durch die Qualifizierung des Grundsatzes der sozialen Vergünstigung als Prinzip oder Regel können die rechtlichen Folgen für die einzelnen Akteure abgesehen werden.

Ausgangspunkt für die Bestimmung eines „Prinzips" ist der Wortlaut. Der Begriff „Prinzip" wird in den europäischen Verträgen, insbesondere in anderen als der deutschen Sprachfassung, häufig verwendet.[271] In der deutschen Sprachfassung der Verträge wird der Begriff „Prinzip" jedoch nur vereinzelt gebraucht, da an vielen Stellen alternativ der Begriff „Grundsatz" gewählt wurde.[272] Dennoch sind beide Begriffe als Synonyme zu verstehen.[273] Eine allgemeingültige Definition für den Begriff des „Prinzips" gibt es im Unionsrecht jedoch nicht.[274] Dies

271 Insbesondere in der englischen und in der französischen Sprachfassung wird der Begriff „principle" und der Begriff „principe" mehrfach benutzt; vgl. für eine genaue Analyse des Sprachgebrauchs: *Bogdandy,* in: Europäisches Verfassungsrecht – Theoretische und dogmatische Grundzüge, 13 (25).

272 Vgl. *Bogdandy,* in: Europäisches Verfassungsrecht – Theoretische und dogmatische Grundzüge, 13 (25); vgl. auch: *Terhechte,* in: Europäisches Organisations- und Verfassungsrecht, 329 (334).

273 Vgl. *Bogdandy,* in: Europäisches Verfassungsrecht – Theoretische und dogmatische Grundzüge, 13 (26); sowie: *Reimer,* Verfassungsprinzipien, S. 156. Der *Duden,* 27. Auflage, bezeichnet ein „Prinzip" als „Grundlage; Grundsatz"; Im *Black's Law Dictionary,* 10. Auflage, wird der Begriff „principle" unter anderem mit „basic rule" übersetzt.

274 Vgl. *Terhechte,* in: Europäisches Organisations- und Verfassungsrecht, 329 (334).

scheint nicht verwunderlich, bestehen dort aufgrund des Facettenreichtums[275] dieses Begriffes unterschiedliche Deutungen im wissenschaftlichen Diskurs.[276]

I. Regeln und Prinzipien

Im rechtswissenschaftlichen Diskurs wird zwischen Regeln und Prinzipien unterschieden.[277] Die Unterscheidung zwischen Regeln und Prinzipien ist für die „soziale Vergünstigung" relevant, denn es ergeben sich gerade erst aus dieser Einordnung die rechtliche Reichweite der sozialen Vergünstigung und der dabei dem Rechtsanwender zugesprochene Gestaltungsspielraum.

Regeln und Prinzipien stellen jeweils einen Teil der Sollensordnung dar, sind mithin beides Normen, welche die Sollensordnung systematisieren.[278] Diese Arten von Normen können Erlaubnisse und Verbote formulieren.[279] Die Unterscheidung zwischen Regeln und Prinzipien ist folglich eine Unterscheidung zwischen zwei unterschiedlichen Arten von Normen. Für diese Unterscheidung steht eine Vielzahl von Kriterien zu Verfügung. Das wohl prominenteste Unterscheidungskriterium ist das der Generalität.[280] Prinzipien normieren danach für einen weiten Anwendungsbereich Gebote oder Verbote. Regeln hingegen sind auf einen konkreten Fall zugeschnitten. Als weitere Unterscheidungsmerkmale

---

275 Vgl. für einen umfassenden Überblick über die unterschiedlichen Begriffsbestimmungen des „Prinzips": *Reimer,* Verfassungsprinzipien, S. 26 ff.

276 Vgl. *Alexy,* Theorie der Grundrechte, S. 72 ff.; *Dworkin,* Bürgerrechte ernstgenommen, S. 58 ff.; sowie: *Koskenniemi,* in: Sources of International Law, 359 (359 ff.); vgl. ferner: *Bogdandy,* in: Europäisches Verfassungsrecht – Theoretische und dogmatische Grundzüge, 13 (27).

277 Vgl. *Alexy,* Theorie der Grundrechte, S. 71 ff.; *Alexy,* Begriff und Geltung des Rechts, S. 119; *Alexy,* in: GS Sonnenschein, 771 (771); sowie: *Dworkin,* Bürgerrechte ernstgenommen, S. 54 ff. Siehe aber auch: *Wolff,* in: GS für Walter Jellinek, 33 (44), welcher zwischen „Grundsatz" und „Rechtssatz" unterscheidet; sowie: *Esser,* Grundsatz und Norm, wo die Unterscheidung schon im Titel seines Werkes deutlich wird.

278 Vgl. *Alexy,* Theorie der Grundrechte, S. 72; sowie: *Peczenik,* Rechtstheorie 1971, 17 (31), jedoch lediglich in Bezug auf Prinzipien; *Sieckmann,* Regelmodelle und Prinzipienmodelle des Rechtssystems, S. 21.

279 Vgl. *Alexy,* Theorie der Grundrechte, S. 72; sowie: *Dworkin,* Bürgerrechte ernstgenommen, S. 58.

280 Vgl. *Alexy,* Theorie der Grundrechte, S. 75; sowie: *Esser,* Grundsatz und Norm, S. 95; *Hughes,* The Yale Law Journal 1968, 411 (419); vgl. auch: *Raz,* The Yale Law Journal 1972, 823 (834 ff.). Vgl. ferner: *Christie,* Duke Law Journal 1968, 649 (669), welcher die Unterscheidung zwischen beiden Normtypen eher an der vagen Formulierung festmachen will.

werden beispielsweise die Bestimmbarkeit der Anwendungsfälle[281], die Entstehungsweise[282], das Absehen vom Einzelfall[283], die Explizitheit des Wertungsgehaltes[284] oder die Bedeutung für die Rechtsordnung[285] angeführt.[286] Gerade diese Vielfalt macht eine genaue Differenzierung schwer. Die aufgezählten Kriterien lassen sich beliebig kombinieren, was zu kaum befriedigenden Ergebnissen führen dürfte.

Aufgrund dessen werden verschiedene Ansätze vertreten, nach denen versucht wird, Prinzipien von Regeln zu unterscheiden. Der erste Ansatz vertritt die Auffassung, dass aufgrund der Unterschiedlichkeit der Regelungsgehalte der zu untersuchenden Normen eine klare Einordnung dieser in die Kategorie „Prinzip" oder „Regel" anhand der oben genannten Kriterien kaum möglich sei.[287] Zielführender wäre vielmehr, den Fokus auf die zahlreichen Gemeinsamkeiten und Unterschiede, Ähnlichkeiten und Abweichungen, die sich innerhalb der Normkategorien „Prinzip" und „Regel" finden, zu legen.[288] Hier wird an das Konzept

---

281 Vgl. *Esser*, Grundsatz und Norm, S. 51 f.; vgl. auch: *Larenz*, Richtiges Recht: Grundzüge einer Rechtsethik, S. 23, welcher Prinzipien den rechtssatzförmigen Charakter abspricht, da diese eine Rechtsfolge nicht an bestimmte Tatbestandvoraussetzungen knüpfen.

282 Vgl. *Shuman*, CalLRev 1971, 715 (729).

283 So zum Beispiel BVerfGE 18, 224 (237): „Es liegt in der Natur der Tätigkeit der höheren Gerichte, daß sie bei der Entscheidung der ihnen unterbreiteten Einzelfälle das Prinzipielle hervorheben und zur Entwicklung allgemeiner Rechtsgrundsätze zu gelangen suchen [...]."; vgl. auch: *Reimer*, Verfassungsprinzipien, S. 159.

284 Vgl. *Canaris*, Systemdenken und Systembegriff in der Jurisprudenz, S. 50.

285 Vgl. *Larenz*, Methodenlehre der Rechtswissenschaft, S. 461; sowie: *Peczenik*, Rechtstheorie 1971, 17 (30).

286 Vgl. *Alexy*, Theorie der Grundrechte, S. 73 f.

287 Vgl. *Alexy*, Theorie der Grundrechte, S. 74 f.; *Esser* unterschiedet in diesem Zusammenhang zwischen axiomatischen, rhetorischen und dogmatischen, immanenten und informativen, sowie juristischen Prinzipien und Prinzipien des Rechts sowie Aufbau- und Wertprinzipien: *Esser*, Grundsatz und Norm, S. 47 f., 73 ff., 90, 156. *Peczenik* hingegen trennt die unterschiedlichen Gruppen der Prinzipien nach: „principles of laws of logic", „principles of justice", „semi-logical", „instrumentally formulated legal principles" und Prinzipien, die „similar to the instrumentally formulated" sind, *Peczenik*, Rechtstheorie 1971, 17 (17 ff.). Vgl. auch: *Raz*, The Yale Law Journal 1972, 823 (834), welcher allgemein von unterschiedlichen Typen von Prinzipien und Regeln spricht.

288 Vgl. *Alexy*, Theorie der Grundrechte, S. 75; sowie: *Wennerberg*, in: Ludwig Wittgenstein: Philosophische Untersuchungen, 33 (33 f.).

der „Familienähnlichkeit“[289] nach *Wittgenstein* angeknüpft, welcher mit diesem Konzept versucht, Seiendes unter verschiedene Begriffe zu systematisieren.[290]

Der zweite Ansatz stellt lediglich auf das Kriterium der Generalität ab. Vertreter dieser Auffassung räumen zwar ein, dass eine Unterscheidung zwischen Regeln und Prinzipien möglich sei, dies jedoch nur eine graduelle Unterscheidung sei.[291] Es gebe keine klare Grenze zwischen den Normen, die speziell sind und solchen, die generellen Charakter haben.[292] Vertreter dieser Ansicht erkennen, dass gerade in Grenzfällen eine Einordnung fast unmöglich sei.[293]

Beide Ansätze weisen für eine juristische Normeneinordnung Schwächen auf. Das Konzept der „Familienähnlichkeit“ vergleicht eine zu kategorisierende Norm lediglich mit vorhandenen Prinzipien. Dies mag in einem philosophischen Prinzipiendiskurs durchaus sinnvoll sein. Im Rahmen einer juristischen Einordnung wird ein Vergleich jedoch schwerfallen. Normen enthalten mannigfaltige Regelungsgehalte. Diese Regelungsgehalte zu vergleichen, wird in den meisten Fällen nicht möglich sein. Der zweite Ansatz kann in Grenzfällen keine eindeutige Lösung anbieten. Zudem würde aufgrund der Relativität der graduellen Entscheidung jede allgemeinere Norm der spezielleren Norm gegenüber als Prinzip verstanden werden.[294] In einem juristischen Verfahren müssen eindeutige Ergebnisse jedoch gewährleistet werden. Daneben haben beide Ansätze gemein, dass sie versuchen, Normen lediglich anhand äußerer Momente festzumachen.

Der dritte Ansatz[295] hingegen versucht, diese Schwächen zu umgehen. Dieser rückt nicht die Generalität als das entscheidende Kriterium in den Mittelpunkt. Auch wird nicht versucht, Normen anhand ihrer Gemeinsamkeiten oder Ähnlichkeiten zu systematisieren. Vielmehr vertreten Anhänger dieses Ansatzes den Standpunkt, dass es einen qualitativen Unterschied zwischen einem Prinzip und einer Regel gebe und dieses eine Kriterium ausreiche, um beide Arten von Normen zu unterscheiden. Im Rahmen der Beurteilung einer Norm anhand ihres qualitativen Wertungsgehaltes fließen alle oben genannten Kriterien mit in die

289 Vgl. *Wittgenstein*, Philosophische Untersuchungen, §§ 66, 67 der Spätfassung.

290 Vgl. *Alexy*, Theorie der Grundrechte, S. 74 f.; vgl. ferner: *Wennerberg*, in: Ludwig Wittgenstein: Philosophische Untersuchungen, 33 (33).

291 Vgl. *Hughes*, The Yale Law Journal 1968, 411 (419); vgl. *Raz*, The Yale Law Journal 1972, 823 (838).

292 Vgl. *Raz*, The Yale Law Journal 1972, 823 (838).

293 Vgl. *Raz*, The Yale Law Journal 1972, 823 (838).

294 Vgl. *Hain*, Die Grundsätze des Grundgesetzes, S. 98; sowie: *Simonius*, ZfSR 1952, 237 (238 ff.).

295 Dazu ausführlich nachfolgend: D.II.

Bewertung ein. Dieser Ansatz bietet folglich eine allumfassende Berücksichtigung sämtlicher Unterscheidungskriterien.

II. Prinzipien als Optimierungsgebote

Nachfolgend wird demzufolge die These vertreten, dass sich zwischen Regeln und Prinzipien auch ein qualitativer Unterschied ausmachen lässt. Dieser Ansatz wird nun erläutert. Als Normen bieten sowohl Regeln als auch Prinzipien Wege zu bestimmten Ge- und Verboten, welche bei Vorliegen bestimmter Tatbestandsvoraussetzungen befolgt werden müssen.[296] Regeln und Prinzipien unterscheiden sich jedoch in der Art und Weise, wie der Normanwender diese bestimmten Ge- oder Verbote verwirklichen kann.

Der qualitative Unterschied zwischen Regeln und Prinzipien liegt darin, dass „Prinzipien Normen sind, die gebieten, dass etwas in einem relativ auf die rechtlichen und tatsächlichen Möglichkeiten möglichst hohem Maße realisiert wird“[297]. Konkrete Festsetzungen gibt ein Prinzip hingegen nicht vor. Prinzipien versuchen folglich, ein größtmögliches Maß einer Sollensbestimmung zu realisieren. Diese Sollensbestimmung stellt dabei ein Gebot der Gerechtigkeit und Fairness dar.[298] Das zu realisierende Maß ist im Rahmen der Erfüllung des Ge- oder Verbots an die rechtlichen und tatsächlichen Möglichkeiten des Einzelfalles gebunden.[299] Die Grenzen der rechtlichen Möglichkeiten bilden hierbei wiederum andere, gegenläufige Prinzipien.[300] Es kommt somit lediglich darauf an, dass versucht wird, die Ge- und Verbote von Prinzipien im größtmöglichem Maß zu erfüllen und in Einklang mit anderen gegenläufigen Prinzipien zu bringen. Ein hunderprozentiges Erreichen des Prinzips wird nicht verlangt. Im Rahmen der Verwirklichung eines von einem Prinzip aufgegebenen Ge- oder Verbots steht dem Normadressaten daher ein Gestaltungsspielraum zur Verfügung, in

296 Vgl. *Dworkin,* Bürgerrechte ernstgenommen, S. 58; vgl. auch oben: D.I.

297 Vgl. *Alexy,* Rechtstheorie Beiheft 1 1979, 59 (79 ff.); sowie: *Alexy,* Theorie der Grundrechte, S. 75; *Alexy,* Begriff und Geltung des Rechts, S. 120; vgl. ferner: *Larenz,* Richtiges Recht: Grundzüge einer Rechtsethik, S. 24, welcher die positive Funktion des Prinzips so umschreibt, dass dieses einen „Richtung gebenden Einfluss auf die nachfolgenden Entscheidungen und damit auf den Inhalt der durch sie geschaffenen Regelung“ hat.

298 Vgl. *Dworkin,* Bürgerrechte ernstgenommen, S. 55, welcher Prinzipien auch eine moralische Dimension zuspricht.

299 Vgl. *Alexy,* Theorie der Grundrechte, S. 76.

300 Vgl. *Alexy,* Theorie der Grundrechte, S. 76. Vgl. für die soziale Vergünstigung unten: H. u. I.

welchem Umfang die Ge- oder Verbote realisiert werden sollen. Selbst Prinzipien, die Regeln am meisten gleichen, legen keine rechtlichen Konsequenzen fest, die zwingend eintreten, wenn die Ge- oder Verbote erfüllt werden.[301]

Regeln hingegen sind Normen, welche stets lediglich erfüllt oder nicht erfüllt werden können.[302] Regeln sind folglich in der Weise „Alles oder Nichts" anwendbar.[303] Liegen die Tatbestandsvoraussetzungen einer Regel vor, werden die durch sie festgesetzten Rechtsfolgen ausgelöst.[304] Ist eine Regel einschlägig, muss der Rechtsanwender somit genau befolgen, was die Norm vorgibt. Sie enthalten damit Festsetzungen im Rahmen des tatsächlich und rechtlich Möglichen.[305] Ein Gestaltungsspielraum besteht nicht.

Die Unterscheidung zwischen Regeln und Prinzipien ist mithin eine qualitative und keine graduelle Unterscheidung.[306] Anhand des Inhalts der Norm lässt sich diese als Prinzip oder Regel einordnen. Erlegt eine Norm dem Rechtsanwender auf, ein Ge- oder Verbot in größtmöglichem Maße zu realisieren und hat dieser dabei noch einen gewissen Gestaltungspielraum, handelt es sich um ein Prinzip. Gibt eine Norm hingegen konkrete Rechtsfolgen vor, die beim Vorliegen der einschlägigen Tatbestandsvoraussetzungen ausgelöst werden und hat der Rechtsanwender keine Wahlmöglichkeiten mehr, handelt es sich um eine Regel. Jede Norm ist somit entweder eine Regel oder ein Prinzip.

In diesem Sinne erkennt auch der EuGH Prinzipien als Optimierungsgebote an. Dort erfüllt ein Prinzip[307] für die Rechtsfindung wichtige Aufgaben. So können mithilfe von Prinzipien vorhandene Rechtslücken geschlossen werden.[308] Das Prinzip dient der Auslegung und erlaubt, den Sinn und die Reichweite von Normen des Gemeinschaftsrechts zu bestimmen.[309] Darüber hinaus sind Prinzipien ein Instrument, um die Gültigkeit von Gemeinschaftshandlungen zu

---

301 Vgl. *Dworkin,* Bürgerrechte ernstgenommen, S. 59.

302 *Alexy* spricht Regeln einen „definitiven" Gehalt zu, vgl. *Alexy,* Begriff und Geltung des Rechts, S. 120; sowie: *Alexy,* in: GS Sonnenschein, 771 (771).

303 Vgl. *Dworkin,* Bürgerrechte ernstgenommen, S. 58.

304 Vgl. *Dworkin,* Bürgerrechte ernstgenommen, S. 58.

305 Vgl. *Alexy,* Theorie der Grundrechte, S. 76.

306 Vgl. *Alexy,* Theorie der Grundrechte, S. 76 f.; sowie: *Esser,* Grundsatz und Norm, S. 95.

307 Der EuGH spricht im seinem Urteil zwar von dem Begriff Grundsatz, vgl. aber für die gleiche Bedeutung von Grundsatz und Prinzip unten: D.XI.

308 Schlussantrag GA *Bot,* EuGH, C-555/07, *Kücükdeveci,* Slg. 2010 I-365, Rn. 80.

309 Vgl. am Beispiel des Diskriminierungsverbotes: EuGH, Urteil vom 30.04.1996, C-13/94, *P/S und Cornwall Country Council*; Slg. 1996, I-2143, Rn. 18–20; vgl. auch: Schlussantrag GA *Bot,* EuGH, C-555/07, *Kücükdeveci,* Slg. 2010, I-365, Rn. 80.

kontrollieren.[310] Auch die einzelnen Mitgliedstaaten müssen bei der Durchführung von gemeinschaftsrechtlichen Regelungen die Prinzipien des Unionsrechts beachten.[311]

III. Kollisionsverhalten

Für die rechtliche Einordnung einer Norm in die Gruppe der Regeln oder der Prinzipien stellt das Kollisionsverhalten ein wichtiges Kriterium dar. Kollision bedeutet in diesem Zusammenhang, dass die Anwendung zweier unterschiedlicher Normen zu unvereinbaren Ergebnissen führt und somit dem Normanwender zwei unterschiedliche, gegenläufige, miteinander nicht zu vereinbarende Handlungsweisen auferlegt.[312] Wie eine Kollision gelöst wird, hängt davon ab, welche Strukturen die beiden kollidierenden Normen aufweisen.[313] Unterschieden wird in diesem Zusammenhang zwischen reinen Regel- und Prinzipienkollisionen sowie der Regel-/Prinzipienkollision.[314]

1. Regelkollision

Zwei Regeln kollidieren miteinander, wenn jeweils alle Tatbestandsvoraussetzungen der beiden Regeln erfüllt sind, die Rechtsfolgen beider Regeln hingegen unterschiedliche Rechtsfolgen anordnen.[315] Regeln sind lediglich in der Weise

---

310 Vgl. insbesondere dafür: EuGH, Urteil vom 10.03.1998, C-122/95, *Deutschland/Rat*, Slg. 1998 I-973, Rn. 54–72; vgl. auch: Schlussantrag GA *Bot*, EuGH, C-555/07, *Kücükdeveci*, Slg. 2010 I-365, Rn. 80.

311 Vgl. im Zusammenhang mit der Achtung von Grundrechten, welche zu den allgemeinen Rechtsgrundsätzen gehören und daher die Handlungen der Mitgliedstaaten „soweit wie möglich in Übereinstimmung mit diesen Erfordernissen" angewendet werden müssen: EuGH, Urteil vom 24.03.1994, C-02/92, *The Queen/Ministry of Agriculture, Fisheries and Food, ex parte Dennis Clifford Bostock*, Slg. 1994 I-955, Rn. 16; EuGH, Urteil 13.04.2000, C-292/97, *Karlsson u.a.*, Slg. 2000, I-2737, Rn. 37; EuGH, Urteil vom 12.12.2002, C-442/00, *Rodríguez Caballero*, Slg. 2002, I-11911, Rn. 30; Schlussantrag GA *Bot*, EuGH, C-555/07, *Kücükdeveci*, Slg. 2010, I-365, Rn. 81.

312 Vgl. *Alexy*, Theorie der Grundrechte, S. 77; sowie: *Schmidt*, Die Grundsätze im Sinne der EU-Grundrechtecharta, S. 56.

313 Vgl. *Borowski*, Grundrechte als Prinzipien, S. 68.

314 Vgl. *Alexy*, Theorie der Grundrechte, S. 77; *Borowski*, Grundrechte als Prinzipien, S. 68 ff.; sowie: *Hain*, Die Grundsätze des Grundgesetzes, S. 108 ff.; vgl. ferner: *Pöyhöhnen*, Rechtstheorie 1989, 211 (214 f.).

315 Vgl. *Borowski*, Grundrechte als Prinzipien, S. 68.

„alles oder nichts" anwendbar.[316] Eine Kollision zwischen zwei Regeln kann daher nur aufgelöst werden, indem eine Regel für nicht anwendbar erklärt wird oder eine der Regeln eine Ausnahmebestimmung enthält.[317] Beide Alternativen haben gemein, dass der Gehalt einer Regel keine Anwendung finden kann und somit für ungültig oder nicht anwendbar erklärt wird.[318] Die Entscheidung, welche Regel für ungültig oder nicht anwendbar erklärt wird, sei somit eine Entscheidung über die rechtliche Geltung der Normen, welche keine Frage des Grades sei.[319] Festzuhalten ist hier jedoch, dass in den wenigsten Fällen eine konkrete Ausnahmebestimmung in einer der Regeln vorhanden ist. In den meisten Fällen werden allgemeine Regeln die Kollision auflösen. Zu denken ist hier beispielsweise an die allgemeinen Kollisionsregeln „lex posterior derogat legi priori" oder „lex superior derogat legi ingeriori".[320]

2. Prinzipienkollision

Kollisionen zwischen Prinzipien hingegen sind anders zu behandeln. Prinzipien kollidieren miteinander, wenn genau wie bei einer Regelkollision, die jeweiligen Tatbestandsvoraussetzungen vorliegen, mithin beide Prinzipien einschlägig sind, nach dem einen Prinzip jedoch etwas verboten ist und nach dem anderen dasselbe erlaubt wird. Dann bleiben beide Prinzipien nebeneinander bestehen, dass eine Prinzip genießt jedoch Vorrang gegenüber dem anderen Prinzip. Unterschieden wird bei Prinzipienkollisionen zwischen unbedingten und bedingten Vorrangrelationen. Bei unbedingten Vorrangrelationen geht das eine Prinzip dem gegenläufigen Prinzip immer vor. Bei bedingten Vorrangrelationen geht ein Prinzip dem anderen Prinzip nur unter bedingten Voraussetzungen des Einzelfalls vor.[321] In Fällen, in denen das Verhältnis von Grundrechten oder

---

316 S.o. D.II.

317 Vgl. *Alexy*, Theorie der Grundrechte, S. 77 f.; *Borowski*, Grundrechte als Prinzipien, S. 68; *Borowski*, Glaubens- und Gewissensfreiheit, S. 198; vgl. ferner: *Sieckmann*, Regelmodelle und Prinzipienmodelle des Rechtssystems, S. 94.

318 Vgl. *Alexy*, Theorie der Grundrechte, S. 77 f.

319 Vgl. *Borowski*, Grundrechte als Prinzipien, S. 68 f. Vgl. für die Wichtigkeit der Geltung: *Alexy*, Theorie der Grundrechte, S. 78.

320 Vgl. *Alexy*, Theorie der Grundrechte, S. 78; sowie: *Borowski*, Grundrechte als Prinzipien, S. 69; *Schmidt*, Die Grundsätze im Sinne der EU-Grundrechtecharta, S. 57; *Sieckmann*, Regelmodelle und Prinzipienmodelle des Rechtssystems, S. 95. Vgl. auch: *Schöbener*, JA 2011, 885 (886 f.).

321 Vgl. *Alexy*, Theorie der Grundrechte, S. 79 ff.; *Borowski*, Grundrechte als Prinzipien, S. 70.

Verfassungsrecht zueinander geklärt werden muss, wird immer von einer bedingten Vorrangrelation gesprochen.[322] Im Gegensatz zu den Regelkollisionen wird im Zuge der Prinzipienkollision das entsprechende Prinzip weder für ungültig erklärt, noch wird in das unterlegene Prinzip eine Ausnahmeklausel eingebaut.[323] Das unterlegene Prinzip tritt nur für den konkrekten Fall zurück, in anderen Konstellationen kann gerade das im vorherigen Fall unterlegene Prinzip nun für vorzugswürdig gegenüber dem anderen Prinzip erklärt werden.[324] Prinzipien haben je nach konkretem Fall eine unterschiedliche Gewichtung.[325]

Entscheidendes Kriterium für die Lösung von Prinzipienkollisionen ist mithin die Bestimmung, unter welchen Bedingungen welches der beiden Prinzipien Vorrang hat und welches zurücktreten muss. Ausschlaggebend ist hierfür, welches Prinzip ein höheres Gewicht – eine höhere Wichtigkeit – hat. Das Gewicht kann jedoch nicht an quantitativen Maßstäben gemessen werden. Diese Vorrangrelation kann daher nur durch die Beantwortung der folgenden Frage festgestellt werden: Liegen hinreichende Gründe dafür vor, dass das eine Prinzip unter den im konkreten Fall gegebenen Bedingungen dem anderen Prinzip vorgeht und somit eine größere Gewichtung hat?[326] Ob dies im konkreten Fall vorliegt, ist argumentativ zu entscheiden. Die Gewichtung der Prinzipien wird in jedem Einzelfall durch eine Abwägung festgestellt.[327] Dieses Abwägungsgesetz lautet: „Je höher der Grad der Nichterfüllung oder Beeinträchtigung des einen Prinzips ist, um so größer muss die Wichtigkeit der Erfüllung des anderen sein"[328]. Drei Kriterien sind für die Abwägung relevant: Als erstes muss der Grad der Beeinträchtigung der ersten Prinzips festgestellt werden. Anschließend ist die Relevanz des gegenläufigen Prinzips herauszuarbeiten. In einem letzten Schritt ist zu prüfen, ob die Wichtigkeit der Erfüllung des gegenläufigen Prinzips eine

---

322 Vgl. *Alexy*, Theorie der Grundrechte, S. 82. Siehe bsplw. BVerfGE 51, 324 (345): „keiner dieser Belange genießt schlechthin den Vorrang vor anderen".

323 Vgl. *Alexy*, Theorie der Grundrechte, S. 79; vgl. ferner: *Penski*, JZ 1989, 105 (109).

324 Vgl. *Alexy*, Theorie der Grundrechte, S. 79; *Borowski*, Grundrechte als Prinzipien, S. 69; *Koch/Rüßmann*, Juristische Begründungslehre, S. 97 f., 244; *Schroeder*, Das Gemeinschaftsrechtssystem, S. 264.

325 Vgl. *Alexy*, Theorie der Grundrechte, S. 79; sowie: *Dworkin*, Bürgerrechte ernstgenommen, S. 61; *Koch/Rüßmann*, Juristische Begründungslehre, S. 97 ff., 244 ff.; *Penski*, JZ 1989, 105 (109); *Schroeder*, Das Gemeinschaftsrechtssystem, S. 264.

326 Vgl. *Alexy*, Theorie der Grundrechte, S. 82; *Borowski*, Grundrechte als Prinzipien, S. 70.

327 Vgl. *Borowski*, Grundrechte als Prinzipien, S. 70.

328 Vgl. *Alexy*, Theorie der Grundrechte, S. 146; sowie: *Alexy*, in: Conditions of validity and cognition in modern legal thought, 13 (27).

Einschränkung des ersten Prinzips rechtfertigt.[329] Hierfür muss das feststellende Gericht die Bedingungen benennen, unter denen das eine Prinzip Vorrang vor dem zweiten Prinzip hat und begründen, warum das eine Prinzip im konkreten Fall vorgeht.[330] Daraus folgt im Ergebnis, dass die Bedingungen unter denen das eine Prinzip dem anderen vorgeht, den Tatbestand einer Regel bilden, die die Rechtsfolge des vorgehenden Prinzips ausspricht.[331] Hierdurch wird deutlich, dass die Gewichte von Prinzipien nicht absolut zu bestimmen sind, sondern dass stets nur von einer relativen Gewichtung gesprochen werden kann.[332]

3. Regel-/Prinzipienkollision

Möglich ist auch eine Kollision zwischen Regeln und Prinzipien. Dies ist ähnlich wie bei reinen Regelund Prinzipienkonflikten immer dann der Fall, wenn sowohl die Tatbestandsvoraussetzungen der Regel als auch die des Prinzips vorliegen, die Regel jedoch eine gegenläufige Rechtsfolge zur Rechtsfolge des Prinzips vorsieht. Regeln sind jedoch weder abwägungsfähig noch abwägungsbedürftig.[333] Eine Gewichtung einer Regel ist nicht möglich, da eine Anwendung einer Regel eine Frage der Geltung ist und nicht die eines Grades.[334] Im Rahmen der Regel-/Prinzipienkollision ist daher entscheidend, ob es sich bei der kollidierenden Regel um eine strikte oder eine nicht strikte Regel handelt. Liegt eine strikte Regel vor, genießt diese immer Vorrang gegenüber dem kollidierenden Prinzip, unabhängig von dessen Gewichtigkeit.[335] Im Gegensatz dazu kann bei der Kollision mit einer nicht strikten Regel eine Abwägung vorgenommen werden. Die

---

329 Vgl. *Alexy,* in: GS Sonnenschein, 771 (773); sowie: *Schmidt,* Die Grundsätze im Sinne der EU-Grundrechtecharta, S. 57.

330 Vgl. *Borowski,* Grundrechte als Prinzipien, S. 70.

331 Dieses Gesetz wird *Kollisionsgesetz* genannt; vgl. *Alexy,* Theorie der Grundrechte, S. 83; *Alexy,* in: Conditions of validity and cognition in modern legal thought, 13 (26); *Borowski,* Grundrechte als Prinzipien, S. 71.

332 Vgl. *Alexy,* Theorie der Grundrechte, S. 146; *Dworkin,* Bürgerrechte ernstgenommen, S. 61 f.

333 Vgl. *Alexy,* Rechtstheorie 1987, 405 (408); sowie: *Alexy,* in: Rechts- und Sozialphilosophie in Deutschland heute, 30 (40); *Borowski,* Grundrechte als Prinzipien, S. 71 f.; *Borowski,* Glaubens- und Gewissensfreiheit, S. 199; *Schmidt,* Die Grundsätze im Sinne der EU-Grundrechtecharta, S. 199. A.A. *Rossen,* in: Allgemeinheit der Grundrechte und Vielfalt der Gesellschaft, 41 (55 f.).

334 S.o.: D.II., D.III.1. u. D.III.2.

335 *Alexy,* in: Conditions of validity and cognition in modern legal thought, 13 (20), Anm. 38; *Pöyhöhnen,* Rechtstheorie 1989, 211 (218). Vgl. auch: *Aarnio,* in: Law and the States in Modern Times, 180 (189), welcher von einer „strict legal rule“ spricht,

Regel wird auf einem höhergestellten Prinzip gründen, welches wiederum mit dem kollidierenden Prinzip abgewogen werden kann.[336]

IV. Absolute Prinzipien

Das gerade skizzierte Kollisionsmodell ist auch anwendbar, wenn besonders gewichtige Prinzipien in die Kollision verwickelt sind. Dies scheint auf den ersten Blick verwunderlich. Solche gewichtigen Prinzipien werden auch als „absolute Prinzipien" bezeichnet.[337] Ein solches wird angenommen, wenn dieses in jeder Fallkonstellation immer vorgeht und von keinen anderen Prinzipien verdrängt werden kann.[338] Wenn es jedoch Prinzipien geben sollte, die immer gelten und nicht verdrängt werden können, würde es sich nach dem hier skizzierten Regel-/Prinzipienmodell bei solchen Prinzipien nicht um Prinzipien im Sinne des Regel-/Prinzipienmodells handeln, sondern um Regeln. Im grundrechtlichen Diskurs kommt zumindest ein absolutes Prinzip in Betracht, welches auch für die Thematik der sozialen Vergünstigung relevant ist: die Menschenwürde gemäß Art. 1 I 1 GG. Dies liegt insbesondere an der Formulierung: „Die Würde des Menschen ist unantastbar". Daraus könnte sich schließen lassen, dass die Menschenwürde abwägungsresistent ist und bei einer Beeinträchtigung die Menschenwürde immer vorgeht. Dennoch ist es nicht ersichtlich, warum absolute Prinzipien immer vorgehen sollten. Das BVerfG lässt eine Abwägung zwischen einem absoluten Prinzip und anderen Prinzipien zu. So stellt es im Zusammenhang mit der Menschenwürde fest, dass eine Verletzung dieser nur anhand der Analyse des konkreten Falles festgestellt werden kann.[339] Durch den Bezug auf die Umstände des konkreten Einzelfalles teilt das BVerfG die Menschenwürde in zwei unterschiedliche Teile auf. Zum einen einen Regel-Teil, welcher immer gilt und Vorrang gegenüber allen anderen Prinzipien hat. Und einen Prinzipien-Teil, welcher die Menschenwürde in ein Abwägungsverhältnis zu anderen Prinzipien setzt. Nur wenn die Abwägung ergibt, dass die Menschenwürde vorgeht, greift

---

von welcher nur aufgrund anderer Regeln aber nicht aufgrund von Prinzipien abgewichen werden darf.

336 *Alexy,* in: Conditions of validity and cognition in modern legal thought, 13 (20), Anm. 38; vgl. ferner: *Aarnio,* in: Law and the States in Modern Times, 180 (189); *Pöyhöhnen,* Rechtstheorie 1989, 211 (218).

337 Vgl. *Alexy*, Theorie der Grundrechte, S. 94 ff.

338 Vgl. *Alexy*, Theorie der Grundrechte, S. 94.

339 Vgl. BVerfGE 30, 1 (25).

auch der Regel-Teil der Menschenwürde und entfaltet seine volle Geltung.[340] Würde die Menschenwürde als absolut angesehen werden, würde dies zu lediglich binären Ergebnissen führen. Die Menschenwürde könnte entweder nur verletzt sein oder nicht.[341] Folglich sind auch sogenannte absolute Prinzipien einer Abwägung zugänglich und können in Relation zu anderen Prinzipien gesetzt werden.

V. Der unterschiedliche prima facie-Charakter von Regeln und Prinzipien

Eine weitere Unterscheidung zwischen Regeln und Prinzipien ist der unterschiedliche prima facie-Charakter von Regeln und Prinzipien.[342] Prima facie bedeutet, dass eine Handlung aufgrund der Umstände des Handelnden zu seiner Umwelt im konkreten Fall auf den ersten Blick geboten erscheint.[343] Es kann jedoch auch möglich sein, dass sich der Handelnde in mehreren Verhältnissen zu seiner Umwelt befindet, in denen eine prima facie-Handlung geboten scheint. In solch einem Fall wird dem Rechtsanwender auferlegt, so gut es nur eben geht alle Umstände des Einzelfalls zu prüfen und dann die Handlung auszuwählen, welche der anderen Handlungsalternative vorgeht.[344] Im Unterschied zu Regeln verlangen Prinzipien, dass bei Vorliegen der Voraussetzungen des Prinzips etwas in relativ und im Rahmen des rechtlich und tatsächlich Möglichen in höchstem Maße realisiert wird.[345] Dass ein Prinzip in einem konkreten Fall anwendbar ist, bedeutet nicht, dass der von diesem Prinzip vorgegebene Gehalt auch gilt.[346] Prinzipien legen daher keine definitiven, sondern immer nur prima facie-Gebote auf.[347] Anders als bei Regeln, ergibt sich lediglich durch die Anwendbarkeit des Prinzips noch nicht, dass das, was das Prinzip verlangt, auch vollumfänglich gilt. Prinzipien geben lediglich Gründe an, welche durch gegenläufige Gründe

---

340 Vgl. *Alexy,* Theorie der Grundrechte, S. 96.

341 Vgl. ausführlich dazu unten: G.II.2.

342 Vgl. für den Begriff des prima facie-Charakters: *Ross,* The Right and the Good, S. 19 ff., 28 ff.; *Hare,* Moral Thinking, S. 27 ff.; 38 ff., welcher sich auf *Ross* bezieht. Siehe auch: *Searle,* in: Practical Reasoning, 81 (84 ff.), welcher vorschlägt auf den Begriff prima facie-Charakter zu verzichten.

343 Vgl. *Ross,* The Right and the Good, S. 19.

344 Vgl. *Ross,* The Right and the Good, S. 19.

345 S.o. D.II.

346 Vgl. *Alexy,* Theorie der Grundrechte, S. 88.

347 Vgl. *Alexy,* Theorie der Grundrechte, S. 88; sowie: *Borowski,* Grundrechte als Prinzipien, S. 73.

wieder „ausgeräumt“ werden können.[348] Das Prinzip gibt bei solch einer Kollision jedoch nicht an, welches Prinzip gegenüber dem Anderen Vorrang hat.[349]

Regeln hingegen verlangen, dass bei Vorliegen der Tatbestandsvoraussetzungen die genaue Rechtsfolge befolgt wird. Regeln geben folglich Festsetzungen im Rahmen des tatsächlich und rechtlich Möglichen vor.[350] Die Regel ist ungültig, wenn die Rechtsfolge der Regel aufgrund des rechtlich und tatsächlich Möglichen nicht ausgeführt werden kann.[351] Die Regel gibt somit eine Handlung oder ein Unterlassen definitiv vor.[352] Dies betrifft strikte Regeln. Bei nicht strikten Regeln kann es im Falle einer Regel-/Prinzipienkollision, ähnlich wie bei einer reinen Prinzipienkollision, zu einer Abwägung kommen. Somit haben auch Regeln unter gewissen Umständen einen prima facie-Charakter. Zu beachten ist in diesem Zusammenhang, dass hinter der Regel das formelle Prinzip steht, welches besagt, dass Regeln grundsätzlich befolgt werden müssen.[353] Hieraus kann dann geschlossen werden, dass die prima facie-Geltung einer Regel die eines Prinzips grundsätzlich überlagert.[354]

VI. Formelle Prinzipien

Formelle - oder auch prozedurale - Prinzipien unterscheiden sich von materiellen Prinzipien dadurch, dass sie keinen substantiellen Inhalt aufweisen können. Formelle Prinzipien befassen sich lediglich mit der Frage, wie und von wem der Inhalt festgelegt werden soll.[355]

---

348 Vgl. *Alexy,* Theorie der Grundrechte, S. 88; sowie: *Borowski,* Grundrechte als Prinzipien, S. 73.

349 Vgl. *Alexy,* Theorie der Grundrechte, S. 88. Vgl. für die Beweislast, welches Prinzip vorgehen muss: *Alexy,* Recht, Vernunft, Diskurs, S. 201.

350 Vgl. *Alexy,* Theorie der Grundrechte, S. 88; sowie: *Sieckmann,* Regelmodelle und Prinzipienmodelle des Rechtssystems, S. 68.

351 Vgl. *Alexy,* Theorie der Grundrechte, S. 88.

352 Sie treffen somit bereits eine Festsetzung des tatsächlich und rechtlich Möglichen, vgl: *Sieckmann,* Regelmodelle und Prinzipienmodelle des Rechtssystems, S. 68.

353 Vgl. *Schmidt,* Die Grundsätze im Sinne der EU-Grundrechtecharta, S. 60. Zu dem Begriff des „formellen Prinzips“ nachfolgend: D.VI.

354 Vgl. *Alexy,* Theorie der Grundrechte, S. 89; *Schmidt,* Die Grundsätze im Sinne der EU-Grundrechtecharta, S. 60.

355 Vgl. für den Begriff des „formellen Prinzips“: *Alexy,* Theorie der Grundrechte, S. 89; *Alexy,* in: Conditions of validity and cognition in modern legal thought, 13 (20); *Alexy,* A theory of constitutional rights, S. 416; *Borowski,* in: Prinzipientheorie und Theorie der Abwägung, 151 (151 ff.); *Klatt/Schmidt,* Spielräume im öffentlichen Recht, S. 57 ff.; *Quispe,* in: Prinzipientheorie und Theorie der Abwägung, 200 (200 ff.);

Im Recht der Europäischen Union stellt der Grundsatz der begrenzten Einzelermächtigung ein formelles Prinzip dar. Der Grundsatz der begrenzten Einzelermächtigung bestimmt, dass die Union nur solche Materien regeln darf, die ihr zuvor von den Mitgliedstaaten zur Verwirklichung der in den Unionsverträgen niedergelegten Zielen übertragen worden sind.[356] Die nicht an die Union übertragenen Materien bleiben hingegen im Kompetenzbereich der einzelnen Mitgliedstaaten.[357] Der Union fehlt folglich – im Gegensatz zu den einzelnen Mitgliedstaaten – eine Kompetenz-Kompetenz.[358] Der Grundsatz der begrenzten Einzelermächtigung legt daher lediglich fest, auf welchen Gebieten die Union den substantiellen Inhalt bestimmen darf. Einen darüber hinausgehenden materiellen, sprich substantiellen Inhalt kann der Grundsatz der begrenzten Einzelermächtigung nicht vorweisen und ist daher als ein formelles Prinzip einzuordnen.

Ein weiteres für einen Grundsatz der sozialen Vergünstigung relevantes formelles Prinzip im Unionsrecht stellt das Subsidiaritätsprinzip dar.[359]

VII. Prinzipien als Freiheits-, Gleichheits- und Leistungsnormen

Die vorliegende Arbeit behandelt die staatliche Gewährung von Leistungen der sozialen Vergünstigung.[360] Ausschlaggebend für eine Gewährung sind Leistungsrechte der Betroffenen. Leistungsrechte im sozialrechtlichen Bereich werden auch als „Leistungsrechte im engeren Sinne" bezeichnet.[361] Diese bezeichnen alle Rechte eines Einzelnen gegenüber dem Staat auf Etwas, das er selbst, wenn er nur über ausreichend finanzielle Mittel verfügen würde und das Angebot am privaten Markt ausreichend wäre, sich selbst beschaffen könnte.[362] Auf den ersten Blick scheint fraglich, ob die Regel-/Prinzipiendiskussion auch Leistungsrechte umfassen kann.

Raabe, Grundrechte und Erkenntnis, S. 184 ff.; *Sieckmann*, Regelmodelle und Prinzipienmodelle des Rechtssystems, S. 147 ff.; *Sieckmann*, in: Die Leistungsfähigkeit des Rechts, 39 (46 f.).

356 *Calliess*, in: *Calliess/Ruffert*, EUV/AEUV Kommentar, Art. 5 EUV, Rn. 6; vgl. auch: *Lienenbacher*, in: *Schwarze* u.a., EU-Kommentar, Art. 6 EUV, Rn. 6.

357 Art. 5 II 2 EUV.

358 Vgl. *Calliess*, in: *Calliess/Ruffert*, EUV/AEUV Kommentar, Art. 5 EUV, Rn. 6.

359 Vgl. für die Einordnung des Subsidiaritätsprinzips als formelles Prinzip unten: I.IV.

360 Vgl. für den Begriff der sozialen Vergünstigung und dessen Umfang oben: B.

361 Vgl. *Alexy*, Theorie der Grundrechte, S. 454 ff.; *Borowski*, Grundrechte als Prinzipien, S. 289.

362 Vgl. *Alexy*, Theorie der Grundrechte, S. 454.

1. Unterschiedliche Handlungsanweisungen von Leistungs- und Freiheitsrechten

Die Prinzipientheorie ist am deutlichsten bei Abwehrrechten zu erkennen. Abwehrrechte haben gerade zum Ziel, eine rechtlich geschützte Freiheit im größtmöglichem Maße zu realisieren. Um dieses Ziel zu erreichen, wollen Abwehrrechte eine Handlung des Staates unterbinden oder diese nur insoweit zulassen, als dass die staatliche Handlung den rechtlich garantierten Schutzbereich nur minimal beeinträchtigt. Erst durch gegenläufige Abwehrrechte kann die rechtlich geschütze Freiheit eingegrenzt werden. In Bezug auf Leistungsrechte kann angezweifelt werden, ob diese auch der Realisierung einer Freiheit im grundrechtlichen Sinne dienen. Leistungsrechte sind auf die Gewährung einer staatlichen Leistung gerichtet. Im Rahmen von Leistungsrechten wird daher gerade eine Handlung vom Staat verlangt. Leistungsrechte und Freiheitsrechte legen dem Staat folglich unterschiedliche Handlungsweisen auf.

2. Ziel von Leistungsrechten: Herstellung faktischer Freiheit

Bei genauerer Betrachtung wird hingegen deutlich, dass auch Leistungsrechte auf die Realisierung von Freiheit gerichtet sind. Es besteht ein Zusammenhang zwischen Leistungsrechten und Abwehrrechten. Die durch Abwehrrechte garantierte rechtliche Freiheit kann nur gewährleistet werden, wenn der Grundrechtsberechtigte auch die faktische Freiheit besitzt, um seine rechtlichen Freiheitsrechte wahrzunehmen.[363] Der Berechtigte muss die Möglichkeit haben zwischen seinen rechtlichen Freiheiten wählen zu können. Entscheidend ist somit nicht allein, dass dem Einzelnen rechtliche Freiheiten gewährt werden, sondern auch, dass er die faktischen Möglichkeiten – Freiheiten – besitzt, diese auch auszuüben. Rechtliche Freiheit ohne faktische Freiheit kann ansonsten wertlos sein.[364] Wenn der Einzelne die faktischen Freiheiten nicht besitzt oder aus eigener Kraft nicht erreichen kann, kann der Einzelne diese faktischen Freiheiten im Wege von Leistungsrechten beim Staat einfordern. Auch diese faktische Freiheit darf jedoch

363 Vgl. *Borowski,* Grundrechte als Prinzipien, S. 289; vgl. auch: *Alexy*, Theorie der Grundrechte, S. 460, welcher zwar einräumt, dass die rechtlichen Freiheiten auch ohne faktische Freiheiten bestehen können, dann jedoch die Gefahr besteht, dass diese zu einer „leeren Formel" verkommen; sowie: *Böckenförde*, Staat, Gesellschaft, Freiheit, S. 77.

364 Vgl. *Borowski,* Grundrechte als Prinzipien, S. 289; *Böckenförde,* NJW 1974, 1529 (1535); *Häberle,* in: VVDStRL 30 (1972), 44 (69 ff., insb. 135); vgl. kritisch dazu: *Martens,* in: VVDStRL 30 (1972), 8 (28 ff.).

nicht unbegrenzt gelten, sondern muss ihre Grenzen in gegenläufigen Prinzipien finden.

3. Gleichheitsrechte als Prinzipien

Da die vorliegende Arbeit Leistungen der sozialen Vergünstigung im Unionsrecht behandelt und diese bisher im Wege des Diskriminierungsverbotes, also eines Gleichheitsrechts,[365] gewährleistet wurden, ist auch die Einordnung der Gleichheitsrechte in das Regel-/Prinzipienmodell relevant. Im Sinne des Regel-/Prinzipienmodells werden Gleichheitsrechte als Prinzipien absoluter Rechtsgleichheit angesehen.[366] In diesem Zusammenhang gewährleisten die Gleichheitsrechte nicht nur eine Gleichstellung in Bezug auf rechtliche Freiheiten, sondern auch in Bezug auf faktische Freiheiten. Letzteres ist für die Gewährung von Leistungen der sozialen Vergünstigung im Unionsrecht entscheidend. Wird dem Einzelnen nun faktische Gleichheit gewährt, werden alle anderen Individuen hingegen ungleich behandelt,[367] da diese die Leistungen, die dem Einzelnen zur Herstellung der faktischen Gleichheit gewährt werden, gerade nicht erhalten. So stellt auch *Alexy* fest: „Wer faktische Gleichheit herstellen will, muß rechtliche Ungleichheit in Kauf nehmen“[368]. Die dadurch gewährleisteten Gleichheitsrechte müssen dann im Rahmen der Regel-/Prinzipientheorie mit den rechtlichen Freiheiten und der rechtlichen Gleichheit abgewogen werden.[369] Ferner wird die Ansicht, dass Gleichheitsrechte genau wie Freiheitsrechte als Prinzipien eingeordnet werden, durch die Unbestimmtheit des Gleichheitssatzes untermauert. Wenn als rechtliches Entscheidungskriterium lediglich alles wesentlich Gleiche gleich und alles wesentlich Ungleiche ungleich behandelt werden soll, weitere Konkretisierungen jedoch ausbleiben, gibt diese Norm keine konkreten Festsetzungen vor, nach denen eine ungerechtfertigte Ungleichbehandlung angenommen werden kann.[370] Auch trifft der Gleichheitssatz keine Aussagen über die Bedeutung von rechtlichen oder tatsächlichen Möglichkeiten oder Grenzen bei der Anwendung des Gleichbehandlungsgebotes, wie sie sich aus dem Freiheitsgedanken ergeben.[371]

---

365 Vgl. oben: C.III.4.

366 Vgl. auch: *Kempny/Reimer*, Die Gleichheitssätze, S. 4; vgl. ferner: *Michael*, in: Die Prinzipientheorie der Grundrechte, 123 (S. 123, insb. 135 ff).

367 BVerfGE 12, 354 (367).

368 Vgl. *Alexy*, Theorie der Grundrechte, S. 378.

369 Vgl. *Borowski*, Grundrechte als Prinzipien, S. 354.

370 Vgl. *Hain*, Die Grundsätze des Grundgesetzes, S. 100.

371 Vgl. *Hain*, Die Grundsätze des Grundgesetzes, S. 100.

4. Fazit: Anwendbarkeit der Regel-/Prinzipiendiskussion auf Leistungs- und Gleichheitsrechte

Die Regel-/Prinzipiendiskussion ist folglich umfassend auf die Leistungs- und Gleichheitsrechte anwendbar und nicht nur auf Freiheitsrechte beschränkt. Gerade auf dem Gebiet der Sozialleistungen spielt dies eine entscheidende Rolle. Sozialleistungen werden als Leistungsrechte im engeren Sinne eingestuft. Indem diese nun als Prinzipien eingeordnet werden, gilt für diese das Optimierungsgebot. Entscheidend ist somit für Leistungs- und Gleichheitsrechte, dass diese im rechtlich und tatsächlich größtmöglichem Maße realisiert werden.

VIII. Richterliche Entscheidungen im Rahmen von Prinzipiendisputen

Durch die Eigenschaft von Prinzipien als Optimierungsgebote, welche lediglich zu einem „rechtlich und tatsächlich größtmöglichem Maße“ umgesetzt werden müssen, besteht im Rahmen von Prinzipiendisputen eine großes Maß an Ergebnisoffenheit. Da die Prinzipien selbst keine konkreten Festsetzungen im Raum des tatsächlich und rechtlich Möglichen treffen,[372] ist ein konkretes, von vornherein bestimmbares Ergebnis kaum möglich, wenn nicht sogar unmöglich.[373] Daraus folgt ein Mangel an Justiziabilität. Gerade in Bereichen wie dem Sozialrecht, in welchem es um die Existenz des Einzelnen geht, ist ein solches Ergebnis jedoch in höchstem Maße unbefriedigend. Für den Einzelnen muss erkennbar sein, unter welchen Voraussetzungen er mit staatlicher Unterstützung rechnen kann. Insbesondere im Rahmen von Prinzipienkollisionen kann es jedoch nicht Aufgabe des Gerichts sein, sich unter einer Vielzahl von möglichen Ergebnissen für eine mögliche Lösung zu entscheiden.[374] Dadurch würde den Gerichten eine Rechtssetzungsbefugnis zukommen, welche dem vom Volk legitimierten Gesetzgeber zukommen sollte.[375] Wenn das Recht nicht hinreichend konkretisiert ist, kann die Entscheidung über den genauen Inhalt des Rechts nur von dem Gesetzgeber getroffen werden und nicht von der Rechtsprechung.[376] Die

---

372 S.o. D.II.; vgl. auch: *Hain*, Die Grundsätze des Grundgesetzes, S. 151.

373 Vgl. *Alexy*, Theorie der Grundrechte, S. 462.

374 So scheint es bedenklich, wenn *Alexy* behauptet, dass das BverfG einige Entscheidungen auch anders hätte treffen können, vgl: *Alexy*, Theorie der Grundrechte, S. 508; vgl. ferner: *Alexy*, Theorie der Grundrechte, S. 153.

375 Vgl. BVerfGE 56, 54 (81).

376 Vgl. *Alexy*, Theorie der Grundrechte, S. 464; *Hain*, Die Grundsätze des Grundgesetzes, S. 154. Vgl. den kritischen Kommentar zu Alexy's Optimierungsthese von:

Rechtsprechung kann und sollte lediglich feststellen, dass die von ihr zu überprüfende Maßnahme sich innerhalb des rechtlichen Rahmens befindet.[377] Dies beinhaltet nur die Kontrolle, ob der Gesetzgeber die notwendigen Mindestanforderungen eingehalten hat und gegenläufige Prinzipien gebührend beachtet hat.[378] Es kann hingegen nicht Aufgabe der Rechtsprechung sein, ein bestimmtes Prinzip im größtmöglichen Maße zu optimieren.[379]

IX. Prinzipien und Verhältnismäßigkeit

Zwischen der Prinzipientheorie und der Verhältnismäßigkeit besteht ein enger Zusammenhang.[380] Normen, welche als Prinzipien eingeordnet sind, beinhalten gleichzeitig auch eine Verhältnismäßigkeitsprüfung.[381] Indem die Verhältnismäßigkeit jedem Prinzip inhärent ist, verlangt jedes Prinzip im Rahmen einer Prinzipienkollision beziehungsweise auch bei bestimmten Regel-/Prinzipienkollisionen eine Prüfung der Verhältnismäßigkeit mit den diesem implizierten drei Teilaspekten: Der Geeignetheit, der Erforderlichkeit und der Verhältnismäßigkeit im engeren Sinne.[382] Dieser Gedanke folgt schon logisch aus dem Prinzipiencharakter selbst.[383] Prinzipien als Optimierungsgebote verlangen, dass etwas relativ im Rahmen des rechtlich und tatsächlich Möglichen weitgehend realisiert

Starck, Der Staat 1993, 473 (476) Dieser sieht durch Alexy's Optimierungsthese den Verfassungsgeber unter Druck gesetzt.

377 So stellt das BVerfG selbst fest: „Die Entscheidung, die häufig Kompromisse erfordert, gehört nach dem Grundsatz der Gewaltenteilung und dem demokratischen Prinzip in die Verantwortung des vom Volk unmittelbar legitimierten Gesetzgebers und kann vom Bundesverfassungsgericht in der Regel nur begrenzt überprüft werden." Vgl. auch: *Hain*, Die Grundsätze des Grundgesetzes, S. 153. Auch die Verfassungsgerichte Spaniens, Portugals und Italiens erkennen nur eine begrenzte gerichtliche Kontrolle an und gewähren den Gesetzgebern einen Gestaltungsspielraum; vgl. *Polakiewicz*, ZaöRV 1994, 340 (361 ff.).

378 *Hain*, Die Grundsätze des Grundgesetzes, S. 157.

379 *Hain*, Die Grundsätze des Grundgesetzes, S. 157.

380 Vgl. *Alexy*, Theorie der Grundrechte, S. 100.

381 Vgl. *Alexy*, Theorie der Grundrechte, S. 100; *Alexy*, Der Staat 1990, 49 (55); sowie: *Borowski*, Grundrechte als Prinzipien, S. 74. Vgl. auch BVerfGE 19, 342 (348 f.), welches feststellt, dass sich der Grundsatz der Verhältnismäßigkeit „im Grunde bereits aus dem Wesen der Grundrechte selbst" ergebe.

382 Vgl. *Alexy*, Theorie der Grundrechte, S. 100; sowie: *Borowski*, Grundrechte als Prinzipien, S. 74.

383 Vgl. *Borowski*, Grundrechte als Prinzipien, S. 74.

wird.[384] Die Relativierung der tatsächlichen Möglichkeiten erfolgt dabei durch die Teilaspekte der Geeignetheit und der Erforderlichkeit.[385] Die Relativierung der rechtlichen Möglichkeiten erfolgt durch die Verhältnismäßigkeit im engeren Sinne.[386] Im Rahmen der Verhältnismäßigkeit im engeren Sinne wird das Prinzip mit den gegenläufigen Prinzipien abgewogen.[387] Die einschlägigen gegenläufigen Prinzipien begrenzen dann den Gehalt des Prinzips.[388]

X. Anwendbarkeit auf europäischer Ebene

Klärungsbedürftig ist nun, ob der prinzipientheoretische Ansatz auch auf europäischer Ebene anwendbar sein kann. Das Regel-/Prinzipienmodell *Alexys* wurde anhand der nationalen Grundrechte entwickelt. Mithin steht nicht fest, dass dieses Modell auch vollständig auf die europäische Ebene übertragen werden kann. So gibt es auch vereinzelt Stimmen, die sich gegen eine solche Anwendbarkeit aussprechen.[389]

Mehrere Anhaltspunkte sprechen jedoch für eine Übertragbarkeit des Regel-/Prinzipienmodells auf das europäische Rechtssystem. Zunächst einmal ein rein formeller Grund. Der Begriff „Prinzip" wird vielfach in den europäischen Verträgen verwendet.[390] Daneben sprechen aber auch inhaltliche Gründe für eine Übertragbarkeit. Nimmt man an, dass ein Regel-/Prinzipienmodell eine Vielzahl von Normen darstellt, die eine Sollensordnung systematisieren,[391] ist zu analysieren, ob das Regel-/Prinzipienmodell die Struktur der europäischen Rechtsordnung ausreichend beschreibt.[392] Eine Vielzahl von Autoren nimmt dies an.[393]

384 S.o. D.II.

385 Vgl. *Alexy,* Theorie der Grundrechte, S. 101; *Alexy,* Der Staat 1990, 49 (54); sowie: *Borowski,* Grundrechte als Prinzipien, S. 74.

386 Vgl. *Alexy,* Theorie der Grundrechte, S. 100; *Alexy,* Der Staat 1990, 49 (54); sowie: *Borowski,* Grundrechte als Prinzipien, S. 74.

387 Vgl. *Alexy,* Theorie der Grundrechte, S. 100 f.; sowie: *Borowski,* Grundrechte als Prinzipien, S. 75.

388 Vgl. *Borowski,* Grundrechte als Prinzipien, S. 74. Vgl. ferner: *Alexy,* Der Staat 1990, 49 (54 f.).

389 Vgl. *Häberle/Kotzur,* Europäische Verfassungslehre, Rn. 526.

390 S.o. D.

391 S.o. D.I.

392 Vgl. *Schmidt,* Die Grundsätze im Sinne der EU-Grundrechtecharta, S. 63.

393 Vgl. *Eisner,* Die Schrankenregelung der EUGRCh, S. 159 f.; *Hilson,* MJECL 2008, 193 (212 f.); *Schroeder,* Das Gemeinschaftsrechtssystem, S. 262 ff.; sowie: *Schmidt,* Die Grundsätze im Sinne der EU-Grundrechtecharta, S. 63. Vgl. ferner: *Schilling,* Der

Begründet wird die Übertragbarkeit mit dem Verhältnismäßigkeitsprinzip, insbesondere durch dessen Ausgestaltung durch den EuGH. Das Verhältnismäßigkeitsprinzip ist im europäischen Gemeinschaftsrecht grundsätzlich anerkannt. Weiterhin ist der Verhältnismäßigkeitsgrundsatz in Art. 5 IV EUV sowie in Art. 52 I EUGRCh positiv normiert. Der EuGH wendet diesen ferner regelmäßig auch in Bezug auf Grundrechtsnormen an.[394] Wenn nun vertreten wird, dass zwischen Prinzipien und der Verhältnismäßigkeit im Regel-/Prinzipienmodell ein enger Zusammenhang besteht, kann dieser schwer der europäischen Rechtsordnung abgesprochen werden. Ein reines Regelmodell scheidet mithin für die europäische Rechtsordnung aus.[395]

Vereinzelt wird jedoch vertreten, der EuGH käme in seiner Urteilsfindung zu selten zur Verhältnismäßigkeitsprüfung im engeren Sinne.[396] Daraus könnte man ableiten, dass der EuGH ein oben beschriebenes Regel-/Prinzipienmodell ablehnt.[397] In diesem Sinne stellte der EuGH auch fest, dass er mit seinem Urteil nicht seine Beurteilung der Abwägung an die Stelle der Beurteilung des europäischen Gesetzgebers stellen will.[398] Er räumt dem europäischen Gesetzgeber somit einen weiten Ermessensspielraum ein, welcher nur eingeschränkt überprüfbar

---

Staat 1994, 555 (572 f.), jedoch nur für die Grundfreiheiten; sowie auch zurückhaltend: *Bogdandy*, JZ 2001, 157 (168).

394 EuGH, Urteil vom 17.12.1970, C-11/70, *Internationale Handelsgesellschaft*, Slg. 1970, 1125, Rn. 2; EuGH, Urteil vom 29.04.1982, C-147/81, *Merkur Fleisch-Import*, Slg. 1982, 1397, Rn. 12; EuGH, Urteil vom 10.11.1982, C-261/81, *Rau*, Slg. 1982, 3961, Rn. 17 ff.; EuGH, Urteil vom 17.05.1984, C-15/83, *Denkavit Nederland*, Slg. 1984, 2171, Rn. 25; EuGH, Urteil vom 11.07.1989, C-265/87, *Schräder*, Slg. 1989, 2237, Rn. 21; EuGH, Urteil vom 05.10.1994, C-280/93, *Bananenmarkt*, Slg. 1994, I-5068, Rn. 90 ff.; EuGH, Urteil vom 13.05.1997, C-233/94, *Einlagensicherung*, Slg. 1997, I-2461, Rn. 54 ff.; EuGH, Urteil vom 22.10.1998, verb. Rs. C-36/97 u. C-37/97, *Kellinghusen*, Slg. 1998, I-6362, Rn. 33; EuGH, Urteil vom 13.04.2000, C-292/97, *Karlsson*, Slg. 2000, I-2737, Rn. 45; EuGH, Urteil vom 05.10.2000, C-376/98, *Tabakwerbung*, Slg. 2000, I-8524, Rn. 84; vgl. auch: *Danwitz*, EWS 2003, 393 (393); sowie: *Danwitz*, ZESAR 2008, 57 (61 f.); *Hofmann*, Abwägung im Recht, S. 511; *Kischel*, EuR 2000, 380 (382 ff.); *Papier*, EuGRZ 2007, 133 (134); *Schmidt*, Die Grundsätze im Sinne der EU-Grundrechtecharta, S. 64.

395 Vgl. *Schmidt*, Die Grundsätze im Sinne der EU-Grundrechtecharta, S. 63.

396 Vgl. *Danwitz*, EWS 2003, 393 (396); sowie: *Danwitz*, ZESAR 2008, 57 (62); *Huber*, EuZW 1997, 517 (521); *Nettesheim*, EuZW 1995, 106 (106 ff.); *Papier*, EuGRZ 2007, 133 (134); *Storr*, Der Staat 1997, 547 (552). Vgl. auch: *Schmidt*, Die Grundsätze im Sinne der EU-Grundrechtecharta, S. 64.

397 Vgl. *Schmidt*, Die Grundsätze im Sinne der EU-Grundrechtecharta, S. 64.

398 EuGH, Urteil vom 05.10.1994, C-280/93, *Bananenmarkt*, Slg. 1994, I-5068, Rn. 94.

ist.[399] Dennoch ist der Gesetzgeber bei der Ausübung seines Ermessensspielraum nicht vollständig frei. Der EuGH kann den Ermessensgebrauch des Gesetzgebers dahingehend überprüfen, ob ein offensichtlicher Irrtum oder ein Ermessensmissbrauch vorliegt, oder ob das Organ die Grenzen seines Ermessens offensichtlich überschritten hat.[400] Dies untermauert jedoch genau das hier vertretene Regel-/Prinzipienmodell, wonach im Falle von Prinzipiendisputen nur eine begrenzte Überprüfbarkeit der Gerichte besteht, um dem Souverän und dem durch ihn legitimierten Gesetzgebungsorgan nicht die Gesetzgebungsbefugnis abzusprechen.[401] Durch die Anerkennung des Verhältnismäßigkeitsprinzips sowie durch die zurückhaltende Anwendung einer Verhältnismäßigkeitsprüfung durch den EuGH wird deutlich, dass sich schon heute das oben beschriebene Regel-/Prinzipienmodell auf europäischer Ebene durchgesetzt hat.

XI. Grundsatz als Prinzip

Im Recht der Europäischen Union sind die Begrifflichkeiten nicht eins zu eins in das Regel-/Prinzipienmodell übertragbar. Die vorliegende Arbeit befasst sich mit Grundsätzen. Entscheidend ist somit, ob und wie Grundsätze in das Regel-/Prinzipienmodell eingeordnet werden können. Grundsätze enthalten zwar unmittelbar geltendes Recht, sie sind jedoch umsetzungsbedürftig.[402] Dies deutet auf einen prima facie-Gehalt hin.[403] Diese Umsetzung ist nur in Einklang mit anderen Primärrechtsnormen möglich und kann nur in Abwägung mit anderen Rechtsgütern umgesetzt werden.[404] In diese Richtung argumentierte auch der Grundrechtskonvent in seinen Erläuterungen zu Art. 52 V EUGRCh.[405] Er zog zur Begründung der Abwägungsbedürftigkeit von Grundsätzen die Urteile des

399 EuGH, Urteil vom 08.06.2010, C-58/08, *Vodafone,* Slg. 2010, I-4999, Rn. 53; *Calliess,* in: *Calliess/Ruffert,* EUV/AEUV Kommentar, Art. 5 EUV, Rn. 51.

400 EuGH, Urteil vom 12.11.1996, C-84/94, *Vereinigtes Königreich/Rat,* Slg. 1996, I-5755, Rn. 55 ff.; EuGH, Urteil vom 13.05.1997, C-233/94, *Deutschland/EP u. Rat,* Slg. 1997, I-2405, Rn. 54 ff.; *Calliess,* in: *Calliess/Ruffert,* EUV/AEUV Kommentar, Art. 5 EUV, Rn. 51.

401 S.o. D.VIII.

402 Vgl. *Borowsky,* in: *Meyer,* Charta der Grundrechte der Europäischen Union, Art. 52, Rn. 45a; *Jarass,* in: *Jarass,* Charta der Grundrechte der Europäischen Union, Art. 52, Rn. 69; *Kingreen,* in: *Calliess/Ruffert,* EUV/AEUV Kommentar, Art. 52 EUGRCh, Rn. 14.

403 Vgl. *Schmidt,* Die Grundsätze im Sinne der EU-Grundrechtecharta, S. 143.

404 Vgl. *Schmidt,* Die Grundsätze im Sinne der EU-Grundrechtecharta, S. 143.

405 Abl. C. 303 v. 14.12.2007, S. 17 ff.

EuGH und des EuG in den Rechtssachen *van den Bergh en Jurgens*[406] und *Pfizer Animal Health*[407] heran.[408] In der Rs. *van den Bergh en Jurgens* stellte der EuGH klar, dass die Gemeinschaftsorgane bei der Verfolgung verschiedener in Art. 39 EWG-Vertrag niedergelegten Ziele ständig auf einen Ausgleich zwischen den Zielen hinwirken müssen.[409] Erstaunlich an der Entscheidung ist, dass der EuGH auch hervorhebt, dass eine rein isolierte Verfolgung eines Ziels, welches die Verwirklichung der gegenläufigen Ziele unmöglich macht, grundsätzlich gegen den Ausgleichsgedanken verstößt, außnahmsweise aber zulässig sein kann und vorübergehend Vorrang gegenüber dem gegenläufigen Prinzip genießt, „sofern die wirtschaftlichen Gegebenheiten und Umstände, die den Gegenstand ihrer Beschlussfassung bilden, dies gebieten".[410] Hier wird deutlich, dass der EuGH verlangt, die Umstände des Einzelfalls zu beachten und mit in die Abwägung der gegenläufigen Ziele einzubeziehen.[411] Der EuGH spricht somit Zielen auch ein Optimierungsgebot zu, welches durch eine Abwägung im Rahmen einer „Zielkollision" Anwendung findet. Dies spricht sehr stark dafür, Grundsätze als Prinzipien in das Regel-/Prinzipienmodell einzuordnen.

Zudem sprechen auch die Wortlaute der Europäischen Verträge für einen Gleichlauf von Grundsätzen und Prinzipien. Lediglich die deutsche Sprachfassung ist ungenau und verwendet sowohl den Begriff des Grundsatzes als auch des Prinzips.[412] Andere Sprachfassungen nutzen lediglich den Begriff des

406 EuGH, Urteil vom 11.03.1987, C-265/85, *van den Berg en Jurgens,* Slg. 1987, 1155.

407 EuG, Urteil vom 11.09.2002, T-13/99, *Pfizer Animal Health,* Slg. 2002, II-3305.

408 Abl. C. 303 v. 14.12.2007, S. 35.

409 EuGH, Urteil vom 11.03.1987, C-265/85, *van den Berg en Jurgens,* Slg. 1987, 1155, Rn. 20.

410 EuGH, Urteil vom 11.03.1987, C-265/85, *van den Berg en Jurgens,* Slg. 1987, 1155, Rn. 20.

411 Vgl. *Schmidt,* Die Grundsätze im Sinne der EU-Grundrechtecharta, S. 144; siehe aber auch: *Schmittmann,* Rechte und Grundsätze in der Grundrechtecharta, S. 60; welcher den Bezug des Grundrechtekonvent auf die ausnahmsweise zulässige vollständige Vorrangregelung als Relativierung ansieht.

412 Aber auch in der deutschen Rechtsdogmatik verschwimmen die Grenzen zwischen Grundsätzen und Prinzipien. So stellt bsplw. *Meyer* fest: „Der EuGH hat den Grundsatz gegenseitigen Vertrauens zu einem zentralen Rechtsprinzip ausgebaut"; vgl *Meyer,* EuR 2017, 163 (180). Siehe auch: *Penski,* JZ 1989, 105 (105); u. *Hain,* Die Grundsätze des Grundgesetzes, S. 97 f., welche auf die Problematik der Begriffe „Grundsätze" und „Prinzipien" hinweisen.

Prinzips.[413] Auch dies lässt auf einen Gleichlauf der Begriffe Prinzip und Grundsatz schließen.

Einen weiteren Hinweis darauf, dass Grundsätze Prinzipien im Sinne des Regel-/Prinzipienmodells darstellen gibt Art. 52 V 2 EUGRCh. Demnach können Grundsätze im Rahmen von gerichtlichen Entscheidungen nur als Auslegungshilfen für Akte, welche der Durchführung von Unionsrecht dienen, herangezogen werden. Art 52 V 2 EUGRCh schränkt die gerichtliche Überprüfbarkeit von Grundsätzen somit stark ein.[414] Dies umfasst unter anderem die „Kontrolldichte"[415]. Eine solche fällt bei Grundsätzen für den EuGH geringer aus als bei Rechten.[416] Dies entspricht der oben beschriebenen eingeschränkten Justiziabilität von Prinzipien im Zusammenhang von reinen Prinzipienkollisionen.[417] Gerade Art. 52 V 2 EUGRCh zeigt jedoch auch auf, dass Grundsätze nicht vollständig auf *Alexys* Regel-/Prinzipienmodell übertragbar sind. Die eingeschränkte Justiziabilität ist im Zusammenhang mit Art. 51 I 2 EUGRCh zu lesen.[418] Gemäß Art. 51 I 2 EUGRCh müssen die subjektiven Rechte von den Rechtsanwendern geachtet werden, Grundsätze hingegen „nur" eingehalten werden.[419] Grundsätzen wird somit regelmäßig ihr subjektiver Charakter abgesprochen.[420] *Alexy* hingegen spricht Prinzipien einen subjektiven Charakter zu.[421] Der Einzelne soll sich direkt auf Prinzipien berufen können. Eine vollständige

413 In der englischen und der französischen Sprachfassung wird lediglich der Begriff „principle" oder „principe" genutzt; *Bogdandy,* in: Europäisches Verfassungsrecht – Theoretische und dogmatische Grundzüge, 13 (25).

414 Vgl. *Ladenburger,* in: *Stern/Sachs,* Europäische Grundrechte-Charta, Art. 52, Rn. 103, welcher von einem „Weniger an Justiziabilität" spricht; vgl. auch: *Borowsky,* in: *Meyer,* Charta der Grundrechte der Europäischen Union, Art. 52, Rn. 45c, welcher von „eingeschränkter Justiziabilität" spricht.

415 Vgl. *Ladenburger,* in: *Stern/Sachs,* Europäische Grundrechte-Charta, Art. 52, Rn. 103.

416 Vgl. *Craig,* The Lisbon Treaty, S. 220; *Ladenburger,* in: *Stern/Sachs,* Europäische Grundrechte-Charta, Art. 52, Rn. 103.

417 S.o. D.VIII.

418 Vgl. *Borowsky,* in: *Meyer,* Charta der Grundrechte der Europäischen Union, Art. 52, Rn. 45a; sowie: *Danwitz/Paraschas,* Fordham Int'l.J. 2012, 1396 (1410); *Jarass,* in: *Jarass,* Charta der Grundrechte der Europäischen Union, Art. 52, Rn. 68 f.

419 *Borowsky,* in: *Meyer,* Charta der Grundrechte der Europäischen Union, Art. 52, Rn. 45a; sowie: *Danwitz/Paraschas,* Fordham Int'l.J. 2012, 1396 (1410).

420 Für *Borowsky* stellen Grundsätze zwar ein Zwischenstadium auf dem Weg zu subjektiven Rechten dar, aber nicht jedem Grundsatz ist daher schon ein definitver subjektiver Gehalt zuzusprechen, vgl: *Borowsky,* in: *Meyer,* Charta der Grundrechte der Europäischen Union, Art. 52, Rn. 45.

421 Vgl. *Alexy,* Theorie der Grundrechte, S. 159 ff.

Übertragung von *Alexys* Erkenntnissen ist mithin nicht möglich.[422] Dies bedeutet jedoch nicht, dass die Ergebnisse überhaupt nicht genutzt werden können. Vielmehr ist Art. 52 I 1 EUGRCh als eine formelle Regel zu betrachten, welche die Grundsätze in der Form einschränkt, dass sie keine direkten subjektiven Rechte entfalten können und sich der Einzelne mithin nicht direkt auf sie berufen kann.[423] Im Übrigen kann das Regel-/Prinzipienmodell auf die Grundsätze angewendet werden.

XII. Verhältnis von Grundsätzen zu allgemeinen Rechtsgrundsätzen und Zielen

Abzugrenzen sind Grundsätze auch von den allgemeinen Rechtsgrundsätzen sowie von Zielen. Schon die begriffliche Ähnlichkeit von Grundsätzen und allgemeinen Rechtsgrundsätzen könnte an einer Unterscheidbarkeit beider Begriffe zweifeln lassen. Dennoch weisen beide Begriffe große Unterschiede auf. Schon die Herleitung von Grundsätzen und allgemeinen Rechtsgrundsätzen ist komplett unterschiedlich. So werden Grundsätze an ihrem Optimierungsgebot festgemacht und unterscheiden sich dadurch von der anderen Normart „Regeln".[424] Allgemeine Rechtsgrundsätze hingegen werden durch eine wertende Rechtsvergleichung der Verfassungstraditionen der Mitgliedstaaten hergeleitet.[425] Die dadurch gewonnenen Normen können, müssen aber nicht unbedingt Grundsätze sein. Durch eine wertende Rechtsvergleichung können auch Regeln hergeleitet werden. Allgemeine Rechtsgrundsätze beschreiben daher solche Grundsätze, Regeln und Prinzipien, die in unterschiedlich stark geprägter Ausformung Bestandteil der Rechts- und Verfassungsordnungen der Mitgliedstaaten sind.[426] Im Unterschied zum Begriff des Grundsatzes, welcher den Optimierungscharakter einer Norm beschreibt, stellen allgemeine Rechtsgrundsätze daher nur eine Quelle für die Herleitung von Normen im Unionsrecht dar.

Auch wenn die Unionsziele als Beschreibung für den Ausgleichscharakter von Grundsätzen im Unionsrecht dienten,[427] weisen Grundsätze und Ziele unterschiedliche Charakteristika auf. Ein Ziel umschreibt nach allgemeinem

---

422 Vgl. *Grabenwarter*, EuGRZ 2004, 563 (565).

423 Vgl. für den Begriff der „formellen Prinzipien" oben: D.VI.

424 S.o. D.II. u. D.XI.

425 *Wegener*, in: *Calliess/Ruffert*, EUV/AEUV Kommentar, Art. 19 EUV, Rn. 37.

426 Vgl. *Gaitanides*, in: *Groeben/Schwarze/Hatje*, Europäisches Unionsrecht, Art. 19 EUV, Rn. 21.

427 S.o. D.XI.

Sprachgebrauch einen in der Zukunft liegenden Zustand, der gegenüber dem gegenwärtigen Zustand verändert und optimiert ist und daher als erstrebenswert gilt. Ziele versuchen daher immer eine Veränderung herbeizuführen. Sie haben somit immer ein materiell-prospektives Element inne.[428] Gemäß Art. 3 VI EUV können Ziele nur mit geeigneten Mitteln und nur in den der Union übertragenen Kompetenzen realisiert werden. Ziele können daher auch nicht ohne weiteres als Kompetenzbegründung genutzt werden,[429] da sie gerade bereits vorhandene Kompetenzen voraussetzen. Grundsätze hingegen müssen nicht auf die Zukunft gerichtet sein. Sie bestimmen vielmehr das Verhältnis von gegenwärtig vorhandenen Normen.[430] Grundsätze bzw. Prinzipien können zudem Anwendungsweisen für die Ausgestaltung der Kompetenzen geben, wenn sie formelle Prinzipien darstellen.[431] Formelle Prinzipien, beispielsweise der Grundsatz der begrenzten Einzelermächtigung, geben vor, in welchem Rahmen Ziele umgesetzt werden können.[432]

XIII. Völkerrechtliche Verträge und gemeinsame Verfassungsüberlieferungen der Mitgliedstaaten als Indikator für ein Prinzip

Im unionsrechtlichen Kontext hat der EuGH in der Rs. *Mangold*[433] selbst Kriterien zur Feststellung eines Prinzips festgelegt und leitet seitdem aufgrund dessen das Prinzip des Diskriminierungsverbotes im Recht der EU her.

Dem Vorabentscheidungsverfahren vor dem EuGH lag folgender Sachverhalt zugrunde: Der damals 56 Jahre alte Herr *Mangold* schloss einen auf acht Monate befristeten Arbeitsvertrag mit einem in Deutschland ansässigen Rechtsanwalt. Die Befristung von Arbeitsverträgen für ältere Arbeitnehmer war nach dem damaligen § 14 III 4 i.V.m. § 14 III 1 TzBfG möglich. Herr *Mangold* hielt diese Befristungsabrede für unvereinbar mit dem unionsrechtlichen Diskriminierungsverbot und erhob Klage vor dem Arbeitsgericht. Dieses zweifelte an der Vereinbarkeit des damaligen § 14 III 4 TzBfG mit Unionsrecht, setzte das Verfahren aus und legte dem EuGH mehrere Fragen zur Vorabentscheidung vor.

---

428 Vgl. *Terhechte*, in: *Grabitz/Hilf/Nettesheim*, Das Recht der Europäischen Union, Art. 3 EUV, Rn. 19.

429 *Calliess*, in: *Calliess/Ruffert*, EUV/AEUV Kommentar, Art. 5 EUV, Rn. 8.

430 S.o. D.II. u. D.III.

431 S.o. D.VI.

432 *Ruffert*, in: *Calliess/Ruffert*, EUV/AEUV Kommentar, Art. 3 EUV, Rn. 7.

433 EuGH, Urteil vom 22.11.2005, C-144/04, *Mangold*, Slg. 2005, I-9981.

Insbesondere zweifelte das vorlegende Gericht die Vereinbarkeit mit Art. 6 I RL 2000/78/EG[434] an. Der EuGH stellte in seinem Urteil fest, dass es, unabhängig von der in Frage stehenden Regelung der RL 2000/78/EG, ein Prinzip der Gleichbehandlung in Beschäftigung und Beruf im Unionsrecht gebe.[435] Dieses umfasse auch ein Verbot der Diskriminierung aufgrund des Alters. Der EuGH leitete das Prinzip der Gleichbehandlung im Beruf aus verschiedenen völkerrechtlichen Verträgen und den allgemeinen Rechtsgrundsätzen der Mitgliedstaaten her.[436] Dabei lieferte der EuGH jedoch weder eine Begründung, weshalb gerade diese beiden Kriterien für die Feststellung eines unionsrechtlichen Prinzips relevant seien, noch legte er dar, ob die beiden Kriterien im vorliegenden Fall ausreichend erfüllt seien.[437]

XIV. EUGRCh und Europäische Verträge als rechtliche Anknüpfungspunkte für ein Prinzip

Das Urteil *Mangold* wurde in der Folgezeit sehr kritisch betrachtet.[438] Die gemeinsamen Verfassungsüberlieferungen der Mitgliedstaaten sowie die völkerrechtlichen Verträge seien in diesem Falle nicht aussagekräftig genug, um ein Prinzip des Diskriminierungsverbotes aufgrund des Alters darzulegen.[439] Auch würden sowohl die Verfassungsüberlieferungen der Mitgliedstaaten als auch die völkerrechtlichen Verträge für sich allein gesehen eine „zu schmale Basis“[440] bilden, um ein Prinzip zu beweisen.

---

434 Richtlinie 2000/78/EG des Rates vom 27. November 2000 zur Festlegung eines allgemeinen Rahmens für die Verwirklichung der Gleichbehandlung in Beschäftigung und Beruf, Abl. Nr. L 303 v. 02.12.2000, S. 16–22.

435 EuGH, Urteil vom 22.11.2005, C-144/04, *Mangold*, Slg. 2005, I-9981, Rn. 76 f.

436 EuGH, Urteil vom 22.11.2005, C-144/04, *Mangold*, Slg. 2005, I-9981, Rn. 74. Der EuGH hat in der Vergangenheit schon mehrmals durch Rechtsvergleichung europäische Rechtsprinzipien abgeleitet, vgl: EuGH, Urteil vom 12.07.1957, verb. Rs. C-7/56, C-3/57 bis C-7/57, *Algera u.a.*, Slg. 1957, 81, 118; siehe auch: *Zweigert*, in: FS für Hans Dölle, 401 (417 f.); sowie: *Zweigert*, RabelsZ 1964, 601 (610 f.).

437 So verbot zu diesem Zeitpunkt lediglich die finnische Verfassung explizit eine Diskriminierung aufgrund des Alters, vgl. EU Kommission: Report on Member States' Legal Provisions to combat Discrimination, S. 62; vgl. auch: *Schmidt*, GLJ 2006, 505 (519).

438 Vgl. *Preis*, NZA 2006, 401; sowie: *Schmidt*, GLJ 2006, 505; *Thüsing*, ZIP 2005, 2149 (2149 f.).

439 Vgl. *Preis*, NZA 2006, 401 (406); vgl. auch: *Schmidt*, GLJ 2006, 505 (518).

440 *Seifert*, EuR 2010, 802 (805); vgl. ferner: *Thüsing*, ZIP 2005, 2149 (2150).

Wohl in Reaktion auf die Kritik an seinem Urteil in der Rs. *Mangold* führte der EuGH in der Rs. *Kücükdeveci*[441] seine Begründungen für die Annahme eines Prinzips des Verbots der Altersdiskriminierung weiter aus.[442] In dieser Rechtssache war die damals 28-jährige Frau *Kücükdeveci* seit ihrem 18. Lebensjahr in demselben Unternehmen in Deutschland angestellt. Das Unternehmen kündigte ihr mit einer Kündigungsfrist von einem Monat. Als Grundlage für die Berechnung berief sich das Unternehmen auf § 622 II 2 BGB, welcher es erlaubte, die Beschäftigungszeiten vor Vollendung des 25. Lebensjahres unberücksichtigt zu lassen. Frau *Kücükdeveci* war der Auffassung, dass auch die Zeit vor dem 25. Lebensjahr beachtet werden müsse, sodass ihr die kompletten zehn Jahre ihrer Betriebszugehörigkeit angerechnet werden müssten und ihr mithin eine viermonatige Kündigungsfrist zustehe. Die Berufung der anschließenden Kündigungsschutzklage setzte das Landesarbeitsgericht Düsseldorf aus und rief den EuGH zur Frage der Vereinbarkeit des § 622 II 2 BGB mit dem Unionsrecht an. Hier stand wieder das in der Rs. *Mangold* festgestellte Prinzip des Diskriminierungsverbotes wegen des Alters im Beruf im Mittelpunkt. Inzwischen hatten sich durch den Vertrag von Lissabon jedoch auch die rechtlichen Rahmenbedingungen geändert. So wurde durch Art. 6 I EUV die EUGRCh rechtlich auf die gleiche Stufe mit den Europäischen Verträgen gestellt; Art. 21 I EUGRCh enthält selbst ein Verbot der Diskriminierung aufgrund des Alters.[443] Im Rahmen seiner Entscheidung nutzte der EuGH, nicht nur anknüpfend an die Rs. *Mangold*, die

---

441 EuGH, Urteil vom 19.01.2010, C-555/07, *Kücükdeveci,* Slg. 2010 I-365.

442 EuGH, Urteil vom 19.01.2010, C-555/07, *Kücükdeveci,* Slg. 2010 I-365, Rn. 21 ff.

443 Vgl. für den Schutz vor Altersdiskriminierung die einschlägige Rechtsprechung, welche explizit Bezug auf Art. 21 EUGRCh nimmt: EuGH, Urteil vom 27.06.2006, C-540/03, *Parlament/Rat,* Slg. 2006 I-5769, Rn. 32; EuGH, Urteil vom 08.09.2011, verb. Rs. C-297/10 u. C-298/10, *Hennings und Mai,* Slg. 2011, I-7965, Rn. 46; EuGH, Urteil vom 21.01.2015, C-529/13, *Felber,* NVwZ 2015, 798 ff., Rn. 15; EuGH, Urteil vom 28.01.2015, C-417/13, *Starjakob,* NZA 2015, 217, Rn. 21; vgl. ferner: EuGH, Urteil vom 18.06.2009, C-88/08, *Hütter,* Slg. 2009 I-5325, Rn. 37 ff.; EuGH, Urteil vom 12.10.2010, C-499/08, *Andersen,* Slg. 2010, I-9343, Rn. 18 ff.; EuGH, Urteil vom 12.10.2010, C-45/09, *Rosenbladt,* Slg. 2010, I-9391, Rn. 38; EuGH, Urteil vom 18.11.201, verb. Rs. C-250/09 u. C-268/09, *Georgiev,* Slg. 2010, I-11869, Rn. 25 ff.; EuGH, Urteil vom 21.07.2011, verb. Rs. C-159/10 u. C-160/10, *Fuchs und Köhler,* Slg. 2011 I-6919, Rn. 35 ff.; EuGH, Urteil vom 19.06.2014, C-501/12, *Specht u.a.* NVwZ 2014, 1294 ff., Rn. 38 ff.; siehe für eine kritische Einordnung der Judikatur des EuGH zur Altersdiskriminierung: *Preis,* NZA 2010, 1323; und: *Preis/Temming,* NZA 2010, 185; vgl. auch: *Sachs,* in: *Stern/Sachs,* Europäische Grundrechte-Charta, Art. 21, Rn. 25.

gemeinsamen Verfassungsüberlieferungen der Mitgliedstaaten sowie das Völkervertragsrecht als Beleg für die Existenz eines Prinzips der Gleichbehandlung in Beschäftigung und Beruf, sondern auch die Kodifizierung in den Europäischen Verträgen, inklusive der EUGRCh.[444] Hier folgte der EuGH den Schlussanträgen des Generalanwaltes *Bot*, welcher auf die Anerkennung des Diskriminierungsverbotes als Grundrecht durch die EUGRCh und dessen Kodifizierung in Art. 13 I EGV abstellte.[445]

Sowohl der EuGH als auch Generalanwalt *Bot* scheuten auf diese Weise jedoch eine Festlegung, welche Kriterien relevant seien, um eine Norm als ein Prinzip im Unionsrecht zu qualifizieren. Vielmehr reichte es beiden aus, dass das Prinzip des Diskriminierungsverbotes sowohl in der EUGRCh als auch im EGV von den Mitgliedstaaten festgeschrieben wurde. So umgingen sie, Kriterien festlegen zu müssen, welche für den Nachweis eines Prinzips essentiell sind.

XV. Verknüpfung mit Rechtsnormen

Die Vorgehensweise des Generalanwalts und des EuGH ist im Ergebnis zwar nachvollziehbar, eine genauere Herleitung eines Prinzips wäre allerdings überzeugender gewesen. Gerade die Berufung auf die gemeinsamen Verfassungsüberlieferungen ist nicht unproblematisch, wenn eine ausreichende Anzahl von Belegen des Prinzips in den Verfassungen der Mitgliedstaaten nicht vorhanden ist. Daneben sind die Normierungen in den völkerrechtlichen Verträgen oft zu vage, um ein Prinzip ausreichend zu bestimmen.

Neben bereits in den Verträgen und den einzelnen mitgliedstaatlichen Verfassungen festgeschriebenen Kriterien können für die Feststellung von Prinzipien im Unionsrecht auch noch weitere Voraussetzungen vorliegen, welche den Gehalt des festzustellenden Prinzips jedoch nicht direkt behandeln. Die Berufung auf Normen, die den konkreten Gehalt des zu bestimmenden Prinzips thematisieren, ist zwar wünschenswert, oft jedoch nicht möglich. Durch die fehlende Kodifizierung entstehen regelmäßig gerade erst die Zweifel, ob das zu untersuchende Prinzip überhaupt besteht. Deshalb kann es notwendig sein, sich auf Normen zu berufen, die das zu untersuchende Prinzip zwar nicht ausdrücklich in ihrem Wortlaut erwähnen. Diese Normen sind insbesondere solche, welche allgemein anerkannt sind und ihrem Wesen nach schon zumindest Teilgehalte des darzulegenden Prinzips beinhalten. Für einen juristischen Prinzipiendiskurs ist solch eine Verknüpfung von anerkannten Rechtsnormen und dem in Frage

444 EuGH, Urteil vom 19.01.2010, C-555/07, *Kücükdeveci*, Slg. 2010 I-365, Rn. 21 f.
445 Schlussantrag GA *Bot*, EuGH, C-555/07, *Kücükdeveci*, Slg. 2010 I-365, Rn. 77.

stehenden Prinzip von erheblicher Bedeutung. Ein solcher ist, im Gegensatz zu einem philosophischen Prinzipiendiskurs, an das vorliegende Recht geknüpft.[446] Prozessual besteht der Unterschied darin, dass sich eine juristische Prinzipienkonzeption in einem gerichtsförmigen Verfahren am geltenden Recht messen lassen muss.[447] Ein philosophischer Prinzipiendiskurs muss einer rechtlichen Überprüfung hingegen nicht standhalten. Somit ist eine Verbindung eines Prinzips mit bereits anerkannten Rechtsnormen eine wichtige Voraussetzung, um ein solches Prinzip anzunehmen.

Prinzipien müssen, zumindest unter den Voraussetzungen und Bedingungen der Rechtsordnung, nachweisbar sein.[448] Hierbei reicht es jedoch nicht aus, dass vorhandene Regeln lediglich verallgemeinert werden, um ein Prinzip nachzuweisen. Prinzipien stellen vielmehr die Gründe dar, die durch Regelungen ihrerseits auf unterschiedliche Weise konkretisiert werden können.[449] Durch diesen Rückschluss aus vielen konkreten Normen auf einen größeren Regelungsgehalt – der sogenannten Induktion – lässt sich ein Prinzip nachweisen.[450] Ziel der Induktion ist die Begründung eines Prinzips nicht nur durch die Verallgemeinerung unterschiedlicher Normen.[451] Die Induktion soll die Gemeinsamkeiten der Normen darstellen und so den Beleg für das Vorhandensein eines Prinzips liefern.[452] Die Induktion läuft dabei in drei Schritten ab. Zuerst wird eine Prinzipienhypothese aufgestellt.[453] Den Ausgangspunkt für diese These stellt hierbei die Regelungserwartung des angenommenen Prinzips dar.[454] Dies wäre im vorliegenden

---

446 Vgl. *Bogdandy*, in: Europäisches Verfassungsrecht – Theoretische und dogmatische Grundzüge, 13 (17).

447 Vgl. *Bogdandy*, in: Europäisches Verfassungsrecht – Theoretische und dogmatische Grundzüge, 13 (17).

448 Vgl. *Larenz*, Richtiges Recht: Grundzüge einer Rechtsethik, S. 25.

449 Vgl. *Larenz*, Richtiges Recht: Grundzüge einer Rechtsethik, S. 26; vgl. auch: *Reimer*, Juristische Methodenlehre, S. 266, welcher ausnahmsweise auch eine Induktion aus einer Norm für möglich hält, dies jedoch nur in Ausnahmefällen zulassen will.

450 Vgl. *Bydlinski*, Grundzüge der juristischen Methodenlehre, S. 95; vgl. auch: *Reimer*, Juristische Methodenlehre, S. 265; sowie: *Schöbener/Knauff*, Allgemeine Staatslehre, S. 6.

451 Vgl. *Antoniolli*, in: FS für Adolf Merkl, 33 (35); vgl. auch: *Reimer*, Verfassungsprinzipien, S. 212.

452 Vgl. *Antoniolli*, in: FS für Adolf Merkl, 33 (35); vgl. auch: *Reimer*, Verfassungsprinzipien, S. 212; *Reimer*, Juristische Methodenlehre, S. 266.

453 Vgl. *Reimer*, Verfassungsprinzipien, S. 413; sowie: *Zuck*, Subsidiaritätsprinzip und GG, S. 67, welcher von „Arbeitshypothese" spricht.

454 Vgl. *Reimer*, Verfassungsprinzipien, S. 413.

Fall die Hypothese, dass es im Unionsrecht ein Prinzip der sozialen Vergünstigung auch für nichterwerbstätige Unionsbürger gibt.[455] Sodann sind die möglicherweise einschlägigen Normen mit der aufgestellten Prinzipienhypothese zu vergleichen.[456] Zu denken ist hier in erster Linie sowohl an solche Normen des Unionsrechts, die sich ausdrücklich mit dem Sozialrecht befassen, namentlich das Koordinierungsrecht sowie die einschlägigen Normen der EUGRCh, als auch die Normen, die bisher zur Begründung sozialer Teilhabe gedient haben. Im Rahmen der Darlegung eines Prinzips der sozialen Vergünstigung werden zudem die Menschenwürde als auch das Solidaritätsprinzip als mögliche Legitimationen, die die soziale Vergünstigung zumindest indirekt betreffen können, in Betracht gezogen werden müssen.[457] Letztlich sind die als möglicherweise einschlägig festgelegten Normen auf ihren gemeinsamen Weisungsgehalt hin zu überprüfen.[458] Hierbei ist es nicht von Nöten, dass die zu untersuchenden Normen ein von der Prinzipienhypothese tangiertes Gebiet behandeln. Entscheidend ist letztlich, dass den entsprechenden Normen ein gemeinsamer Weisungsgehalt zugesprochen werden kann, welcher sich wiederum daraus ergibt, dass ihm ein gemeinsamer, mit der zuvor aufgestellten Prinzipienhypothese deckungsgleicher Wert zugrundeliegt.[459]

XVI. Fazit

Um die Eigenschaften und den Gehalt von Grundsätzen zu bestimmen, eignet sich das Regel-/Prinzipienmodell von *Alexy*. Die aus dem Regel-/Prinzipienmodell gewonnenen Erkenntnisse lassen sich zum Großteil auf die Grundsätze im Unionsrecht übertragen. Im Rahmen von *Alexys* Modell gibt es eine Vielzahl von Ansatzpunkten, um eine Regel von einem Prinzip zu unterscheiden. Das entscheidende Kriterium ist letztlich die qualitative Unterscheidung zwischen einer Regel und einem Prinzip. Im Gegensatz zu einer Regel stellt ein Prinzip ein Optimierungsgebot dar, welches dem Rechtsanwender auferlegt, ein Ge- oder Verbot in rechtlich und tatsächlich größtmöglichem Maße zu befolgen. Dem Rechtsanwender wird hier, im Gegensatz zu einer Regel, ein gewisser

455 Vgl. oben: A.I.

456 Vgl. *Reimer*, Verfassungsprinzipien, S. 416.

457 Vgl. unten: G. u. H. Beachte aber auch, dass dem Solidaritätsprinzip nicht nur eine legitimierende, sondern auch eine begrenzende Funktion zukommt.

458 Vgl. *Reimer*, Verfassungsprinzipien, S. 418.

459 Vgl. *Bydlinski*, Grundzüge der juristischen Methodenlehre, S. 95; sowie: *Reimer*, Verfassungsprinzipien, S. 418; vgl. auch: *Reimer*, Juristische Methodenlehre, S. 266.

Gestaltungsspielraum eingeräumt. Ferner unterscheiden sich Regeln und Prinzipien durch ihr unterschiedliches Kollisionsverhalten. Im Zusammenhang mit Regeln stellt sich lediglich die Frage, ob eine Regel anwendbar ist oder nicht, sprich ob diese Geltung entfalten können. Prinzipien hingegen gelten grundsätzlich immer, müssen aber mit kollidierenden Prinzipien durch eine Abwägung in Einklang gebracht werden. Hierbei handelt es sich um eine graduelle Entscheidung. Hinzu kommt der unterschiedliche Festsetzungsgehalt von Regeln und Prinzipien. Regeln nehmen konkrete Festsetzungen von rechtlich und tatsächlich Möglichem vor. Prinzipien hingegen zeichnen sich durch ihren prima facie-Charakter aus. Ferner sind Prinzipien richterlich nur eingeschränkt überprüfbar. Die Gerichte können nur überprüfen, ob sich der Rechtsanwender mit seiner Maßnahme im durch die Prinzipien vorgesehenen Rahmen bewegt. Hervorzuheben ist zudem, dass *Alexys* Regel-/Prinzipienmodell nicht zwischen Freiheits-, Gleichheits- und Leistungsrechten unterscheidet. Das Modell ist umfassend für alle Normkategorien anwendbar, mithin auch für die hier im Raum stehende soziale Vergünstigung, die bisher aufgrund von Gleichheitsrechten gewährt wurde, aber auch zu den engen Leistungsrechten gezählt werden kann.

Lediglich im Hinblick auf die subjektive Wirkung von Prinzipien ist *Alexys* Regel-/Prinzipienmodell nicht vollständig auf die Grundsätze der Europäischen Grundrechtecharta anzuwenden. Im Gegensatz zum Regel-/Prinzipienmodell schließt die EUGRCh eine subjektive Anwendbarkeit der Grundsätze aus. Dies hat jedoch nicht die komplette Unübertragbarkeit von Grundsätzen auf das Regel-/Prinzipienmodell zur Folge. Vielmehr kann nur nicht die subjektive Wirkung auf Grundsätze angewendet werden. Demnach sind Grundsätze der EUGRCh als Prinzipien in das Regel-/Prinzipienmodell einzuordnen mit der Einschränkung, dass sie keine subjektive Wirkung entfalten können.

Abzugrenzen sind Grundsätze auch von den allgemeinen Rechtsgrundsätzen und Zielen der Europäischen Union. Auch wenn sich Grundsätze und allgemeine Rechtsgrundsätze begrifflich ähnlich sind, beschreiben allgemeine Rechtsgrundsätze im Gegensatz zu Grundsätzen lediglich eine zusätzliche Quelle für die Herleitung von Normen im Unionsrecht. Allgemeine Rechtsgrundsätze beschreiben nur die Art der Herleitung einer Norm im Unionsrecht und geben keine Auskunft über den Inhalt einer Norm. Bei diesem durch eine wertende Rechtsvergleichung der Verfassungstraditionen der Mitgliedstaaten festgestellten Inhalt, kann es sich sowohl um eine Regel, als auch einen Grundsatz handeln. Ziele hingegen sind zukunftsorientiert und beschreiben einen zu erreichenden, im Vergleich zu einem Aspekt in der Gegenwart, optimierten Zustand.

Für die Herleitung eines Prinzips beziehungsweise eines Grundsatzes auf europäischer Ebene stehen mehrere Methoden zur Verfügung, um den Inhalt eines solchen zu bestimmen. Der EuGH hat selbst bereits Kriterien festgelegt, um ein Prinzip zu bestimmen. Im Zusammenhang mit dem arbeitsrechtlichen Diskriminierungsverbot aufgrund des Alters leitete der EuGH das Prinzip des Diskriminierungsverbots bereits lediglich anhand völkerrechtlicher Verträge und der gemeinsamen Verfassungsüberlieferungen der Mitgliedstaaten her, ohne dies jedoch detailliert zu begründen. Wohl aufgrund der starken Kritik bezüglich seines Urteils in der Rs. *Mangold* nutzte der EuGH dann in der Rs. *Kücükdeveci* sowohl die EUGRCh als auch die Kodifizierungen in den unionsrechtlichen Verträgen, um ein Prinzip herzuleiten. Aufgrund der zwischenzeitlichen Implementierung der EUGRCh in die europäischen Verträge konnte der EuGH die Frage nach den allgemeinen Voraussetzungen für einen Grundsatz im Unionsrecht unbeachtet lassen, da er sich in Bezug auf das Diskriminierungsverbot nun direkt auf Art. 21 EUGRCh berufen konnte. Diese Herangehensweise ist für den juristischen Prinzipiendiskurs jedoch oft mangels vorliegender Kodifizierungen nicht praktikabel. Dann muss die zu untersuchende Norm mit anerkannten Rechtsnormen verknüpft werden, auch wenn diese ihrem Wortlaut nach nicht den Normgehalt des zu untersuchenden Prinzips behandeln. Entscheidend ist, dass die als Beleg dienenden Normen zumindest einen Teilgehalt aufweisen, welcher mit der zu untersuchenden Norm übereinstimmt. Nur auf diese Weise kann ein Prinzip auch in einem Verfahren einer rechtlichen Überprüfung Stand halten.

Um für die Darlegung eines Prinzips der sozialen Vergünstigung im Unionsrecht alle oben erläuterten Kriterien berücksichtigen zu können, werden zuerst die einschlägigen internationalen Abkommen und mitgliedstaatliches Verfassungsrecht beleuchtet.[460] Anschließend werden normative Anknüpfungspunkte in den europäischen Verträgen aufgezeigt.[461] Hier spielen insbesondere die Menschenwürde und das Solidaritätsprinzip eine entscheidende Rolle. Beide können zum einen als notwendiger rechtlicher Anknüpfungspunkt in den europäischen Verträgen genutzt werden und dienen zum anderen für die Bestimmung der Reichweite und den Gehalt eines Grundsatzes der sozialen Vergünstigung. Zuletzt werden Regeln untersucht, welche mit einem Prinzip der sozialen Vergünstigung in Konflikt geraten könnten.[462]

---

460 Vgl. unten: E.I., E.II.

461 Vgl. unten: F. – H.

462 Vgl. unten: H. u. I.

E. Soziale Vergünstigung in internationalen Abkommen und als allgemeiner Rechtsgrundsatz

Für die Bestimmung eines Grundsatzes können internationale Abkommen und mitgliedstaatliche Regelungen herangezogen werden.[463] Untermauert wird dies durch Art. 53 EUGRCh, welcher statuiert, dass im Rahmen der Anwendung und der Auslegung der EUGRCh internationale Abkommen und auch die Verfassungen der Mitgliedstaaten Berücksichtigung finden müssen. Art. 53 EUGRCh ist hier für die Bestimmung eines Grundsatzes der sozialen Vergünstigung relevant, da auch die EUGRCh als Begründung für einen unionsrechtlichen Grundsatz dienen kann.[464] Art. 53 EUGRCh implementiert in der EUGRCh ein menschenrechtliches Rückschrittverbot.[465] Rückschrittverbot bedeutet, dass der Grundrechtsschutz nicht relativiert werden darf, sollte er in Einzelfällen in der EUGRCh niedriger ausfallen als in den nationalen Grundrechtsverbürgungen oder in anderen internationalen Abkommen. Daneben darf die EUGRCh nicht dazu genutzt werden, einen geringeren als in den jeweiligen Verfassungen oder anderen internationalen Abkommen festgelegten Grundrechtsstandard zu rechtfertigen.[466] Die nationalen Verfassungen und die bereits abgeschlossenen internationalen Abkommen bilden folglich das Mindestmaß an Grundrechtsschutz und können somit als Beitrag zur Bestimmung eines Grundsatzes der sozialen Vergünstigung dienen. Bei der Bestimmung eines Grundsatzes stellen die in den internationalen Abkommen und in den einzelnen Mitgliedstaaten festgestellten übereinstimmenden Verbürgungen das von dem zu bestimmenden Grundsatz

---

463 S.o. D.XIII.

464 S.o. D.XIV.

465 Vgl. *Borowski*, in: *Meyer*, Charta der Grundrechte der Europäischen Union, Art. 53, Rn. 11; sowie: *Schmidt*, Die Grundsätze im Sinne der EU-Grundrechtecharta, S. 144 f.; vgl. ferner: *Becker*, in: *Schwarze* u. a., EU-Kommentar, Art. 53 EUGRCh, Rn. 1; *Jarass*, in: *Jarass*, Charta der Grundrechte der Europäischen Union, Art. 53, Rn. 28 f.; *Kingreen*, in: *Calliess/Ruffert*, EUV/AEUV Kommentar, Art. 53 EUGRCh, Rn. 1.

466 *Borowski*, in: *Meyer*, Charta der Grundrechte der Europäischen Union, Art. 53, Rn. 11; *Jarass*, in: *Jarass*, Charta der Grundrechte der Europäischen Union, Art. 53, Rn. 1; *Kingreen*, in: *Calliess/Ruffert*, EUV/AEUV Kommentar, Art. 53 EUGRCh, Rn. 1. Siehe auch die Erläuterungen des Präsidiums des Europäischen Konvents vom 14.12.2007, Abl. EU C 305/35.

einzuhaltende Mindestmaß dar. Im Folgenden werden zuerst die für die soziale Vergünstigung relevanten internationalen Abkommen beleuchtet,[467] anschließend ausgewählte nationale Verfassungen auf ihren sozialrechtlichen Gehalt hin überprüft.[468] Die vorliegende Arbeit kann jedoch nur einen kleinen Querschnitt der mitgliedstaatlichen Normen skizzieren. Eine vollständige Darstellung aller mitgliedstaatlichen Verfassungen würde in dieser Arbeit zu weit führen.

I. Internationale Abkommen

Der EuGH nutzte bereits internationale Abkommen, um ein Prinzip herzuleiten.[469] Die internationalen Abkommen müssen für eine wirksame Bestimmung nicht auf die Mitgliedstaaten der Europäischen Union begrenzt sein. Auch universelle völkerrechtliche Verträge können für die Bestimmung eines Prinzips maßgebend sein. Neben universellen völkerrechtlichen Verträgen kommen im europäischen Raum auch Erklärungen des Europarates in Betracht. Hierbei kodifiziert eine Vielzahl von internationalen Verträgen soziale Rechte; sowohl auf universeller, als auch auf regionaler Ebene. Markant ist, dass sich die Regelungsdichte und die Konkretisierung der Regeln erheblich unterscheiden.[470]

1. Ausgangspunkt: Allgemeine Erklärung der Menschenrechte von 1948

Auch wenn die AEMR von 1948[471] selbst keine rechtliche Bindungswirkung entfaltet, da sie lediglich als Resolution verabschiedet und nicht als völkerrechtlicher Vertrag kodifiziert wurde, ist sie für die Bestimmung eines Grundsatzes der sozialen Vergünstigung nicht unwichtig.[472] Unterstrichen wird der fehlende

---

467 Vgl. unten: E.I.

468 Vgl. unten: E.II.

469 S.o. D.XIII.

470 Vgl. *Neubeck,* Die Europäische Sozialcharta und deren Protokolle, S. 105.

471 Universal Declaration of Human Rights, UN-Doc. A/RES/217 A (III).

472 Vgl. für die rechtliche Bedeutung der AEMR: *Gornig,* in: *Schöbener,* Völkerrecht: Lexikon zentraler Begriffe und Themen, 18; dennoch werden Teile der AEMR bereits als Völkergewohnheitsrecht angesehen, vgl. dazu: *Fremuth,* Menschenrechte – Grundlagen und Dokumente, S. 99; *Ipsen,* in: *Ipsen,* Völkerrecht, S. 833; *Kokott/ Doehring/Buergenthal,* Grundzüge des Völkerrechts, S. 41 f.; *Müller/Luzius,* Praxis des Völkerrechts, S. 572; siehe auch: *Verdross/Simma,* Universelles Völkerrecht, § 1234, welche erläutern, dass die in der AEMR formulierten elementaren Menschenrechte durch nachfolgende, auf diese Bezug nehmende Deklarationen und andere staatlichen Akte „unabhängig von vertraglichen Verbürgerungen völkerrechtlich

rechtliche Bindungswille durch die Präambel, welche die AEMR als ein „von allen Völkern und Nationen zu erreichendes Ideal" bezeichnet. Auch wird weiter nur von „Bemühen" und „Fördern" gesprochen. Konkrete Rechtspflichten sollten sich aus der Erklärung nicht ergeben. Gleichwohl ist die Allgemeine Erklärung der Menschenrechte von 1948 nicht ohne Relevanz. Die von der Menschenrechtskonvention ausgearbeitete und von der Generalversammlung ohne Gegenstimme[473] angenommene Erklärung hielt nach dem 2. Weltkrieg erstmalig die Überzeugung der Staatengemeinschaft fest, dass Menschenrechte weltweit gesichert werden müssten.[474] Neben den klassischen Freiheitsrechten wurden auch die wirtschaftlichen, sozialen und kulturellen Menschenrechte mit in die Erklärung aufgenommen. So tat sich erstmals die Wandlung vom klassisch liberalen zum sozialen Rechtsstaat hervor.

Von Anfang an wurde der AEMR eine große programmatische Bedeutung zugesprochen. Dadurch entfaltete die AEMR Einfluss auf später folgende Erklärungen und Verträge. So bezieht sich die EMRK in der Präambel auf die AEMR.[475] Auch der IPwskR nimmt ausdrücklich Bezug auf die AEMR. Daneben beeinflusste die AEMR auch die redaktionellen Arbeiten an nationalen Verfassungen.[476] Mithin bildet die AEMR den Grundstein für die Entwicklung des internationalen Menschenrechtsschutzes.[477]

Relevanz für die vorliegende Arbeit erhält die AEMR durch Art. 22 der Erklärung. Art. 22 AEMR gewährleistet, dass jedes Mitglied einer Gesellschaft das Recht auf soziale Sicherheit hat und ihm ein Anspruch zusteht, durch innerstaatliche Maßnahmen und internationale Zusammenarbeit sowie unter Berücksichtigung der Organisation und der Mittel eines jeden Staates in den Genuß der

---

verbindlich geworden" seien. Vgl. auch: *Hilpold,* in: FS für Peter Pernthaler, 167 (172), welcher feststellt, dass der AEMR in „moralisch-politischer Hinsicht allgemein große Autorität" zugesprochen wird.

473 Jedoch mit Enthaltungen von der Sowjetunion, der Ukraine, Weißrussland, Polen, Tschechoslowakei, Jugoslawien, Saudi-Arabien und Südafrika.

474 Vgl. *Kälin,* in: Menschenrechte im Umbruch, 5 (10); *Neubeck,* Die Europäische Sozialcharta und deren Protokolle, S. 106.

475 Die ESC verweist zwar nicht direkt auf die AEMR, durch den Verweis auf die EMRK, welche wiederum auf die AEMR verweist, besteht zumindest eine indirekte Verknüpfung.

476 So sind die Redaktionsarbeiten zu den Grundrechten des Grundgesetzes durch die AEMR beeinflusst worden, vgl.: *Buergenthal,* in: 50 Jahre Allgemeine Erklärung der Menschenrechte, 19 (24, 28).

477 Vgl. *Fremuth,* Menschenrechte – Grundlagen und Dokumente, S. 145.

wirtschaftlichen, sozialen und kulturellen Rechte zu gelangen, die für dessen Würde und die freie Entwicklung der Persönlichkeit unentbehrlich sind.

Darüber hinaus räumt Art. 25 AEMR jedem Menschen einen angemessenen Lebensstandard ein, der seine und seiner Familie Gesundheit und Wohl gewährleistet, einschließlich Nahrung, Kleidung, Wohnung, ärztliche Versorgung und notwendige soziale Leistungen. Durch Art. 22 und 25 AEMR wird deutlich, dass die Unterzeichner der Erklärung alle Leistungen der sozialen Vergünstigung mit einbeziehen wollten, nicht nur solche, die beitragsfinanziert sind und an eine Erwerbstätigkeit anknüpfen. Zum einen verknüpft Art. 22 AEMR die soziale Sicherheit mit der Menschenwürde. Die Menschenwürde wohnt jedem Menschen inne, nicht nur solchen, die einer Erwerbstätigkeit nachgegangen und dadurch in Sozialleistungssysteme eingezahlt haben. Mithin sind nicht nur Leistungen umfasst, die an eine vorherige Beitragszahlung anknüpfen, sondern alle Leistungen der sozialen Vergünstigung. Zum anderen unterscheidet Art. 25 AEMR zwischen Nahrung, Kleidung, Wohnung und ärztlicher Versorgung einerseits und notwendigen sozialen Leistungen andererseits. Die Unterscheidung unterstreicht, dass die Gewährung von Nahrung, Kleidung, einer Wohnung und ärztlicher Versorgung losgelöst von anderen notwendigen sozialen Leistungen gesehen werden muss. Legt man die in dieser Arbeit dargestellte Klassifizierung von Sozialleistungen zu Grunde,[478] kann die in Art. 25 AEMR vorgenommene Beschreibung der Gewährung von Nahrung, Kleidung, Wohnung und ärztlicher Versorgung und notwendigen sozialen Leistungen nur die in dieser Arbeit als Leistungen der sozialen Vergünstigung dargestellten Leistungen umfassen. Art. 22 und 25 AEMR sprechen folglich jedem Menschen vollumfänglich Leistungen der sozialen Vergünstigung zu.

Trotz der geringen rechtlichen Relevanz der AEMR als solcher ist doch beachtlich, dass sich schon 1948 die Unterzeichnerstaaten auch auf solche Rechte geeinigt haben, die heute zum Kernbereich der Leistungen der sozialen Vergünstigung zählen. Durch die von Art. 25 AEMR vorgenommene Unterscheidung zwischen Leistungen, welche einen klaren Bezug zu einer Erwerbstätigkeit haben und solchen, die generell geleistet werden sollen, ist erkennbar, dass die AEMR umfassend all jene Rechte garantieren will, die unter die Leistungen der sozialen Vergünstigung fallen.

478 Siehe für die Einordnung der unterschiedlichen Sozialleistungen oben: B.

2. Europäisches Fürsorgeabkommen

Bereits im Jahr 1953 ratifizierten die Mitgliedstaaten des Europarates mit dem EFA einen völkerrechtlichen Vertrag, welcher die Gleichbehandlung aller Staatsangehörigen der Vertragsparteien in Bezug auf soziale Fürsorgeleistungen regelte.[479] Neben Deutschland sind auch die Mehrheit der vor 2004 der EU beigetretenen Staaten Vertragsparteien, mit Ausnahme von Finnland und Österreich. Von den nach 2004 in die EU eingetretenen Mitgliedstaaten sind hingegen nur Estland und Malta dem EFA beigetreten.[480] Folglich kann von einer flächendeckenden Akzeptanz innerhalb der EU nicht gesprochen werden.

Die Vertragsparteien des EFA verpflichten sich, allen Staatsangehörigen der übrigen Vertragsparteien, welche sich auf dem Territorium eines jeweiligen Staates erlaubt aufhalten, die gleichen Fürsorgeleistungen zu gewähren, welche auch ihren eigenen Staatsangehörigen zustehen.[481] Auch müssen die Fürsorgeleistungen unter den gleichen Voraussetzungen und Bedingungen wie die für Staatsangehörige des eigenen Staates gewährleistet werden.[482] „Fürsorge" im Rahmen des EFA umfasst dabei alle Leistungen, die für Personen gewährleistet werden, welche nicht über ausreichende Mittel verfügen, um ihren Lebensbedarf abzudecken.[483] In diesen Leistungen enthalten sind die notwendige Betreuung der betroffenen Personen und auch die Bereitstellung der für den Lebensbedarf notwendigen Mittel. Das EFA knüpft den Begriff der „Fürsorge" folglich nicht an eine Erwerbstätigkeit des Bedürftigen. Beim EFA ist allein die objektive Bedürftigkeit des Leistungsempfängers entscheidendes Kriterium für den Leistungsbezug. Das EFA regelt somit insbesondere alle staatlichen Unterstützungen der in Deutschland als Sozialhilfe bezeichneten Leistungen. Untermauert wird dies durch das Urteil des BSG vom 19.10.2010[484], welches den § 7 II SGB II als mit dem EFA für nicht vereinbar erklärt hat.[485] § 7 II SGB II regelt in Deutschland den Zugang zu Leistungen der Sozialhilfe für Ausländer. In diesem Zusammenhang statuiert § 7 II SGB II unter anderem, dass Ausländer, die

479 Europäisches Fürsorgeabkommen vom 11.12.1953.

480 Vgl. *Frings*, ZAR 2012, 317 (325).

481 Art. 1 EFA; vgl. *Frings*, ZAR 2012, 317 (325); sowie: *Tießler-Marenda*, SRa 2012, 11 (13 f.).

482 Vgl. *Tießler-Marenda*, SRa 2012, 11 (13 f.).

483 Art. 2 a lit. i) EFA; vgl. auch: *Tießler-Marenda*, SRa 2012, 11 (14).

484 BSG, Urteil vom 19.10.2010, Az: B 14 AS 23 10 R, BSGE 107, 66 ff.

485 Siehe zur Beurteilung der Sozialhilfe nach dem SGB II als eine Leistung, welche unter den Begriff der „Fürsorge" des EFA fällt auch: LSG Rheinland Pfalz, Beschluss vom 07.06.2012, Az. L 3 AS 250/12 B ER, NZS 2013, 34 ff., Rn. 16.

kein Aufenthaltsrecht haben oder sich lediglich zur Arbeitsuche in Deutschland befinden, von Leistungen nach dem SGB II ausgeschlossen werden. Das SGB II regelt die Grundsicherung für Arbeitssuchende und ist mithin eine klassische Sozialhilfeleistung. Festzuhalten ist, dass die Sozialhilfe in Deutschland bedarfsabhängig gewährleistet wird, auf eine vorherige Beitragszahlung kommt es nicht an. Eine Verknüpfung zu einer vorherigen Erwerbstätigkeit besteht mithin nicht. In Reaktion auf das Urteil des BSG erklärte Deutschland einen Vorbehalt dahingehend, dass die Leistungen des SGB II vom Anwendungsbereich des EFA ausgeschlossen seien.[486] Hier wird klar, dass Deutschland sich gerade nicht verpflichten wollte, beitragsunabhängige Sozialleistungen an einen Staatsangehörigen eines anderen Vertragsstaates zu zahlen.

Ferner erlaubt das EFA die Ausweisung eines Bedürftigen nur unter sehr engen Voraussetzungen. So stellt Art. 6 EFA explizit klar, dass Staatsangehörige einer anderen Vertragspartei des EFA, die ein gültiges Aufenthaltsrecht inne haben, nicht lediglich aufgrund ihrer Forderung nach staatlicher Hilfe ausgewiesen werden dürfen. Eine Unterscheidung aufgrund der Staatsangehörigkeit ist nicht erlaubt. Hier wird deutlich, dass die Vertragsparteien den Bezug von Sozialleistungen nicht als Ausweisungsgrund ansehen und so auch bedürftigen Staatsbürgern der Vertragsparteien, welche sich in einem anderen Vertragsstaat aufhalten, eine soziale Absicherung garantieren wollten.

3. Europäische Menschenrechtskonvention

Die EU ist zwar selbst keine Vertragspartei der EMRK und wird dies in absehbarer Zeit auch nicht werden,[487] der Gehalt der EMRK ist dennoch von Relevanz für die Bestimmung unionsrechtlicher Werte und Grundrechte. Die EMRK und

486 Hier wird nicht auf die Frage eingegangen, ob der deutsche Vorbehalt zum EFA wirksam ist, vgl. dazu: LSG Berlin-Brandenburg, Beschluss vom 09.05.2012, Az. L 19 AS 794/12 B ER, L 19 AS 795/12 B PKH, -juris-; LSG Berlin-Brandenburg, Beschluss vom 25.06.2013, Az. L 20 AS 1347/13 B ER, info-also 2013, 275 ff.; Zweifel an der Rechtmäßigkeit des Vorbehaltes hatten schon: LSG Rheinland Pfalz, Beschluss vom 07.06.2012, Az. L 3 AS 250/12 B ER, NZS 2013, 34 ff., Rn. 21 f.; a.A: LSG Niedersachsen-Bremen, Urteil vom 20.07.2012, L 9 AS 564/12 B ER, NZS 2013, 80 ff.; LSG Berlin-Brandenburg, Beschluss vom 02.08.2012, L 5 AS 1297/12 B ER -juris-; LSG Berlin-Brandenburg, Beschluss vom 11.03.2013, L 31 AS 318/13 B ER, NZS 2013, 471 ff.; vgl. ausführlich dazu: *Steffen/Koßler*, ZAR 2012, 245; ferner dazu: *Schreiber*, NZS 2012, 647 (651); sowie: *Kötter*, info-also 2013, 243 (251 ff.).

487 Vgl. EuGH, Gutachten vom 18.12.2014, 2/13; vgl. auch: *Meyer-Ladewig/Nettesheim*, in: *Meyer-Ladewig/Nettesheim/Raumer*, Europäische Menschenrechtskonvention,

der EGMR prägen die Grundrechtsjudikatur der Europäischen Union in nicht unerheblichem Maße mit.[488] Das scheint nicht verwunderlich, da Art. 6 III EUV selbst normiert, die Grundrechte, wie sie in der EMRK gewährleistet sind, seien als allgemeine Rechtsgrundsätze anzuerkennen.[489] Gestärkt wird die Bedeutung der EMRK für den europäischen Grundrechteschutz durch Art. 52 III EUGRCh, welcher sicherstellt, dass Rechte aus der EUGRCh die gleiche Reichweite haben wie EMRK-Rechte.[490]

Auch in den einzelnen Mitgliedstaaten entfaltet die EMRK Wirkung. Gewiss können die einzelnen Vertragsstaaten selbst festlegen, wie sie ihren völkerrechtlichen Verpflichtungen aus der EMRK nachkommen wollen. Dennoch sind sie dazu verpflichtet dafür Sorge zu tragen, dass ihre Rechtsordnung mit der Konvention vereinbar ist und dass sowohl die mitgliedstaatlichen Behörden als auch deren Gerichte die EMRK im Rahmen der Auslegung berücksichtigen können.[491]

Für das Thema der sozialen Vergünstigung ist entscheidend, dass die EMRK eine ausdrückliche Kodifizierung eines Rechts auf Leistungen der sozialen Vergünstigung nicht beinhaltet. Ungeachtet dessen kann die EMRK einen Beitrag zur Bestimmung eines solchen Grundsatzes leisten. Einerseits direkt aus in der EMRK kodifizierten Bestimmungen wie beispielsweise Art. 2, 3, 8, 14 EMRK beziehungsweise Art. 1 1. ZP EMRK.[492] Zum anderen durch eine Ableitung aus der Menschenwürde.[493]

Einleitung, Rn. 21. Vgl. für eine kritische Betrachtung des Gutachtens: *Breuer*, EuR 2015, 330.

488 Vgl. *Meyer-Ladewig/Nettesheim*, in: *Meyer-Ladewig/Nettesheim/Raumer*, Europäische Menschenrechtskonvention, Einleitung, Rn. 22.

489 Vgl. für die Einordnung der allgemeinen Rechtsgrundsätze oben: D.XII.

490 Vgl. *Barriga*, Die Entstehung der Charta der Grundrechte der Europäischen Union, S. 163; vgl. auch: *Borowsky*, in: *Meyer*, Charta der Grundrechte der Europäischen Union, Art. 52, Rn. 30; sowie: *Zimmermann*, Die EUGRCh zwischen Gemeinschaftsrecht, GG und EMRK, S. 35 f.

491 EGMR, Urteil vom 17.02.2004, Beschw. 39748/98, *Maestri/Italien*, ECHR 2004-I, S. 183, Rn. 47; vgl. auch: *Meyer-Ladewig/Nettesheim*, in: *Meyer-Ladewig/Nettesheim/Raumer*, Europäische Menschenrechtskonvention, Einleitung, Rn. 17.

492 Vgl. unten: E.I.3.a).

493 Vgl. unten: E.I.3.b).

a) Sozialrechtlicher Gehalt der EMRK

Die EMRK selbst hat keine Rechte mit einem sozialrechtlichen Gehalt normiert.[494] Vielmehr werden sozialrechtliche Leistungen, wenn auch nur sehr restriktiv, indirekt durch die Art. 2, 3 und Art. 8 EMRK gewährleistet.[495] Hierbei hat der EGMR bis heute ein direktes Recht auf ein sozialstaatliches Minimum noch nicht anerkannt. Lediglich durch das Recht auf ein faires Verfahren in angemessener Dauer schützt der EGMR sozialrechtliche Ansprüche einzelner Personen.[496] Aus materiellen Rechten der EMRK, beispielsweise dem Verbot von unmenschlicher und erniedrigender Behandlung sowie dem Recht auf Schutz der Familie, hat der EGMR bisher einen solchen Anspruch verneint.[497] Der EGMR legte ausdrücklich dar, dass aus Art. 8 EMRK kein Anspruch auf eine Wohnung folgt.[498] Auch ein Anspruch auf finanzielle Unterstützung in Form von Erziehungsgeld und auch Sozialhilfe wurde abgelehnt.[499] Begründet wird dies mit der generellen Zurückhaltung des EGMR, den einzelnen Mitgliedstaaten sozialrechtliche Leistungen aufgrund der EMRK aufzubürden.[500] Diese Zurückhaltung der

494 Die Rechte wurden ausdrücklich nicht mit aufgenommen; EGMR, Urteil vom: 09.10.1979, Beschw. 6289/73, *Airey/Ireland,* EuGRZ 1979, 626 ff., Rn. 26; vgl. auch: *Nußberger,* Sozialstandards im Völkerrecht, S. 80; vgl. auch: *Rengeling/Szczekalla,* Grundrechte in der Europäischen Union, S. 794; sowie: *Wutscher,* in: Die Zukunft des Sozialen Rechtsstaates in Europa, 81 (85). *Frohwerk* spricht insoweit vom Fehlen eines sozialen Schutzauftrages, vgl. *Frohwerk,* Soziale Not in der Rechtsprechung des EGMR, S. 228 ff.

495 Vgl. *Dröge,* Positive Verpflichtungen der Staaten in der EMRK, S. 100 ff.; sowie: *Rengeling/Szczekalla,* Grundrechte in der Europäischen Union, S. 794; vgl. auch: *Soria,* JZ 2005, 644 (646).

496 Vgl. *Dröge/Marauhn,* in: Soziale Grundrechte in der Europäischen Union, 77 (91); sowie: *Peters,* Einführung in die Europäische Menschenrechtskonvention, S. 107 f.

497 Vgl. *Grabenwarter/Pabel,* Europäische Menschenrechtskonvention, S. 648 f.; vgl. auch: *Peters,* Einführung in die Europäische Menschenrechtskonvention, S. 107 f.; sowie: *Soria,* JZ 2005, 644 (645 f.).

498 EKMR, Urteil vom 09.05.1990, No. 14641/89, *Van Volsem/Belgien*; vgl. auch: *Soria,* JZ 2005, 644 (646).

499 EKMR, Urteil vom 20.07.1971, No. 4130/69, *X/Niederlande,* CD 38, 9 (13); EKMR, Urteil vom 19.12.1972, No. 4933/71, *X/Vereinigtes Königreich,* CD 43, 24; EGMR, Urteil vom 15.03.2001, No. 30517/96, *Aunola/FIN*; vgl. auch: *Krieger,* in: EMRK/GG Konkordanzkommentar, 287 (345).

500 Vgl. *Dröge,* Positive Verpflichtungen der Staaten in der EMRK, S. 156 f.; sowie: *Krieger,* in: EMRK/GG Konkordanzkommentar, 287 (344 f.); vgl. *Soria,* JZ 2005, 644 (646).

Vertragsparteien der EMRK im sozialrechtlichen Bereich war schon im *Teitgen*-Bericht ganz deutlich.[501] Hier wurde zwar die grundlegende Bedeutung beruflicher Freiheiten und sozialer Rechte anerkannt, welche ebenfalls definiert und geschützt werden müssten. Die politische Demokratie sowie die wirtschaftliche Freiheit in den Vertragsstaaten wurden jedoch als wichtigere Ziele im Rahmen der EMRK angesehen.[502] Einige Delegierte betrachteten dann in der beratenden Versammlung des Europarates soziale Normen auch eher als moralische und politische Forderungen.[503] Zudem ist die Anwendung der Europäischen Sozialcharta für den sozialrechtlichen Bereich naheliegender, weil damit ein eigenes Abkommen besonders für soziale Belange geschaffen worden ist.[504] Aufgrund dessen ist die Zurückhaltung der EMRK diesbezüglich nachvollziehbar.

Völlig ohne sozialrechtlichen Gehalt ist die EMRK dann doch nicht. Zumindest hat der EGMR entschieden, dass die Änderung sozialversicherungsrechtlicher Positionen in den Vertragsstaaten der EMRK wenigstens einer Kontrolle durch das Verhältnismäßigkeitsprinzip standhalten muss.[505] In der Entscheidung ging es um die Frage, ob die Verweigerung von Sozialleistungen einem ausländischen Staatsangehörigen, der über 10 Jahre in dem zahlungspflichtigen Staat gearbeitet hat, verwehrt werden darf, und zwar mit der Begründung, dass er nicht Staatsangehöriger des entsprechenden Staates sei.[506] Der EGMR sah in der Ablehnung eine Verletzung der EMRK. Der EGMR begründete dies mit der Eigentumsgarantie aus Art. 1 1. ZP EMRK als normativen Ansatzpunkt.[507] Zumindest sei bei der Verwehrung von Sozialleistungen an Nichtstaatsangehörige zu prüfen, ob der unterschiedlichen Behandlung ein legitimer Zweck zu Grunde

---

501 Collected Edition of the Travaux Préparatoires I 1975, 216 ff.; vgl. auch: *Krieger*, in: EMRK/GG Konkordanzkommentar, 287 (344 f.).

502 Collected Edition of the Travaux Préparatoires I 1975, 216 ff., 218; vgl. auch: *Krieger*, in: EMRK/GG Konkordanzkommentar, 287 (344).

503 Vgl. *Krieger*, in: EMRK/GG Konkordanzkommentar, 287 (345).

504 Vgl. *Eichenhofer*, Soziale Menschenrechte im Völker-, europäischen und deutschen Recht, S. 149, welcher feststellt, dass sich EMRK und ESC gegenseitig ergänzen, dennoch nicht komplett getrennt nebeneinander bestehen.

505 Vgl. *Rengeling/Szczekalla*, Grundrechte in der Europäischen Union, S. 794.

506 EGMR, Urteil vom 16.09.1996, Beschw. 17371/90, *Gaygusuz/AU*, ECHR 1969-IV = JZ 1997, 405.

507 EGMR, Urteil vom 16.09.1996, Beschw. 17371/90, *Gaygusuz/AU*, ECHR 1969-IV = JZ 1997, 405. Anmerkung zur Entscheidung des österreichischen Verfassungsgerichtshof, welcher das vorherige Urteil des EGMR als Grundlage nutze: *Bernegger*, EuGRZ 1998, 665 (665 ff.); vgl. auch: *Öhlinger*, JBl 1998, 438 (441 ff.); sowie: *Rengeling/Szczekalla*, Grundrechte in der Europäischen Union, S. 794.

liege sowie ob die gegenläufigen Interessen des Leistungsempfängers und des Staates in ein angemessenes Verhältnis gesetzt worden seien.[508]

Des Weiteren erläuterte der EGMR, dass Pensionen, welche gänzlich unzureichend sind, in den Anwendungsbereich des Art 3 EMRK fallen könnten.[509] Dem Fall lag folgender Sachverhalt zugrunde: Sowohl auf verfassungsrechtlicher als auch auf einfachgesetzlicher Ebene gewährt das russische Recht eine gesetzliche Altersrente. Ferner erhalten Teilnehmer des Zweiten Weltkrieges sowie deren Witwen eine zusätzliche monatliche Rente. Dennoch führte die Beschwerdeführerin an, dass diese Zahlungen nicht ausreichend seien, um ein Existenzminimum gewährleisten zu können. Der Gerichtshof erkannte zwar grundsätzlich an, dass Altersrenten von der EMRK umfasst sein könnten, im vorliegenden Fall hätte jedoch die Höhe der Beeinträchtigung der psychischen und physischen Gesundheit der Beschwerdeführerin nicht ausgereicht, den Anwendungsbereich des Art. 3 EMRK zu eröffnen.[510] Ähnlich verfuhr der EGMR in der Entscheidung *Pancenko*, in welcher er zwar seine grundsätzliche Bereitschaft zeigte, den Verlust von Sozialleistungen aufgrund eines Wechsels der Staatsangehörigkeit an Art. 3 EMRK zu messen, aber auch hier nicht die notwendige Schwelle für die Eröffnung des Schutzbereiches als überschritten sah.[511]

Zudem vertritt der EGMR die Auffassung, dass aus Art. 14 EMRK ein Gleichbehandlungsgebot von Drittstaatsangehörigen erwachse, welches sich auch auf das Sozialrecht erstreckt.[512] Hierbei wird den Staaten nicht vorgeschrieben, wie sie ihre allgemeine Wirtschafts- und Sozialpolitik ausrichten sollen.[513] Dies beinhaltet auch die Befugnis, die jeweiligen Anspruchsvoraussetzungen für Sozialleistungen autonom festzulegen; denn in jedem Mitgliedstaat sind unterschiedliche Voraussetzungen gegeben, welche von Staat zu Staat auch

---

508 EGMR, Urteil vom 16.09.1996, Beschw. 17371/90, *Gaygusuz/AU,* ECHR 1969-IV = JZ 1997, 405 f.

509 EGMR, Urteil vom 23.04.2002, Beschw. 56869/00, *Larioshina/RUS,* lit. A; vgl. auch: *Grabenwarter,* in: Die Implementierung internationaler Sozialstandards, 85 (106).

510 EGMR, Urteil vom 23.04.2002, Beschw. 56869/00, *Larioshina/RUS,* lit. B.3.; vgl. auch: *Grabenwarter,* in: Die Implementierung internationaler Sozialstandards, 85 (106).

511 EGMR, Urteil vom 28.10.1999, Beschw. 40772/98, *Pancenko,* lit. B.2.; vgl. auch: *Grabenwarter,* in: Die Implementierung internationaler Sozialstandards, 85 (106 f.).

512 EGMR, Urteil vom 16.09.1996, Beschw. 17371/90, *Gaygusuz/AU*, ECHR 1969-IV = JZ 1997, 405. Kritisch dazu: *Hailbronner,* JZ 1994, 397 (397 ff.).

513 EGMR, Urteil vom 18.07.2009, Beschw. 55707/00, *Andrejeva/LAT,* ECHR 2009-II, 71, Rn. 83; EGMR, Urteil vom 29.10.2009, Beschw. 29137/06, *Si Amer/FRA*, Rn. 40; vgl. auch: *Schmahl/Winkler,* AVR 2010, 405 (424 ff.).

unterschiedlich berücksichtigt werden müssen.[514] Nicht einmal eine grundlegende Pflicht der Mitgliedstaaten, ein Sozialsystem in ihren jeweiligen Staatsgebieten zu schaffen, wird gefordert.[515] Dennoch behält sich der EGMR vor, im Einzelfall eine Diskriminierung zu überprüfen und eine Ungleichbehandlung festzustellen. Erfolgt somit die Versagung von Sozialleistungen lediglich aufgrund der Staatsangehörigkeit eines Antragstellers, so kann diese nur in Ausnahmefällen gerechtfertigt sein.[516] Hier ist ein Gleichlauf zur extensiven Spruchpraxis des EuGH in Bezug auf das Diskriminierungsverbot aus Art. 18 AEUV festzustellen.[517]

Zusammenfassend kann festgehalten werden, dass der sozialrechtliche Gehalt der EMRK begrenzt ist. Die während der Erstellung der EMRK bewahrte Zurückhaltung der Vertragsparteien wird nach wie vor vom EGMR geachtet und Versuche, den sozialrechtlichen Gehalt der EMRK auszuweiten, werden misstrauisch betrachtet. Dieser damaligen Zurückhaltung der Vertragsparteien ist es geschuldet, dass die Eingriffsschwelle sehr hoch ist, bevor ein Eingriff in einen Schutzbereich angenommen werden kann. Jedoch hat der EGMR mit der Eigentumsgarantie aus Art. 1 1. ZP EMRK zumindest eine eingeschränkte Überprüfbarkeit sozialer Beeinträchtigung legitimiert. Abschließend kann also festgehalten werden, dass die EMRK keinen umfassenden sozialen Schutz gewährleistet.[518] Allerdings müssen sich zumindest gravierende Eingriffe in soziale Teilhaberechte an der EMRK messen lassen.[519]

b) Menschenwürde in der EMRK

Die EMRK könnte aber bereits einen sozialrechtlichen Gehalt aufgrund der in ihr verankerten Menschenwürde aufweisen. In der EMRK wird die Menschenwürde jedoch nicht ausdrücklich erwähnt. Dennoch ist die Menschenwürde durch die EMRK geschützt. Die Menschenwürdegarantie liegt allen Konventionsgarantien

---

514 Vgl. *Grabenwarter/Pabel*, Europäische Menschenrechtskonvention, S. 648 f.; vgl. auch *Schmahl/Winkler*, AVR 2010, 405 (424 f.).

515 Vgl. *Schmahl/Winkler*, AVR 2010, 405 (427).

516 EGMR, Urteil vom 30.09.2003, Beschw. 40892/98, *Koua Poirrez/FRA*, Rn. 46; EGMR, Urteil vom 18.07.2009, Beschw. 55707/00, *Andrejeva/LAT*, ECHR 2009-II, 71, Rn. 83; EGMR, Urteil vom 29.10.2009, Beschw. 29137/06, *Si Amer/FRA*, Rn. 39

517 Vgl. dazu oben: C.V.

518 Vgl. *Frohwerk*, Soziale Not in der Rechtsprechung des EGMR, S. 228 ff.; sowie: *Wutscher*, in: Die Zukunft des Sozialen Rechtsstaates in Europa, 81 (96).

519 Vgl. *Grabenwarter*, in: Die Implementierung internationaler Sozialstandards, 85 (107), welcher von einem „Mindest-Mindest-Standard“ spricht.

in der EMRK zu Grunde.[520] Dabei entfaltet die EMRK nicht nur rudimentären Schutz, sondern deckt die Achtung der Menschenwürde in allen Bereichen ab.[521] Dies spiegelt sich auch in der Rechtsprechung des EGMR wieder, welcher den Schutzbereich der Menschenwürde aus der EMRK nicht kleiner fasst als Gerichte, welche auf Gesetzestexte zurückgreifen können, die die Achtung der Menschenwürde kodifizieren. So hat sich der EGMR mehrfach mit der Menschenwürde befasst. Der EGMR liefert jedoch keine genaue Definition beziehungsweise Umschreibung des Schutzbereiches der Menschenwürdegarantie. Er äußert sich lediglich zu Teilbereichen der Menschenwürde und stellt dort fest, dass eine Verletzung der einzelnen Teilbereiche nicht mit der Menschenwürdegarantie vereinbar sei. Hinsichtlich der Rechte von Gefangenen stellte der EGMR immer wieder klar, dass der Staat, in welchem sich der Betroffene in Gefangenschaft befindet, sicherstellen muss, dass die Haftbedingungen die Menschenwürde gewährleisten.[522] Auch bezüglich Art. 8 EMRK unterstrich der EGMR, dass das Recht auf Selbstbestimmung und die Autonomie der Persönlichkeit, ein wesentlicher in Art. 8 EMRK zugrundeliegender Grundsatz, sowie die Achtung der Menschenwürde und der menschlichen Freiheit das wesentliche Anliegen der Konvention sei.[523] Weiter führte der EGMR in der Rs. *Pretty/Vereinigtes Königreich*[524] aus, dass eine Handlung als erniedrigend angesehen werden kann, „wenn [sie] eine Person erniedrigt oder entwürdigt, indem sie es an der Achtung der Menschenwürde fehlen läßt oder diese angreift“[525].[526] In dieser Rechtssache ging es um die Strafbarkeit der Beihilfe zum Selbstmord der querschnittsgelähmten

520 Vgl. *Meyer-Ladewig,* NJW 2004, 981 (981).

521 Vgl. *Meyer-Ladewig,* NJW 2004, 981 (981); sowie ausführlich dazu: *Bergmann,* Das Menschenbild der Europäischen Menschenrechtskonvention.

522 Vgl. beispielsweise: EGMR, Urteil vom 24.07.2001, Beschw. 44558/98, *Valašinas/LIT,* ECHR 2001-VIII, S. 385; vgl. auch: *Calliess,* in: Das Dogma der Unantastbarkeit, 133 (153); sowie: *Rengeling/Szczekalla,* Grundrechte in der Europäischen Union, S. 335.

523 EGMR, Urteil vom 29.04.2002, Beschw. 2346/02, *Pretty/GB,* ECHR 2002-III, S. 155, Rn. 65 = NJW 2002, 2851 ff.; vgl. dazu: *Calliess,* in: Das Dogma der Unantastbarkeit, 133 (153). Vgl. für eine umfassende Betrachtung der Menschenwürdegarantie des Art. 8 EMRK: *Schwichow,* Die Menschenwürde in der EMRK, S. 115 ff.

524 EGMR, Urteil vom 29.04.2002, Beschw. 2346/02, *Pretty/GB,* ECHR 2002-III, S. 155 = NJW 2002, 2851 ff.

525 EGMR, Urteil vom 29.04.2002, Beschw. 2346/02, *Pretty/GB,* ECHR 2002-III, S. 155, Rn. 52 = NJW 2002, 2851 ff.

526 Vgl. *Calliess*, in: Das Dogma der Unantastbarkeit, 133 (153).

Beschwerdeführerin.[527] Ähnlich entschied der EGMR in der Rs. *Valašinas/Litauen,* in welcher der EGMR feststellte, dass das Berühren von Geschlechtsorganen eines männlichen Gefangenen im Beisein einer Frau die Menschenwürde des Gefangenen verletzt.[528]

Mithin ist die Achtung der Menschenwürde ein wesentliches Anliegen der EMRK und liegt den gesamten dort normierten Rechten zugrunde.[529] Der Gerichtshof bleibt eine genaue Umschreibung des Schutzbereiches der Menschenwürde schuldig, womit unklar ist, ob auch eine mögliche soziale Facette der Menschenwürde durch die EMRK geschützt wird. Betrachtet man jedoch die Fälle, in denen die Menschenwürde als verletzt angesehen wurde, so scheint es fraglich, ob der EGMR auch im Rahmen der sozialen Vergünstigung so weit gehen würde, eine Verletzung der Menschenwürde, mithin eine Verletzung der EMRK, anzunehmen. Unterstrichen wird dies durch den geringen, sich direkt aus der EMRK ergebenden sozialrechtlichen Gehalt.

4. Europäische Sozialcharta

Auf europäischer Ebene wurde im Rahmen des Europarates mit der ESC[530] im Jahr 1961 erstmals ein völkerrechtlicher Vertrag geschlossen, der konkret soziale und wirtschaftspolitische Grundsätze und Maßnahmen zur Umsetzung dieser Grundsätze für die Vertragsparteien beinhaltete.[531] Auch wenn die EU selbst bis heute keine Vertragspartei der ESC ist, dient die ESC als Rechtserkenntnisquelle bei der Bestimmung allgemeiner Prinzipien im Unionsrecht.[532] Bereits in der Präambel der Einheitlichen Europäischen Akte von 1987 nahmen die Mitgliedstaaten Bezug auf die in der „Europäischen Sozialcharta anerkannten Grundrechte, insbesondere auf Freiheit, Gleichheit und soziale Gerechtigkeit".[533] Die

---

527 Vgl. für eine ausführliche Analyse der Problematik der Beihilfe zum Selbstmord unter der EMRK: *Schwichow,* Die Menschenwürde in der EMRK, S. 123 ff.

528 EGMR, Urteil vom 24.07.2001, Beschw. 44558/98, *Valašinas/LIT,* ECHR 2001-VIII, S. 385, Rn. 117.

529 Vgl. *Meyer-Ladewig,* NJW 2004, 981 (983).

530 Europäische Sozialcharta vom 18.10.1961, Europarat, SEV-Nr. 035.

531 Vgl. *Badura,* Staatsrecht, S. 101, 537; sowie: *Frenz,* Handbuch Europarecht, Bd. 4, Europäische Grundrechte, Rn. 3535.

532 So nutzt der EuGH die Europäische Sozialcharta als Auslegungskriterium: EuGH, Urteil vom 02.02.1988, C-24/86 *Blaizot/Universität Lüttich*; Slg. 1988, I-379, Rn. 17; vgl. *Frenz,* Handbuch Europarecht, Bd. 4, Europäische Grundrechte, Rn. 3538; sowie: *Zuleeg,* EuGRZ 1992, 329 (329).

533 Vgl. auch: *Frenz,* Handbuch Europarecht, Bd. 4, Europäische Grundrechte, Rn. 3538.

ESC trat 1965 in Kraft. Eine revidierte Fassung wurde im Jahr 1996 erarbeitet, die wiederum ihrerseits 1998 in Kraft trat.[534] Die Akzeptanz der ESC ist sehr unterschiedlich. So wurde die revidierte Fassung nur von 34 Staaten ratifiziert.[535] Eine Besonderheit stellt das sogenannte „opting out"-Verfahren dar, wonach die Vertragsparteien sich nicht an den gesamten Vertrag binden müssen, solange sie eine festgelegte Mindestanzahl an Bestimmungen annehmen.[536] Die ESC ist daher nicht von allen Vertragsstaaten in gleicher Weise umgesetzt worden, womit ihre rechtliche Reichweite sehr unterschiedlich ausfällt.[537] Hinzu kommt, dass die einzelnen in der ESC verbürgten Rechte lediglich als Staatsverpflichtungen und nicht als subjektive Rechte formuliert sind.[538] Dies hat zur Folge, dass sich der Einzelne nicht unmittelbar auf konkrete Bestimmungen in seinem Heimatland berufen kann. Der Maßstab, nach welchem sich Rechte für den Einzelnen ergeben, bilden die nationalen Gesetze und Rechtsvorschriften, welche die Vertragsstaaten im Rahmen der Umsetzung der Sozialcharta implementiert haben.[539] Eine weitere Einschränkung des Schutzes stellt die mangelnde Durchsetzbarkeit der Bestimmungen in der ESC dar. Zwar ist die ESC als Gegenstück im Bereich der wirtschaftlichen und sozialen Grundrechte zur EMRK konzipiert worden.[540] Im Gegensatz zur EMRK können die Rechte der ESC jedoch nicht vor einem internationalen Gericht geltend gemacht werden.[541] Der Überwachungsmechanismus

---

534 Europarat, SEV-Nr. 163.

535 Hier wird die Skepsis der Staaten gegenüber sozialen Rechten deutlich. Bis zum Sommer 2017 haben 13 Staaten die revidierte Fassung der ESC noch nicht ratifiziert; darunter Dänemark, Deutschland, Polen, Spanien, Schweiz und das Vereinigte Königreich.

536 Vgl. Art. 20 ESC; vgl. auch: *Riedel,* in: *Meyer,* Charta der Grundrechte der Europäischen Union, vor Kap. IV Rn. 2 u. 25; vgl. für eine ausführliche Erläuterung des „opting out"-Verfahrens: *Wiese,* Jahrbuch für Internationales Recht 1973, 328 (335 f.).

537 Vgl. *Frenz,* Handbuch Europarecht, Bd. 4, Europäische Grundrechte, Rn. 3536; sowie: *Magiera,* DÖV 2000, 1017 (1023).

538 Vgl. *Dröge,* Positive Verpflichtungen der Staaten in der EMRK, S. 270; sowie: *Krieger,* in: EMRK/GG Konkordanzkommentar, 287 (344).

539 Vgl. *Badura,* Staatsrecht, S. 101, 537.

540 Vgl. *Dröge,* Positive Verpflichtungen der Staaten in der EMRK, S. 269; vgl. auch: *Frenz,* Handbuch Europarecht, Bd. 4, Europäische Grundrechte, Rn. 3537; sowie: *Harris,* ICLQ 1991, 659 (659); ebenso: *Hilpold,* in: FS für Peter Pernthaler, 167 (174 f.). Vgl. für den mangelnden sozialrechtlichen Gehalt der EMRK oben: E.I.3.a).

541 Vgl. *Badura,* Staatsrecht, S. 101, 537; vgl. auch: *Frenz,* Handbuch Europarecht, Bd. 4, Europäische Grundrechte, Rn. 3537; ebenso: *Riedel,* in: *Meyer,* Charta der

der ESC ist vielmehr politischer Natur.[542] Eine Kontrolle, ob die in der ESC verankerten Verpflichtungen umgesetzt werden, findet nur in Form eines Berichtssystems und eines kollektiven Beschwerderechts für nationale und internationale Berufsverbände statt.[543] Damit wird deutlich, dass die einzelnen Vertragsparteien den in der ESC verbürgten Verpflichtungen skeptisch gegenüberstanden.

In Bezug auf einen Grundsatz der sozialen Vergünstigung für nichterwerbstätige Unionsbürger rückt Art. 13 ESC in den Vordergrund. Danach verpflichten sich die Vertragsparteien, unter anderem sicherzustellen, „daß jedem, der nicht über ausreichende Mittel verfügt und sich diese auch nicht selbst oder von anderen, insbesondere durch Leistungen aus einem System der sozialen Sicherheit verschaffen kann, ausreichende Unterstützung gewährt wird". Art. 13 ESC zählt gemäß Art. 20 I lit. b ESC zu den Kernverpflichtungen der ESC. Das scheint nicht abwegig: Art. 13 ESC ist die einzig normierte völkerrechtliche Verpflichtung, welche neben dem Recht auf soziale Sicherheit auch noch ein Recht auf soziale und medizinische Fürsorge gewährt.[544] Nach Art. 13 IV ESC sind alle Staatsangehörigen der Vertragsparteien mit eingeschlossen, wenn diese sich rechtmäßig im Hoheitsgebiet der Vertragsparteien aufhalten.

Die ESC unterscheidet im Rahmen von Sozialleistungen strikt zwischen Leistungen der sozialen Sicherheit und Leistungen der sozialen Fürsorge.[545] Allerdings sieht Art. 13 ESC vor, dass alle Vertragsparteien auch Leistungen der sozialen Fürsorge gewährleisten sollen. Dabei handelt es sich um solche Leistungen, die zu zahlen sind, wenn Leistungen der sozialen Sicherheit nicht gewährt werden müssen. Die ESC spricht den Leistungen der sozialen Fürsorge somit einen subsidiären Schutz zu. Einzige Voraussetzung zur Leistungszahlung ist das Vorliegen objektiver Kriterien und hängt nicht von vorangegangenen Zahlungen in die öffentlichen Kassen ab. Die Leistungen sind mithin beitragsunabhängig. Der Schutzbereich des Art. 13 ESC ist somit bereits eröffnet, wenn der Bedürftige „nicht über ausreichende Mittel verfügt". Dies trift nach der ESC

Grundrechte der Europäischen Union, vor Kap. IV Rn. 2 u. 25; sowie: *Soria*, JZ 2005, 644 (646).

542 Vgl. *Dröge*, Positive Verpflichtungen der Staaten in der EMRK, S. 270; sowie: *Krieger*, in: EMRK/GG Konkordanzkommentar, 287 (345).

543 Vgl. *Dröge*, Positive Verpflichtungen der Staaten in der EMRK, S. 270; sowie: *Soria*, JZ 2005, 644 (646).

544 Europarat, Digest of the case law of the European Committee of Social Rights, 01.09.2008, S. 97; vgl. auch: *Neubeck*, Die Europäische Sozialcharta und deren Protokolle, S. 241.

545 Vgl. Art. 12 u. Art. 13 ESC.

dann zu, wenn nicht die Kosten abgedeckt werden können, die alle Notwendigkeiten des Lebens in Relation zu dem in dem jeweiligen Staat vorherrschenden Mindeststandard umfassen. Andere Voraussetzungen sind nicht notwendig. Die ESC verlangt daher von allen Vertragsparteien, dass sie die Kriterien gesetzlich verankern, mit denen der Mindeststandard in dem entsprechenden Staat bestimmt werden kann.[546]

Durch die Gewährleistung beider Leistungsarten wird deutlich, dass die ESC grundsätzlich Leistungen der sozialen Vergünstigung anerkennt, unabhängig davon, ob ein Bezug zur Erwerbstätigkeit besteht oder nicht. Ferner werden die Vertragsparteien zur Einhaltung dieser Leistung verpflichtet.

Der persönliche Anwendungsbereich von nationalen Leistungen nach Art. 13 ESC soll nicht nur auf die eigenen Staatsangehörigen beschränkt sein, sondern für alle Staatsangehörige anderer Vertragsparteien auf dem Territorium des Staates gelten.[547] Dies findet jedoch nur Anwendung, soweit sie ein Aufenthaltsrecht haben oder sich aufgrund einer Erwerbstätigkeit rechtmäßig in dem Vertragsstaat aufhalten und dabei nicht über ausreichende Mittel verfügen, um ihren Lebensunterhalt zu bestreiten. Liegen diese Voraussetzungen vor, kann jeder dieser Bedürftigen ein individuelles Recht auf Leistungserbringung im gleichen Umfang geltend machen wie Staatsangehörige des Vertragsstaates.[548] Hier wird deutlich ein Diskriminierungsverbot implementiert. Es umfasst sowohl direkte als auch indirekte Diskriminierungen.[549] Der bedürftige Staatsbürger soll, sobald er ein Aufenthaltsrecht hat,[550] in den Genuss der Leistungen der sozialen Vergünstigung kommen.[551]

546 Conclusion I, Statement of interpretation, Art. 13–1; vgl. auch: *Gomien/Harris/Zwaak,* Law and practice of the ECHR and the ESC, S. 400.

547 Europarat, Digest of the case law of the European Committee of Social Rights, 01.09.2008, S. 101.

548 Europarat, Digest of the case law of the European Committee of Social Rights, 01.09.2008, S. 101.

549 Vgl: *Gomien/Harris/Zwaak,* Law and practice of the ECHR and the ESC, S. 400.

550 Zwar bezieht sich die ESC auf das Aufenthaltsrecht, die ESC entfaltet jedoch keinerlei Wirkungen auf die Vergabe von Aufenthaltsrechten der einzelnen Mitgliedstaaten, vgl. Europarat, Digest of the case law of the European Committee of Social Rights, 01.09.2008, S. 101.

551 Europarat, Digest of the case law of the European Committee of Social Rights, 01.09.2008, S. 101.

5. Internationaler Pakt über wirtschaftliche, soziale und kulturelle Rechte

Neben der AEMR weist auch der IPwskR auf universell völkerrechtlicher Ebene einen sozialrechtlichen Gehalt dergestalt auf, dass er zur Sicherung des Existenzminimums genutzt werden kann. Der IPwskR enthält keine unmittelbar anwendbaren Rechtspflichten und mit einem lediglich obligatorischen Berichtssystem vor dem Ausschuss für wirtschaftliche und kulturelle Rechte steht auch kein strenger Durchsetzungsmechanismus zur Befolgung der aufgestellten Normen zur Verfügung.[552] Zudem ist die Bedeutung des IPWskR in der Rechtsprechung des EuGH auch eher gering.[553] Für die Bestimmung von Prinzipien kann der IPwskR dennoch als Rechtserkenntnisquelle dienen.[554] Hervorgehoben wird dies durch die Tatsache, dass alle Mitgliedstaaten der EU auch Vertragsparteien des IPwskR sind. Darüber hinaus besteht eine Verknüpfung insbesondere zur ESC. Die im IPwskR garantierten Rechte sind nicht isoliert von anderen in völkerrechtlichen Verträgen kodifizierten Regelungen zu betrachten. Teile der in der ESC normierten Rechte beziehen sich auf die im IPwskR garantierten Rechte und konkretisieren diese dadurch.[555] Auffällig ist hierbei, dass sich diese Verknüpfung regelmäßig in Bezug auf Art. 11 IPwskR finden lässt. Für den Beleg eines Grundsatzes der sozialen Vergünstigung ist dies der maßgebliche Artikel im IPwskR.

Art. 11 IPwskR statuiert, dass die Vertragsparteien das Recht eines Jeden auf einen „angemessenen Lebensstandard" für sich und dessen Familie anerkennen. Dazu zählt insbesondere ein Recht auf ausreichende Ernährung, Bekleidung und Unterkunft. Gelten soll dies für alle Menschen, unabhängig von ihrem Einkommen.[556] Art. 11 IPwskR spricht in diesem Zusammenhang von einem „angemessenem Lebensstandard". Somit wird der Bezug zur Menschenwürde

552 Art. 16, 17 IPwskR; vgl. auch: *Soria*, JZ 2005, 644 (646).

553 Vgl. *Rengeling/Szczekalla*, Grundrechte in der Europäischen Union, S. 795.

554 Vgl. *Rengeling/Szczekalla*, Grundrechte in der Europäischen Union, S. 104 f.

555 Vgl. für das Recht auf eine angemessene Wohnung: General comment No. 4: The right to adequate housing (Art. 11 (1) of the Covenant), UN-Doc. HRI/GEN/1/Rev. 9, S. 11; für das Recht auf Gesundheit: General comment No. 14: The right to the highest attainable standard of health (Art. 12), UN-Doc. HRI/GEN/1/Rev. 9, S. 78; vgl. auch: *Riedel*, in: Menschenrechtsschutz in der Praxis der Vereinten Nationen, 25 (28 f.); sowie: *Köhler*, in: *Wolfrum*, Handbuch Vereinte Nationen, S. 798; ebenso: *Rudolf*, in: *Meyer*, Charta der Grundrechte der Europäischen Union, Art. 34 EUGRCh, Rn. 20.

556 Siehe in Bezug auf das Recht auf eine angemessene Wohnung: General comment No. 4: The right to adequate housing (Art. 11 (1) of the Convenant), UN-Doc. HRI/GEN/1/Rev. 9, S. 12.

deutlich, wonach der IPwskR den gleichen Wortlaut wie die AEMR verwendet. Die Präambel der IPwskR, welche sich ausdrücklich auf die AEMR bezieht, unterstreicht dies noch.

Des Weiteren hebt Art. 11 IPwskR hervor, dass die Vertragsstaaten die Ziele des Art. 11 IPwskR nicht allein durch nationale Maßnahmen erreichen sollen, sondern auch im Wege internationaler Zusammenarbeit. Der IPwskR sieht vor, dass Staaten die mit der Unterzeichnung des IPwskR eingegangenen Verpflichtungen auch auf supranationaler Ebene erfüllen müssen. Insbesondere für Maßnahmen der internationalen Zusammenarbeit könnte die EU als geeignete Plattform dienen, diese Ziele zu erreichen.

6. Gemeinschaftscharta der sozialen Grundrechte der Arbeitnehmer

Zur Konkretisierung eines Grundsatzes der sozialen Vergünstigung für nichterwerbstätige Unionsbürger kann auch die Gemeinschaftscharta der sozialen Grundrechte der Arbeitnehmer von 1989 angeführt werden.[557] Die GCSGA wurde, mit Ausnahme vom Vereinigten Königreich, von allen damaligen Mitgliedstaaten mitgetragen.[558] Aber die GCSGA stellt kein zwingendes Recht dar.[559] Als feierliche Erklärung der Staats- und Regierungschefs dient sie vielmehr als „programmatischer Wegweiser".[560] Wenn es sich bei einer solchen Erklärung um unverbindliche Verhaltensregeln handelt, die auf ein langfristiges Ziel abzielen, übt diese Erklärung als Softlaw zumindest jedoch eine vorbereitende oder vorläufige Funktion aus. So kann zumindest die Intention des Erklärungsgebers ermittelt werden.[561] Solche Erklärungen können daher zumindest als rechtspolitisches Argument genutzt werden, einen Grundsatz der sozialen Vergünstigung herzuleiten.

Die GCSGA regelt in erster Linie lediglich Rechte, die den Arbeitnehmern in der EU zustehen. Dennoch enthält die GCSGA in ihrem Art. 10 II Regelungen bezüglich des sozialen Schutzes nichterwerbstätiger Personen. Dort wird festgehalten, dass „alle, die vom Arbeitsmarkt ausgeschlossen sind, weil sie keinen

---

557 Gemeinschaftscharta der Sozialen Grundrechte der Arbeitnehmer vom 09.12.1989, KOM (89) 248 endg.

558 Das Vereinigte Königreich nahm die GCSGA erst 1998 im Rahmen des Vertrages von Amsterdam an.

559 Vgl. *Hilpold,* in: FS für Peter Pernthaler, 167 (178); sowie: *Frenz,* Handbuch Europarecht, Bd. 4, Europäische Grundrechte, Rn. 3539; ebenso: *Zuleeg,* EuGRZ 1992, 329 (330 f.).

560 Vgl. *Zuleeg,* EuGRZ 1992, 329 (331); vgl. auch: *Frenz,* Handbuch Europarecht, Bd. 4, Europäische Grundrechte, Rn. 3539.

561 Vgl. *Schwarze,* EuR 2011, 3 (7).

Zugang dazu fanden oder sich nicht wieder eingliedern konnten, und die nicht über Mittel für ihren Unterhalt verfügen, ausreichende Leistungen empfangen [müssen] und Zuwendungen beziehen können, die ihrer persönlichen Lage angemessen sind". Im Gegensatz zu Art. 10 I wird hier nicht von „Arbeitnehmern" gesprochen, sondern von „alle, die ...". Damit ist deutlich, dass nicht nur erwerbstätige Personen in den Genuss des sozialen Schutzes kommen sollen, sondern auch jene, die keiner Erwerbstätigkeit nachgehen. Anknüpfungspunkt für eine Leistungserbringung ist lediglich die konkrete Bedarfslage. Demgemäß sollen nicht nur Leistungen mit umfasst sein, die aufgrund vorherigen Einzahlens in eine Kasse gewährt werden (klassische Leistungen der sozialen Sicherheit), sondern auch Leistungen, die der Sicherung des Lebensunterhaltes dienen (Sozialhilfeleistungen).[562] Somit beinhaltet die GCSGA vollumfänglich alle Leistungen der sozialen Vergünstigung.

7. Fazit: Unterschiedliche Ausprägungen sozialer Vergünstigung in internationalen Abkommen

Hier fällt auf, dass die soeben analysierten internationalen Abkommen sämtliche Regelungen bezüglich der sozialen Vergünstigung für alle Menschen zum Inhalt haben, unabhängig davon, ob sie erwerbstätig sind oder nicht. Schon die AEMR, als erste Kodifizierung von Menschenrechten, sah ein Recht auf angemessenen Lebensstandard vor. Nach der AEMR folgten internationale Abkommen, welche in unterschiedlichster Form soziale Vergünstigung gewährleisten. Die Akzeptanz dieser Verträge ist dennoch unterschiedlich. Besondere Relevanz für die jeweiligen Vertragsstaaten scheinen sowohl die rechtliche Bindungswirkung der Verträge als auch der in den Verträgen implementierte Durchsetzungsmechanismus zu haben. Je strenger dieser ist, desto geringer ist die Akzeptanz der Mitgliedstaaten bezüglich der Bestimmungen für Nichtstaatsangehörige im Rahmen des Bezugs von Leistungen der sozialen Vergünstigung.[563]

Am deutlichsten wird dies im Rahmen des EFA. Nachdem das BSG festgestellt hatte, dass auch Leistungen der deutschen Sozialhilfe unter den Art. 1 EFA fallen, erklärte Deutschland einen Vorbehalt bezüglich der Gewährung dieser

---

562 Vgl. dazu: *Bergmann*, welcher zwischen angemessenem sozialem Schutz und Leistungen der sozialen Sicherheit unterscheidet, *Bergmann*, in: *Bergmann*, Handlexikon der Europäischen Union, Gemeinschaftscharta der sozialen Grundrechte, II. Inhalte.

563 So gehen die Bestimmung der AEMR, der ESC, des IPwskR und der GCSGA am weitesten, beinhalten jedoch, wenn überhaupt, nur politische Kontrollmechanismen und stellen nur Zielbestimmungen dar.

Leistungen. Die Bindungswirkung war hier nicht gewollt. Auch im Verhältnis der EMRK zur ESC ist dies erkennbar. Die ESC hat in ihren Kernbestimmungen konkrete Regelungen zu Leistungen der sozialen Vergünstigung, besitzt aber im Gegensatz zur EMRK keinen Durchsetzungsmechanismus. Die Kontrolle der Einhaltung der ESC Bestimmungen findet lediglich auf politischer, nicht auf gerichtlicher Ebene statt.

Die EMRK hingegen hat mit dem EGMR einen gerichtlichen Überprüfungsmechanismus, enthält aber konkret keine Bestimmungen bezüglich Leistungen der sozialen Vergünstigung. Betrachtet man die bisherige Rechtsprechung des EGMR scheint daneben fraglich, ob in Zukunft eine Ausweitung der in der EMRK garantierten Rechte durch den EGMR vollzogen wird. Zumindest die Miteinbeziehung sozialer Rechte im Wege der Menschenwürde scheint zweifelhaft. Die Fälle, in denen der EGMR eine Verletzung der Menschenwürde angenommen hat, sind nicht mit Fällen zu vergleichen, in denen es um die Gewährleistung von Leistungen der sozialen Vergünstigung geht. Zudem wurde die ESC als das sozialrechtliche Pendant zur EMRK geschaffen, weshalb es fraglich scheint, ob der EGMR bereit wäre, diese von den Vertragsparteien absichtlich getroffene Trennung durch seine Rechtsprechung zu unterlaufen. Zumal bei der Erstellung der EMRK eine allgemeine Zurückhaltung bestand, soziale Rechte in die EMRK aufzunehmen.

Auch wenn die GCSGA keine verbindlichen Normen beinhaltet, wird dort noch einmal die besondere Bedeutung eines beitragsunabhängigen sozialen Schutzes unterstrichen. Nicht nur Erwerbstätige sollen in den Genuss von sozialen Rechten kommen, sondern gerade auch solche Personen, die keiner Erwerbstätigkeit nachgehen.

Hervorzuheben ist zudem auch der IPwskR, welcher die Vertragsparteien auffordert, nicht nur auf nationaler Ebene die im IPwskR festgelegten Ziele zu verfolgen. Er erwartet auch die internationale Zusammenarbeit der Unterzeichnerstaaten. Ein Prinzip der sozialen Vergünstigung auf unionsrechtlicher Ebene würde gerade diesen Aspekt umsetzen und so die Ziele des IPwskR realisieren.

II. Soziale Vergünstigung als allgemeiner Rechtsgrundsatz in der Europäischen Union

Ein weiterer Anknüpfungspunkt für einen Grundsatz der sozialen Vergünstigung für nichterwerbstätige Unionsbürger kann sich aus den allgemeinen Rechtsgrundsätzen des Unionsrechts ergeben. Auch wenn die allgemeine Frage nach dem Geltungsgrund der allgemeinen Rechtsgrundsätze strittig erscheint, besteht Einigkeit über ihre Bedeutung zur Auslegung, Kontrolle und Lückenfüllung im

Unionsrecht.[564] Die Bestimmung eines Rechtsgrundsatzes wird üblicherweise als das Ergebnis einer „wertenden Rechtsvergleichung“ beschrieben.[565] Rechtsgrundsätze lassen sich im Rahmen ihres Bestimmungsprozesses aus den gemeinsamen Verfassungsüberlieferungen der Mitgliedstaaten herleiten oder sind ihren Rechtsordnungen gemein. Ausgangspunkt sind dabei immer die Verfassungstraditionen der Mitgliedstaaten.[566] Die allgemeinen Rechtsgrundsätze müssen Bestandteil der mitgliedstaatlichen Rechtsordnungen oder zumindest einzelner Mitgliedstaaten sein, um für die Herleitung von unionsrechtlichen Prinzipien dienen zu können.[567] Es muss eine Gemeinsamkeit aufzeigbar sein. Der Vergleich der einzelnen Rechtsordnungen verlangt dabei nach der für den jeweiligen Fall „besten Lösung“.[568] Diese beste Lösung ist oft jedoch kaum bestimmbar. Insbesondere soll sie nicht einseitig das für den entsprechenden Fall beste Ergebnis darstellen und maximalen Rechtsschutz gewährleisten, ohne auch die Struktur und die Ziele der EU zu berücksichtigen.[569] Festgestellt werden kann jedoch, dass eine übereinstimmende Tradition in den Mitgliedstaaten einen allgemeinen Rechtsgrundsatz auf europäischer Ebene begründet.[570]

Ferner lassen sich allgemeine Rechtsgrundsätze auch aus internationalen Verträgen herleiten, welche die Mitgliedstaaten selbst mit abgeschlossen haben oder zu denen sie später beigetreten sind.[571] In Bezug auf einen Grundsatz der sozialen Vergünstigung kann daher auf die vorherigen Ausführungen verwiesen werden.[572]

Die Herleitung einer solchen gemeinsamen Verfassungsüberlieferung für ein Prinzip der sozialen Vergünstigung im Unionsrecht ist nicht unproblematisch.

---

564 Vgl. *Gussone,* Das Solidaritätsprinzip in der Europäischen Union und seine Grenzen, S. 172; sowie: *Schwarze,* DVBl 2011, 721 (721).

565 Vgl. *Kutscher,* in: Gerichtshof der europäischen Gemeinschaften (30 f.); sowie: *Mayer,* in: *Grabitz/Hilf/Nettesheim,* Das Recht der Europäischen Union, Art. 19 EUV, Rn. 59; vgl. auch: *Wegener,* in: *Calliess/Ruffert,* EUV/AEUV Kommentar, Art. 19 EUV, Rn. 37.

566 Vgl. *Wegener,* in: *Calliess/Ruffert,* EUV/AEUV Kommentar, Art. 19 EUV, Rn. 37.

567 Vgl. *Wegener,* in: *Calliess/Ruffert,* EUV/AEUV Kommentar, Art. 19 EUV, Rn. 37; vgl. auch: *Schwarze,* in: *Schwarze* u.a., EU-Kommentar, Art. 19 EUV, Rn. 25; sowie: *Schwarze,* DVBl 2011, 721.

568 Vgl. *Wegener,* in: *Calliess/Ruffert,* EUV/AEUV Kommentar, Art. 19 EUV, Rn. 37.

569 Vgl. *Schwarze,* in: *Schwarze* u. a., EU-Kommentar, Art. 19 EUV, Rn. 25; Vgl. *Wegener,* in: *Calliess/Ruffert,* EUV/AEUV Kommentar, Art. 19 EUV, Rn. 37.

570 Vgl. *Wegener,* in: *Calliess/Ruffert,* EUV/AEUV Kommentar, Art. 19 EUV, Rn. 37.

571 Vgl. *Wegener,* in: *Calliess/Ruffert,* EUV/AEUV Kommentar, Art. 19 EUV, Rn. 37.

572 S.o.: E.I.

Ein Anknüpfungspunkt in den mitgliedstaatlichen Verfassungen wären insbesondere dort normierte soziale Grundrechte. In den einzelnen Mitgliedstaaten wird diesen jedoch ein unterschiedlicher Stellenwert eingeräumt. Einem Großteil der Mitgliedstaaten sind zwar soziale Grundrechte bekannt, jede nationale Verfassung verfolgt dennoch einen eigenen Ansatz, um soziale Grundrechte sicherzustellen. So können sich konkrete Ansprüche direkt aus den Verfassungen ergeben oder aber aus lediglich einfachgesetzlichen Normen. Letzteres bedeutet jedoch nicht, dass das Schutzniveau geringer ist. In Staaten, welche einem klassisch liberalen Grundrechtsgedanken folgen, wonach Grundrechte als bürgerliche und politische Abwehrrechte verstanden werden, sind die Verfassungen kaum oder nur schwach sozial ausgeprägt.[573] In neueren Verfassungen hingegen, gerade in den südeuropäischen Staaten, sind soziale Grundrechte konkreter ausgestaltet.[574] Zur Veranschaulichung dieser beiden unterschiedlichen Lager kann auf die Diskussion im Grundrechtekonvent zur Aufnahme von sozialen Grundrechten in die EUGRCh verwiesen werden. Dort standen sich die Staaten mit einer klassisch geprägten Verfassung und die Staaten mit einer umfangreicheren Verfassung in Bezug auf soziale Grundrechte, gegenüber. Letztere wollten durch die Aufnahme von sozialen Rechten eine Ausbalancierung zwischen Freiheits- und Gleichheitsrechten schaffen, während die Staaten mit den klassisch-liberalen Grundrechten diesem Vorschlag ablehnend gegenüberstanden.[575]

Nachfolgend werden nun die Regelungen hinsichtlich der Gewährleistung von Leistungen der sozialen Vergünstigung einiger Mitgliedstaaten nach ihren Gewährleistungsgehalten systematisiert und vorgestellt. Unterschieden wird hier zwischen den Staaten, aus deren Verfassung sich direkt ein Recht auf Leistungen der sozialen Vergünstigung ableiten lässt (1.) und solchen Staaten, deren Verfassungen nur indirekt Rechte auf soziale Vergünstigung sicherstellen und eine Gewährleistung auf einfachgesetzlicher Ebene stattfindet (2.). Dargestellt werden sowohl der rechtliche Mechanismus, durch welchen Rechte der sozialen Vergünstigung gewährleistet werden als auch der persönliche Schutzbereich

573 So z.B. in Dänemark, Schweden, dem Vereinigten Königreich und Österreich; vgl. auch: *Frenz,* Handbuch Europarecht, Bd. 4, Europäische Grundrechte, Rn. 3546; sowie: *Krieger,* in: EMRK/GG Konkordanzkommentar, 287 (350).

574 Die verfassungsrechtliche Normierung von sozialen Grundrechten erfolgte größtenteils erst nach dem zweiten Weltkrieg, vgl: *Iliopoulos-Strangas,* in: Europäische Verfassungsordnung, 133 (145).

575 Vgl. *Frenz,* Handbuch Europarecht, Bd. 4, Europäische Grundrechte, Rn. 3547; sowie: *Hirsch,* in: Soziale Grundrechte in der Europäischen Grundrechtscharta, 9 (15).

dieser Leistungen, sowie ob dieser Unionsbürger aus anderen Mitgliedstaaten mit einschließt.

1. Direkt verfassungsrechtlich garantiertes Recht auf Existenzminimum

In der Kategorie der Staaten, die eine verfassungsrechtlich garantierte Absicherung von sozialen Mindeststandards gewährleistet, muss unterschieden werden zwischen den Staaten, die ein normiertes Recht direkt in der Verfassung beinhalten und solchen, die dies indirekt aus Verfassungsnormen ableiten.

a) Deutschland

In Deutschland ist ausdrücklich kein Recht auf Leistungen der sozialen Vergünstigung im Grundgesetz verankert.[576] Dennoch werden soziale Rechte indirekt durch das Bekenntnis zum Sozialstaat verbrieft.[577] Art. 20 I, 28 GG beschreiben Deutschland als einen demokratischen und sozialen Bundesstaat. Das BVerfG leitet so aus dem Sozialstaatsprinzip in Verbindung mit der Menschenwürde aus Art. 1 I 1 GG ein Grundrecht auf ein menschenwürdiges Existenzminimum ab.[578] Dabei wird das Recht auf ein menschenwürdiges Existenzminimum

576 Die einzelnen Verfassungen der Bundesländer beinhalten jedoch eine Vielzahl von sozialen Grundsätzen und Rechten: Insbesondere Anspruch auf Sozialhilfe: Art. 45 II LVerf. Brandenburg, Art. 7 LVerf. Sachsen, Art. 22 LVerf. Berlin. Im Übrigen: Art. 106 I u. Art. 128 LVerf. Bayern (Recht auf Wohnung, Recht auf Ausbildung), Art. 11 I LVerf. BW (Recht auf Erziehung und Ausbildung), Art. 24 I 1 u. Art. 24 III LVerf. NRW (Recht auf Arbeit, Recht auf Urlaub). Mangels der Kompetenz der Bundesländer im sozialrechtlichen Bereich sind diese jedoch nicht durchsetzbar, *Maunz*, in: *Maunz/Dürig*, Grundgesetz Kommentar, Art. 74 GG, Rn. 41; vgl. auch: *Frenz*, Handbuch Europarecht, Bd. 4, Europäische Grundrechte, Rn. 3548.

577 Vgl. für einen Überblick über das Sozialstaatsprinzip in Deutschland: *Voßkuhle/Wischmeyer*, JuS 2015, 693; Zur Rechtsprechung des BVerfG zum Sozialstaat: *Voßkuhle*, SGb 2011, 181.

578 BVerfGE 40, 121, (132); 45, 187, (228); 82, 60, (80); 113, 88, (108 f.); 123, 267, (362 f.); 125, 175, (222); vgl. dazu: *Neumann*, NVwZ 1995, 426; *Däubler*, NZS 2005, 225; *Schnath*, NZS 2010, 297; *Schulz*, SGb 2010, 201 (201). Dies scheint umso erstaunlicher, als sich der Parlamentarische Rat damals explizit gegen eine Aufnahme eines solchen Rechts in das GG aussprach, vgl: BVerfGE 1, 97 (104 f.); vgl. ferner: *Soria*, JZ 2005, 644 (644).

aus Art. 1 I 1 GG entwickelt, welches der Gesetzgeber dann aufgrund von Art. 20 I GG umsetzen muss.[579]

Bisher hat das BVerfG diese Judikatur nur auf deutsche Staatsbürger angewendet.[580] Ob auch ein Unionsbürger diesen Weg erfolgreich bestreiten könnte ist fraglich, scheint jedoch nicht ausgeschlossen.[581] Das BSG sieht einen solchen Anspruch für Unionsbürger als gegeben.[582] Dies wird in der Rechtsprechung jedoch sehr kontrovers diskutiert, spaltet zurzeit die deutsche Sozialgerichtsbarkeit und hat dazu geführt, dass sich eine Reihe von Landessozialgerichten gegen das BSG gestellt haben.[583] Klarheit kann diesbezüglich nur das BVerfG schaffen. Dieses befasst sich zur Zeit mit einer Vorlage des SG Mainz zur Frage der Vereinbarkeit des generellen Ausschlusses von Unionsbürgern von den Sozialleistungen.[584] Das SG Mainz hat diesbezüglich erhebliche verfassungsrechtliche Bedenken geäußert. Insbesondere vor dem Hintergrund, dass ein Anknüpfungspunkt für das Grundrecht auf ein menschenwürdiges Existenzminimum die Menschenwürde aus Art. 1 I 1 GG ist, scheint eine Miteinbeziehung der Unionsbürger in den persönlichen Schutzbereich angebracht, da dieser nicht zwischen deutschen Staatsbürgern und anderen Staatsangehörigen unterscheidet.

---

579 BVerfGE 1, 97, (105); 82, 60, (80); 125, 175, (222).

580 Vgl. *Becker,* ZESAR 2017, 101 (106).

581 Ausführlich dazu: *Kanalan,* ZESAR 2016, 365; u. *Kanalan,* ZESAR 2016, 414. siehe auch: *Kingreen,* SGb 2013, 132 (138 f.); sowie: *Thym,* NZS 2014, 81 (90); u. *Thym,* ZAR 2014, 220 (225).

582 Zwar sei der Ausschuss des § 7 I 2 Nr. 2 SGB II verfassungsgemäß, jedoch seien nach § 23 I 3 SGB XII Ermessensentscheidungen möglich; bei einer Aufenthaltsdauer des Unionsbürgers von über sechs Monaten müsse eine Ermessenreduzierung auf Null zu einer gebundenen positiven Entscheidung für den Unionsbürger führen; BSG, Urteil vom 03.12.2015, B 4 AS 44/15 R, NJW 2016, 1464 ff.; sowie: BSG, Urteil vom 03.12.2015, B 4 AS 59/13, -juris-.

583 LSG Berlin-Brandenburg, Beschluss vom 06.01.2016, L 29 AS 20/16 B ER, -juris-; LSG Rheinland-Pfalz, Beschluss vom 11.02.2006, L 3 AS 668/15 B ER, NZS 2016, 277 ff. (nur Leitsätze); LSG NRW, Beschluss vom 07.03.2016, L 12 SO 79/16 B ER, -juris-; LSG Niedersachen-Bremen, Beschluss vom 07.03.2016, L 15 AS 185/15 B ER, NZS 2016, 318 (nur Leitsatz); SG Dortmund, Beschluss vom 11.02.2016, S 35 AS 5396/15 ER, -juris-; SG Berlin, Beschluss vom 22.02.2016, S 95 SO 3345/15 ER, -juris-. Einige Sozialgerichte sind jedoch auch dem BSG gefolgt, bsplw: LSG NRW, Beschluss vom 16.12.2015, L 12 SO 79/16 B ER, -juris-; SG Berlin, Beschluss vom 04.01.2016, S 128 AS 25271/15 ER, -juris-.

584 Anhängiges Verfahren BVerfG, 1 BvL 4/16, -juris-; SG Mainz, Beschluss vom 18.04.2016, S 3 AS 149/16, -juris-.

b) Frankreich

Eine Vielzahl von sozialen Rechten werden in der französischen Verfassung vom 27.10.1946 schon in der Präambel festgeschrieben. Demnach sind jedem „Individuum und der Familie die zu ihrer Entfaltung notwendigen Bedingungen" zugesichert. Neben dem Schutz ihrer Gesundheit, Ruhe und Freizeit gehören auch die materielle Sicherheit und die notwendigen Mittel zur Existenzssicherung.[585] Außerdem spricht die französische Verfassung jedem Individuum das Recht zu, im Falle von Arbeitsunfähigkeit aufgrund dessen Alters, dessen physischen oder geistigen Zustandes sowie dessen wirtschaftliche Lage angemessene Mittel für den Lebensunterhalt in Anspruch nehmen zu können. Durch den Bezug auf die „materielle Sicherheit" und die „notwendigen Mittel zur Existenzsicherung" wird auch hier deutlich, dass die Leistungen unabhängig von einer Erwerbstätigkeit gewährt werden sollen. Diese sozialen Rechte werden zudem nicht lediglich als Staatszielbestimmungen angesehen, sondern stellen eigenständige Grundrechte dar.[586]

Die französische Verfassung unterscheidet nicht zwischen französischen Staatsangehörigen und Ausländern im Rahmen des Bezugs von Sozialleistungen. Die verfassungsrechtlich garantierten sozialen Rechte sind, anders als die bürgerlichen und politischen Rechte von 1789, als Menschenrechte anzusehen.[587] So stehen beispielsweise das Wahlrecht[588] und die Meinungs- und Versammlungsfreiheit ausdrücklich nur französischen Staatsangehörigen zu. Dies gilt hingegen nicht für soziale Rechte. Begründet wurde dies bis zum Jahre 1990 mit der Auslegung der Verfassung. So werde in der Präambel der französischen Verfassung von 1946 für jeden das Recht auf Schutz der Gesundheit, das Recht auf Arbeit, das Recht auf nationale Solidarität sowie das Recht auf materielle Sicherheit garantiert. Die Präambel unterscheidet hier nicht zwischen Staatsangehörigen und Ausländern. Im Jahr 1990 entschied dann der französische *Conseil Constitutionnel* über den persönlichen Anwendungsbereich sozialer Grundrechte.

---

585 Vgl. *Rousseau/Pavia/Dubut,* in: Soziale Grundrechte in Europa nach Lissabon, 201 (222).

586 Vgl. *Rousseau/Pavia/Dubut,* in: Soziale Grundrechte in Europa nach Lissabon, 201 (223).

587 Vgl. *Rousseau/Pavia/Dubut,* in: Soziale Grundrechte in Europa nach Lissabon, 201 (225).

588 Eine Ausnahame kodifiziert hier seit dem Vertrag von Maastricht Art. 88–3 der französischen Verfassung vom 04.10.1958, welcher klarstellt: „Unter dem Vorbehalt der Gegenseitigkeit und gemäß den Modalitäten des am 7. Februar 1992 unterzeichneten Vertrags über die Europäische Union kann nur Unionsbürgern mit Wohnsitz in Frankreich das aktive und passive Wahlrecht bei Kommunalwahlen gewährt werden.".

Der Entscheidung ging ein vom französischen Parlament erlassenes Gesetz voraus, wonach Arbeitslose eine zusätzliche Unterstützung erhalten sollten. Diese Unterstützung sollte jedoch nicht vorbehaltlos jedem gewährt werden. Vielmehr waren unterschiedslos alle Ausländer davon ausgeschlossen. Der *Conseil Constitutionnel* erklärte das Gesetz für nichtig. Argumentiert wurde, dass die französische Verfassung soziale Rechte unterschiedslos gewährleiste und somit die im Gesetz verankerte Diskriminierung gegen die Verfassung verstoße. Als einzige Voraussetzung für den Bezug von Sozialleistungen verlangte das Gericht, dass der Ausländer einen rechtmäßigen ständigen Wohnsitz in Frankreich hat.[589]

c) Portugal

Die portugiesische Verfassung enthält eine Vielzahl von sozialen Rechten. Beispielsweise räumt die portugiesische Verfassung Personen ein Recht auf soziale Sicherheit (Art. 63), auf Gesundheit (Art. 64), auf eine Wohnung (Art. 65) sowie auf eine menschenwürdige, ökologisch ausgewogene Umwelt und eine angemessene Lebensqualität (Art. 66) ein. Die portugiesische Verfassung differenziert jedoch zwischen allgemeinen subjektiven Rechten einerseits und Sozialrechten andererseits. Die sozialen Rechte werden eher als Programmsätze der Verfassung verstanden, welche dem portugiesischen Staat auferlegen, das jeweilige Ziel der Norm im größtmöglichen Maße zu realisieren. Der einzelne Bürger kann so nicht direkt einen entsprechenden Anspruch gegen den Staat geltend machen. Dennoch sind diese Normen nicht ohne Relevanz. Die Verfassungsnormen verpflichten den Gesetzgeber, einfachgesetzliche Normen zu erlassen, die einen Mindestgehalt an Schutz der in der Verfassung festgeschriebenen sozialen Rechte sichert.[590] So ist zumindest eine Untergrenze sozialen Schutzes in der portugiesischen Verfassung festgeschrieben, welche vom portugiesischen Gesetzgeber nicht unterlaufen werden darf.

Die Grundrechte in der portugiesischen Verfassung werden generell jeder Person gewährt.[591] Auch Ausländern, die sich in Portugal aufhalten. Nach Art. 15 I der portugiesischen Verfassung genießen Ausländer aufgrund der

---

589 Conseil constitutionnel, Urteil vom 13.08.1993, Nr. 93–325 DC, paras. 3, 115 ff.

590 Vgl. *Andrade*, in: Soziale Grundrechte in Europa nach Lissabon, 541 (550).

591 Ausnahmen bestehen lediglich im Hinblick auf Rechte die aufgrund ihrer Natur nur bestimmten Personengruppen zustehen können. So zum Beispiel Rechte die nur Arbeitnehmern oder behinderten Personen zustehen können, bsplw. Art. 71 der portugiesischen Verfassung; vgl. *Andrade*, in: Soziale Grundrechte in Europa nach Lissabon, 541 (551).

Gleichbehandlung dieselben Rechte wie portugiesische Staatsangehörige, mithin auch die sozialen Rechte.[592] Auffallend ist, dass der portugiesische Gesetzgeber in Art. 15 II der portugiesischen Verfassung eine Bereichsausnahme hinsichtlich der Gleichstellung von Ausländern mit portugiesischen Staatsangehörigen vornimmt. So kann Ausländern der Zugang zu bestimmten politischen Ämtern verwehrt werden. Andere Bereichsausnahmen werden nicht genannt. Dies lässt darauf schließen, dass die sozialen Grundrechte unter die uneingeschränkte Gewährleistung des Art. 15 I der portugiesischen Verfassung fallen und auch Personen, welche keine Portugiesen sind, einbezieht.

d) Spanien

Die spanische Verfassung hat sich am deutschen Grundgesetz orientiert.[593] Erstaunlich ist jedoch, dass im Hinblick auf die Kodifizierung von Leistungen der sozialen Vergünstigung die spanische Verfassung von 1978 vom deutschen Grundgesetz abweicht. Die spanische Verfassung besitzt einen ausführlichen Katalog sozialer Grundrechte, das deutsche Grundgesetz hingegen gewährleistet lediglich durch die Sozialstaatsklausel in Art. 20 I GG soziale Rechte.[594] Bedenkt man jedoch, dass die spanische Verfassung zu den neueren Verfassungen in der Europäischen Union zählt, ist eine ausführliche Kodifizierung sozialer Rechte nicht ungewöhnlich.[595] Schon die Präambel der spanischen Verfassung statuiert, dass das demokratische Zusammenleben unter anderem auf der Grundlage einer gerechten Wirtschafts- und Sozialordnung zu gewährleisten ist. Daneben erläutert Art. 1 der spanischen Verfassung, vergleichbar mit den Staatsstrukturprinzipien in Art. 20 I GG, dass Spanien ein sozialer und demokratischer Rechtsstaat ist. Auffällig ist hier, dass die spanische Verfassung, konträr zum deutschen Grundgesetz, Spanien zuerst als sozialen und dann als demokratischen Rechtsstaat beschreibt. Hier ist die hervorgehobene Bedeutung der sozialen Rechte in Spanien erkennbar.[596] An dieser Sozialstaatsklausel müssen sich dann sowohl

---

592 Vgl. *Andrade,* in: Soziale Grundrechte in Europa nach Lissabon, 541 (552).

593 Vgl. *Butt/Kübert/Schultz,* Europäisches Parlament, Generaldirektion Wissenschaft, Arbeitsdokument: Soziale Grundrechte in Europa, SOCI 104 DE, 1999, S. 14; vgl. auch: *Díez-Picazo/Ponthoreau,* The Constitutional Protection of Social Rights, S. 20; sowie: *Romanski,* Sozialstaatlichkeit im GG und der spanischen Verfassung, S. 123.

594 Vgl. für die Gewährleistung sozialer Rechte im deutschen Grundgesetz oben: E.II.1.a).

595 Vgl. oben: E.II.

596 Vgl. *Vida Soria,* in: Die Durchsetzung wirtschaftlicher und sozialer Grundrechte, 287 (292).

die spanische Legislative als auch die spanische Exekutive messen lassen.[597] Anders als im deutschen Grundgesetz benennt die spanische Verfassung explizit eine Vielzahl von sozialen Rechten. Dies sind beispielsweise neben dem Schutz der Familie (Art. 39), dem Schutz der Gesundheit (Art. 43) und dem Recht auf Wohnraum (Art. 47) auch die Garantie eines öffentlichen Systems der sozialen Sicherheit der Bürger, welches diesen ausreichende Hilfe in Notlagen und insbesondere bei Arbeitslosigkeit vermittelt (Art. 41).[598] Der Anknüpfungspunkt ist hier, wie auch in einzelnen internationalen Abkommen[599], eine konkrete Bedarfslage. Dem ist zu entnehmen, dass es dem spanischen Gesetzgeber nicht auf eine vorherige Beitragszahlung ankommt, mithin eine vorherige Erwerbstätigkeit irrelevant für die Geltendmachung sozialer Rechte ist. Das System der sozialen Sicherheit aus Art. 41 der spanischen Verfassung umfasst daher nicht nur Leistungen im Rahmen der Sozialversicherung, sondern auch Leistungen der sozialen Fürsorge.[600]

Ob die in der spanischen Verfassung garantierten Grundrechte auch Ausländern zustehen ist umstritten.[601] Dafür spricht Art. 13 I der spanischen Verfassung, wonach Ausländer in Spanien nach Maßgabe der völkerrechtlichen Verträge und der spanischen nationalen Gesetze die öffentlichen Freiheiten, die Titel I der spanischen Verfassung garantiert, genießen.[602] Dies schließt auch die in den Art. 39 ff. der spanischen Verfassung verankerten sozialen Rechte mit ein. Untermauert wird dies durch eine Entscheidung des spanischen Verfassungsgerichts, welches feststellte, dass die in dem damaligen streitigen Verfahren betroffenen Versammlungs- und Vereinigungsrechte und auch das Recht auf wirksamen gerichtlichen Schutz gleichermaßen Ausländern bereits zwingend aus der Verfassung zustehen müssen.[603] Eine Entscheidung im Hinblick auf den Bezug von Sozialleistungen hat das Gericht bisher jedoch noch nicht getroffen.

---

597 Vgl. *Díez-Picazo/Ponthoreau,* The Constitutional Protection of Social Rights, S. 20.

598 Vgl. *Butt/Kübert/Schultz,* Europäisches Parlament, Generaldirektion Wissenschaft, Arbeitsdokument: Soziale Grundrechte in Europa, SOCI 104 DE, 1999, S. 15.

599 S.o.: E.I.2., E.I.4., E.I.6.

600 Vgl. *Romanski,* Sozialstaatlichkeit im GG und der spanischen Verfassung, S. 173 f.

601 Vgl. *Rodríguez-Piñero,* in: Soziale Grundrechte in Europa nach Lissabon, 597 (624).

602 Vgl. *Rodríguez-Piñero,* in: Soziale Grundrechte in Europa nach Lissabon, 597 (624).

603 Sentencia 99/1985, de 30 de septiembre, BOE núm. 265. de 05 de noviembre de 1985, II Fundamentos jurídicos, para. 2.

2. Indirekt verfassungsrechtlich garantiertes Recht auf Existenzminimum

In anderen Staaten werden die sozialen Rechte nur rudimentär in den Verfassungen garantiert. Was jedoch nicht bedeutet, dass in den jeweiligen Staaten keine sozialen Rechte verbrieft werden. Vielmehr hat der dortige Gesetzgeber die sozialen Regelungen auf die einfachgesetzliche Ebene verschoben.

a) Belgien

So garantiert beispielsweise die belgische Verfassung von 1994 nicht ausdrücklich einen Anspruch auf Leistungen der sozialen Vergünstigung. Sie ist im Vergleich zu anderen jüngeren Verfassungen in Europa bezüglich sozialer Grundrechte sehr zurückhaltend formuliert.[604] Dennoch wird einem Bedürftigen in Belgien über die Menschenwürdegarantie in Art. 23 I der belgischen Verfassung eine Absicherung vor sozialen Risiken gewährt. Die belgische Verfassung bekennt sich in Art. 23 I dazu, dass „jeder das Recht hat, ein menschenwürdiges Leben zu führen". Art. 23 II Nr. 2 der belgischen Verfassung statuiert weiter, dass diese Rechte „das Recht auf soziale Sicherheit, auf Gesundheitsschutz und auf sozialen, medizinischen Beistand" beinhalten.

Art. 23 ist in Titel II der belgischen Verfassung angesiedelt. Zu Titel II zählen neben dem Recht auf soziale Sicherheit, auf Gesundheitsschutz und auf sozialen, medizinischen und rechtlichen Beistand[605] beispielsweise auch die Unverletzlichkeit der Wohnung[606] oder die Achtung des Privat- und Familienlebens[607]. Die Unterscheidung in Art. 23 II Nr. 2 der belgischen Verfassung zwischen „sozialer Sicherheit" einerseits und „sozialem Beistand" andererseits macht deutlich, dass sowohl Leistungen, die an eine Erwerbstätigkeit des Bedürftigen knüpfen, gedeckt werden sollen, aber auch solche Leistungen, die generell bei Bedürftigkeit erbracht werden müssen. Letzteres ist vergleichbar mit der deutschen Sozialhilfe. Die belgische Verfassung versucht mithin einen grundlegenden Schutz zur Absicherung des Existenzminimums zu schaffen. Auch wenn der belgische Verfassungsgeber keine direkten Leistungsansprüche aus Art. 23 I der belgischen Verfassung ableitet, ist doch eine soziale Unterstützung auch für

---

604 Vgl. *Butt/Kübert/Schultz*, Europäisches Parlament, Generaldirektion Wissenschaft, Arbeitsdokument: Soziale Grundrechte in Europa, SOCI 104 DE, 1999, S. 11.

605 Art. 23 II Nr. 2 belgische Verfassung.

606 Art. 15 belgische Verfassung.

607 Art. 22 belgische Verfassung.

nichterwerbstätige Personen durchaus plausibel. Die genaue Ausgestaltung obliegt jedoch dem belgischen Gesetzgeber.[608]

Art. 23 I der belgischen Verfassung verpflichtet den Gesetzgeber dahin gehend, Gesetze zu erlassen, um die wirtschaftlichen, sozialen und kulturellen Rechte zu garantieren.[609] Auch wenn es auf diese Weise keinen verfassungsrechtlichen Durchsetzungsmechanismus für soziale Rechte gibt,[610] würde der belgische Gesetzgeber gegen die belgische Verfassung verstoßen, versäumte er entsprechende Gesetze zu erlassen.

Ferner ist beachtlich, dass diese Rechte nicht nur den Belgiern zugesprochen werden, sondern von jedermann wahrgenommen werden können.[611] Zuerst könnte man annehmen, dass die belgische Verfassung die in Art. 23 verbürgten Rechte nur Belgiern zuspricht, da Art. 23 der belgischen Verfassung unter dem Titel „Die Belgier und ihre Rechte" steht. Jedoch geht aus dem Wortlaut des Art. 23 I der belgischen Verfassung hervor, dass soziale Rechte nicht nur Belgiern sondern jedermann zustehen. Diesbezüglich ist der Wortlaut eindeutig: „Jeder hat das Recht auf ...".[612] Unterstützt wird dies durch Art. 191 der belgischen Verfassung, wonach jeder Ausländer, der sich auf dem Staatsgebiet Belgiens befindet, vorbehaltlich der gesetzlich bestimmten Ausnahmen, den gleichen Schutz seiner Person und seiner Güter genießt.[613]

b) Dänemark

Auch wenn die dänische Verfassung von 1953 insgesamt ausdrücklich nur zwei soziale Grundrechte gewährleistet, kann sie dennoch für die Bestimmung eines Prinzips der sozialen Vergünstigung Anhaltspunkte liefern. So normiert § 75 II der dänischen Verfassung: „Wer sich oder die seinen nicht selbst ernähren kann und dessen Versorgung auch keinem anderen obliegt, hat Anspruch auf öffentliche Unterstützung, jedoch nur, wenn er sich den Verpflichtungen unterwirft, die

---

608 Vgl. *Butt/Kübert/Schultz,* Europäisches Parlament, Generaldirektion Wissenschaft, Arbeitsdokument: Soziale Grundrechte in Europa, SOCI 104 DE, 1999, S. 11; vgl. auch: *Funck,* Droit de la sécurité sociale, Kapitel II Sec. 1 § 4.

609 Vgl. *Butt/Kübert/Schultz,* Europäisches Parlament, Generaldirektion Wissenschaft, Arbeitsdokument: Soziale Grundrechte in Europa, SOCI 104 DE, 1999, S. 11.

610 Vgl. *Manessis,* in: Grundrechtsschutz im europäischen Raum, 15 (33).

611 Vgl. *Manessis,* in: Grundrechtsschutz im europäischen Raum, 15 (33).

612 Vgl. *Lenaerts/Ypersele/Ypersele,* in: Soziale Grundrechte in Europa nach Lissabon, 41 (66).

613 Vgl. *Butt/Kübert/Schultz,* Europäisches Parlament, Generaldirektion Wissenschaft, Arbeitsdokument: Soziale Grundrechte in Europa, SOCI 104 DE, 1999, S. 11.

das Gesetz vorsieht.“[614] Rechte, welche die soziale Unterstützung gewähren, sind in der dänischen Verfassung somit nur schwach ausgeprägt. Soziale Rechte sind größtenteils in einfachgesetzlichen Regelungen verankert.[615]

Der persönliche Schutzbereich des § 75 II der dänischen Verfassung ist zunächst einmal weit gefasst. Der Wortlaut spricht nicht nur von Dänen, sondern wählt eine allgemeine Formulierung. So heißt es in § 75 II der dänischen Verfassung: „Wer sich oder die Seinen nicht selbst ernähren kann und dessen Versorgung auch keinem anderen obliegt, hat Anspruch auf öffentliche Unterstützung, jedoch nur wenn er sich dafür den Verpflichtungen unterwirft, die das Gesetz vorsieht.“ Durch den Verweis auf einfach gesetzliche Regelungen kann der persönliche Anwendungsbereich jedoch wieder eingeschränkt werden. Anknüpfungspunkt ist hier das Aufenthaltsrecht der bedürftigen Unionsbürger. So knüpft das dänische Sozialhilfegesetz an den Wohnsitz der bedürftigen Person an.[616]

c) *Vereinigtes Königreich*

Leistungen der sozialen Vergünstigung werden im Vereinigten Königreich grundsätzlich allen Menschen zugesprochen.[617] Die Staatsbürgerschaft ist hier irrelevant. Ausgangspunkt ist der Human Rights Act.[618] Dieser gewährt allen Personen, die ihren gewöhnlichen Aufenthalt auf dem Territorium des Vereinigten Königreichs haben, ohne Beschränkung aufgrund ihrer Staatsangehörigkeit, die im Human Rights Act gewährten Rechte. Alle anderen Rechte, die nicht durch den Human Rights Act gewährleistet sind, knüpfen an die soziale und wirtschaftliche Situation der Person an.[619] Voraussetzung für den Erhalt von sozialen Leistungen nach dem Human Rights Act ist jedoch, dass der Bedürftige

614 Hierbei ist jedoch umstritten, ob es sich dabei um ein subjektives Recht oder lediglich eine Zielbestimmung handelt, vgl. dazu: *Rosas*, in: Die Durchsetzung wirtschaftlicher und sozialer Grundrechte, 223 (231).

615 Vgl. *Butt/Kübert/Schultz*, Europäisches Parlament, Generaldirektion Wissenschaft, Arbeitsdokument: Soziale Grundrechte in Europa, SOCI 104 DE, 1999, S. 12.

616 Vgl. *Nielsen*, in: Soziale Grundrechte in Europa nach Lissabon, 89 (105).

617 Vgl. *Edward* u. a., in: Soziale Grundrechte in Europa nach Lissabon, 645 (673 f.).

618 Der Human Rights Act setzt Art. 1 EMRK im Vereinigten Königreich in Kraft. Dieser sieht vor, dass die „Hohen Vertragsparteien allen Personen innerhalb ihres Zuständigkeitsbereichs die in Abschnitt 1 dieser Konvention definierten Rechte und Freiheiten zuzusichern haben“. Aufgrund des Human Rights Act wurde Art. 1 EMRK nicht in innerstaatliches britisches Recht umgesetzt, siehe *Lord Chancelor*, HL, Debates, Column 475, 18.11.1997.

619 Vgl. *Edward* u. a., in: Soziale Grundrechte in Europa nach Lissabon, 645 (674).

ein Aufenthaltsrecht und seinen gewöhnlichen Aufenthalt im Vereinigten Königreich hat. Der britische Gesetzgeber vollzieht hier eine Verknüpfung zwischen dem Aufenthaltsrecht und dem Sozialleistungsrecht. Ursprünglich bestand die einzige Voraussetzung für den Erhalt von sozialen Leistungen darin, dass der Leistungsempfänger seinen gewöhnlichen Aufenthalt im Vereinigten Königreich hat. Überprüft und festgestellt wurde dies mit dem „Habitually Resident Test", welcher 1994 eingeführt wurde, um Bedenken wegen eines möglichen Sozialleistungstourismus zu begegnen.[620] Unionsbürger, die einen Anspruch auf Sozialleistungen geltend machen wollen, müssen diesen Test dann absolvieren, wenn sie nicht unter die Gruppe der Arbeitnehmer oder Selbständigen nach der RL 2004/38 EG fallen.[621] Der Begriff des „habitually resident" ist gesetzlich nicht definiert, wird jedoch durch die Rechtsprechung konkretisiert. Eine abschließende Liste von Kriterien gibt es dennoch nicht. Die dafür zuständigen Behörden treffen stets eine Einzelfallentscheidung, um den gewöhnlichen Aufenthalt eines Antragstellers festzustellen. Kriterien für die Feststellung des gewöhnlichen Aufenthaltes sind beispielsweise der bisherige Aufenthalt im Vereinigten Königreich, die Gründe, weshalb der Unionsbürger in das Vereinigte Königreich gezogen ist, sowie seine Pläne für die Zukunft.[622] Bei diesen Kriterien nimmt die bisherige Zeitspanne des Aufenthaltes eine Schlüsselposition bei der Bestimmung des gewöhnlichen Aufenthaltes ein.[623] So muss dieser für einen nennenswerten Zeitraum bestehen.[624] Neben den oben genannten Kriterien muss zudem ein Sprachtest vom jeweiligen Bedürftigen absolviert werden.[625]

Seit dem Jahr 2004 wird der „Habitually Resident Test" durch den „Right to Reside Test" ergänzt.[626] Neben dem gewöhnlichen Aufenthalt müssen Bedürftige

620 *Kennedy,* House of Commons Library, Standard Note SN/SP/416, 18.05.2011, The Habitual Residence Test, S. 1.

621 *Kennedy,* House of Commons Library, Standard Note SN/SP/416, 18.05.2011, The Habitual Residence Test, S. 3; siehe für die Einordnung unter die einzelnen Personengruppen oben: C.IV.

622 Vgl. *Evans,* JIANL 2015, 273 (280).

623 So wurde die Zeitspanne gesetzlich auf mindestens 3 Monate festgeschrieben, Regulation 2 of the Jobseeker's Allowance (Habitual Residence) (Amendment) Regulations 2013.

624 Verlangt wird eine „appreciable period", siehe: UKHL, Urteil vom 21.10.1999, *Nessa v. Chief Adjudication Officer (1999).*

625 Vgl. *Evans,* JIANL 2015, 273 (200).

626 Der „Right to Reside Test" wurde aufgrund der EU-Osterweiterung eingeführt; vgl.: *Kennedy,* House of Commons Library, Standard Note SN/SP/5972, 05.12.2011, EEA nationals: the „right to reside" requirement for benefits.

nun auch ein gültiges Aufenthaltsrecht vorweisen. Liegt ein solches Aufenthaltsrecht nicht vor, darf der Betroffene das Vereinigte Königreich nicht als seinen gewöhnlichen Aufenthalt angeben. Der „Right to Reside Test" findet auf eine Vielzahl von Sozialleistungen Anwendung.[627] Ob der „Right to Reside Test" eine verbotene Diskriminierung unter Unionsrecht darstellt ist umstritten. Der britische Supreme Court sieht in dem „Right to Reside Test" lediglich eine mittelbare Diskriminierung, da dieser in den „Habitually Resident Test" implementiert sei.[628]

d) *Niederlande*

Die niederländische Verfassung hat soziale Regelungen nur in geringem Maße in Form von Staatszielbestimmungen kodifiziert.[629] So verpflichtet sich der niederländische Staat gemäß Art. 19 I der niederländischen Verfassung, hinreichend Arbeitsplätze zu gewährleisten. Dies bedeutet jedoch nicht, dass sich der niederländische Staat verpflichtet, im öffentlichen Sektor Arbeitsplätze zu schaffen, sondern lediglich versucht, durch seine Wirtschafts- und Steuerpolitik einen positiven Einfluss auf die Schaffung von Arbeitsplätzen zu nehmen.[630] Neben der Förderung des Arbeitsmarktes bestimmt Art. 20 I der niederländischen Verfassung, dass die Existenzsicherung sowie die Verteilung des Wohlstandes Gegenstand der Sorge des Staates und der anderen öffentlich-rechtlichen Körperschaften sein soll.[631] Im Rahmen dessen unterscheidet die niederländische

---

627 Auf die Income-based Jobseeker's Allowance, Income Support, Income-related Employment and Support Allowance, Pension Credit, Housing Benefit, Council Tax Benefit, Child Benefit, Child Tax Credit, Housing assistance from local authorities, vgl.: *Kennedy*, House of Commons Library, Standard Note SN/SP/5972, 05.12.2011, EEA nationals: the „right to reside" requirement for benefits.

628 GB Supreme Court, Urteil vom: 16.03.2011, UKSC 2009/0177, *Patmalniece v. Secretary of State for Work and Pensions*, para 26 f.

629 Die niederländische Verfassung unterscheidet zwischen den klassischen Grundrechten, wie z.B.: Das Diskriminierungsverbot, das Recht auf Gleichbehandlung, das Recht, das Land zu verlassen, das aktive und passive Wahlrecht, das Recht jedes niederländischen Staatsangehörigen, im öffentlichen Dienst zu arbeiten, das Petitionsrecht, die Religionsfreiheit sowie die Meinungs-, Vereins- und Versammlungsfreiheit und anderer wirtschaftlicher, sozialer und kultureller Rechte, wie z.B.: Schaffung von genügend Arbeitsplätzen, Existenzsicherung, Schutz der Verbesserung der Umwelt, Schaffung von genügend Wohnraum, vgl.: *Besselink*, in: Handbuch Ius Publicum Europaeum Bd. I, 327 (375 f.).

630 Vgl. *Heij/Visser*, De Grondwet in eenvoudig Nederlands, S. 52 f.

631 Art. 20 I der niederländischen Verfassung lautet: „De bestaanszekerheid der bevolking en spreiding van welvaart zijn voorwerp van zorg der overheid.".

Verfassung zwischen Leistungen der sozialen Sicherheit und der öffentlichen Sozialhilfe.[632] Beide Leistungsarten sollen durch einfachgesetzliche Normen ausgestaltet werden. Deutlich wird hier, dass die niederländische Verfassung einen umfassenden sozialen Schutz verlangt, wobei die genauen Zugangsvoraussetzungen und Leistungsmodalitäten einfachgesetzlich geregelt werden sollen. Ein direkt verfassungsrechtlicher Anspruch auf Leistungen der sozialen Vergünstigung besteht laut niederländischer Verfassung somit nicht. Allein in Form von Staatszielbestimmungen wird der niederländische Staat verpflichtet, umfangreiche Leistungen der sozialen Vergünstigung zu gewähren.

Ausländer werden aufgrund des Gleichbehandlungsgrundsatzes in Art. 1 der niederländischen Verfassung mit niederländischen Staatsbürgern grundsätzlich gleichgestellt. Dies beinhaltet auch Sozialleistungen.[633] Davon ausgeschlossen sind jedoch Sozialhilfeleistungen gemäß Art. 20 III der niederländischen Verfassung. Dies ergibt sich schon aus dem Wortlaut des Art. 20 III der niederländischen Verfassung, welcher von „Nederlanders hier te lande“ spricht.[634] Unionsbürger haben nach der niederländischen Verfassung mithin nur einen Anspruch auf solche Leistungen der sozialen Vergünstigung, für die sie selber Beiträge geleistet haben, mithin beitragsfinanzierte Leistungen. Somit sind Leistungen der Sozialhilfe ausgeschlossen. Die niederländische Verfassung ist in Bezug auf Sozialleistungen für Unionsbürger sehr restriktiv ausgestaltet. Den Adressatenkreis regelt die niederländische Verfassung also nicht und ist daher einfachgesetzlich ausgestaltet.[635] So erhalten in den Niederlanden gemäß Art. 11 I des Participatiewet[636] nur niederländische Staatsangehörige Sozialhilfeleistungen. Gemäß Art. 11 II des Participatiewet wird der Adressatenkreis jedoch auch auf alle Ausländer angewendet, soweit diese über ein Aufenthaltsrecht verfügen. Art. 11 II Participatiewet verweist dann jedoch ausdrücklich auf Art. 24 II RL 2004/38/EG, wonach alle Unionsbürger von Sozialhilfeleistungen ausgeschlossen werden dürfen.

632 Vgl. Art. 20 II, welcher von: „sociale zekerheid“ und im Gegensatz dazu Art. 20 III, welcher von „bijstand van overheidswege“ spricht.

633 Vgl. *Alkema*, in: Soziale Grundrechte in Europa nach Lissabon, 471 (484).

634 Der niederländische Gesetzgeber entschied sich bewusst für diese Formulierung, obwohl auch Bedenken bezüglich dieser Wortwahl angebracht wurden: Kamerstuk Tweede Kamer 1975–1976, 13873, No. 5, S. 16 f.

635 Vgl. *Kramer*, CYELS 2016, 270 (283 f.).

636 Participatiewet vom 09.10.2003.

e) *Schweden*

Soziale Regelungen sind in der schwedischen Verfassung nicht als subjektive Rechte festgeschrieben, sondern lediglich als objektive Staatszielbestimmungen.[637] Der schwedische Staat versteht sich folglich als ein Wohlfahrtsstaat. Für das Prinzip der sozialen Vergünstigung ist insbesondere § 2 der schwedischen Verfassung relevant. Danach sind die persönliche, wirtschaftliche und kulturelle Wohlfahrt des Individuums die Hauptziele des Staates. Konkretisiert wird diese Aussage im zweiten Satz des § 2 der schwedischen Verfassung, welcher die öffentlichen Einrichtungen verpflichtet, das Recht auf Arbeit, Wohnraum und Ausbildung zu sichern. Ferner sollen die soziale Fürsorge sowie die soziale Sicherheit gefördert werden. Bemerkenswert ist zudem die Nähe zu dem Staatsziel, dass die staatlichen Einrichtungen unter anderem auch die demokratische Teilhabe an der Gesellschaft fördern sollen. Hier wird deutlich die soziale Komponente des Demokratieprinzips in die Verfassung implementiert.[638] Zu beachten ist jedoch, dass es sich nicht um einklagbare Grundrechte handelt.[639] Ähnlich wie in anderen skandinavischen Staaten sind die sozialen Rechte nur einfachgesetzlich kodifiziert. Sofern es sich dort jedoch um subjektive Rechte handelt, sind diese auch vor den zuständigen Gerichten einklagbar.[640]

Da die in der schwedischen Verfassung normierten sozialen Regelungen Staatszielbestimmungen darstellen, ist auch der Träger der öffentlichen Gewalt der Normadressat der sozialen Rechte und nicht der Einzelne.[641] Ob daher auch Ausländer in den Genuss von Leistungen der sozialen Vergünstigung gelangen sollen, wird wiederrum durch einfachgesetzliche Regelungen bestimmt.

---

637 Dies wird schon durch die Systematik deutlich, da die sozialen Rechte nicht im 2. Kapitel der schwedischen Verfassung festgeschrieben sind, welches sich mit Grundrechten und Freiheitsrechten befasst; vgl. auch: *Rosas*, in: Die Durchsetzung wirtschaftlicher und sozialer Grundrechte, 223 (229).

638 Siehe für die Verknüpfung der schwedischen Staatszielbestimmungen mit der Demokratie: *Isberg*, The Constitution of Sweden – The fundamental laws and the Riksdag Act, S. 26.

639 Vgl. *Rosas*, in: Die Durchsetzung wirtschaftlicher und sozialer Grundrechte, 223 (229).

640 Vgl. *Butt/Kübert/Schultz*, Soziale Grundrechte in Europa, Europäisches Parlament, Generaldirektion Wissenschaft, Arbeitsdokument: Soziale Grundrechte in Europa, SOCI 104 DE, 1999, S. 26; sowie: Deutscher BT, Ausarbeitung WD 3 - 050/07, 17.04.2007, S. 16.

641 Vgl. *Westerhall*, in: Soziale Grundrechte in Europa nach Lissabon, 563 (581).

3. Fazit: Soziale Vergünstigung in einzelnen Mitgliedstaaten

Die Verfassungen der europäischen Mitgliedstaaten sind, was die Grundrechte für Leistungen der sozialen Vergünstigung anbelangt, unterschiedlich ausgeprägt. Unterschieden werden muss zwischen solchen Verfassungen, die ausdrücklich Rechte der sozialen Vergünstigung gewährleisten, und solchen Staaten, die in ihren Verfassungen nur indirekt auf Rechte der sozialen Vergünstigung eingehen und diese dann einfachgesetzlich umsetzen. Die Staaten, die Rechte der sozialen Vergünstigung verfassungsrechtlich garantieren, erreichen dies durch unterschiedliche Formulierungen in ihren Verfassungen. So haben die neueren, insbesondere die südländischen Verfassungen, beispielsweise in Portugal und Spanien, einen umfangreichen Katalog an sozialen Rechten. Diese werden in Spanien sogar als subjektive Rechte gewährt und decken eine Vielzahl von Lebenssachverhalten ab. Andere Verfassungen, wie die französische zum Beispiel, haben ein Recht auf soziale Vergünstigung in ihrer Präambel garantiert. Das deutsche Grundgesetz hingegen bietet kein ausdrücklich garantiertes Recht auf Leistungen der sozialen Vergünstigung. Dennoch erkennt das BVerfG ein Grundrecht auf ein menschenwürdiges Existenzminimum an. Das BVerfG verknüpft hierfür die Menschenwürde aus Art. 1 I 1 GG mit dem Sozialstaatsprinzip aus Art. 20 GG.

Andere Staaten wie Belgien, Dänemark, die Niederlande und Schweden garantieren nur indirekt durch ihre Verfassungen Rechte der sozialen Vergünstigung. Hier spielen insbesondere die Staatszielbestimmungen eine Rolle, die die jeweiligen Staaten eben als soziale Staaten beschreiben. Die entsprechenden nationalen Gesetzgeber haben infolgedessen einfachgesetzliche Regelungen in ihren nationalen Gesetzgebungen erlassen, um diesen Staatszielen gerecht zu werden. Dort ist regelmäßig der Wohnsitz oder das Aufenthaltsrecht der entscheidende Anknüpfungspunkt für den Erhalt von Sozialleistungen.

Wiederum andere Staaten haben soziale Rechte auf verfassungsrechtlicher Ebene überhaupt nicht implementiert. Dennoch werden auch dort Rechte der sozialen Vergünstigung gewährleistet.[642] Das Schutzniveau muss in diesen Ländern nicht unbedingt niedriger sein. Anknüpfungspunkte für die Gewährung von Sozialleistungen sind dann auch einfachgesetzliche Regelungen wie beispielsweise der Human Rights Act im Vereinigten Königreich.

642 S.o.: Vereinigtes Königreich, aber auch Österreich; vgl. auch: *Butt/Kübert/Schultz*, Soziale Grundrechte in Europa, Europäisches Parlament, Generaldirektion Wissenschaft, Arbeitsdokument: Soziale Grundrechte in Europa, SOCI 104 DE, 1999, S. 22.

Der persönliche Schutzbereich ist unterschiedlich weit ausgeprägt und gibt kein einheitliches Bild wieder. Teilweise verbieten die Verfassungen an sich bereits eine Unterscheidung zwischen eigenen Staatsangehörigen und Unionsbürgern. Andere Verfassungen hingegen sind nicht so eindeutig. So regelt das deutsche Grundgesetz nicht ausdrücklich die Eröffnung des persönlichen Schutzbereichs für Unionsbürger. In Bezug auf Leistungen der sozialen Vergünstigung hat sich auch das BVerfG, mangels einer bisherigen Vorlage, noch nicht zu dieser Frage geäußert. Die jüngst anhängigen Verfahren sind jedoch abzuwarten und es spricht vieles dafür, dass der persönliche Schutzbereich auf Unionsbürger erweitert wird. Ähnlich hat schon das spanische Verfassungsgericht geurteilt und den Schutzbereich der spanischen Grundrechte auch auf Unionsbürger ausgeweitet

Insgesamt ist festzuhalten, dass die meisten Mitgliedstaaten der EU Rechte der sozialen Vergünstigung gewährleisten, auch wenn die Herleitung höchst unterschiedlich ist. Die wenigsten Mitgliedstaaten garantieren diese Rechte jedoch ausdrücklich. Meist werden diese Rechte indirekt durch die Staatsstrukturprinzipien oder von der Menschenwürde abgeleitet. Eine Herleitung eines allgemeinen Rechtsgrundsatzes der sozialen Vergünstigung ist daher zwar nur eingeschränkt möglich. Zumindest muss den Staaten aber eine Einschränkungsmöglichkeit in der Hinsicht eingeräumt werden, dass sie die Möglichkeit haben unter bestimmten Voraussetzungen Unionsbürger von Sozialleistungen auszuschließen.

F. EU als Staatenverbund mit normativen sozialen Grundzügen

Gerade für die Bestimmung eines Grundsatzes in einem juristischen Diskurs ist die Verknüpfung mit Normen in der entsprechenden Rechtsordnung notwendig. Ein Grundsatz muss in der zu untersuchenden Rechtsordnung nachweisbar sein. Nur so kann gewährleistet werden, dass ein darzulegender Grundsatz ausreichend rechtlich verankert ist und so ausreichend juristisch legitimiert wird.[643] Bei der Verknüpfung von einem Grundsatz mit Normen im Unionsrecht ist zu beachten, dass es sich bei der EU nicht um einen Nationalstaat handelt. Die EU ist ein Mehrebenensystem, dessen Kompetenzen stets ein Spannungsverhältnis mit den Kompetenzen der einzelnen Mitgliedstaaten bilden.[644] Bedenkt man, dass die Kernaufgaben eines Wohlfahrtsstaats, nämlich die staatliche und private Absicherung vor sozialen Risiken, immer noch Aufgabe der einzelnen Mitgliedstaaten ist,[645] kann ein allumfassender europäischer Wohlfahrtsstaat unter den aktuell gegebenen rechtlichen Voraussetzungen derzeit noch nicht bestehen.[646] So stellte das BVerfG dann auch fest, dass die Sozialstaatlichkeit zu den Kernaufgaben der einzelnen Mitgliedstaaten gehöre und die zur Verwirklichung dieser Aufgaben notwendigen Kompetenzen nicht an die EU abgetreten werden dürften, denn es müssten, „die sozialpolitisch wesentlichen Entscheidungen in eigener Verantwortung der deutschen Gesetzgebungsorgane getroffen werden“[647].[648]

Diese Betrachtungsweise scheint im Ergebnis jedoch zu eng. Es ist kaum möglich, in einem Bereich wie dem Sozialrecht von alleinigen Zuständigkeiten entweder der Mitgliedstaaten oder der Europäischen Union zu sprechen. Vielmehr besteht gerade bei Politikfeldern, welche stark mit der europäischen Marktintegration verknüpft sind, eine Wechselbeziehung zwischen den mitgliedstaatlichen

---

643 Vgl. oben: D.XIV. u. D.XV.

644 Vgl. *Giegerich,* Europäische Verfassung und deutsche Verfassung im transnationalen Konstitutionalisierungsprozeß, S. 5 ff., 8 ff., 12 ff., welcher zwischen „Vorgabekomponente“, „Projektionskomponente“ und „Reaktionskomponente“ transnationaler Konstitutionalisierung unterscheidet.

645 Vgl. *Heinig,* EuR, Beiheft 1 2013, 31 (31).

646 So spricht dann auch *Häberle,* Europäische Rechtskultur, S. 91, von einem „Defizit“ in Bezug auf den Sozialstaat.

647 BVerfGE 123, 267 (362).

648 Vgl. *Becker,* EuR, Beiheft 2 2015, 19 (20).

und den unionalen Zuständigkeiten.[649] Diese Wechselbeziehung ist auch in Bezug auf die Sozialregelungen anwendbar.[650] Würde man eine solche Wechselbeziehung zwischen Mitgliedstaaten und der EU nicht anerkennen, wäre die oben beschriebene Internationalisierung des Sozialrechts in der EU nicht zu erklären.[651] Dennoch sind die Eigenheiten der EU zu beachten. Die EU ist eine Rechtsgemeinschaft,[652] welche selbständige soziale Aufgaben inne hat und eigene soziale Ziele verfolgt.[653] Sie dient nicht nur der Durchsetzung sozialer Ziele der einzelnen Mitgliedstaaten.[654] Die Reichweite ihrer sozialen Aufgaben richtet sich jedoch nach den ihr zugesprochenen Kompetenzen. Die der Europäischen Union zugewiesenen Kompetenzen im sozialrechtlichen Bereich finden sich in Art. 151 ff. AEUV. Art. 151 AEUV leitet den 10. Titel des AEUV, welcher mit „Sozialpolitik" tituliert ist, ein. Hauptsächlich befasst sich die im 10. Titel des AEUV kodifizierte Sozialpolitik aber mit dem Arbeitsrecht.[655] Dennoch lassen sich vereinzelt in Art. 153 AEUV auch Regelungen finden, welche Verbindungen zum „klassischen" Sozialrecht aufweisen.

Zudem kommen aufgrund der wirtschaftlichen Bedeutung des Sozialrechts und der Wechselwirkung zwischen Marktintegration und Sozialrecht die Grundfreiheiten und die Unionsbürgerschaft für einen normativen Anknüpfungspunkt eines Grundsatzes der sozialen Vergünstigung in Betracht.[656] Trotz einer Aufwertung der Unionsbürgerschaft und der europäischen Grundrechte scheint

---

649 Vgl. *Becker,* in: Sozialstaat Deutschland: Geschichte und Gegenwart, 313 (334); vgl. auch: *Becker,* EuR, Beiheft 2 2015, 19 (20 f.).

650 Vgl. *Becker,* in: Sozialstaat Deutschland: Geschichte und Gegenwart, 313 (315 ff.); sowie: *Becker,* EuR, Beiheft 2 2015, 19 (20 f.); differenzierter: *Heinig,* in: Das Sozialrecht in der Finanzkrise, 9 (9 ff.).

651 Vgl. oben: C.

652 In Bezug auf die EWG, EuGH, Urteil vom: 23.04.1986, C-294/83 *Les Verts/Parlament,* Slg. 1986, 1339, Rn. 23; EuGH Gutachten 1/91 *EWR I,* Slg. 1991, I-6079, Rn. 21. Sowie: BVerfGE 89, 155 (184, 190); vgl. auch *Hobe,* Europarecht, S. 33; sowie: *Pernice,* in: JöR N.F. 48 (2000), 205 (210 f.); *Oeter,* in: Europäisches Verfassungsrecht, 73 (81 ff.).

653 Vgl. Art. 3 I EUV, welcher vom „Wohlergehen ihrer Völker" spricht, sowie Art. 3 III EUV, „soziale Ausgrenzung", „soziale Gerechtigkeit", „sozialer Schutz"; vgl. für die „soziale Facette" der Unionsziele: *Ruffert,* in: *Calliess/Ruffert,* EUV/AEUV Kommentar, Art. 3 EUV, Rn. 27; vgl. auch *Mückenberger,* EuR 2014, 369 (369).

654 Vgl. *Mückenberger,* EuR 2014, 369 (369); siehe auch: *Sommermann,* Staatsziele und Staatszielbestimmungen, S. 293 ff.

655 Vgl. *Krebber,* in: *Calliess/Ruffert,* EUV/AEUV Kommentar, Art. 151 AEUV, Rn. 1.

656 Vgl. unten: F.II.

ferner eine Legitimation durch die EUGRCh aufgrund ihrer doch sehr strikten Regelungen ihren Anwendungsbereich betreffend nur schwer vertretbar.[657]

I. Koordinierungsregelungen

Die EU hat schon früh Regelungen zur Koordinierung der unterschiedlichen Sozialsysteme aufgestellt.[658] Das Koordinierungsrecht ist daher auch das Kernstück der europäischen Sozialpolitik.[659] Die Ausgangspunkte für den Erlass solcher Koordinierungsregelungen sind Art. 48 sowie Art. 153 I lit. c) AEUV.[660] Bereits durch den Wortlaut der Vorschriften ist ersichtlich, dass die Sozialpolitik der Europäischen Union lediglich ihre Wirtschaftspolitik flankieren soll, um eben diese zu fördern. So spricht Art. 48 AEUV von der „sozialen Sicherheit für die Herstellung der Freizügigkeit der Arbeitnehmer". Durch die Fokussierung auf die beitragsabhängigen Leistungen der sozialen Sicherheit einerseits und der Freizügigkeit der Arbeitnehmer andererseits wird klar, dass lediglich erwerbstätige Unionsbürger mit einbezogen werden sollen, da diese die einzigen Personen sein können, welche durch ihre Beitragszahlungen auch Leistungen der sozialen Sicherheit beanspruchen können.[661] Es scheint insofern auch nicht überraschend, dass zunächst nur die Arbeitnehmer in den Fokus der Koordinierungsregelungen gerieten. Folglich knüpft Art. 48 AEUV an die Freizügigkeit der Erwerbstätigen an.[662] Zwar wurde durch die Neuordnung der Koordinierungsregelungen der persönliche Anwendungsbereich auch auf nichterwerbstätige Unionsbürger ausgeweitet; der sachliche Anwendungsbereich knüpft jedoch weiterhin lediglich an die klassischen beitragsfinanzierten Systeme der sozialen Sicherheit an.[663] Gerade die für den nichterwerbstätigen Unionsbürger wichtigen

---

657 Vgl. unten: F.III.

658 S.o.: C.III.

659 Vgl. *Eichenhofer*, ZeS-Arbeitspapier Nr. 9/96 S. 4; *Schmähl*, in: Europäische Sozialpolitik, 9 (16); sowie: *Schulte*, in: Zukunftsperspektiven des Europäischen Sozialrechts, 45 (65).

660 Vgl. *Krebber*, in: *Calliess/Ruffert*, EUV/AEUV Kommentar, Art. 153 AEUV, Rn. 18; *Rebhahn/Reiner*, in: *Schwarze* u.a., EU-Kommentar, Art. 153 AEUV, Rn. 45; siehe ferner: *Eichenhofer*, in: *Streinz*, EUV/AEUV Kommentar, Art. 153 AEUV, Rn. 7.

661 Siehe für die Leistungen der sozialen Sicherheit oben: B. u. C.III.2.

662 St. Rspr. EuGH, vgl. exemplarisch: EuGH, Urteil vom 15.07.1964, C-100/63, *van der Veen*, Slg. 1964, 1213, 1232; EuGH, Urteil vom 07.03.1991, C-10/90, *Masgo*, Slg. 1991, I-1119, Rn. 25; vgl. auch: *Brechmann*, in: *Calliess/Ruffert*, EUV/AEUV Kommentar, Art. 48 AEUV, Rn. 1.

663 S.o. C.III.3.

beitragsunabhängigen Leistungen sind nicht involviert. Dem europäischen Gesetzgeber ging es in erster Linie darum, Nachteile für wanderwillige Erwerbstätige zu minimieren: Wenn die Erwerbstätigen von ihrer Freizügigkeit Gebrauch machen, um in einem anderen Mitgliedstaat einer Erwerbstätigkeit nachzugehen, dürfen ihnen dadurch keine Nachteile entstehen. Aufgrund dessen hängt die Reichweite der unionalen Kompetenzen davon ab, wie nah der zu regelnde soziale Schutz mit der Arbeitnehmereigenschaft bzw. der Erwerbstätigkeit in Zusammenhang steht.[664]

Im Rahmen der Reichweite der Kompetenzen stellt Art. 153 IV AEUV fest, dass die Union nicht die Grundprinzipien der mitgliedstaatlichen Systeme der sozialen Sicherheit bestimmen darf. Untermauert wird dies durch die Tatsache, dass Art. 153 II AEUV klarstellt, dass die Union nur zu dem Zweck der Unterstützung und Ergänzung in den Bereichen der Sozialpolitik aktiv werden darf.[665] Eine komplette Angleichung von Sozialrechten ist somit schon qua des unionsrechtlichen Primärrechts ausgeschlossen.[666] In diesem Kontext ist dann auch die VO (EG) 883/2004 zu betrachten, welche die Koordinierung der Systeme der sozialen Sicherheit zwischen den einzelnen Mitgliedstaaten regelt. Zwar gilt der persönliche Anwendungsbereich der VO (EG) 883/2004 für alle Unionsbürger sowie Staatenlose und Flüchtlinge mit Wohnort in einem Mitgliedstaat und nicht nur für erwerbstätige Personen.[667] In sachlicher Hinsicht regelt die VO jedoch nur die klassischen Zweige der sozialen Sicherheit.[668] Nichterwerbstätige Unionsbürger, die bisher keine Beiträge geleistet haben, können daher nicht den Schutz der VO (EG) 883/2004 genießen.

Kompetenzen, welche den sozialen Schutz nichterwerbstätiger Unionsbürger betreffen sind hier nicht ersichtlich. So ergeben sich aus den Kompetenzregelungen der Europäischen Union auf dem Gebiet des Sozialrechts keine normativen

---

664 Vgl. *Krebber*, in: *Calliess/Ruffert*, EUV/AEUV Kommentar, Art. 153 AEUV, Rn. 18; vgl. ferner für den Vertrag von Maastricht: *Schulz*, Maastricht und die Grundlagen einer Europäischen Sozialpolitik, S. 98.

665 Vgl. *Eichenhofer*, in: *Streinz*, EUV/AEUV Kommentar, Art. 153 AEUV, Rn. 7; *Krebber*, in: *Calliess/Ruffert*, EUV/AEUV Kommentar, Art. 153 AEUV, Rn. 6.

666 Vgl. *Eichenhofer*, in: *Streinz*, EUV/AEUV Kommentar, Art. 153 AEUV, Rn. 7.

667 Siehe Art. 2 VO (EG) 883/2004; erläuternd dazu: *Fuchs*, in: *Fuchs*, Europäisches Sozialrecht, Art. 3 VO (EG) 883/2004, Rn. 3 ff.

668 Mit Ausnahme der besonderen beitragsunabhängigen Geldleistungen, Art. 3 III, 70 VO (EG) 883/2004; vgl. *Fuchs*, in: *Fuchs*, Europäisches Sozialrecht, Art. 3 VO (EG) 883/2004, Rn. 31 u. Art. 70 VO (EG) 883/2004, Rn. 1 ff. Siehe für die Problematik der Einordnung von nationalen Leistungen in das System der VO (EG) 883/2004: *Frings*, ZAR 2012, 317 (320).

Anknüpfungspunkte, um einen Grundsatz der sozialen Vergünstigung für nichterwerbstätige Unionsbürger ableiten zu können.

II. Grundfreiheiten und Unionsbürgerschaft als mögliche Anknüpfungspunkte sozialer Vergünstigung

Neben den normierten Anknüpfungspunkten kommen auch die sich nicht direkt mit dem Grundsatz der sozialen Vergünstigung befassenden unionsrechtlichen Regelungen in Betracht. Aufgrund der besonderen Bedeutung des Sozialrechts für die Marktintegration und der oben beschriebenen Wechselbeziehung zwischen der EU einerseits und den Mitgliedstaaten andererseits bezüglich sozialrechtlicher Regelungen,[669] ist an die Grundfreiheiten und die Unionsbürgerschaft als normativer Anknüpfungspunkt für einen Grundsatz der sozialen Vergünstigung zu denken. Dies liegt schon aufgrund der Spruchpraxis des EuGH nahe. Der EuGH hat in den letzten Jahrzehnten die sozialen Rechte zunächst der erwerbstätigen und schließlich der nichterwerbstätigen Unionsbürger kontinuierlich ausgebaut.[670] Zur Legitimation dieser Ausweitung dienten regelmäßig die Grundfreiheiten und die Unionsbürgerschaft als Grundlage.[671] Eben diese teilweise in der Literatur[672] als extensiv bezeichnete Rechtsprechung kann auf Dauer jedoch nicht die legitimatorische Basis für die Begründung sozialer Teilhabe, insbesondere für nichterwerbstätige Unionsbürger sein. Die unionale Rechtsordnung, welche sich ausdrücklich mit sozialen Regelungsgehalten befasst, wird vom EuGH im Gegensatz zu den Grundfreiheiten und der Unionsbürgerschaft nicht als Grundlage für den Zuspruch solcher Leistungen verwendet. So besteht auf Dauer die Gefahr, dass die Gestaltungsbefugnis vom europäischen Gesetzgeber immer mehr zum EuGH wandert und der europäische Gesetzgeber die Gestaltungsmöglichkeit bezüglich des Zugangs zu sozialen Leistungen verliert.

---

669 S.o. F.

670 Vgl. oben: C.

671 S.o. C.III.4.a) u. C.III.4.b).

672 S.o: C.III.4.; vgl. *Davy,* ZESAR 2010, 307 (311); *Hailbronner,* CMLR 2005, 1245 (1266); *Sander,* DVBl 2005, 1014 (1016 ff.); *Schwarze,* EuR 2013, 253 (264); *Tomuschat,* ZaöRV 68 (2008), 327 (344 f.). Vgl. auch *Rödl,* EuR, Beiheft 1 2013, 179 (196 f.), welcher den Begriff „extensiv“ für die Beschreibung der Auslegung des Schutzbereichs der Binnenmarktfreiheit verwendet.

Wenn der EuGH eine zu starke gestaltende Tätigkeit einnimmt, besteht auch die Gefahr von *ultra vires*-Akten, also solchen Akten, die über die primärrechtlichen Kompetenzen hinausgehen.[673] Zwar können die Grundfreiheiten und das Diskriminierungsverbot durch Sekundärrechtsakte weiter ausgestaltet werden und garantieren dadurch die letztliche Entscheidungshoheit des europäischen Gesetzgebers. Dennoch wird das Spannungsverhältnis zwischen der Unionsbürgerschaft einerseits und den fehlenden sozialrechtlichen Regelungen in den europäischen Verträgen andererseits nicht zugunsten einer Seite aufgelöst.[674] Insbesondere wird das am unionsbürgerlichen Gleichbehandlungsanspruch deutlich. Der Gleichbehandlungsanspruch knüpft an die Mobilitätsfreiheit, mithin an die Grundfreiheiten des Unionsbürgers an. Hier wird den Grundfreiheiten von der Rechtsprechung eine leistungsrechtliche Eigenschaft zugesprochen, die eher Grundrechten entspricht.[675] Das wäre alles hinnehmbar, wenn der europäische Gesetzgeber auch die Kompetenzen hätte, entsprechende Leistungen zu gewähren. Die Kompetenzen in der Sozialpolitik liegen jedoch nur in sehr begrenztem Maße beim europäischen Gesetzgeber.[676] Für die Kernkompetenzen im Bereich der sozialen Vergünstigung insbesondere für nichterwerbstätige Unionsbürger, sind weiterhin die einzelnen Mitgliedstaaten verantwortlich und nicht die EU. Die EU nimmt lediglich koordinierende Aufgaben war. Diese vom EuGH vollzogene Erweiterung der Grundfreiheiten um eine leistungsrechtliche Komponente bei gleichzeitig fehlenden Rechtssetzungskompetenzen auf Unionsebene führt zu einer strukturellen Ungleichheit, die so nicht gewollt ist.[677] Auch spiegelt sich diese Rechtsunsicherheit in der Legitimation eines Grundsatzes der sozialen Vergünstigung wider. Es fällt schwer, einen solchen Grundsatz anhand von Normen zu begründen, wenn bereits angezweifelt wird, ob der Normgeber einen solchen Grundsatz überhaupt gewollt hat. Eine prinzipientheoretische Begründung,

---

673 Vgl. *Rödl*, EuR, Beiheft 1 2013, 179 (202 f.). Siehe für die *ultra* vires-Doktrin: BVerfGE 89, 155 190; präzisiert durch: BVerfGE 123, 267, 353 f.; vgl. auch: *Calliess*, in: *Maunz/Dürig*, Grundgesetz Kommentar, Art. 23, Rn. 126 ff. *Gött*, EuR 2014, 514 (515 ff.); *Ludwigs*, NVwZ 2015, 537 (538); *Wendel*, ZaöRV 2014, 615 (627 ff.). Sowie zur *ultra* vires-Kontrolle durch das BVerfG: *Pötters/Traut*, EuR 2011, 580.

674 Vgl. *Franzius*, EuR, Beiheft 1 2013, 155 (162); vgl. auch: *Nettesheim*, EuR 2009, 24 (30 f.).

675 Vgl. *Franzius*, EuR, Beiheft 1 2013, 155 (162).

676 S.o. F.I.

677 Diese Problematik wird mit dem Auseinanderfallen von negativer und positiver Integration umschrieben, vgl. *Cremer*, EuR, Beiheft 1 2007, 75 (79 f.); *Kingreen*, in: *Calliess/Ruffert*, EUV/AEUV Kommentar, Art. 36 AEUV, Rn. 3; sowie: *Joerges/Rödl*, KJ 2008, 149 (154 ff.); vgl. ferner: *Franzius*, EuR, Beiheft 1 2013, 155 (163).

welche eine Verknüpfung mit Normen verlangt, scheint mit den Grundfreiheiten und der Unionsbürgerschaft so nicht zweifelsfrei möglich.

Die Grundfreiheiten und die Unionsbürgerschaft können folglich nicht als alleinige Legitimation für einen Grundsatz der sozialen Vergünstigung genutzt werden. Zwar dienen die Grundfreiheiten und die Unionsbürgerschaft dem EuGH schon lange als Begründung, um die sozialen Teilhaberechte der Unionsbürger weiter auszubauen. Wenn die EU jedoch nicht auch die Gesetzgebungskompetenzen für diese Regelungsmaterien inne hat, kann auch ein Grundsatz nicht durch die Grundfreiheiten und die Unionsbürgerschaft begründet werden.

III. Begrenzte Legitimation durch EUGRCh

Als normativer Anknüpfungspunkt für einen Grundsatz der sozialen Vergünstigung kommt des Weiteren die EUGRCh in Betracht. Gerade die EUGRCh ist für die Bestimmung eines Grundsatzes der sozialen Vergünstigung interessant, da die EUGRCh einen umfangreichen Katalog an individuellen Rechten bereithält. Sie beinhaltet auch solche Rechte, die sich mit den klassischen Leistungen der sozialen Vergünstigung befassen. Innerhalb der EUGRCh rückt der vierte Titel der EUGRCh in den Fokus, welcher mit „Solidarität" überschrieben ist. Dort können sowohl Art. 34 II als auch Art. 34 III EUGRCh einen normativen Anknüpfungspunkt für die Begründung einer Leistung der sozialen Vergünstigung liefern.

1. Art. 34 II EUGRCh

a) Art. 34 II EUGRCh als subjektives Recht

Art. 34 II stellt konträr zu Art. 34 I und Art. 34 III EUGRCh ein subjektives Recht dar. Bereits der Wortlaut verleiht Berechtigten einen „Anspruch auf die Leistungen der sozialen Sicherheit und der sozialen Vergünstigungen" und lässt somit auf ein subjektives Recht schließen.[678] Hinzu kommt, dass Art. 34 II EUGRCh die dort garantierten Rechte einem bestimmbaren Personenkreis angedeihen lässt. So haben lediglich die Personen, die ihren „rechtmäßigen Wohnsitz" in dem Leistungsstaat haben und ihren „Aufenthalt rechtmäßig" wechseln, einen

678 Vgl. *Frenz*, Handbuch Europarecht, Bd. 4, Europäische Grundrechte, Rn. 4140; sowie: *Kingreen*, in: Europäische Grundrechte und Grundfreiheiten, § 22, Rn. 5; ebenso: *Nußberger/Lang*, in: *Stern/Sachs*, Europäische Grundrechte-Charta, Art. 34, Rn. 55; vgl. ferner: *Rudolf*, in: *Meyer*, Charta der Grundrechte der Europäischen Union, Art. 34, Rn. 17.

Anspruch auf Leistungen der sozialen Vergünstigung. Durch die Festlegung einer bestimmten Personengruppe werden die Anspruchsberechtigten vom Gesetzgeber konkret bestimmt, was darauf schließen lässt, dass auch der Gesetzgeber einen konkreten subjektivrechtlichen Anspruch in Art. 34 II EUGRCh verankern wollte, auf welchen sich nur der von ihm bestimmte Personenkreis berufen kann.

Unterstrichen wird dies durch die Erläuterungen zur EUGRCh,[679] welche hervorheben, dass sich Art. 34 II EUGRCh auf die VO (EWG) 1408/71 und VO (EWG) 1612/68 bezieht.[680] Die in diesen beiden Verordnungen normierten Gleichbehandlungsregelungen[681] sind in die EUGRCh übernommen worden.[682] Da die übernommenen Normen in den Verordnungen selbst subjektive Rechte darstellen, kann man daraus schließen, dass auch die Autoren der EUGRCh Art. 34 II EUGRCh als subjektives Recht sehen wollten, wenn sie einen Bezug zwischen Art. 34 II EUGRCh und den VOen (EWG) 1408/71 und 1612/68 herstellten.

Auch der Sinn und Zweck des Art. 34 II EUGRCh lässt keine andere Schlussfolgerung zu. Art. 34 II EUGRCh konkretisiert den allgemeinen Gleichheitsgrundsatz im Zusammenhang mit Leistungen der sozialen Vergünstigung. Der allgemeine Gleichheitsgrundsatz wird als ein Grundwert der Europäischen Union angesehen[683] und vermittelt in seiner primärrechtlichen Verankerung selbst ein subjektives Recht.[684] Aus alldem kann geschlossen werden, Art. 34 II EUGRCh stellt ein subjektives Recht dar.

---

679 Abl. 2007 C 303, S. 17 (27).

680 Vgl. für die Bedeutung beider VOen oben: C.III.2. u. C.III.3.

681 Art. 3 I VO (EWG) Nr. 1408/71 u. Art. 7 II VO (EWG) 1612/68.

682 Vgl. *Frenz,* Handbuch Europarecht, Bd. 4, Europäische Grundrechte, Rn. 4142. Vgl. ferner: *Jarass,* in: *Jarass,* Charta der Grundrechte der Europäischen Union, Art. 34, Rn. 12; *Kingreen,* in: *Calliess/Ruffert,* EUV/AEUV Kommentar, Art. 34 EUGRCh, Rn. 6.

683 Vgl. *Bogdandy,* in: *Grabitz/Hilf/Nettesheim,* Das Recht der Europäischen Union, Art. 18 AEUV, Rn. 1, 61. EL April 2017; sowie: *Epiney,* in: *Calliess/Ruffert,* EUV/AEUV Kommentar, Art. 18 AEUV, Rn. 1; Der EuGH bezeichnet das Diskriminierungsverbot als „Grundsatz der Nichtdiskriminierung", EuGH, Urteil vom 03.07.1979, C-185–204/78, *van Dam en Zonen,* Slg. 1979, 2345, Rn. 10; *Tomuschat* bescheinigt dem Gleichheitsgrundsatz eine Präsenz in allen Lebensbereichen, *Tomuschat,* ZaöRV 68 (2008), 327 (328).

684 S.o. C.III.4.; vgl. auch: *Frenz,* Handbuch Europarecht, Bd. 4, Europäische Grundrechte, Rn. 4143; sowie: *Soria,* JZ 2002, 643 (644).

b) Persönlicher Schutzbereich

Der persönliche Schutzbereich gilt laut Art. 34 II EUGRCh für jeden Menschen, der „in der Union seinen rechtmäßigen Wohnsitz hat und seinen Aufenthalt rechtmäßig wechselt".[685] Erfasst werden daher alle natürlichen Personen. Durch die Formulierung „Mensch" schließt Art. 34 II EUGRCh lediglich juristische Personen vom Gleichbehandlungsgebot aus. Ferner können sich durch diese Formulierung nicht nur erwerbstätige Personen auf das Gleichbehandlungsgebot berufen, sondern auch jene, die gerade keiner Erwerbstätigkeit nachgehen. Eine Unterscheidung zwischen Erwerbstätigen und Nichterwerbstätigen kommt nicht vor. Dies war im Laufe der Beratungen zu Art. 34 II EUGRCh nicht immer der Fall. Zu Beginn der Beratungen im Grundrechtekonvent sollte der persönliche Schutzbereich enger gefasst werden. Ursprünglich sollten nur „Arbeitnehmer, die Angehörige eines Mitgliedstaates sind und ihren Wohnsitz in einem anderen Mitgliedstaat haben, sowie ihre Familienangehörigen" Anspruch auf eine Gleichbehandlung mit inländischen Personen haben.[686] Nach und nach weitete der Grundrechtekonvent im Rahmen der damaligen Beratungen den persönlichen Schutzbereich dann jedoch immer weiter aus.[687] Der zweite Entwurf sprach schließlich nur noch von „Jeder Person".[688] Übernommen wurde letztlich die Formulierung „Jeder Mensch". Es fällt auf, dass sich der Wortlaut nicht nur auf den Unionsbürger beschränkt, sondern alle Menschen involviert sehen will. So wird der persönliche Anwendungsbereich sehr weit gefasst. Auf die Staatsbürgerschaft und die an diese geknüpfte Unionsbürgerschaft kommt es folglich nicht an. Gerade im Hinblick auf die normative Herleitung eines Grundsatzes der sozialen Vergünstigung ist ein weit gefasster Schutzbereich aufschlussreich, da gerade ein solcher Grundsatz den Zugang zu Sozialleistungen für zumindest alle Unionsbürger gewährleisten soll, unabhängig von ihrem Erwerbsstatus.

685 Die englische Sprachfassung spricht daher auch von „Everyone".

686 Convent 45 vom 28.07.2000; vgl. *Rudolf*, in: *Meyer*, Charta der Grundrechte der Europäischen Union, Art. 34, Rn. 10.

687 Vgl. *Rudolf*, in: *Meyer*, Charta der Grundrechte der Europäischen Union, Art. 34, Rn. 10.

688 Convent 47 vom 14.09.2000; vgl. *Rudolf*, in: *Meyer*, Charta der Grundrechte der Europäischen Union, Art. 34, Rn. 10.

c) *Rechtmäßiger Wohnsitz und Aufenthalt als Voraussetzung der Inländergleichbehandlung*

Trotz der weiten Formulierung des Art. 34 II EUGRCh ist der persönliche Schutzbereich nicht grenzenlos. Zwar ist die Staatsangehörigkeit für die Eröffnung des persönlichen Schutzbereichs nicht relevant.[689] Eine Einschränkung erfährt der Schutzbereich jedoch durch die Verknüpfung mit dem rechtmäßigen Wohnsitz und dem rechtmäßigen Aufenthaltswechsel.

Der Wohnsitz im Sinne des Art. 34 II EUGRCh bezieht sich auf Art. 1 lit. h) VO (EWG) Nr. 1408/71 sowie auf Art. 68 ILO-Übereinkommen Nr. 102[690] und bezeichnet den Ort des gewöhnlichen Aufenthalts.[691] Die Rechtmäßigkeit im Sinne des Art. 34 II EUGRCh knüpft an das Recht auf Freizügigkeit gemäß Art. 45 EUGRCh an.[692] Besondere Bedeutung erhalten dadurch die Sekundärrechtsakte, welche die Freizügigkeitsrechte ausgestalten. Sekundärrechtsakte können grundsätzlich zulässige Eingriffe in das Freizügigkeitsrecht des Art. 45 I EUGRCh darstellen.[693] Relevanz erlangt daher RL 2004/38/EG, welche das Freizügigkeitsrecht auf sekundärrechtlicher Ebene umsetzt. Die in der RL 2004/38/EG vorgenommene Verknüpfung der Sozialleistungen mit dem Freizügigkeitsrecht führt dazu, dass lediglich erwerbstätige Unionsbürger in den Genuss eines Großteils von Leistungen der sozialen Vergünstigung kommen können.[694] Für nichterwerbstätige Unionsbürger ist der Bezug von Leistungen der sozialen Vergünstigung ungleich schwerer. Sie müssen für den Bezug von Sozialleistungen ein Aufenthaltsrecht vorweisen. Ein Aufenthaltsrecht hängt aber gerade von

---

689 Vgl. *Frenz*, Handbuch Europarecht, Bd. 4, Europäische Grundrechte, Rn. 4160; sowie: *Jarass*, in: *Jarass*, Charta der Grundrechte der Europäischen Union, Art. 34, Rn. 18; *Nußberger/Lang*, in: *Stern/Sachs*, Europäische Grundrechte-Charta, Art. 34, Rn. 104.

690 ILO-Übereinkommen Nr. 102 v. 27.04.1955.

691 Vgl. *Frenz*, Handbuch Europarecht, Bd. 4, Europäische Grundrechte, Rn. 4158; vgl. auch: *Rudolf*, in: *Meyer*, Charta der Grundrechte der Europäischen Union, Art. 34, Rn. 17.

692 Vgl. *Frenz*, Handbuch Europarecht, Bd. 4, Europäische Grundrechte, Rn. 4160; sowie: *Kingreen*, in: *Calliess/Ruffert*, EUV/AEUV Kommentar, Art. 34 EUGRCh, Rn. 9; ebenso: *Nußberger/Lang*, in: *Stern/Sachs*, Europäische Grundrechte-Charta, Art. 34, Rn. 104 ff.

693 Vgl. *Magiera*, in: *Meyer*, Charta der Grundrechte der Europäischen Union, Art. 45, Rn. 12; sowie: *Schöbener*, in: *Stern/Sachs*, Europäische Grundrechte-Charta, Art. 45, Rn. 26.

694 S.o. C.

ausreichenden Existenzmitteln ab.[695] Ausreichende Existenzmittel wird der Anspruchssteller im Regelfall aber nicht vorweisen können, da er ja gerade Leistungen der sozialen Vergünstigung, wie beispielsweise Sozialhilfe, beantragen möchte. Mithin werden Leistungen gemäß Art. 34 II EUGRCh durch den Bezug des Wortlauts auf die unionsrechtlichen Regelungen nur einer privilegierten Personengruppe vorbehalten, die sich auf ihr Freizügigkeitsrecht berufen kann.

d) Leistungsspektrum

Art. 34 II EUGRCh wahrt ein großes Spektrum von Sozialleistungen. Ausdrücklich nennt Art. 34 II EUGRCh Leistungen der „sozialen Sicherheit" und Leistungen der „sozialen Vergünstigungen". Die EUGRCh unterscheidet somit zwei verschiedene Arten von Leistungen. Die Leistungen der sozialen Sicherheit knüpfen an die Erwerbstätigkeit des betroffenen Unionsbürgers an.[696] Leistungen der sozialen Vergünstigung gemäß Art. 34 II EUGRCh umfassen alle Leistungen, welche beitragsunabhängig finanziert werden und lediglich an eine bestimmte Bedürftigkeit anknüpfen.[697] Beachtet werden muss hier, dass der Begriff der „sozialen Vergünstigung" im Sinne des Art. 34 II EUGRCh nicht deckungsgleich ist mit dem Begriff der „sozialen Vergünstigung" in dieser Arbeit.[698] Hier ist der Begriff „soziale Vergünstigung" weiter gefasst und beinhaltet insgesamt die in der EUGRCh genannten Leistungen und zwar sowohl die der sozialen Sicherheit als auch die der sozialen Vergünstigung im Sinne des Art. 34 II EUGRCh.[699] Man kann also festhalten, dass die Kombination aus den Leistungen der sozialen Sicherheit und Leistungen der sozialen Vergünstigung in der EUGRCh deckungsgleich mit dem hier verwendeten Begriff der sozialen Vergünstigung sind.

---

695 S.o. C.V.2.

696 Vgl. *Kingreen,* in: *Calliess/Ruffert,* EUV/AEUV Kommentar, Art. 34 EUGRCh, Rn. 7. Vgl. für den Begriff der „sozialen Sicherheit" i.S.d. Art. 34 I EUGRCh: *Rudolf,* in: *Meyer,* Charta der Grundrechte der Europäischen Union, Art. 34, Rn. 15 f.

697 Vgl. *Rudolf,* in: *Meyer,* Charta der Grundrechte der Europäischen Union, Art. 34, Rn. 29.

698 Vgl. für den nicht festgelegten Begriff der in Art. 34 II EUGRCh genannten Leistungen: *Kingreen,* in: *Calliess/Ruffert,* EUV/AEUV Kommentar, Art. 34 EUGRCh, Rn. 8, welcher von „sozialer Vorsorge" und „sozialer Fürsorge" spricht.

699 Vgl. ausführlich für den Umfang des hier verwendeten Begriffs der sozialen Vergünstigung oben: B.

e) *Nach dem Unionsrecht und den einzelstaatlichen Rechtsvorschriften und Gepflogenheiten*

Gemäß Art. 34 II EUGRCh ergibt sich ein Anspruch auf Leistungen der sozialen Sicherheit und der sozialen Vergünstigung nur nach dem „Unionsrecht und den einzelstaatlichen Rechtsvorschriften und Gepflogenheiten". Direkt aus Art. 34 II EUGRCh kann ein Anspruch demnach nicht hergeleitet werden.[700] Art. 34 II EUGRCh kann lediglich im Zusammenhang mit nationalen oder unionsrechtlichen Vorschriften gelesen werden. Mit dieser Formulierung wird der Sorge einiger Konventsmitglieder Rechnung getragen, dass die EU durch die EUGRCh neue Kompetenzen im sozialrechtlichen Bereich hinzugewinnen könnte.[701] Gerade im sozialrechtlichen Bereich bestanden Bedenken, dass die Mitgliedstaaten durch die EUGRCh ihre Kernkompetenzen im Bereich des Sozialrechts an die EU verlieren würden. Infolge dessen wurde durch die Bezugnahme auf die einzelstaatlichen Rechtsvorschriften und Gepflogenheiten sichergestellt, dass die EUGRCh nicht etwa indirekt Kompetenzen von den Mitgliedstaaten zur EU verschiebt.[702] Die Mitgliedstaaten sollen weiterhin für Maßnahmen im Sozialbereich zuständig bleiben. Art. 52 VI EUGRCh stärkt diese Sicherstellung, wonach den „einzelstaatlichen Rechtsvorschriften und Gepflogenheiten" in vollem Umfang Rechnung zu tragen ist.[703] Durch diese Formulierung werden die einzelnen Grundrechte in der EUGRCh stark beeinträchtigt und verlieren zu großen Teilen ihre Eigenständigkeit.[704] Dies ist für die Begründung eines Grundsatzes der sozialen Vergünstigung hinderlich. Denn die zurückhaltenden Formulierungen sollen ja gerade eine Weiterentwicklung beziehungsweise Herleitung von nicht

---

700 Vgl. *Nußberger/Lang,* in: *Stern/Sachs,* Europäische Grundrechte-Charta, Art. 34, Rn. 113.

701 Vgl. *Borowsky,* in: *Meyer,* Charta der Grundrechte der Europäischen Union, Art. 51, Rn. 37; sowie: *Engels,* in: Soziale Menschenrechte, 77 (86); vgl. auch: *Frenz,* Handbuch Europarecht, Bd. 4, Europäische Grundrechte, Rn. 3601; ebenso: *Hilpold,* in: FS für Peter Pernthaler, 167 (182 f.)

702 Vgl. *Rudolf,* in: *Meyer,* Charta der Grundrechte der Europäischen Union, Art. 34, Rn. 22; vgl. ferner: *Pache,* EuR 2001, 475 (481).

703 Vgl. *Frenz,* Handbuch Europarecht, Bd. 4, Europäische Grundrechte, Rn. 3602; sowie: *Rudolf,* in: *Meyer,* Charta der Grundrechte der Europäischen Union, Vorbemerkungen Titel IV, Rn. 41. Vgl. allgemein für die Bedeutung von Art. 52 VI: *Jarass,* in: *Jarass,* Charta der Grundrechte der Europäischen Union, Art. 52, Rn. 80.

704 Vgl. *Frenz,* Handbuch Europarecht, Bd. 4, Europäische Grundrechte, Rn. 3602; vgl. auch: *Pache,* EuR 2001, 475 (481); sowie: *Rudolf,* in: *Meyer,* Charta der Grundrechte der Europäischen Union, Vorbemerkungen Titel IV, Rn. 39.

kodifizierten Normen verhindern, was eine Heranziehung der Norm für die Begründung eines Grundsatzes der sozialen Vergünstigung unmöglich erscheinen lässt. Gänzlich ohne Wert für einen Grundsatz der sozialen Vergünstigung ist Art 34 II EUGRCh dennoch nicht. Wenn ein Grundsatz der sozialen Vergünstigung hergeleitet werden kann, könnte Art. 34 II EUGRCh als die diesen Grundsatz konkretisierende Norm genutzt werden. So argumentierte der EuGH in seinen bisherigen Entscheidungen den Sozialleistungsbezug betreffend stets mit dem allgemeinen Diskriminierungsverbot gemäß Art. 18 i.V.m Art 21 AEUV.[705] Nimmt man einen Grundsatz der sozialen Vergünstigung an, so kann Art. 34 II EUGRCh als der Durchsetzungsmechanismus dieses Grundsatzes genutzt werden, ohne auf das allgemeine Diskriminierungsverbot zurückgreifen zu müssen.

f) Beeinträchtigungsmöglichkeit

Da Art. 34 II EUGRCh ein spezielles Diskriminierungsverbot ablichtet, greift eine Ungleichbehandlung bei der Gewährung von Leistungen der sozialen Sicherheit und sozialer Vergünstigung in den Schutzbereich der Norm ein.[706] Liegt ein grenzüberschreitender Aufenthaltswechsel vor, dürfen grundsätzlich Ungleichbehandlungen zwischen dem Aufenthaltswechselnden und einem Inländer nicht vorgenommen werden. Dennoch gilt das Ungleichbehandlungsverbot nicht uneingeschränkt. Relevanz erhält in diesem Zusammenhang die Formulierung des Art. 34 II EUGRCh „nach dem Unionsrecht und den einzelstaatlichen Rechtsvorschriften und Gepflogenheiten". Diese können Ungleichbehandlungen zwischen einzelnen Personengruppen erlauben. Auch Art. 34 II EUGRCh kann infolge dessen eine Gleichstellung nur insoweit garantieren, als die mit ihr verknüpften Normen eine Gleichbehandlung verlangen. Gleichwohl ist Art. 34 II EUGRCh nicht gänzlich ohne Bedeutung. Aufgrund seines Grundrechtscharakters ist der Wesensgehalt des Art. 34 II EUGRCh stets zu beachten.[707] Wenn das Unionsrecht oder die einzelstaatlichen Rechtsvorschriften und Gepflogenheiten eine Ungleichbehandlung vorsehen, so ist diese an Art. 34 II EUGRCh zu

705 S.o. C.III.4.b).

706 Vgl. *Jarass,* in: *Jarass,* Charta der Grundrechte der Europäischen Union, Art. 34, Rn. 19; sowie: *Kingreen,* in: *Calliess/Ruffert,* EUV/AEUV Kommentar, Art. 34 EUGRCh, Rn. 11; sowie: *Ross,* in: *Schwarze* u. a., EU-Kommentar, Art. 34 EUGRCh, Rn 7.

707 Vgl. *Frenz,* Handbuch Europarecht, Bd. 4, Europäische Grundrechte, Rn. 4171.

messen.[708] Eine Beeinträchtigung scheint daher bei Vorliegen objektiver Gründe und bei Einhaltung der Verhältnismäßigkeit denkbar.[709]

g) Fazit

Art. 34 II EUGRCh könnte für die normative Verankerung eines Grundsatzes der sozialen Vergünstigung eine wichtige Rolle spielen. Art. 34 II EUGRCh verkörpert ein subjektives Recht und kann folglich als ein normales Leistungsgrundrecht in Bezug auf Leistungen der sozialen Vergünstigung eingeordnet werden. Insbesondere die Unterscheidung zwischen Leistungen der sozialen Sicherheit und Leistungen der sozialen Vergünstigung im Sinne der EUGRCh zeigt, dass der Gesetzgeber hier vollumfänglich sämtliche Sozialleistungen umfasst sehen wollte; sowohl beitragsfinanzierte als auch beitragsunabhängige Leistungen.

Problematisch für die Herleitung eines Grundsatzes der sozialen Vergünstigung anhand von Art. 34 II EUGRCh ist die strikte Verknüpfung mit dem Unionsrecht und den einzelstaatlichen Rechtsvorschriften und Gepflogenheiten. Damit wird die Eigenständigkeit der Norm stark eingeschränkt. Für eine Induktion, um einen Grundsatz herzuleiten, kann Art. 34 II EUGRCh, zumindest alleine, daher nicht genutzt werden. Dennoch ist die Bedeutung der Norm für die Herleitung eines Grundsatzes der sozialen Vergünstigung nicht irrelevant, denn Art. 34 II EUGRCh schließt die nichterwerbstätigen Personen- und Leistungsgruppen mit ein. Sollten auch andere Normen das Vorliegen eines Grundsatzes der sozialen Vergünstigung belegen, kann Art. 34 II EUGRCh als Durchsetzungsmechanismus eines Grundsatzes der sozialen Vergünstigung verstanden werden. Es wäre daher zu begrüßen, wenn auch der EuGH den Art. 34 II EUGRCh als das speziellere Instrumentarium heranziehen würde, um eine Diskriminierung in Bezug auf Leistungen der sozialen Vergünstigung im konkreten Fall nachweisen zu können.

2. Art. 34 III EUGRCh

Auch Art. 34 III EUGRCh kann eine gewichtige Rolle bei der Bestimmung spielen, ob in der Europäischen Union Leistungen der sozialen Vergünstigung an nichterwerbstätige Unionsbürger geleistet werden müssen. Art. 34 III EUGRCh

708 Vgl. *Nußberger/Lang*, in: *Stern/Sachs*, Europäische Grundrechte-Charta, Art. 34, Rn. 122.

709 Vgl. *Jarass*, in: *Jarass*, Charta der Grundrechte der Europäischen Union, Art. 34, Rn. 21; vgl. auch: *Marauhn*, in: Handbuch der Europäischen Grundrechte, 631, § 22, Rn. 30.

dient insoweit der Konkretisierung des Unionsziels des sozialen Schutzes aus Art. 3 II EUV.[710] Prägnant ist zudem der Bezug auf die Menschenwürde in Art. 34 III EUGRCh, wodurch dem Recht auf soziale Unterstützung und Unterstützung für die Wohnung eine besondere Bedeutung zugestanden wird.[711]

Art. 34 III EUGRCh wird im Gegensatz zu Art. 34 II EUGRCh als Grundsatz der EUGRCh qualifiziert.[712] Schon am Wortlaut des Art. 34 III EUGRCh wird deutlich, welcher im Gegensatz zu Art. 34 II EUGRCh keinen Anspruch formuliert, sondern lediglich von „anerkennt und achtet" spricht, dass aus Art 34 III EUGRCh kein subjektives Recht abgeleitet werden soll.[713] Auch die Genese von Art. 34 II EUGRCh lässt keine andere Schlussfolgerung zu. So war in den ersten Formulierungsvorschlägen noch von einer Pflicht zur Gewährung einer angemessenen sozialen Unterstützung die Rede.[714] Im Laufe der Beratungen schwächte man den Wortlaut dann bis hin zur heutigen Sprachfassung ab.[715] Ein subjektives Recht auf soziale Unterstützung und Unterstützung für die Wohnung war folglich nicht gewollt und eine positive Verpflichtung der Staaten zur Erbringung der in Art. 34 III EUGRCh festgelegten Leistungen ist nicht deutlich geworden. Somit handelt es sich bei Art. 34 III EUGRCh um einen Grundsatz. Grundsätze in der EUGRCh stellen zwar verbindliches Recht dar, sie bedürfen jedoch eines Umsetzungsaktes.[716] Erst durch diesen Umsetzungsakt entfalten Grundsätze ihre Wirkung. Art. 34 III EUGRCh begründet demnach keine eigenen Leistungsrechte im sozialrechtlichen Bereich.[717] Sie dienen dennoch als

---

710 Vgl. *Jarass,* in: *Jarass,* Charta der Grundrechte der Europäischen Union, Art. 34, Rn. 2.

711 Siehe für die Bedeutung der Menschenwürde im Kontext der sozialen Vergünstigung unten: G.

712 Vgl. *Lembke,* in: *Groeben/Schwarze/Hatje,* Europäisches Unionsrecht, Art. 34 EUGRCh, Rn. 7; *Kingreen,* in: *Calliess/Ruffert,* EUV/AEUV Kommentar, Art. 34 EUGRCh, Rn. 15.

713 Vgl. *Frenz,* Handbuch Europarecht, Bd. 4, Europäische Grundrechte, Rn. 4188.

714 Vgl. *Nußberger/Lang,* in: *Stern/Sachs,* Europäische Grundrechte-Charta, Art. 34, Rn. 21.

715 Vgl. *Frenz,* Handbuch Europarecht, Bd. 4, Europäische Grundrechte, Rn. 4190; *Nußberger/Lang,* in: *Stern/Sachs,* Europäische Grundrechte-Charta, Art. 34, Rn. 21.

716 Vgl. *Becker,* in: *Schwarze* u.a., EU-Kommentar, Art. 52 EUGRCh, Rn. 9.

717 Vgl. *Frenz,* Handbuch Europarecht, Bd. 4, Europäische Grundrechte, Rn. 4193. Allgemein zur fehlenden Eigenschaft als Leistungsrecht: EuGH, Urteil vom 22.05.2014, C-356/12, *Glatzel,* Rn. 78; *Jarass,* in: *Jarass,* Charta der Grundrechte der Europäischen Union, Art. 52, Rn. 69. Vgl. auch zur Unterscheidung zwischen Grundsätzen und Rechten: *Becker,* in: *Schwarze* u.a., EU-Kommentar, Art. 52 EUGRCh, Rn. 9 ff.;

Auslegungsmaßstab, um Akte, welche diese Grundsätze umsetzen, auf ihre Rechtmäßigkeit hin zu überprüfen.[718] Die Formulierung „anerkennt und achtet" macht dies greifbar. Der EU werden hierdurch keine positiven Verpflichtungen auferlegt, sondern Art. 34 III EUGRCh statuiert ein Abwehrrecht gegen Eingriffe, welche das Recht auf soziale Unterstützung oder das Recht auf Unterstützung der Wohnung gefährden.[719]

a) Berechtigte

Art. 34 III EUGRCh spricht allen, die nicht über ausreichende Mittel verfügen, soziale Unterstützung und Unterstützung für die Wohnung zu, um ein menschenwürdiges Dasein sicherzustellen. Art. 34 III EUGRCh unterscheidet im Rahmen dessen nicht zwischen Unionsbürgern und Drittstaatsangehörigen. Auch eine Unterscheidung zwischen erwerbstätigen und nichterwerbstätigen Personen wird nicht vorgenommen. Mithin sind alle Menschen gemeint.

Trotz der fehlenden Unterscheidung von Erwerbstätigen und Nichterwerbstätigen ist der Unterschied zu den Berechtigten des Art. 34 II EUGRCh prägnant. Art. 34 III EUGRCh schränkt die Berechtigten nicht wie Art. 34 II EUGRCh in der Form ein, als sie über einen rechtmäßigen Wohnsitz oder rechtmäßigen Aufenthalt verfügen müssen und umfasst daher eine größere Personengruppe als Art. 34 II EUGRCh.[720] Erklären kann man dies durch den unterschiedlichen Charakter der beiden Normen. So stellt Art. 34 II EUGRCh ein subjektives Recht dar und vermittelt mithin einen Anspruch auf die in der Norm genannten Leistungen. Der Grundsatz des Art. 34 III EUGRCh hingegen entfaltet lediglich indirekte Wirkung für einzelne Personen. Derjenige, der Leistungen des Art. 34 III EUGRCh geltend machen will, kann sich nicht direkt auf die Norm berufen. Damit muss der sich potentiell auf die Norm berufende Personenkreis nicht weiter eingegrenzt werden.

Cremer, EuGRZ 2011, 545 (547 ff.); *Grabenwarter*, EuGRZ 2004, 563 (565 f.); *Ladenburger*, in: *Stern/Sachs*, Europäische Grundrechte-Charta, Art. 52, Rn. 69 ff.

718 Art. 52 V S. 2 EUGRCh; vgl.: *Becker*, in: *Schwarze* u. a., EU-Kommentar, Art. 52 EUGRCh, Rn. 9; *Cremer*, EuGRZ 2011, 545 (548); *Grabenwarter*, EuGRZ 2004, 563 (565); *Schwarze*, EuR 2003, 535 (561).

719 Vgl. *Nußberger/Lang*, in: *Stern/Sachs*, Europäische Grundrechte-Charta, Art. 34, Rn. 127; vgl. ferner in Bezug auf die Rechtsfolgen von Art. 34 I EUGRCh: *Frenz*, Handbuch Europarecht, Bd. 4, Europäische Grundrechte, Rn. 4115.

720 S.o. für die Einschränkung der Berechtigten des Art. 34 II EUGRCh: F.III.1.c).

b) Leistungsspektrum

Art. 34 III EUGRCh gestattet denjenigen, die nicht über ausreichende Mittel verfügen, das Recht auf „soziale Unterstützung“ sowie „Unterstützung für die Wohnung“ zu. Der Begriff der „sozialen Unterstützung“ ist bisher im europäischen Recht noch nicht verwendet worden.[721] Soziale Unterstützung ist in diesem Kontext als Maßnahme zur Minderung von Armut und sozialer Ausgrenzung zu verstehen.[722] Ziel der Implementierung der Vorschrift war es, der Union ein „soziales Gesicht“ zu verschaffen.[723] Nicht nur die wirtschaftlich aktiven Bürger, sondern auch die wirtschaftlich inaktiven Bürger sollten von der EU profitieren und in diese mit eingebunden werden.[724] Aufgrund dessen ist die „soziale Unterstützung“ mit den in Deutschland und Österreich als „Sozialhilfeleistungen“ titulierten Leistungen gleichzusetzen.[725] Es scheint daher auch nicht verwunderlich, dass in den ersten Entwürfen des Grundrechtekonvents als Überschrift für Art. 34 III EUGRCh „Recht auf Sozialhilfe“ gewählt wurde.[726] Erst im Laufe der Beratungen des Grundrechtekonvents wich man von dieser Formulierung ab.

Neben der sozialen Unterstützung regelt Art. 34 III EUGRCh ebenfalls die Unterstützung der Wohnung. Auch hier trägt der Wortlaut der Zurückhaltung des Grundrechtekonvents Rechnung und spricht lediglich von „Unterstützung“. Ursprünglich war angedacht, ein „Recht auf Wohnung“ in der EUGRCh festzuschreiben. Letztlich wurde dies verworfen und man einigte sich auf die abgeschwächtere Formulierung der „Unterstützung der Wohnung“. Unterstützung der Wohnung bedeutet lediglich, dass eine Sozialleistung in Form eines Wohngeldes gewährt und nicht ein vollumfängliches Recht auf eine Wohnung

---

721 Vgl. *Frenz*, Handbuch Europarecht, Bd. 4, Europäische Grundrechte, Rn. 4198.

722 Vgl. *Nußberger/Lang*, in: *Stern/Sachs*, Europäische Grundrechte-Charta, Art. 34, Rn. 130.

723 Vgl. *Frenz*, Handbuch Europarecht, Bd. 4, Europäische Grundrechte, Rn. 4197; *Nußberger/Lang*, in: *Stern/Sachs*, Europäische Grundrechte-Charta, Art. 34, Rn. 130.

724 Vgl. *Nußberger/Lang*, in: *Stern/Sachs*, Europäische Grundrechte-Charta, Art. 34, Rn. 130.

725 Siehe *Funk*, in: Grundrechte für Europa, 39 (49), welcher für eine Unterscheidung der Leistungen in Art. 34 EUGRCh eine Parallele zur Unterscheidung zwischen „Sozialversicherung und Sozialhilfe“ zieht; vgl. auch: *Jarass*, in: *Jarass*, Charta der Grundrechte der Europäischen Union, Art. 34, Rn. 7.

726 Vgl. *Rudolf*, in: *Meyer*, Charta der Grundrechte der Europäischen Union, Art. 34, Rn. 11.

implementiert werden soll.[727] Weitergehende Gewährleistungen wie der Zugang zu angemessenem Wohnraum oder Schutz vor Obdachlosigkeit sollen nicht mit einbezogen werden.[728]

Nicht ersichtlich ist, dass die Leistungen in Art. 34 III EUGRCh an eine vorherige Beitragseinzahlung in die entsprechenden Sozialkassen der Leistungsempfänger geknüpft sind. Damit sind die Leistungen besonders für nichterwerbstätige Unionsbürger relevant, weil dieser Personenkreis regelmäßig erbrachte Beiträge nicht vorweisen kann.

c) Verknüpfung der Menschenwürde mit Leistungen sozialer Unterstützung durch Art. 34 III EUGRCh

Auch kann zwischen den Leistungen der sozialen Vergünstigung des Art. 34 III EUGRCh und der Menschenwürde eine Verknüpfung bestehen. Ob eine solche Verknüpfung zwischen Leistungen sozialer Vergünstigung und der Menschenwürde aus Art. 1 EUGRCh besteht ist umstritten – auch wenn diese Diskussion bisher kaum praktische Bedeutung hatte[729]. Bejaht man eine solche Verknüpfung zwischen Art. 1 EUGRCh und Art. 34 III EUGRCh, hat dies Auswirkungen auf den Auslegungsmaßstab des Art. 34 III EUGRCh. Art. 1 EUGRCh gibt dann den Rahmen für die Auslegung vor und Art. 34 III EUGRCh wird als speziellere Norm angesehen, welche die Menschenwürdegarantie aus Art. 1 EUGRCh konkretisiert.[730] Die Folge wäre ein konkret nachweisbarer sozialrechtlicher Gehalt der Menschenwürde im Recht der Europäischen Union. Eine solche Verknüpfung würde sich zum einen mit einzelnen Verfassungen der Mitgliedstaaten decken, zum anderen würde eine Verknüpfung mit der Menschenwürde einen weiteren Anknüpfungspunkt im Unionsrecht für einen Grundsatz der sozialen Vergünstigung liefern.

727 Vgl. *Jarass*, in: *Jarass*, Charta der Grundrechte der Europäischen Union, Art. 34, Rn. 7; sowie: *Nußberger/Lang*, in: *Stern/Sachs*, Europäische Grundrechte-Charta, Art. 34, Rn. 133; sowie: *Rudolf*, in: *Meyer*, Charta der Grundrechte der Europäischen Union, Art. 34, Rn. 21.

728 Vgl. *Nußberger/Lang*, in: *Stern/Sachs*, Europäische Grundrechte-Charta, Art. 34, Rn. 133.

729 Vgl. *Axer*, in: Enzyklopädie Europarecht, Bd. 7, Europäisches Arbeits- und Sozialrecht, § 3, Rn. 31.

730 Vgl. *Schwarzburg*, Die Menschenwürde im Recht der EU, S. 141.

aa) Grammatikalische Auslegung

Vereinzelt wird in der Literatur vertreten, dass die unterschiedlichen Sprachfassungen des Art. 34 III EUGRCh keinen Bezug zur Menschenwürdegarantie aus Art. 1 EUGRCh zulassen. Dies scheint auf den ersten Blick plausibel. Lediglich die deutsche Sprachfassung fordert, dass die Leistungen ein „menschenwürdiges Dasein sicherstellen" sollen. Hier wird eine Verknüpfung zwischen den in Art. 34 III EUGRCh garantierten Sozialleistungen und der Menschenwürde vollzogen, ähnlich wie dies das BVerfG in ständiger Rechtsprechung in Bezug auf Art. 1 I GG i.V.m Art. 20 GG festgestellt hat.[731]

Viele Sprachfassungen stellen jedoch wortwörtlich keine direkte Verknüpfung zur Menschenwürdegarantie aus Art. 1 EUGRCh her. So heißt es beispielsweise in der englischen Sprachfassung „to ensure a decent existence". In diesem Zusammenhang wird „decent" eher mit „anständig" als mit „würdig" übersetzt.[732] Auch in der ungarischen Sprachfassung wird nur von „tisztes" gesprochen, was ebenfalls mit „anständig" oder „ordentlich" übersetzt wird.[733] Andere Sprachfassungen hingegen sprechen von „Würde" und nicht von „anständig". Die italienische Sprachfassung spricht von „esistenza dignitosa", die Niederländische von „waardig bestaan" und die Spanische von „existencia digna". Bei diesen Sprachfassungen ist eine klare Trennung zwischen der Garantie der Menschenwürde und den in Art. 34 III EUGRCh garantierten Leistungen nicht mehr so eindeutig. Mit Würde kann nur die Menschenwürde gemeint sein. Gerade die Vielzahl der Sprachfassungen, welche von „Würde" sprechen, ist ein Indiz dafür, dass die Menschenwürde als Auslegungsmaßstab herangezogen werden sollte.[734]

So gibt die grammatikalische Auslegung, insbesondere durch den deutschen Wortlaut und die vielen Sprachfassungen, die zumindest von „würdig" sprechen, schon einen ersten Hinweis, dass Art. 34 III EUGRCh mit der Menschenwürde aus Art. 1 EUGRCh verknüpft ist.

---

731 Vgl. oben: E.II.1.a).

732 Vgl. *Frenz*, Handbuch Europarecht, Bd. 4, Europäische Grundrechte, Rn. 4201; sowie: *Nußberger/Lang*, in: *Stern/Sachs*, Europäische Grundrechte-Charta, Art. 34, Rn. 27.

733 Vgl. *Frenz*, Handbuch Europarecht, Bd. 4, Europäische Grundrechte, Rn. 4201; sowie: *Nußberger/Lang*, in: *Stern/Sachs*, Europäische Grundrechte-Charta, Art. 34, Rn. 28.

734 Vgl. für die Beurteilung der Mehrheitsregel für die Auslegung: *Buerstedde*, Juristische Methodik des Europäischen Gemeinschaftsrechts, S. 44; sowie: *Müller/Christensen*, Juristische Methodik, S. 24; vgl. ferner: *Schwarzburg*, Die Menschenwürde im Recht der EU, S. 141.

bb) Menschenwürdebezug des Art. 34 III EUGRCh im Lichte der teleologischen und historischen Auslegung

Auch eine teleologische Auslegung spricht für eine Verbindung des Art. 34 III EUGRCh mit der Menschenwürdegarantie aus Art. 1 EUGRCh. Im Rahmen der teleologischen Auslegung ist eine Norm nach dem mit ihr verfolgten Zweck auszulegen. Diese Auslegungsmethode ist auf die Verwirklichung der Ziele der Unionsverträge gerichtet.[735] Schon in der Präambel der EUGRCh wird festgestellt, dass sich die EU unter anderem auf dem unteilbaren und universellen Wert der Menschenwürde begründet. Auch die Ziele der EU gemäß Art. 3 EUV sprechen von „sozialer Gerechtigkeit" sowie „sozialem Schutz". Das soziale Wohl seiner Bürger ist folglich eines der Kernanliegen der Europäischen Union. Untermauert wird dies noch einmal durch die grundsätzliche Bedeutung des Art. 1 EUGRCh für alle in der EUGRCh normierten Grundrechte.[736] Als Grundsatz der EUGRCh entfaltet die Menschenwürde auf alle anderen Grundrechte ihre Wirkung. Auch durch die Erläuterungen zur Charta der Grundrechte wird die Strahlungswirkung der Menschenwürdegarantie auf alle anderen Grundrechte der EUGRCh noch einmal betont; dort wird diese als „Fundament der Grundrechte"[737] bezeichnet.[738]

Daneben legt die historische Auslegung nahe, dass die soziale Unterstützung und die Unterstützung für die Wohnung aus Art. 34 III EUGRCh mit der Menschenwürde verknüpft sind. Im Rahmen der historischen Auslegung soll der wahre Wille des Gesetzgebers zum Erlass der Norm erforscht sowie die Funktion der zu interpretierenden Norm bestimmt werden.[739] Die historische Auslegung im Unionsrecht ist oft mangels vorliegender Beratungsprotokolle

---

735 Vgl. *Kutscher*, EuR 1981, 392 (400 f.); sowie: *Pechstein/Drechsler*, in: Europäische Methodenlehre, 125 (135); *Schwarze*, in: *Schwarze* u.a., EU-Kommentar, Art. 19 EUV, Rn. 36. Vgl. auch: *Zuleeg*, EuR 1969, 97 (104), welcher im Zusammenhang mit der teleologischen Auslegung auch auf die Interessen der Gemeinschaften, der Mitgliedstaaten, sowie der Individualinteressen abstellt.

736 Vgl. oben: G.I.3.

737 Zur Menschenwürde als „Wurzel", von welcher her alle Menschen- bzw. Bürgerrechte beginnen: *Häberle*, Europäische Verfassungslehre in Einzelstudien, S. 28. Auch *L.V. Schmidt* bezeichnet die Menschenwürde als „vitale Basis", *Schmidt*, ZEuS 2002, 633 (633). Vgl. auch: *Streinz*, in: *Streinz*, EUV/AEUV Kommentar, Art. 1 EUGRCh, Rn. 4

738 Vgl. *Rengeling/Szczekalla*, Grundrechte in der Europäischen Union, § 11, Rn. 555.

739 Vgl. *Buck*, Über die Auslegungsmethoden des EuGH, S. 143; sowie: *Lecheler*, Einführung in das Europarecht, S. 141; sowie: *Pechstein/Drechsler*, in: Europäische Methodenlehre, 125 (137); *Zuleeg*, EuR 1969, 97 (101 f.).

problematisch,[740] bei der EUGRCh ist dies hingegen gerade nicht der Fall, sodass sich eine historische Interpretation geradezu aufdrängt. Die Bedeutung der historischen Auslegung wird bei Art. 34 III EUGRCh deutlich: Erst der Vorschlag *Roman Herzogs*, die in der Charta gewährten sozialen Rechte mit der Menschenwürde zu verknüpfen, ermöglichte überhaupt die Aufnahme des Titels IV „Solidarität" in die EUGRCh.[741] Daraus kann gefolgert werden, dass der Konvent durch die Formulierung des „menschenwürdigen Daseins" eine Verknüpfung zur Menschenwürdegarantie in Art. 1 EUGRCh herstellen wollte und beide Normen nicht losgelöst voneinander betrachtet werden sollten.

cc) Fazit: Bezug zur Menschenwürde aus Art. 1 EUGRCh

Aufgrund der vorherigen Überlegungen scheint ein Bezug des Art. 34 III EUGRCh zur Menschenwürdegarantie aus Art. 1 EUGRCh zwingend. Auch wenn die anderen Sprachfassungen nicht ausdrücklich von Menschenwürde sprechen, ist eine Verknüpfung mit Art. 1 EUGRCh naheliegend.[742] Die anderen Sprachfassungen formulieren immerhin noch den Begriff „Würde". Bemisst man die „Würde" anders als die „Menschenwürde", stellt sich die Frage nach dem Unterschied beider Begriffe. Ein solcher scheint nicht ersichtlich. Gerade vor dem Hintergrund, dass die Menschenwürdegarantie in Art. 1 EUGRCh als Fundament der Grundrechte in der EUGRCh Wirkung auf alle übrigen Grundrechte entfaltet, liegt eine Verknüpfung beider Normen nahe. Zumal erst die Verknüpfung der Menschenwürde mit den sozialrechtlichen Normen in den Beratungen zur EUGRCh die Implementierung der Solidarrechte in die EUGRCh ermöglichte. Der Menschenwürdegarantie in der Europäischen Union kann folglich eine soziale Facette zugesprochen werden.

d) Beeinträchtigungsmöglichkeit

Ähnlich wie in Art. 34 II EUGRCh besteht das Recht auf soziale Unterstützung und eine Unterstützung für die Wohnung nur nach Maßgabe des Unionsrechts und der einzelstaatlichen Rechtsvorschriften und Gepflogenheiten. Der Gesetzgeber stellt durch diese Formulierung einen Bezug zu dem sozialrechtlichen

740 Vgl. *Pechstein/Drechsler*, in: Europäische Methodenlehre, 125 (137).

741 Vgl. *Borowsky*, in: *Meyer*, Charta der Grundrechte der Europäischen Union, Art. 1, Rn. 9; sowie: *Schwarzburg*, Die Menschenwürde im Recht der EU, S. 141.

742 Vgl. für eine kritische Beurteilung des Bezuges zur Menschenwürdegarantie: *Frenz*, Handbuch Europarecht, Bd. 4, Europäische Grundrechte, Rn. 4195.

Bestand der einzelnen Mitgliedstaaten her und erlegt der Union damit auf, diesen zu achten und nicht durch eigene Gesetzgebung zu unterlaufen.[743]

Durch den Bezug auf das Unionsrecht und die einzelstaatlichen Rechtsvorschriften und Gepflogenheiten wird auch in Art. 34 III EUGRCh die Zurückhaltung des Grundrechtekonvents für die Kodifizierung sozialer Rechte in der EUGRCh erkennbar, wie sie auch in Art. 34 II EUGRCh zum Ausdruck kommt.[744] Hier soll zudem der Anwendungsbereich der Norm stark begrenzt werden und diese keine eigenständigen Kompetenzen der Union begründen können. Infolge dessen ist Art. 34 III EUGRCh für die Herleitung eines Grundsatzes der sozialen Vergünstigung nur bedingt geeignet.

e) Fazit

Der Schwerpunkt der von Art. 34 III EUGRCh umfassten Leistungen liegt auf den beitragsunabhängigen Sozialleistungen und deckt somit gerade jene Leistungen ab, deren Zugang für nichterwerbstätige Personen relevant ist. Hervorzuheben ist, dass der persönliche Anwendungsbereich weit gefasst wurde und nicht nur erwerbstätige Personen mit einschließt. Auch nichterwerbstätige Unionsbürger fallen in den Anwendungsbereich des Art. 34 III EUGRCh. Ferner ist der persönliche Anwendungsbereich der Norm nicht an das Freizügigkeitsrecht geknüpft, wie etwa in Art. 34 II EUGRCh. Dies kann durch die begrenzte Anwendbarkeit der Norm erklärt werden. Im Gegensatz zu Art. 34 II EUGRCh handelt es sich bei Art. 34 III EUGRCh lediglich um einen Grundsatz und nicht um ein durchsetzbares subjektives Recht. Personen, die in den persönlichen Schutzbereich des Art. 34 III EUGRCh fallen, können sich nicht direkt auf die Norm berufen. Zudem ist auch Art. 34 III EUGRCh an das Unionsrecht und die einzelstaatlichen Rechtsvorschriften und Gepflogenheiten geknüpft. Demnach wird, gleichlaufend wie in Art. 34 II EUGRCh, die Eigenständigkeit der Norm stark beschnitten und eine Abhängigkeit zum Unionsrecht und den nationalen Normen erzeugt. Als taugliche Legitimation für einen Grundsatz der sozialen Vergünstigung kann Art. 34 III EUGRCh mithin nur bedingt dienen.

3. Begrenzter Anwendungsbereich der EUGRCh

Für die Herleitung eines Grundsatzes der sozialen Vergünstigung spielt nicht nur das von der EUGRCh abgedeckte Leistungsspektrum im Bereich des

743 Vgl. *Frenz*, Handbuch Europarecht, Bd. 4, Europäische Grundrechte, Rn. 4204.
744 S.o.: F.III.1.f).

Sozialrechts eine Rolle, sondern ebenso der in der EUGRCh selbst festgeschriebene Anwendungsbereich der Charta. Besonders die oben bereits beschriebene[745] und nur sehr eingeschränkte Gesetzgebungskompetenz der EU im Bereich des Sozialrechts scheint eine Herleitung eines Grundsatzes der sozialen Vergünstigung durch die EUGRCh schwer vertretbar zu machen. Zunächst läge es nahe, durch die Implementierung der EUGRCh in die Europäischen Verträge und einer damit einhergehenden Aufwertung der Europäischen Grundrechte anzunehmen, dass einzelne Individuum sei der Ausgangs- und Bezugspunkt allen europäischen Rechts.[746] Jeder Mensch wäre dann im Anwendungsbereich des Unionsrechts ein freies Rechtssubjekt, welches in der europäischen Rechtsordnung zumindest als rechtlich und moralisch gleichwertig mit seinen Mitmenschen angesehen würde, unabhängig davon, ob die Person einer wirtschaftlichen Aktivität nachgeht oder nicht.[747] Die Grundrechte der EUGRCh könnten dann als Legitimation für die Implementierung von Regelungen im Bereich der sozialen Vergünstigungen durch den Unionsgesetzgeber gelten. Diesen Weg geht beispielsweise das deutsche Grundgesetz, indem es ein Grundrecht auf ein menschenwürdiges Existenzminimum aus Art. 1 I GG i.V.m. Art. 20 GG herleitet.[748] Ob dies jedoch auch auf unionsrechtlicher Ebene möglich ist, scheint mehr als fraglich.

Dagegen spricht schon die Intention des Grundrechtekonvents, durch die EUGRCh weder die mitgliedstaatlichen Kompetenzen beschneiden zu wollen noch die der Europäischen Union auszubauen.[749] Manifestiert wurde diese Intention in Art. 51 II EUGRCh, welcher klarstellt, dass die EUGRCh den Geltungsbereich des Unionsrechts nicht über die Zuständigkeiten der Union hinaus ausdehnt und keine neuen Zuständigkeiten begründet.[750] So soll die EUGRCh nur Anwendung finden wenn Unionsrecht ausgeführt wird. Gerade die notwendige Zuständigkeit der EU, kann jedoch oft nicht klar zu den Zuständigkeiten der einzelnen Mitgliedstaaten abgegrenzt werden. Für den Rechtsanwender kann es aufgrund der nicht eindeutigen Abgrenzung der Zuständigkeiten schwer werden, den Geltungsbereich einzelner Grundrechte zu bestimmen. Dies ist immer

---

745 S.o. F.I.

746 Vgl. *Franzius*, EuR, Beiheft 1 2013, 155 (162 f.).

747 Vgl. *Franzius*, EuR, Beiheft 1 2013, 155 (162 f.).

748 Vgl. oben: E.II.1.a).

749 Vgl. *Borowsky*, in: *Meyer*, Charta der Grundrechte der Europäischen Union, Art. 51, Rn. 14; *Jarass*, in: *Jarass*, Charta der Grundrechte der Europäischen Union, Art. 51, Rn. 8.

750 Vgl. *Jarass*, in: *Jarass*, Charta der Grundrechte der Europäischen Union, Art. 51, Rn. 9 ff.

dann problematisch, wenn der Schutzbereich europäischer und mitgliedstaatlicher Grundrechte divergiert und, je nachdem welche Rechtsordnung einschlägig wäre, entweder die unionalen oder die mitgliedstaatlichen Grundrechte Anwendung fänden. So hat dann das BVerfG in seiner *Solange*-Rechtsprechung[751] festgestellt, dass, nur wenn das Sekundärrecht den einzelnen Mitgliedstaaten keinen Umsetzungsspielraum lässt, der in Frage stehende Akt an den unionsrechtlichen Grundrechten gemessen werden muss.[752] Nur insoweit greifen dann die Grundrechte der EUGRCh.[753] Auch dies eröffnet jedoch keine neuen Kompetenzen der Europäischen Union. Dort sind die Europäischen Grundrechte nur einschlägig, wenn die Kompetenzen der Europäischen Union bereits vorliegen. Als normativer Anknüpfungsunkt für die Begründung eines Prinzips der sozialen Vergünstigung kann die EUGRCh folglich nicht dienen. Dennoch können die in der EUGRCh garantierten Rechte als Durchsetzungsmechanismus für ein vorliegendes Prinzip der sozialen Vergünstigung herangezogen werden.

IV. Fazit

In den unionsrechtlichen Verträgen sind zwar normative Ansätze für die Begründung eines Grundsatzes der sozialen Vergünstigung sichtbar. Sie reichen jedoch nicht aus, um den notwendigen rechtlichen Anknüpfungspunkt für einen Grundsatz der sozialen Vergünstigung zu bilden. Einerseits gehen die Koordinierungsregelungen nicht weit genug, als dass sie auch einen Grundsatz der sozialen Vergünstigung für nichterwerbstätige Unionsbürger begründen könnten. Die Koordinierungsregelungen umfassen nicht alle Leistungen der sozialen Vergünstigung, da sie regelmäßig auf die Erwerbstätigkeit oder vorher erbrachte Leistungen abstellen. Leistungen der Sozialhilfe sind davon aber ausgeschlossen.

Andererseits sind weder die Grundfreiheiten noch die Unionsbürgerschaft in solch einer Weise rechtlich verankert, um als Legitimation für ein Prinzip der sozialen Vergünstigung dienen zu können. Die soziale Facette der Grundfreiheiten

751 BVerfGE 118, 79, 95 f.; bestätigt in: BVerfGE 102, 147. Die Solange-Rechtsprechung wurde in Teilen international rezipiert: EGMR, Urteil vom 30.06.2005, Beschw. 45036/98 *Bosphorus*, NJW 2006, 197 ff.; vgl. dazu: *Haratsch*, ZaöRV 66 (2006), 927 (928).

752 Vgl. *Franzius*, EuR, Beiheft 1 2013, 155 (166).

753 Dies war bei der Implementierung der „Systementscheidungen" für den Emissionshandel der Fall, BVerfGE 118, 79, 95f., vgl. *Franzius*, EuR, Beiheft 1 2013, 155 (167). Anders hingegen beim Haftbefehl-Urteil, BVerfGE 113, 273, 315ff.; vgl. für eine Urteilszusammenfassung: *Fremuth*, Die Europäische Union auf dem Weg in die Supranationalität, S. 10 ff.

und der Unionsbürgerschaft wurde maßgeblich durch den EuGH entwickelt und löst sich von den Vertragsregeln immer weiter ab. Es besteht die Gefahr von *ultra vires-Akten.* Als Anknüpfungspunkt für eine prinzipentheoretische Herleitung eines Grundsatzes der sozialen Vergünstigung können diese beiden Institutionen daher nicht dienen.

Als dritte legitimatorische Grundlage kommt die EUGRCh in Betracht. Die EUGRCh führt einen umfangreichen Katalog mit sozialen Rechten, allen voran die in Art. 34 II und III EUGRCh normierten Gewährleistungen. Der Regelungsgehalt der Normen ist jedoch sehr unterschiedlich ausgeprägt. So stellt Art. 34 II EUGRCh ein subjektives Recht dar, auf welches sich der Einzelne beziehen kann. Art. 34 III EUGRCh beinhaltet hingegen einen Grundsatz im Sinne der EUGRCh, welcher zur Auslegung anderer Normen herangezogen werden kann. Festzuhalten ist jedoch, dass die Mitgliedstaaten die sozialen Rechte eng mit den einzelstaatlichen Rechtsvorschriften und dem übrigen Unionsrecht verbunden haben. Die Staaten wollten verhindern, dass ihre Kernkompetenz im sozialrechtlichen Bereich auf die EU abfließt. Untermauert wird die Zurückhaltung der Mitgliedstaaten durch den generell schon durch Art. 51 II EUGRCh sehr begrenzten Anwendungsbereich der EUGRCh. Durch diese beiden Schutzmechanismen wird eine Herleitung eines Grundsatzes der sozialen Vergünstigung anhand von Normen aus der EUGRCh nicht möglich sein. Dies bedeutet jedoch nicht, dass, sollte ein Grundsatz der sozialen Vergünstigung nachgewiesen werden, die in der EUGRCh kodifizierten Normen nicht herangezogen werden könnten, um diesen Grundsatz umzusetzen. So würde Art. 34 II EUGRCh den Unionsbürgern die Möglichkeit eröffnen, Leistungen eines Grundsatzes der sozialen Vergünstigung durch eine konkrete Norm geltend zu machen.

Final kann herausgestellt werden, dass die sich in der EU ausdrücklich mit dem Sozialrecht befassenden Normen oder solche, denen durch den EuGH ein sozialrechtlicher Gehalt zugesprochen wird, nicht als normative Anknüpfungspunkte für einen Grundsatz der sozialen Vergünstigung dienen können. In Folge dessen müssen andere, im Unionsrecht anerkannte Normen als Anknüpfungspunkt dienen.

G. Untergrenze: Die Menschenwürde

Die Menschenwürde ist für die Entwicklung aller weiteren Rechte und Grundsätze in der Europäischen Union maßgeblich.[754] Zudem zählt im Rahmen des Unionsrechts die Menschenwürde zum Wesensgehalt aller Unionsgrundrechte[755] und hat inzwischen eine herausragende Rolle als Strukturmerkmal der Europäischen Union eingenommen.[756] Daher kann die Menschenwürde in mehrfacher Hinsicht für die Begründung eines Grundsatzes der sozialen Vergünstigung relevant sein. Zum einen kann die Menschenwürde als normativer Anknüpfungspunkt für einen Grundsatz der sozialen Vergünstigung dienen.[757] Zum anderen kann sie als ein absolutes Prinzip eingeordnet werden, wodurch der Kern der Menschenwürde die Untergrenze für den Grundsatz der sozialen Vergünstigung bilden kann.[758]

Trotz der besonderen Bedeutung der Menschenwürde ist eine Inhaltsbestimmung nicht leicht vorzunehmen. Sowohl im deutschen als auch im europäischen Verständnis wird die Menschenwürde als eine allgemeine und der Entwicklungsdynamik gegenüber offene Norm dargestellt.[759] Es ist daher auch nicht verwunderlich, dass eine exakte Definition aufgrund der unterschiedlichen geistesgeschichtlichen Entwicklungen und der daraus resultierenden Vielfältigkeit des Begriffs der Menschenwürde nicht möglich ist und eine exakte Definition bisher auch nicht kodifiziert werden konnte.[760] Die genaue Ausgestaltung der Menschenwürde als „nicht interpretierbare These“[761] obliegt infolgedessen der

---

754 Vgl. *Borowsky,* in: *Meyer,* Charta der Grundrechte der Europäischen Union, Art. 1, Rn. 28; sowie: *Calliess,* in: *Calliess/Ruffert,* EUV/AEUV Kommentar, Art. 2 EUV, Rn. 17, welcher von der „zentralen Bedeutung“ der Menschenwürde im System des Grundrechtschutzes in der EU spricht; in diese Richtung auch gehend: *Schmidt,* ZEuS 2002, 633; vgl. auch: *Schwarzburg,* Die Menschenwürde im Recht der EU, S. 244 f. Siehe auch *Jarass,* in: *Jarass,* Charta der Grundrechte der Europäischen Union, Art. 1, Rn. 2, welcher die Menschenwürde als den „obersten Wert der Union bezeichnet“.

755 Vgl. *Wallau,* Die Menschenwürde in der Grundrechtsordnung der EU, S. 167 f.

756 Vgl. *Calliess,* in: *Calliess/Ruffert,* EUV/AEUV Kommentar, Art. 2 EUV, Rn. 17; sowie: *Mückenberger,* EuR 2014, 369 (385).

757 S.o. D.XIV.

758 S.o. D.IV.

759 Vgl. *Enders,* Die Menschenwürde in der Verfassungsordnung, S. 159.

760 Vgl. *Calliess,* in: Das Dogma der Unantastbarkeit, 133 (149).

761 Vgl. *Calliess,* in: Das Dogma der Unantastbarkeit, 133 (149); sowie: *Nettesheim,* in: AöR 2005, 71 (76).

Wissenschaft sowie den Gerichten;[762] und ermöglicht so eine Vielfalt an Interpretationsmöglichkeiten. Eine Legitimierung eines Grundsatzes der sozialen Vergünstigung bietet sich folglich an.

Obwohl eine Definition der Menschenwürde fehlt, hat die Menschenwürde dennoch eine zentrale verbindliche normative Aussage:[763] Der Mensch darf nicht zum bloßen Objekt des Handelns Anderer gemacht werden.[764] Aufgrund und gerade wegen seiner Würde darf der Mensch niemals bloßes Mittel sein, um einen Zweck zu erreichen.[765] Aus dieser sogenannten „Objektformel" lässt sich allein jedoch auch keine verbindliche Festlegung der Menschenwürde für die europäische Ebene ableiten, sodass der Gehalt der Menschenwürde anderweitig erschlossen werden muss.

Im Folgenden wird zunächst die Ausgestaltung der Menschenwürdegarantie in der Europäischen Union dargestellt.[766] Hinweise für die Ausgestaltung der Menschenwürde können die Aussagen des EuGH in seiner Rechtsprechung, die Gewährleistungen in den Verfassungen der einzelnen Mitgliedstaaten sowie die Verbürgungen in der EUGRCh, geben.[767] Zudem sind die „Unantastbarkeit" der Menschenwürde und die sich daraus ergebenden Folgen in das Regel-/Prinzipienmodell einzuordnen.[768] In einem weiteren Schritt wird dann der sozialrechtliche Gehalt der Menschenwürdegarantie herausgearbeitet.[769]

---

762 So schon: *Stein,* in: Der Konventsentwurf für eine EU-Verfassung, 111 (113); vgl. auch: *Calliess,* in: Das Dogma der Unantastbarkeit, 133 (149); ebenso: *Höfling/Kempny,* in: *Stern/Sachs,* Europäische Grundrechte-Charta, Art. 1, Rn. 19; sowie: *Frahm/Gebauer,* EuR 2002, 78 (78); *Rengeling/Szczekalla,* Grundrechte in der Europäischen Union, Rn. 569 f.

763 Vgl. *Jarass,* in: *Jarass,* Charta der Grundrechte der Europäischen Union, Art. 1, Rn. 6; sowie: *Mückenberger,* EuR 2014, 369 (385); *Voet van Vormizeele,* in: *Schwarze* u.a., EU-Kommentar, Art. 1 EUGRCh, Rn. 6.

764 Sog. *Objektformel,* vgl. *Borowsky,* in: *Meyer,* Charta der Grundrechte der Europäischen Union, Vorbemerkungen, Rn. 2. *Streinz,* in: *Streinz,* EUV/AEUV Kommentar, Vor. Art. 1, Rn. 1; So schon: *Dürig,* in: AöR 1956, 117 (127).

765 Vgl. *Borowsky,* in: *Meyer,* Charta der Grundrechte der Europäischen Union, Art. 1, Rn. 28; *Jarass,* in: *Jarass,* Charta der Grundrechte der Europäischen Union, Art. 1, Rn. 6.

766 Vgl. unten: G.I.

767 Vgl. unten: G.I.1., G.I.2. und G.I.3.

768 Vgl. unten: G.II.

769 Vgl. unten: G.III.

I. Menschenwürde in der Europäischen Union

Die Menschenwürde wird als ein „Grundpfeiler der europäischen Identitätsentwicklung und Leitgedanke der europäischen Philosophie- und Rechtsgeschichte“ angesehen.[770] Diese besondere Stellung findet gerade durch die Normierung der Menschenwürde an mehreren prominenten Stellen in den europäischen Verträgen ihren Ausdruck. So wird die Menschenwürde unter den Werten der Union in Art. 2 AEUV als Erstes genannt. Auch die Platzierung der Menschenwürde an erster Stelle in der EUGRCh und hier die Bezeichnung der Menschenwürde als „unantastbar“ unterstreicht ihre herausragende Stellung in den unionsrechtlichen Verträgen.[771] Gerade diese bedeutsame Stellung der Menschenwürde macht eine Konkretisierung auch so schwer. Ein konkreter Gehalt kann daher aus der Stellung der Menschenwürde als solcher nicht abgeleitet werden. Aufgrund dessen müssen die Aussagen des EuGH, die Verfassungen der Mitgliedstaaten und die EUGRCh analysiert werden.

1. Menschenwürde in der Rechtsprechung des EuGH

Der EuGH hat sich in seinen Entscheidungen bisher nur selten mit der Menschenwürde befasst.[772] Zwar erkannte der EuGH früh einzelne Aspekte des Persönlichkeitsschutzes an, welche mit der Menschenwürde verknüpft waren.[773] Die Menschenwürde als objektives Verfassungsprinzip und Grundrecht der Europäischen Union wird jedoch erst seit der Entscheidung bezüglich der Biopatent-Richtlinie vom EuGH[774] akzeptiert.[775] Interessant ist, dass der EuGH in seinen Ausführungen zur Menschenwürde weder Bezug auf die gemeinsamen

770 Vgl. *Calliess*, in: *Calliess/Ruffert*, EUV/AEUV Kommentar, Art. 2 EUV, Rn. 17; ebenso: *Meyer*, in: *Meyer*, Charta der Grundrechte der Europäischen Union, Präambel EUGRCh, Rn. 33; Zur Vorgeschichte des Art. 1 EUGRCh, siehe auch: *Meyer*, in: FS für Margot von Renesse, 53.

771 Siehe unten: G.I.3.

772 Vgl. *Höfling/Kempny*, in: *Stern/Sachs*, Europäische Grundrechte-Charta, Art. 1, Rn. 8.

773 Diese Rechtsprechung des EuGH beginnt mit dem Urteil: EuGH, Urteil vom 12.11.1969, C-29/69, *Stauder*, Slg. 1969, 419; und führt sich dann bsplw. fort mit: EuGH, Urteil vom 07.11.1985, C-145/83, *Adams/Kommission*, Slg. 1985, 3539; EuGH, Urteil vom 05.10.1994, C-404/92, *X/Kommission*, Slg. 1994, I-4737; EuGH, Urteil vom 30.04.1996, C-13/94, *P./S.*, Slg. 1996, I-2143; vgl. dazu: *Schwarzburg*, Die Menschenwürde im Recht der EU, S. 35 f.

774 EuGH, Urteil vom 09.10.2001, C-377/98, *Niederlande/Parlament und Rat*, Slg. 2001, I-7079.

775 Vgl. *Calliess*, in: Das Dogma der Unantastbarkeit, 133 (150).

Verfassungsüberlieferungen der einzelnen Mitgliedstaaten noch zu internationalen Verträgen und Menschenrechtsabkommen nimmt. Hieraus lässt sich ableiten, dass hinsichtlich der Menschenwürde ein gemeinsamer Konsens zwischen allen Akteuren der Europäischen Union besteht, die Menschenwürde als Fundament und „Urgrund“ aller Rechte zu betrachten und sie deswegen keiner Herleitung aus den Rechtserkenntnisquellen des Art. 6 II EUV bedarf.[776]

Auch wenn die deutsche Sprachfassung des Urteils nicht darauf schließen lässt, sah der EuGH die Menschenwürde im Urteil zur Biopatentrichtlinie erstmals als „Grundrecht“ an. In der deutschen Übersetzung war zwar lediglich die Rede von der „Beachtung der Menschenwürde“[777]. Alle anderen Sprachfassungen gingen jedoch von einem Grundrecht der Menschenwürde aus.[778] So ist von einer redaktionellen Ungenauigkeit in der deutschen Sprachfassung auszugehen. Der EuGH sprach der Menschenwürde mithin die Eigenschaft eines subjektiven Rechts zu.[779]

Die daran anknüpfende Rechtsprechung des EuGH bekräftigt dies noch. Nach der Biopatent-Richtlinien-Entscheidung entwickelte der EuGH seine Rechtsprechung im Laserdrome-Urteil adäquat weiter.[780] Im Rahmen dieses Verfahrens stellte sich die Frage, inwieweit sich nationale Gerichte auf Wertungen ihrer nationalen Verfassungsrechte berufen können, die zum Schutz der öffentlichen Ordnung geeignet sind, gleichzeitig aber auch Grundfreiheiten beeinträchtigen können. Dem Verfahren lag der Sachverhalt zugrunde, dass die Stadt Bonn den Betrieb eines sogenannten „Laserdromes“ untersagte, in welchem Tötungshandlungen simuliert wurden. Die Behörde begründete ihre Entscheidung damit,

---

776 Vgl. *Calliess*, in: Das Dogma der Unantastbarkeit, 133 (150).

777 EuGH, Urteil vom 09.10.2001, C-377/98, *Niederlande/Parlament und Rat*, Slg. 2001, I-7079; vgl. für eine ausführliche Urteilsrezension: *Calliess/Meiser*, JuS 2002, 426.

778 So lautet die englische Sprachfassung des Urteils: „the fundamental right to human dignity and integrity“; vgl. auch: *Calliess*, in: Das Dogma der Unantastbarkeit, 133 (150 f.); *Rengeling/Szczekalla*, Grundrechte in der Europäischen Union, S. 327; sowie: *Schmidt*, ZEuS 2002, 633 (660 f.).

779 Vgl. *Calliess*, in: Das Dogma der Unantastbarkeit, 133 (150 f.); a.A.: *Meiser*, Biopatentierung und Menschenwürde, S. 74 f.; sowie: *Rau/Schorkopf*, NJW 2002, 2448 (49), welche der deutschen Übersetzung folgen und deshalb nicht von einem Recht auf Menschenwürde sprechen.

780 EuGH, Urteil vom 14.10.2004, C-36/02, *Omega*, Slg. 2004, I-9609; siehe für eine Urteilsbesprechung: *Bröhmer*, EuZW 2004, 753 (755 ff.). Vgl. grundsätzlich zur Problematik von Tötungsspielen im Kontext der Menschenwürde: *Kramer*, NVwZ 2004, 1083.

dass der Betrieb gegen die öffentliche Ordnung im Sinne des § 14 OBG NRW verstoße, zu welcher auch die Menschenwürde zähle.[781]

Der EuGH entschied letztlich, dass der Rechtfertigungstatbestand der öffentlichen Ordnung im Sinne des Art. 62 i.V.m. Art. 52 I AEUV vor dem Hintergrund der Menschenwürde auszulegen sei.[782] Im Rahmen der Auslegung dürfe nicht jeder Mitgliedstaat die öffentliche Ordnung eigenständig bestimmen; allerdings hätten die einzelnen Mitgliedstaaten einen eigenen Beurteilungsspielraum bezüglich der konkreten Umstände, unter denen sie sich auf die öffentliche Ordnung als Rechtfertigung berufen können.[783] Dennoch begründe die Gemeinschaftsrechtsordnung die Gewährleistung der Achtung der Menschenwürde als einen allgemeinen Rechtsgrundsatz.[784] Daraus resultiere, dass die nationale Maßnahme der Einschränkung der Menschenwürde eine allen Mitgliedstaaten innewohnende Auffassung wiederspiegle, in welcher Weise das Grundrecht zu schützen sei.[785] Insbesondere durch den Verweis auf den Beurteilungsspielraum der einzelnen Mitgliedstaaten bleibt der EuGH jedoch eine genaue Umschreibung des Schutzbereichs der Menschenwürde schuldig. Festgehalten werden kann so lediglich, dass der EuGH die Menschenwürde als einen allgemeinen Rechtsgrundsatz anerkennt und ihm den Status eines subjektiven Rechts zuspricht. Eine genaue Ausgestaltung der Menschenwürdegarantie nimmt der EuGH nicht vor. Durch den Verweis auf die Verfassungen der einzelnen Mitgliedstaaten in seiner Laserdrome-Entscheidung hebt der EuGH die Bedeutung der mitgliedstaatlichen Verfassungen für die Bestimmung von Unionsrecht hervor. Für die Herleitung eines Grundsatzes der sozialen Vergünstigung bedeutet dies, dass ein gemeinsamer sozialrechtlicher Gehalt der in den Mitgliedstaaten verbürgten Menschenwürdegarantie als Beleg für einen solchen Grundsatz dienen kann.

2. Gewährleistung der Menschenwürde in den Verfassungen der Mitgliedstaaten

Die Menschenwürde wird von den einzelnen Mitgliedstaaten übereinstimmend als „Urgrund“ aller Rechte betrachtet und ist überall flächendeckend

---

781 EuGH, Urteil vom 14.10.2004, C-36/02, *Omega*, Slg. 2004, I-9609, Rn. 7, 28, 32.

782 EuGH, Urteil vom 14.10.2004, C-36/02, *Omega*, Slg. 2004, I-9609, Rn. 41; vgl. auch: *Calliess*, in: Das Dogma der Unantastbarkeit, 133 (152).

783 EuGH, Urteil vom 14.10.2004, C-36/02, *Omega*, Slg. 2004, I-9609, Rn. 31.

784 EuGH, Urteil vom 14.10.2004, C-36/02, *Omega*, Slg. 2004, I-9609, Rn. 34; vgl. auch: *Calliess*, in: Das Dogma der Unantastbarkeit, 133 (152).

785 EuGH, Urteil vom 14.10.2004, C-36/02, *Omega*, Slg. 2004, I-9609, Rn. 37; *Calliess*, in: *Calliess/Ruffert*, EUV/AEUV Kommentar, Art. 1 EUGRCh, Rn. 26.

anerkannt.[786] Dennoch ist die Ausgestaltung der Menschenwürde in den jeweiligen Rechtsordnungen sehr unterschiedlich. In einigen Ländern ist die Menschenwürdegarantie in den jeweiligen Verfassungen normiert.[787] In anderen Mitgliedstaaten ist sie hingegen nicht ausdrücklich festgeschrieben.[788] Dort wird sie entweder durch Rechtsprechung der Verfassungsgerichte gewährleistet oder in den jeweiligen Verfassungen sind einzelne Verpflichtungen verankert, die übereinstimmend als Facetten der Menschenwürdegarantie gelten.[789]

Auch bezüglich des Gewährleistungsgehaltes der Menschenwürde gibt es keinen durchgehenden Konsens zwischen den einzelnen Mitgliedstaaten.[790] So reicht die Garantie der Menschenwürde von einem einfachen Programmsatz bis zu einem objektiven Rechtssatz, sowie in Ausnahmefällen auch zu einem echten Grundrecht mit subjektiv-rechtlichem Charakter.[791] Dies ist insbesondere den verschiedenen Ursprüngen der Menschenwürdegarantie in den einzelnen Mitgliedstaaten und den dort unterschiedlich vorherrschenden Vorstellungen von Moral, Tradition und sittlichem Verständnis geschuldet.[792] Hervorzuheben ist

---

786 Vgl. *Calliess,* in: Das Dogma der Unantastbarkeit, 133 (150), welcher dies von der Methodik des EuGH in dem Verfahren zur Biopatentrichtlinie ableitet, EuGH, Urteil vom 09.10.2001, C-377/98, *Niederlande/Parlament und Rat,* Slg. 2001, I-7079. Vgl. für die flächendeckende Anerkennung: *Schwarz,* Der Staat 2011, 533 (543).

787 So z.B. in Art. 10 Spanische Verfassung von 1978; Art. 1 I GG; Art. 23 Belgische Verfassung von 1994; Art. 2 I Griechische Verfassung von 1975; Art. 1 Portugiesische Verfassung von 1976.

788 Vgl. *Meiser,* Biopatentierung und Menschenwürde, S. 74; sowie: *Rau/Schorkopf,* NJW 2002, 2448 (2449). Vgl. auch für die geringe Kodifizierungsdichte in nationalen Verfassungen: *Karl,* in: Der Begriff der Menschenwürde, 25 (32).

789 Vgl. beispielhaft für Frankreich: Conseil Constitutionnel, Entscheidung vom 27.07.1994, CC-343/344 DC; vgl. auch: *Borowsky,* in: *Meyer,* Charta der Grundrechte der Europäischen Union, Art. 1, Rn. 2; sowie: *Schwarz,* Der Staat 2011, 533 (543).

790 Vgl. *Meiser,* Biopatentierung und Menschenwürde, S. 74. Betrachte für einen Vergleich der Wertungen der Menschenwürde in den einzelnen Mitgliedstaaten: *Borowsky,* in: *Meyer,* Charta der Grundrechte der Europäischen Union, Art. 1, Rn. 1 ff.; vgl. auch: *Calliess,* in: Das Dogma der Unantastbarkeit, 133 (147).

791 Lediglich in Deutschland, Polen und Ungarn wird man von einem direkten subjektivrechtlichen Grundrecht der Menschenwürde sprechen können; vgl. dazu: *Schwarz,* Der Staat 2011, 533 (543). Vgl. schon oben für den subjektivrechtlichen Charakter der Sozialleistungen in Deutschland: E.II.1.a).

792 Vgl. *Calliess,* in: Das Dogma der Unantastbarkeit, 133 (147). Als exemplarisches Beispiel für den Unterschied der Menschenwürde in der deutschen und der spanischen Verfassung: *Gutiérrez,* Kritische Vierteljahresschrift für Gesetzgebung und Rechtswissenschaft 2006, 384.

hier das deutsche Grundgesetz, welches die Menschenwürde als ein subjektives Recht einordnet und in diesem Zusammenhang ganz konkret auch einen Anspruch auf ein menschenwürdiges Existenzminimum anerkennt.[793] Gestützt hat das BVerfG sein Urteil ausdrücklich auf die Menschenwürde. Der Menschenwürde wird mithin ein sozialrechtlicher Gehalt in Deutschland zugesprochen.[794]

Auch wenn folglich von einer gemeinsam überlieferten Verfassungstradition der Menschenwürde der Mitgliedstaaten ausgegangen werden kann, ist daraus der genaue Gehalt der Menschenwürdegarantie noch nicht ersichtlich. Aufgrund der Vielfältigkeit der einzelnen Mitgliedstaaten ist die Menschenwürdegarantie in den Staaten unterschiedlich ausgeprägt, wodurch eine inhaltliche Bestimmung schwer fällt. Eine besondere Stellung nimmt hier sicherlich das deutsche GG ein, welches direkt aus der Menschenwürde ein subjektives Recht auf Sozialleistungen ableitet. Dies für sich allein reicht jedoch nicht aus, auch auf europäischer Ebene der Menschenwürde einen sozialrechtlichen Gehalt zuzusprechen.[795]

3. Menschenwürde in der EUGRCh

Gerade im Kontext der EUGRCh spielt die Menschenwürde eine herausragende Rolle. Dies wird schon durch die systematische Stellung unterstrichen. Die Menschenwürde ist an vorderster Stelle in Art. 1 EUGRCh normiert, welcher den ersten Titel der EUGRCh „Würde des Menschen" einleitet. Art. 1 EUGRCh stellt dabei klar: „Die Würde des Menschen ist unantastbar. Sie ist zu achten und zu schützen."

Der Menschenwürdegarantie kommt in der EUGRCh eine Doppelfunktion zu.[796] Zum einen dient sie als ein echtes Grundrecht. Zum anderen stellt sie eine objektiv-rechtliche Grundsatznorm dar, welche sich auf alle anderen Normen der EUGRCh auswirkt.[797] Dies wird durch die systematische Stellung der

793 S.o. E.II.1.a).

794 S.o. E.II.1.a). Vgl. auch: BVerfGE 40, 121, (132); 45, 187, (228); 82, 60, (80); 113, 88, (108 f.); 123, 267, (362 f.); 125, 175, (222); vgl. dazu: *Neumann*, NVwZ 1995, 426; *Däubler*, NZS 2005, 225; *Schnath*, NZS 2010, 297; *Schulz*, SGb 2010, 201 (201).

795 Betrachte für die Kontroverse, ein Prinzip auf europäischer Ebene lediglich anhand der Überlieferungen eines Mitgliedstaates herzuleiten oben: D.XIII. u. D.XIV.

796 Vgl. *Breuer*, in: Enzyklopädie Europarecht, Bd. 2, Europäischer Grundrechteschutz, § 7, Rn. 6; sowie: *Höfling/Kempny*, in: *Stern/Sachs*, Europäische Grundrechte-Charta, Art. 1, Rn. 10 ff.

797 Vgl. *Borowsky*, in: *Meyer*, Charta der Grundrechte der Europäischen Union, Art. 1, Rn. 27; vgl. auch: *Frenz*, Handbuch Europarecht, Bd. 4, Europäische Grundrechte,

Menschenwürdegarantie unter dem Teil „Grundrechte" manifestiert. Hätte der Konvent die Menschenwürde lediglich als einen objektiven Rechtsgrundsatz angesehen und ihr nicht eine Doppelfunktion zusprechen wollen, so hätte die Menschenwürdegarantie in der Präambel verankert werden können.[798] Gerade dies lehnte der Konvent jedoch ab und entschied sich dazu, die Menschenwürdegarantie zu den Grundrechten zu zählen und verschaffte ihr so einen subjektiven Gehalt. Daneben hat sich der Konvent aktiv dagegen gewehrt, die Menschenwürde mit allgemeinen Werten wie Gleichheit und Freiheit zu verbinden, um eine Relativierung der Menschenwürde zu verhindern.[799] Der Menschenwürdegarantie war folglich von vornherein eine Doppelfunktion zugeschrieben. Eine im Vergleich zu den anderen Grundrechten herausragende Stellung war ausdrücklich gewünscht.[800]

Im Vergleich zu den verfassungsrechtlichen Verbürgungen der Menschenwürde und der Rechtsprechung des EuGH ist die Bestimmung des Gehalts der Menschenwürde in der EUGRCh nicht unproblematisch. Schwierigkeiten bei der Bestimmung des Inhalts der Menschenwürdegarantie bereitet gerade die Formulierung des Art. 1 EUGRCh. Durch die Unantastbarkeit wird ein Absolutheitsanspruch der Menschenwürde zum Ausdruck gebracht. Diese Absolutheit, die die herausragende Stellung der Norm unterstreicht,[801] darf jedoch nicht dazu führen, dass die Menschenwürde bei jedem Eingriff betroffen ist. Andernfalls würde die Menschenwürde derart verwässert, dass der Würdebegriff Gefahr

Rn. 873; sowie: *Jarass,* in: *Jarass,* Charta der Grundrechte der Europäischen Union, Art. 1, Rn. 4; *Schwarzburg,* Die Menschenwürde im Recht der EU, S. 22 f., vgl. dazu ausführlich: *Wallau,* Die Menschenwürde in der Grundrechtsordnung der EU, S. 121 ff.

798 Das Vereinigte Königreich, Schweden und Spanien sprachen der Menschenwürde nicht den Status eines eigenständigen justiziablen Rechts zu und wollten die Menschenwürde nicht mit den durch sie begründeten Rechten gleichsetzen, Änderungsanträge Nr. 3, 5, 13 in Charte 4332/00 Convent 35; vgl.: *Borowsky,* in: *Meyer,* Charta der Grundrechte der Europäischen Union, Art. 1, Rn. 7. Vgl. auch: *Barriga,* Die Entstehung der Charta der Grundrechte der Europäischen Union, S. 71.

799 Vgl. *Borowsky,* in: *Meyer,* Charta der Grundrechte der Europäischen Union, Art. 1, Rn. 8.

800 Dies erklärt auch die Positionierung der Menschenwürdegarantie in Art. 1 EUGRCh, vgl.: *Borowsky,* in: *Meyer,* Charta der Grundrechte der Europäischen Union, Art. 1, Rn. 7.

801 Vgl. *Schwarzburg,* Die Menschenwürde im Recht der EU, S. 80.

liefe entwertet zu werden.[802] Der besondere Status der Menschenwürde ginge so verloren. Er darf aber auch nicht zu eng gefasst werden, sonst würde Art. 1 EUGRCh ins Leere laufen. Eingriffe in die Menschenwürde wären kaum mehr möglich.

Im Gegensatz zu anderen Grundrechten bestimmt die Menschenwürdegarantie keine Schutzräume, auf welche sich die Menschenwürde bezieht. Sie verfügt nicht über einen eigenen definierten sachlichen Normbereich.[803] Hier entspricht die Menschenwürdegarantie eher einem allgemeinen Rechtsgrundsatz wie dem der „Freiheit" oder der „Gleichheit". Untermauert wird dies durch die Aussage des Konvents, dass die Menschenwürde das eigentliche Fundament aller anderen Grundrechte sei.[804] Mithin ist die genaue Bestimmung des Schutzbereichs des Art. 1 EUGRCh direkt aus der Norm nicht möglich.[805]

Auch wenn Art. 1 EUGRCh eine grundlegende Bedeutung für alle Grundrechte in der EUGRCh nicht abgesprochen werden kann, gestaltet sich eine genaue Bestimmung des Schutzbereiches der Menschenwürde schwierig. Zu beachten ist jedoch die oben aufgezeigte[806] Verknüpfung der Menschenwürde mit den in Art. 34 III EUGRCh garantierten Sozialleistungen. Durch diese Verknüpfung kann der Gehalt zumindest im sozialen Bereich konkretisiert werden. Ein sozialrechtlicher Gehalt der Menschenwürde war ausdrücklich gewünscht und wurde durch diese Verknüpfung zum Ausdruck gebracht. Wäre dies nicht der Fall gewesen, hätte der Grundrechtekonvent diese Verknüpfung durch eine andere Formulierung des Art. 34 III EUGRCh ausschließen können. Daraus lässt sich ableiten, dass der Grundrechtekonvent bei Erstellung der EUGRCh der Auffassung war, dass der Menschenwürde grundsätzlich ein sozialrechtlicher Gehalt anhaftet. Denn die EUGRCh stellt klar, dass die in ihr enthaltenen Regelungen lediglich die gemeinsamen Verfassungsüberlieferungen der Mitgliedstaaten und die gemeinsamen internationalen Verpflichtungen der Mitgliedstaaten wiedergeben

---

802 Vgl. *Höfling/Kempny,* in: *Stern/Sachs,* Europäische Grundrechte-Charta, Art. 1, Rn. 15; sowie: *Schwarzburg,* Die Menschenwürde im Recht der EU, S. 80.

803 Vgl. *Calliess,* in: Das Dogma der Unantastbarkeit, 133 (172); ebenso: *Höfling/Kempny,* in: *Stern/Sachs,* Europäische Grundrechte-Charta, Art. 1, Rn. 15.

804 Abl. 2007 C 303, S. 17.

805 So sprechen dann auch *Höfling/Kempny* davon, dass man sich dem Gewährleistungsgehalt der Menschenwürdegarantie nur „nähern" kann, *Höfling/Kempny,* in: *Stern/Sachs,* Europäische Grundrechte-Charta, Art. 1, Rn. 16.

806 S.o. F.III.2.c).

und kein neues Recht schaffen.[807] In diesem Zusammenhang „bekräftigt" die Präambel der EUGRCh die bisher vorhandenen Verpflichtungen und Rechte. Durch die Formulierung „bekräftigt" zeigt der Verfasser der EUGRCh an, dass die in der EUGRCh niedergeschriebenen Normen bereits anerkannt sind und die Aufzählung in der Präambel die Quellen der EUGRCh darstellen.[808] Die EUGRCh „schafft" folglich kein neues Recht, sondern kodifiziert nur bereits vorhandene Rechtsregeln. Der europäische Gesetzgeber war mithin der Auffassung, dass eine solche Verbindung auch zwischen der Menschenwürde und Sozialrechten besteht.

4. Fazit

Die Menschenwürde ist sowohl in den einzelnen Mitgliedstaaten als auch in der Europäischen Union selbst anerkannt. In der EU nimmt sie eine besondere – grundsätzliche – Stellung ein und stellt neben einem objektiven Rechtssatz ein subjektives Recht dar, auf welches sich der einzelne Mensch berufen kann. Die genaue Ausgestaltung der Menschenwürde ergibt sich jedoch nicht direkt aus der Menschenwürdegarantie als solcher. Das scheint aufgrund der Weite und der Allgemeinheit des Begriffs auch nicht möglich und wird daher den Gerichten und der Wissenschaft überlassen. Diesbezüglich erkennt der EuGH die Menschenwürde zwar als ein subjektives Recht an, definiert den Schutzbereich der Menschenwürde aber auch nicht selbst, weshalb andere Anknüpfungspunkte herhalten müssen, um den Gehalt der Menschenwürde zu bestimmen. Der EuGH verweist hier auf die Verfassungen der einzelnen Mitgliedstaaten, um einen Eingriff in die Menschenwürdegarantie zu bestimmen. Die Menschenwürde ist in den Mitgliedstaaten zwar flächendeckend anerkannt, ist dort jedoch unterschiedlich stark ausgeprägt. Daher ist auch ein Vergleich der einzelnen Verfassungen für die Bestimmung eines sozialen Gehaltes der Menschenwürde nicht hilfreich. Hervorzuheben ist hier jedoch sicherlich das deutsche Grundgesetz, welches ein Grundrecht auf die Gewährung eines menschenwürdigen Existenzminimums anerkennt. Zu beachten sind auch eine Vielzahl anderer Mitgliedstaaten, die zwar nicht direkt aus der Menschenwürde soziale Reche ableiten, soziale Rechte in ihren Verfassungen jedoch anerkennen.[809] Da alle Mitgliedstaaten die

---

807 Vgl. Absatz 5 der Präambel der EUGRCh; *Meyer*, in: *Meyer*, Charta der Grundrechte der Europäischen Union, Präambel, Rn. 45; *Streinz*, in: *Streinz*, EUV/AEUV Kommentar, Präambel EUGRCh, Rn. 13.

808 Vgl. *Meyer*, in: *Meyer*, Charta der Grundrechte der Europäischen Union, Präambel, Rn. 45.

809 S.o. E.II.

Menschenwürde als „Urgrund" aller Rechte betrachten, müssen logischerweise aus dieser, zumindest indirekt, auch soziale Rechte hergeleitet werden können. Bekräftigt wird dies durch die EUGRCh, welche lediglich bereits vorhandenes Recht festgeschrieben hat. Die EUGRCh stellt wortwörtlich eine Verbindung zwischen der Menschenwürde in Art. 1 EUGRCh und den Sozialleistungen in Art. 34 III EUGRCh her. Der europäische Gesetzgeber erkannte folglich an, dass auch schon vor der Implementierung der EUGRCh eine Verbindung zwischen der Menschenwürde und Sozialleistungen bestand. Ein sozialrechtlicher Gehalt kann mithin der Menschenwürde auf europäischer Ebene zugesprochen werden.

II. Menschenwürde als absolutes Prinzip

Durch die besondere Formulierung des Art. 1 EUGRCh „Die Würde des Menschen ist unantastbar" liegt es nahe, die Menschenwürde als ein absolutes Prinzip im Sinne der Regel-/Prinzipiendiskussion einzuordnen. Im Rahmen von absoluten Prinzipien ist zu beachten, dass sie in zwei Teile getrennt werden. Zum einen in einen Regelteil, welcher den Kerngehalt des absoluten Prinzips beinhaltet und zum anderen einen Prinzipienteil, welcher mit gegenläufigen Prinzipien abgewogen werden muss. Erst wenn die Abwägung im Einzelfall zu dem Ergebnis führt, dass das absolute Prinzip vorzugwürdig ist, entfaltet dieses Prinzip seine volle Geltung.[810] Der Einordnung der Menschenwürde als ein absolutes Prinzip im Kontext eines Grundsatzes der sozialen Vergünstigung kommt damit eine besondere Bedeutung zu, da sich durch diese Bestimmung ergibt, unter welchen Umständen der sozialrechtliche Gehalt der Menschenwürde Wirkung entfalten kann.

1. Anwendbarkeit des Art. 52 I EUGRCh auf die Menschenwürde

In Bezug auf die Reichweite der Menschenwürdegarantie spielt die Tragweite der Normen aus der EUGRCh gemäß Art. 52 eine maßgebliche Rolle. Art. 52 I EUGRCh verkörpert eine allgemeine Schrankenklausel,[811] wonach die Rechte aus der EUGRCh eingeschränkt werden können, sofern die Einschränkungen gesetzlich vorgesehen sind, den Wesensgehalt der Rechte und Freiheiten achten und verhältnismäßig sind. Der Wortlaut des Art. 52 I EUGRCh spricht erst einmal für eine uneingeschränkte Anwendbarkeit auf alle Grundrechte in der

---

810 S.o. D.IV.

811 Vgl. *Borowsky*, in: *Meyer*, Charta der Grundrechte der Europäischen Union, Art. 52, Rn. 18.

EUGRCh,[812] da hier von den „in dieser Charta anerkannten Rechte[n] und Freiheiten" die Rede ist. Dementsprechend würde auch die Menschenwürdegarantie aus Art. 1 EUGRCh umfasst sein.[813]

Die Systematik und die Historie des Art. 52 EUGRCh sprechen jedoch gegen eine uneingeschränkte Anwendbarkeit des Art. 52 EUGRCh.[814] Art. 52 I EUGRCh ist subsidiär, sodass dieser nicht anwendbar ist, falls andere Beschränkungsregeln für die in der EUGRCh genannten Grundrechte einschlägig sind.[815] In Bezug auf Art. 1 EUGRCh kann hier insbesondere Art. 52 III EUGRCh vorrangig sein, wonach Chartarechte, welche Rechten aus der EMRK entsprechen, auch nur im Rahmen der nach der EMRK vorgesehenen Einschränkungsmöglichkeiten begrenzt werden können.[816] Die Menschenwürdegarantie ist in der EMRK zwar nicht ausdrücklich erwähnt,[817] dennoch werden beispielsweise das uneingeschränkte Folterverbot sowie das Verbot der Sklaverei als Ausprägungen der Menschenwürdegarantie[818] aus der EMRK auf die EUGRCh übertragen.[819] In diesem Zusammenhang wird gefordert, dass auch das Ursprungsrecht der Menschenwürdegarantie von der Uneingeschränktheit des Folterverbots sowie vom Verbot der Sklaverei umfasst werden soll.[820] Die Uneingeschränktheit wäre dann auch auf die Menschenwürde in Art. 1 EUGRCh zu übertragen und würde die Menschenwürde als ein absolutes Prinzip qualifizieren.

Ob in diesem Punkt auch Verletzungen der Menschenwürde durch die Nichtgewährung von Sozialleistungen diesem absoluten Schutz unterstehen, kann

---

812 Vgl. *Schwarzburg*, Die Menschenwürde im Recht der EU, S. 364.

813 Vgl. für diese Betrachtungsweise: *Pietsch*, Das Schrankenregime der EU-Grundrechtecharta, S. 160 ff.; vgl. ferner: *Schwarzburg*, Die Menschenwürde im Recht der EU, S. 364; differenzierend dazu: *Rensmann*, Wertordnung und Verfassung, S. 344 in Fn. 93, der bei einer Anwendbarkeit des Art. 52 I EUGRCh den unantastbaren Kernbereich der Menschenwürdegarantie ausschließen will. Kritisch dazu: *Schmitz*, EuR 2004, 191 (711 f.).

814 Vgl. *Borowsky*, in: *Meyer*, Charta der Grundrechte der Europäischen Union, Art. 52, Rn. 18.

815 Vgl. *Borowsky*, in: *Meyer*, Charta der Grundrechte der Europäischen Union, Art. 52, Rn. 18.

816 Vgl. *Schwarzburg*, Die Menschenwürde im Recht der EU, S. 364.

817 Vgl. oben: G.I.

818 Vgl. *Borowsky*, in: *Meyer*, Charta der Grundrechte der Europäischen Union, Art. 52, Rn. 14a; sowie: *Schwarzburg*, Die Menschenwürde im Recht der EU, S. 364.

819 Vgl. *Schwarzburg*, Die Menschenwürde im Recht der EU, S. 364.

820 Vgl. *Borowsky*, in: *Meyer*, Charta der Grundrechte der Europäischen Union, Art. 1, Rn. 40.

jedoch dahinstehen, wenn für die Menschenwürdegarantie bereits eine andere Regelung anwendbar ist. Das ist immer dann der Fall, wenn für die Menschenwürdegarantie eine besondere Schrankenregelung einschlägig ist, insbesondere eine, die sich aus der Norm selbst ergibt. Die Menschenwürdegarantie erwähnt ausdrücklich die „Unantastbarkeit" und beinhaltet folglich solch eine der Norm inhärente Schrankenregelung.

2. Unantastbarkeit der Menschenwürde

Die Formulierung „Die Würde des Menschen ist unantastbar" spricht für eine Uneinschränkbarkeit der Menschenwürdegarantie aus Art. 1 EUGRCh. Gleichlaufend dazu wird die Menschenwürde in anderen Sprachfassungen[821] ebenfalls als absolut angesehen.[822] Daneben wollten auch die Delegierten des Grundrechtekonvents die Menschenwürde uneingeschränkt bestehen lassen.[823] Bekräftigt wird dies durch die Erläuterungen der Charta, wonach die Menschenwürde zum Wesensgehalt der in der Charta verankerten Rechte gehöre und daher nicht eingeschränkt werden darf.[824]

Die „Unantastbarkeit" der Menschenwürde führt dazu, dass Art. 52 I EUGRCh in Bezug auf die Menschenwürdegarantie restriktiv angewendet werden muss und daher im Rahmen der Meschenwürde nicht zum Tragen kommt.[825] Demnach wird die Menschenwürde absolut geschützt und unterliegt formal keinen

821 Bsplw. in der französischen Sprachfassung, wo von „inviolable" die Rede ist.

822 Vgl. *Schwarzburg*, Die Menschenwürde im Recht der EU, S. 366, dort mit weiteren Nachweisen. Kritisch dazu: *Pietsch*, Das Schrankenregime der EU-Grundrechtecharta, S. 161; beide Ansichten gegenüberstellend: *Wallau*, Die Menschenwürde in der Grundrechtsordnung der EU, S. 180 ff.; vgl. auch *Schorkopf*, in: Europäische Grundrechte und Grundfreiheiten, 581 (587), welcher die Folgen einer uneinschränkbaren Menschenwürdegarantie darlegt.

823 Vgl. *Borowsky*, in: *Meyer*, Charta der Grundrechte der Europäischen Union, Art. 1, Rn. 14 ff.

824 Vgl. *Borowsky*, in: *Meyer*, Charta der Grundrechte der Europäischen Union, Art. 1, Rn. 40.

825 Vgl. *Borowsky*, in: *Meyer*, Charta der Grundrechte der Europäischen Union, Art. 1, Rn. 40; sowie: *Breuer*, in: Enzyklopädie Europarecht, Bd. 2, Europäischer Grundrechteschutz, Rn. 35; *Höffling/Kempny*, in: *Stern/Sachs*, Europäische Grundrechte-Charta, Art. 1, Rn. 27; *Jarass*, in: *Jarass*, Charta der Grundrechte der Europäischen Union, Art. 1, Rn. 12; vgl. ferner: *Lenaerts*, EuGRZ 2015, 353 (355 f.).

Beschränkungen.[826] Dennoch hat der EuGH die Menschenwürde einer Abwägung zugänglich gemacht. Auf seine Entscheidung in der Rs. *Omega* aufbauend, entschied der EuGH in den Rs. *Laval* und *Schmidberger,* dass die Menschenwürde „mit den Erfordernissen der durch den Vertrag geschützten Rechte in Einklang gebracht werden und dem Verhältnismäßigkeitsgrundsatz entsprechen"[827] müsse.[828] Auch wenn der Wortlaut der Verträge eine Einschränkungsmöglichkeit nicht unbedingt nahelegt, scheint eine differenzierte Betrachtung geboten. Würde die Menschenwürdegarantie vorbehaltlos bestehen, könnte eine staatliche Maßnahme immer nur dagegen verstoßen oder sie überhaupt nicht tangieren.[829] Eine Abstufung im Einzelfall wäre nicht möglich. Auch wenn der EuGH sich dazu noch nicht endgültig entschieden hat, scheint dieser Ansatz nicht gänzlich abwegig. Rein binäre Ergebnisse können nicht gewollt sein und würden im Großteil der Fälle auch nicht zu befriedigenden Ergebnissen führen.[830] Zudem folgt der EuGH mit seinen Entscheidungen in den Rs. *Laval, Omega* und *Schmidberger,* zumindest in Teilen, dem prinzipientheoretischen Ansatz *Alexys.* Dieser macht auch absolute Prinzipien, namentlich die Menschenwürde, einer Abwägung zugänglich, verlagert die Abwägung dann jedoch vor den eigentlichen Eingriff in den Prinzipiengehalt.[831]

Macht man die Menschenwürdegarantie einer Abwägung zugänglich, bedeutet das jedoch nicht, dass eine normale Verhältnismäßigkeitsprüfung ausreicht. Der herausragenden Stellung der Menschenwürde muss in der Hinsicht Rechnung getragen werden, dass nur durch eine bewertende Deutung des vorliegenden Gesamtzusammenhangs und der im Einzelfall betroffenen Verfassungswerte

---

826 Vgl. *Borowsky,* in: *Meyer,* Charta der Grundrechte der Europäischen Union, Art. 1, Rn. 40; *Höffling/Kempny,* in: *Stern/Sachs,* Europäische Grundrechte-Charta, Art. 1, Rn. 27.

827 EuGH, Urteil vom 18.12.2007, C-341/05, *Laval,* Slg. 2007, I-11767, Rn. 94 mit Verweis auf EuGH, Urteil vom 14.10.2004, C-36/02, *Omega,* Slg. 2004, I-9609 und EuGH, Urteil vom 12.06.2003, C-112/00, *Schmidberger,* Slg. 2003 I-5659.

828 Vgl. *Frenz,* NVwZ 2005, 48 (50); vgl. auch: *Schorkopf,* in: Europäische Grundrechte und Grundfreiheiten, 581 (587).

829 Vgl. *Calliess,* in: *Calliess/Ruffert,* EUV/AEUV Kommentar, Art. 1 EUGRCh, Rn. 36; sowie: *Meiser,* Biopatentierung und Menschenwürde, S. 83; ebenso: *Schorkopf,* in: Europäische Grundrechte und Grundfreiheiten, 581 (587).

830 Vgl. *Schorkopf,* in: Europäische Grundrechte und Grundfreiheiten, 581 (587).

831 S.o. D.IV. Eine solch vorgelagerte Prüfung führt beispielsweise auch der EGMR durch, vgl. *Schwichow,* Die Menschenwürde in der EMRK, S. 213.

eine Verletzung der Menschenwürdegarantie festgestellt werden kann.[832] Durch den Bezug zum Einzelfall wird klar ein prinzipientheoretischer Ansatz vertreten und die Menschenwürde als ein absolutes Prinzip qualifiziert. Im Rahmen der Regel-/Prinzipiendiskussion wird im Falle kollidierender Prinzipien auch im Einzelfall entschieden, welches Prinzip vorgehen soll.[833] Auch absolute Prinzipien müssen einer Einschränkung zugänglich sein. Die notwendige Abwägung findet dann im Rahmen der Prüfung, ob das entsprechende absolute Prinzip dem kollidierenden Prinzip vorgeht, statt.[834] Indem man die Menschenwürde einer solchen Verhältnismäßigkeitsprüfung zugänglich macht, wird so die Stellung der Menschenwürde als absolutes Prinzip unterstrichen. Folgt man der Ansicht des EuGH aus seiner *Omega*-Entscheidung, sollte bei der Verhältnismäßigkeitsprüfung dann die besondere Stellung der Menschenwürde nicht außer Acht gelassen werden.

3. Fazit

Die Menschenwürdegarantie aus Art. 1 EUGRCh fällt folglich nicht unter Art. 52 EUGRCh. Dennoch scheint die „Unantastbarkeit" nicht grenzenlos, da andernfalls nur „binäre" Ergebnisse möglich wären. Eine Einschränkung ist somit möglich; die besondere Stellung der Menschenwürde muss trotzdem beachtet werden. Eine „einfache" Verhältnismäßigkeitsprüfung reicht nicht aus. So kann die Menschenwürde zum einen nur durch andere gewichtige Prinzipien überhaupt eingeschränkt werden. Zum anderen findet eine vorgelagerte Verhältnismäßigkeitsprüfung statt, in welcher geprüft wird, ob die Menschenwürde im konkreten Einzelfall dem kollidierenden Prinzip vorgeht. Diese Herangehensweise entspricht den „absoluten Prinzipien" im Sinne der Regel-/Prinzipiendiskussion.[835] Die Menschenwürde ist folglich als ein absolutes Prinzip zu qualifizieren.

III. Sozialrechtlicher Gehalt der Menschenwürde

Bei der Bestimmung des sozialrechtlichen Gehaltes der Menschenwürdegarantie sind die unterschiedlichen Ausprägungen der Menschenwürde in den einzelnen Mitgliedstaaten sowie die doch relativ vagen Aussagen des EuGH zum

832 In diese Richtung tendierend: *Di Fabio*, JZ 2004, 1 (5); dem folgend: *Schorkopf*, in: Europäische Grundrechte und Grundfreiheiten, 581 (587).

833 S.o. D.III.2.

834 S.o. D.IV.

835 S.o. D.IV.

Schutzbereich der Menschenwürdegarantie zu berücksichtigen. Vor diesem Hintergrund scheint es schwer, konkrete Leistungspflichten für die einzelnen Mitgliedstaaten abzuleiten. Rahmenhaltige Gewährleistungen können dennoch bestimmt werden.[836] Rahmengehalte im Bereich der Menschenwürde beschreiben nicht den konkreten Inhalt eines bestimmten Bereichs der Menschenwürde, sie stellen jedoch zumindest die zu achtenden Grenzen des darzulegenden Bereichs dar. Auch wenn nur ein Rahmengehalt für die Menschenwürde festgestellt werden kann, ist dies folglich für die Bestimmung eines Grundsatzes der sozialen Vergünstigung, in welcher die Menschenwürde als Untergrenze fungiert, nicht negativ. Ein Rahmengehalt verkörpert gerade die Grenzen eines Gehaltes. Diese dürfen nicht über- bzw. unterschritten werden. Indem die Menschenwürde als Untergrenze für einen Grundsatz der sozialen Vergünstigung genutzt wird, kann sie gerade dazu dienen, einen Rahmengehalt für einen solchen Grundsatz herzuleiten. Der geringste Rahmengehalt stellt dann den Kern des absoluten Prinzips dar, welcher bei Vorrang des Prinzips gegenüber kollidierenden Prinzipien nicht verletzt werden darf.

Um die Rahmengehalte der Menschenwürde bestimmen zu können, muss festgehalten werden, dass die Menschenwürde sich auf den einzelnen Menschen bezieht und diesen in den Mittelpunkt rückt. Somit ist die Menschenwürdegarantie auch kein abstraktes Konstrukt und dient nicht dem abstrakten Individuum. Die Menschenwürde bezieht sich vielmehr auf den konkreten und mit seinen Mitmenschen zusammenlebenden Menschen.[837] Um jedoch als körperliches Wesen mit seinen Mitmenschen zusammen leben zu können, muss jeder Einzelne essen und trinken, wohnen und sich kleiden, bedarf der Erziehung, gesundheitlicher Betreuung, der Arbeit und schließlich des sozialen Schutzes, wenn die selbständige Bedarfsdeckung nicht gewährleistet werden kann.[838] Um diesen Aufgaben gerecht zu werden, erfüllt die Menschenwürdegarantie drei Aufgaben: Erstens wird die Menschenwürde selbst zum Grundpfeiler der sozialen Fürsorge.[839] Zweitens fungiert die Menschenwürde als Richtwert für die Höhe der vom Staat zu gewährenden Sozialleistungen.[840] Drittens bestimmt sie

---

836 Vgl. auch *Calliess*, in: *Calliess/Ruffert*, EUV/AEUV Kommentar, Art. 1 EUGRCh, Rn. 32, welcher auch lediglich Rahmengehalte für die Menschenwürde auf europäischer Ebene als herleitbar erachtet.

837 Vgl. *Eichenhofer*, in: Das Dogma der Unantastbarkeit, 215 (215).

838 Vgl. *Eichenhofer*, in: Das Dogma der Unantastbarkeit, 215 (215 f.).

839 Vgl. oben: F.III.2.c).

840 Vgl. unten: G.III.1.

den Erbringungsmodus für die einzelnen Leistungen.[841] So stellte das BVerfG dann auch schon früh fest, dass der Staat „jedenfalls die Mindestvoraussetzungen für ein menschenwürdiges Dasein sichern“[842] müsse. Demnach resultiert aus der Menschenwürde – zumindest dem Grunde nach – ein Grundrecht auf ein Existenzminimum.[843] Der Staat ist mithin der Verpflichtete und hat die hoheitliche Aufgabe zur Existenzsicherung.[844]

Der Menschenwürde sind in diesem Zusammenhang mehrere sozialrechtliche Konzeptionen inne, welche direkt aus ihr abgeleitet werden können. So ist der für einen Grundsatz der sozialen Vergünstigung wichtige Bedarfsdeckungs- und Erbringungsmodus schon aufgrund des der Menschenwürde innewohnenden Rechts auf das Existenzminimum vorgeschrieben. Der Bedarfsdeckungs- und Erbringungsmodus soll gerade das Existenzminimum sicherstellen. Andere Leitsätze, welche heutzutage im Sozialrecht anerkannt sind, wie beispielsweise der Grundsatz, Sozialhilfe nicht für die Vergangenheit oder zur Schuldentilgung auszuzahlen, ergeben sich hingegen nicht direkt aus der Menschenwürde und unterfallen daher auch nicht den sich aus der Menschenwürde direkt ergebenden engen Schranken.[845] Letztere können folglich auch für die Bestimmung eines Grundsatzes der sozialen Vergünstigung nicht von Bedeutung sein.

Im Folgenden werden die für einen Grundsatz der sozialen Vergünstigung relevanten sozialen Aspekte der Menschenwürde dargestellt. Diese Punkte repräsentieren sogleich auch den sozialrechtlichen Kern der Menschenwürde, welche aufgrund der Eigenschaft der Menschenwürde als absolutes Prinzip eingehalten werden müssen und so die Untergrenze für einen Grundsatz der sozialen Vergünstigung darstellen. Dieser sozialrechtliche Kern bildet den Gehalt, welcher von einem Grundsatz der sozialen Vergünstigung abgedeckt werden muss. Zumindest ein Minimalbestand sozialer Unterstützung, der sowohl ein

841 Vgl. unten: G.III.3.

842 BVerfGE, 1, 97 (104). Diese Rechtsprechung weiter verfolgend: BVerfGE, 40, 121 (133); 45, 187 (228); 48, 346 (381); 82, 60, (85); vgl. auch: *Eichenhofer*, in: Das Dogma der Unantastbarkeit, 215 (218); sowie: *Rothkegel*, in: Sozialhilferecht, 125 (125 ff.). Vgl. speziell für das Urteil des BVerfG zum Asylbewerberleistungsgesetz: *Rothkegel*, ZAR 2010, 373. Vgl. zudem: *Janda*, ZAR 2013, 175; sowie: *Kingreen*, NVwZ 2010, 558; *Rothkegel*, ZAR 2012, 357.

843 Vgl. *Borowsky*, in: *Meyer*, Charta der Grundrechte der Europäischen Union, Art. 1 EUGRCh, Rn. 28.

844 Aufgrund dessen wird der Sozialstaat als Fundament des Gemeinwesens angesehen, vgl. *Eichenhofer*, in: Das Dogma der Unantastbarkeit, 215 (218); vgl. auch: *Enders*, Die Menschenwürde in der Verfassungsordnung, S. 90 f.

845 Vgl. *Rothkegel*, in: Sozialhilferecht, 125 (128).

physiologisches Existenzminimum gewährleisten als auch soziale Ausgrenzung verhindern soll, wird umfasst sein müssen.[846]

1. Existenzminimum

Wenn im Rahmen der Menschenwürde die freie Entfaltung der Würde des einzelnen Menschen im Mittelpunkt steht und dieser nicht zu einem bloßen „Objekt" herabgestuft werden soll,[847] muss dem Menschen auch die Unabhängigkeit vom Staat zuerkannt werden. Dies würde auch beinhalten, dass einem Menschen ein gewisser Mindestgehalt an finanziellen Mitteln zur Verfügung gestellt wird, um den Lebensunterhalt zu finanzieren. Erst dadurch wird es auch den Menschen, die nicht in der Lage sind, für ihren Lebensunterhalt selbstständig zu sorgen, ermöglicht, ihre Freiheit zu entfalten.[848] Da der Begriff des Existenzminimums unbestimmt ist, ist man gezwungen, ihn auszulegen. Erst so ist die Bestimmung möglich, welches Spektrum von Leistungen der sozialen Vergünstigung für nichterwerbstätige Unionsbürger vom Existenzminimum umfasst werden müssen.

Gerade die Unbestimmtheit des Begriffs „Existenzminimum" birgt jedoch ein nicht unerhebliches Problem bei der Einordnung konkreter Leistungshöhen.[849] Dem Rechtsanwender wird durch das Existenzminimum aufgebürdet, grundsätzliche Anforderungen in quantitativ messbare Größen umzusetzen.[850] Der Begriff des Existenzminimums wird daher regelmäßig dazu verwendet, das Mindestmaß von Mitteln zu beschreiben, welche ein Mensch für ein menschenwürdiges Leben benötigt.[851] Aber gerade diese Beschreibung eröffnet nicht, welche

---

846 Vgl. *Lembke,* in: *Groeben/Schwarze/Hatje,* Europäisches Unionsrecht, Art. 34 EUGRCh, Rn. 15; sowie: *Marauhn,* in: Handbuch der Europäischen Grundrechte, 631, § 22, Rn. 22; ebenso: *Nußberger/Lang,* in: *Stern/Sachs,* Europäische Grundrechte-Charta, Art. 34, Rn. 29; vgl. ferner: *Rixen,* in: Handbuch der Europäischen Grundrechte, 335, § 9, Rn. 17; vgl. auch: *Frenz,* Handbuch Europarecht, Bd. 4, Europäische Grundrechte, Rn. 4197.

847 S.o. G.

848 Vgl. *Bachof,* in: VVDStRL 12 (1954), 37 (42); sowie: *Dürig,* in: AöR 1956, 117 (131); vgl. auch: *Hain,* Die Grundsätze des Grundgesetzes, S. 247.

849 Auch die vorliegende Arbeit kann keine genaue Bestimmung der notwendigen Leistungen für die Sicherung des Existenzminimums vornehmen. Eine Annäherung an den Leistungsgehalt ist dennoch möglich.

850 Vgl. *Hain,* Die Grundsätze des Grundgesetzes, S. 250; sowie ausführlich: *Neumann,* NVwZ 1995, 426 (428 f.).

851 So z.B. BVerwGE 25, 23 (27); vgl. auch: *Neumann,* NVwZ 1995, 426 (428).

Leistungen nun genau unter den Begriff des Existenzminimums fallen müssen, um ein solches zu gewährleisten. Festgehalten werden kann, dass der Anknüpfungspunkt für die Bestimmung der Leistungshöhe die Lebenssituation ist, in welcher sich der Hilfebedürftige befindet.[852] Um dann aber feststellen zu können, dass die konkrete Lebenssituation nicht einem menschenwürdigen Leben entspricht, bedarf es zuerst einer Definition, ab wann eine Lebenssituation nicht mehr als menschenwürdig angesehen werden kann. Einbezogen werden müssen dann alle Leistungen, die für die Erfüllung eines menschenwürdigen Existenzminimums als notwendig erachtet werden.

Aber welche Leistungen werden als existenzsichernd anerkannt und was versteht man unter dem Mindestmaß für eine „menschenwürdige" Existenz? Sprachlich lässt sich aus dem Wort „Existenzminimum" nicht ermitteln, welche Leistungen darin enthalten sein sollen. Infolgedessen sollte man sich dem Inhalt des Begriffs auf anderem Wege annähern. Da sich das Existenzminimum aus der Menschenwürde begründet, scheint es sinnvoll, den Begriff des Existenzminimums anhand der Menschenwürde und dem mit ihr einhergehenden Menschenbild zumindest einzugrenzen. Hierbei wird sich zeigen, dass sich der Begriff des Existenzminimums in der Geschichte verändert hat und heutzutage ein größeres Leistungsspektrum anbietet, als es in den letzten Jahrhunderten der Fall war.

a) Historischer Begriff

Das Verständnis des Begriffs des Existenzminimums war in den letzten Jahrhunderten stetigem Wandel ausgesetzt. Geschuldet ist dies insbesondere der Unbestimmtheit des Begriffs.[853] Schon früh spielte das Existenzminimum eine nicht unerhebliche Rolle. So wurde in der katholischen Soziallehre jedem arbeitenden Menschen ein Anspruch auf eine gerechte Entlohnung zugesprochen, welche für eine angemessene Lebensführung für sich und seine Familie ausreichen soll.[854] Es ist zu beachten, dass die katholische Soziallehre ausschließlich die Erwerbstätigen meinte. Nichterwerbstätige wurden ausgeschlossen. Die katholische

852 BVerwGE 25, 23 (27).

853 S.o. G.III.1.

854 So z.B. Papst Pius der XI in seiner Enzyklika „Quadrogesimo anno"; Wortlaut veröffentlicht in: Die Enzyklika Leos XIII. Rerum novarum und Die Enzyklika Pius' XI. Quadragesimo anno, Amtlicher deutscher Text, 5. Auflage, 1935, Bachem Verlag Köln, S. 29; erläuternd dazu: *Nell-Breuning*, Soziallehre der Kirche, S. 51; vgl. ferner: *Horrer*, Das Asylbewerberleistungsgesetz, die Verfassung und das Existenzminimum, S. 144.

Soziallehre wollte so keinen umfassenden Schutz für alle Personen zugestehen, sondern nur jenen, die selbst auch ihren Anteil in Form von Beitragszahlungen erbracht hatten. Im Vordergrund standen hier lediglich Leistungen der sozialen Sicherheit.

Aber auch außerhalb der katholischen Soziallehre wurde der Begriff des Existenzminimums unterschiedlich interpretiert. Es wurde zwischen drei unterschiedlichen Arten des Existenzminimums differenziert: Auf der untersten Stufe sollte lediglich das physische Überleben gesichert werden. Das Existenzminimum zielte darauf ab, vor dem Verhungern und Erfrieren zu schützen.[855] Konnte der Bedürftige diese Leistungen selbst nicht aufbringen, waren die Fürsorgeverbände verpflichtet, eine Sicherung des Überlebens zu gewährleisten.[856] Die Armenverbände errechneten dann anhand des Alters, Geschlechts und der Familienstellung den konkreten Bedarf, welcher für das Erreichen des Überlebens notwendig war und erbrachten diesen Bedarf dann als Geldleistung.[857] Die Absicherung der physischen Existenz war folglich das Mindestmaß, welches gewährleistet werden musste. Der Mensch sollte auch unter den widrigsten Umständen die Möglichkeit haben, seine Existenz aufrecht zu halten.[858]

Die mittlere Stufe des Existenzminimums beinhaltete alle Leistungen, die „genau das, was nötig ist, um die zum Unterhalt des Arbeiters unerlässlichen Gegenstände zu produzieren, um ihn in den Stand zu setzen, sich durchzuschlagen und seine Klasse soweit wie nötig fortzupflanzen“[859] garantieren konnten.[860] Damit hat *Marx* den heutzutage gebräuchlichen Begriff für das physiologische Existenzminimum umschrieben.[861] Aber schon damals sollte nicht nur das physiologische Minimum gedeckt werden, um lediglich die Fortpflanzung

855 Vgl. *Bieritz-Harder,* Menschenwürdig leben, S. 108. Andere stellten auf noch weniger Leistungen ab und schlossen auch das Anrecht auf eine Unterkunft aus. Demnach sollte lediglich das sog. „Hungerminimum“ gesichert werden; vgl. *Lorenz,* Ueber Existenzminimum und Minimallohn, S. 13 ff.

856 Vgl. *Bieritz-Harder,* Menschenwürdig leben, S. 108.

857 Vgl. *Bieritz-Harder,* Menschenwürdig leben, S. 109; vgl. auch: *Münsterberg,* Das Elberfelder-System, S. 17 ff.

858 Vgl. *Horrer,* Das Asylbewerberleistungsgesetz, die Verfassung und das Existenzminimum, S. 144.

859 *Marx,* Freihandelsrede von 1848; zitiert nach: *Lorenz,* Ueber Existenzminimum und Minimallohn, S. 11.

860 Vgl. *Horrer,* Das Asylbewerberleistungsgesetz, die Verfassung und das Existenzminimum, S. 144.

861 Vgl. *Horrer,* Das Asylbewerberleistungsgesetz, die Verfassung und das Existenzminimum, S. 144.

sicherzustellen. Daher bezieht die dritte Stufe auch gewisse kulturelle Güter in die Berechnung des Existenzminimums mit ein.[862] Das sogenannte soziokulturelle Existenzminimum ist damit der am weitesten gefasste Begriff.

b) Physiologisches und soziokulturelles Existenzminimum

In der heutigen Zeit wird lediglich zwischen dem physiologischen und dem soziokulturellen Existenzminimum unterschieden. Die Menschenwürde fungiert auch hier als Richtmaß für die Höhe der vom Staat zu gewährenden Sozialleistungen. Von diesem Richtmaß hängt es ab, welche Mittel zur Verfügung gestellt werden müssen.[863] Der Schutzbereich der Menschenwürde ist jedoch nicht konkret definiert. Aus der Menschenwürdegarantie als solches lässt sich folglich auch nicht unmittelbar ableiten, welches Mindestmaß an Lebensstandard durch das Existenzminimum vorgeschrieben wird.[864] Die Festlegung, welche Leistungen der sozialen Vergünstigung die Menschenwürdegarantie beinhaltet, ist daher Aufgabe des unionalen und/oder des mitgliedstaatlichen Gesetzgebers und der Rechtsprechung.[865]

Das BVerwG stellte sodann ebenfalls fest, dass der Bedarfsgrundsatz im Rahmen des Existenzminimums jene Mittel beinhalten muss, mit denen der Staat dem Bedürftigen aus einer Notsituation heraushelfen kann, wenn ihm aus wirtschaftlichen Gründen eine soziale Ausgrenzung aus der Gemeinschaft droht.[866] Auffallend ist, dass das BVerwG den Fokus auf die soziale Ausgrenzung legt. Die Ausgrenzung wird so als das zu vermeidende Szenario herausgestellt. Die Leistungen der Sicherung des Existenzminimums sollen mithin als Schutz vor der Ausgrenzung dienen, damit der Bedürftige nicht als „arm“ stigmatisiert oder von der übrigen Gemeinschaft ausgeschlossen wird.[867] Hilfsbedürftige gelten als ausgegrenzt, wenn sie in ihrer Lebenslage aufgrund vielfältiger Benachteiligungen daran gehindert sind, ihre Grundbedürfnisse in einem solchen Maße zu verwirklichen, dass die Bedürfnisse gedeckt sind, welche innerhalb der Gesellschaft

---

862 Vgl. *Horrer,* Das Asylbewerberleistungsgesetz, die Verfassung und das Existenzminimum, S. 144; vgl. auch: *Lorenz,* Ueber Existenzminimum und Minimallohn, S. 13.

863 Vgl. *Rothkegel,* in: Sozialhilferecht, 125 (128).

864 Vgl. *Horrer,* Das Asylbewerberleistungsgesetz, die Verfassung und das Existenzminimum, S. 153, Asylbewerberleistungsgesetz zum deutschen Recht; sowie: *Neumann,* NVwZ 1995, 426 (428); vgl. auch: *Schwarzburg,* Die Menschenwürde im Recht der EU, S. 147.

865 Vgl. *Schwarzburg,* Die Menschenwürde im Recht der EU, S. 147.

866 BVerwGE 92, 6 (8); BVerwGE 94, 326 (333); BVerwGE 97, 376 (378).

867 Vgl. *Rothkegel,* in: Sozialhilferecht, 125 (128).

als ein Mindestmaß für eine menschenwürdige Existenz oder als Minimum an der Teilhabe an den gesellschaftlichen Ressourcen und Lebenschancen angesehen werden.[868] Hier wird die Ausgrenzung durch einen Zustand der Unterversorgung beschrieben, welcher die Lebenslage der bedürftigen Person als Bemessungsgrundlage nimmt.[869] Mithin ist nicht nur das Einkommen für die Beschreibung der „Ausgrenzung" relevant, sondern es sind auch immaterielle Aspekte zu berücksichtigen.[870] Eine soziale Ausgrenzung liegt somit nicht erst dann vor, wenn die Mittel nicht ausreichen, um das physische Überleben zu sichern, wobei der Begriff des physischen Überlebens den absoluten Armutsbegriff umschreibt. Demnach ist jemand nicht erst arm, wenn es an der zum physischen Überleben notwendigen Nahrung, Kleidung, Behausung und medizinischen Grundversorgung mangelt.[871] Um unter dem Existenzminimum zu leben reicht es schon aus, nicht die Mittel zur Verfügung zu haben, die für die aktive Teilhabe an der Gesellschaft notwendig sind.

Leistungen der sozialen Vergünstigung dürfen folglich nicht nur das Mindestmaß des physischen Überlebens sicherstellen. Vielmehr müssen solche wirtschaftlichen Ressourcen gewährt werden, welche ein allgemein übliches und als unverzichtbar angesehenes Konsumverhalten gewährleisten.[872] Als Richtmaß dafür wird mindestens die Hälfte des in dem jeweiligen Land herrschenden Durchschnittseinkommens gewertet.[873] Die bloße Grundversorgung mit Nahrung, Kleidung etc. wird dieser Bemessung jedoch nicht gerecht, da solche Güter ein Konsumverhalten allein nicht sicherstellen können. Vielmehr muss auch das soziokulturelle Existenzminimum abgesichert werden. Deutlich wird dies durch das Verbot der Ausgrenzung von der übrigen Gesellschaft und des Verbots der Stigmatisierung.[874] Ein rein physiologisches Existenzminimum reicht nicht aus, um eine Integration in die Gesellschaft sicherzustellen. Vielmehr haben diejenigen, die lediglich ausreichend Mittel haben, um ihr physisches Überleben zu

868 Vgl. *Mäder/Tiemann*, ZFSH/SGB 1997, 529 (529); sowie: *Rothkegel*, in: Sozialhilferecht, 125 (128).

869 Vgl. *Mäder/Tiemann*, ZFSH/SGB 1997, 529 (530).

870 Vgl. *Mäder/Tiemann*, ZFSH/SGB 1997, 529 (530).

871 Vgl. *Neumann*, NVwZ 1995, 426 (428); sowie: *Schwarzburg*, Die Menschenwürde im Recht der EU, S. 148.

872 Vgl. *Rothkegel*, in: Sozialhilferecht, 125 (128).

873 Vgl. *Eichenhofer*, Soziale Menschenrechte im Völker-, europäischen und deutschen Recht, S. 116.

874 Vgl. *Eichenhofer*, Soziale Menschenrechte im Völker-, europäischen und deutschen Recht, S. 116.

sichern, überhaupt keine Möglichkeiten, mit anderen Menschen sozial zu interagieren. Eine solche Interaktion mit anderen Personen muss für die Leistungsempfänger gewährleistet werden.

2. Berücksichtigung der vorherrschenden Lebensgewohnheiten

Zu beachten ist, dass es sich bei der Menschenwürde um ein absolutes Prinzip handelt. Mithin müssen im Falle einer Kollision die konkreten Umstände des jeweiligen Einzelfalles beachtet werden. Daher scheint es nur konsequent, dass neben dem physiologisch Notwendigen für das Überleben bei der Bestimmung der Höhe der Absicherung auch die persönlichen und vorherrschenden Lebensgewohnheiten der jeweiligen Person berücksichtigt werden.[875] Die Bestimmung der Leistungshöhe hat sich folglich am persönlichen Bedarf des jeweiligen Leistungsempfängers zu orientieren.[876] Zusätzlich werden aber auch die vergleichbaren, „bescheidenen" Verhältnisse anderer Leistungsempfänger betrachtet.[877] So normiert beispielsweise die GCSGA, dass Leistungen gewährt werden müssen, „die der persönlichen Lage angemessen sind".[878] Hier wird klar eine individuelle Betrachtungsweise angewendet, vergleichbar mit den Kriterien der Bestimmung für die ausreichenden Existenzmittel im Rahmen der Freizügigkeitsrechte.[879]

Auch die systemische Betrachtungsweise spielt eine Rolle bei der Bestimmung der Leistungshöhe. So muss nach der RL 2013/33/EU[880] in Bezug auf Asylbewerber, welche Leistungen zur Existenzsicherung benötigen, der Umfang des Leistungsniveaus danach berechnet werden, was der entsprechende Mitgliedstaat seinen eigenen Staatsangehörigen an Leistungen zur Sicherung des Existenzminimums zuspricht, um einen „angemessenen Lebensstandard" zu gewährleisten.[881] Insbesondere der Vergleich mit einkommensschwachen Personengruppen im Aufnahmestaat verhindert eine Ausgrenzung des Leistungsempfängers und

---

875 BVerwGE 69, 146 (154); 92, 6 (7); 92, 112 (114); 97, 376 (378); 107, 234 (236); vgl. auch: *Rothkegel*, in: Sozialhilferecht, 125 (128).

876 Vgl. für das deutsche Recht: *Horrer*, Das Asylbewerberleistungsgesetz, die Verfassung und das Existenzminimum, S. 153.

877 Vgl. *Rothkegel*, in: Sozialhilferecht, 125 (128).

878 Art. 10 GCSGA.

879 Vgl. für die Kriterien der individuellen und systemischen Betrachtungsweise oben: C.V.2.b) u. C.V.2.a).

880 Richtlinie 2013/33/EU des Europäischen Parlaments und des Rates vom 26. Juni 2013 zur Festlegung von Normen für die Aufnahme von Personen, die internationalen Schutz beantragen (Neufassung), Abl. Nr. L 180 v. 29.06.2013, S. 96–116.

881 Art. 17 V Rl 2013/33/EU.

ermöglicht diesem eine Integration in gerade diese Gruppen.[882] Darüber hinaus muss in diesem Zusammenhang auch der „spezifischen Situation der Asylbewerber unter besonderer Berücksichtigung ihrer Bedürfnisse“ Rechnung getragen werden.[883] An dieser Stelle fließen erneut Elemente der individuellen Betrachtungsweise mit in die Bewertung ein. Gerade durch diese individuelle Betrachtungsweise wird der Menschenwürdebezug deutlich. Würde die Leistungshöhe nur danach berechnet, was Leistungsberechtigte, welche Staatsangehörige des Aufnahmestaates sind, erhalten, wäre für den Asylbewerber eine menschenwürdige Existenz nicht automatisch sichergestellt. Sie können im Gegensatz zu Staatsangehörigen des Aufnahmestaates nicht auf Unterstützung durch die Familien oder in anderer Form zurückgreifen.[884]

Die grundsätzliche Orientierung an den vorherrschenden Lebensgewohnheiten, einerseits des Leistungsempfängers, andererseits an denen der Staatsbürger des Aufnahmestaates, welche sich in einer vergleichbaren Situation befinden, hindert den Staat jedoch nicht daran, die Leistungen aus Praktikabilitätsgründen zu pauschalisieren.[885] Es muss lediglich die Möglichkeit bestehen, dass bei besonderer Leistungsbedürftigkeit die zu erbringende Leistung an den tatsächlichen Bedarf angepasst wird.[886]

Diese beiden Betrachtungsweisen werden auch in Bezug auf die Bestimmung, ob der nichterwerbstätige Unionsbürger über ausreichende Existenzmittel verfügt, um ein Aufenthaltsrecht für sich beanspruchen zu können, herangezogen.[887] Dies ist mithin konsequent.

Es werden folglich für die Bestimmung der Leistungshöhe sowohl die persönlich vorherrschenden Lebensgewohnheiten des Leistungsempfängers als auch die vorherrschenden Lebensgewohnheiten der Leistungsempfänger, welche Staatsbürger des Aufnahmestaates sind, berücksichtigt. Hierbei darf der Mitgliedstaat Pauschalisierungen vornehmen, muss jedoch die Möglichkeit einräumen, bei atypischem Bedarf von diesen Pauschalsätzen abzuweichen.[888]

---

882 Vgl. *Rothkegel,* in: Sozialhilferecht, 125 (129).

883 Vgl. *Rothkegel,* in: Sozialhilferecht, 125 (128).

884 EP, Ausschuss für bürgerliche Freiheiten, Justiz und Inneres, Entwurf eines Berichts v. 03.03.2009 über den RL-Vorschlag (2008/0244(COD)), PE421.203, Begründung zu Änderungsantrag 1 zu Erwägungsgrund 11 und Änderungsantrag 23 zu Art. 17 V; vgl. auch: *Schwarzburg,* Die Menschenwürde im Recht der EU, S. 148.

885 Zum deutschen Recht: BVerfGE 125, 175 (253).

886 Vgl. zum deutschen Recht: *Soria*, JZ 2005, 644.

887 Vgl. oben: C.V.1.

888 Vgl. *Rothkegel,* in: Sozialhilferecht, 125 (130).

Diese Herangehensweise unterstreicht den Charakter der Menschenwürdegarantie als ein absolutes Prinzip im Sinne des Regel-/Prinzipienmodells. Auch bei absoluten Prinzipen ist eine Abwägung im Einzelfall notwendig. Erst durch die Abwägung im Einzelfall kann festgestellt werden, ob der absolute Kern des Prinzips betroffen ist und daher das absolute Prinzip vorgehen muss.

3. Erbringungsmodus

Die Menschenwürde liefert nicht nur die Legitimation für die Leistungen zu Sicherung des Existenzminimums und bestimmt dessen Leistungshöhe, sondern sie legt auch fest, in welcher Art und Weise eine zu gewährende Sozialleistung zu erbringen ist. Im Rahmen dessen hat die Menschenwürde ein eigenes Element der selbstverantwortlichen Lebensgestaltung inne. Dies scheint auf den ersten Blick paradox. Wie soll ein Mensch seine Würde entfalten, wenn er auf staatliche Unterstützung angewiesen ist? Im Ergebnis ist diese Frage jedoch verfehlt. Folgt man den oben genannten Ausführungen, dienen Leistungen der sozialen Vergünstigung nicht der Sicherung der Menschenwürde, sondern der Staat soll durch diese die „Mindestvoraussetzungen für ein menschenwürdiges Dasein" gewährleisten. In diesem Sinne hat auch das BVerwG erläutert, „dass die Hilfe des Staates den Einzelnen befähigen soll, unabhängig von ihr zu leben, und dass der Einzelne nach seinen Kräften mitwirken soll, einer bestehenden Hilfebedürftigkeit abzuhelfen"[889]. Der Einzelne soll also in den Stand versetzt werden, solch ein Leben zu führen, welches der Würde des Menschen entspricht.[890] Die Leistungen der sozialen Vergünstigung sollen somit den Bedürftigen nicht von einer Selbsthilfe abhalten. Vielmehr stellen die Leistungen eine Hilfe zur Selbsthilfe dar.[891] Aus der „Subjektstellung" des Hilfebedürftigen ergebe sich der „dem Fürsorgerecht innewohnende Gedanke des Vorrangs der Selbsthilfe"[892]. Dies beeinflusst auch die Gestaltung der Art und Weise der zu erbringenden Leistungen.[893] Hier kommt ganz klar der würdeentfaltende Aspekt der Menschenwürdegarantie zum Ausdruck.[894] Jedem Einzelnen wohnt das Verlangen inne, zunächst

---

889 BVerwGE 23, 149 (156); vgl. auch: *Rothkegel,* in: Sozialhilferecht, 125 (131).

890 BVerwGE 25, 23 (27); vgl. auch: *Neumann,* NVwZ 1995, 426 (428).

891 Vgl. *Hain,* Die Grundsätze des Grundgesetzes, S. 247 f.; vgl. auch: *Neumann,* NVwZ 1995, 426 (428); sowie: *Starck,* Der demokratische Verfassungsstaat, S. 266, 287. Vgl. auch am Beispiel Deutschlands, welches eine Verknüpfung der Menschenwürde mit Sozialleistungen vollzieht: § 1 I SGB I, sowie oben: E.II.1.a).

892 BVerwGE 27, 58 (63).

893 Vgl. *Schwarzburg,* Die Menschenwürde im Recht der EU, S. 150.

894 Vgl. für die freiheitliche Komponente der Menschenwürde oben: G.

seine eigenen Kräfte einzusetzen, bevor er auf externe Hilfe zurückgreift.[895] Die Freiheit des Menschen und die Menschenwürde können erst durch die eigenständige Arbeit und die Selbsthilfe, welche lediglich durch staatliche Hilfe unterstützt wird, ihre Geltung entfalten.[896]

Reichen die Eigenleistungen nicht aus und ist der Einzelne dadurch in seiner Existenz bedroht, tritt unterstützend die staatliche Hilfe hinzu.[897] Erst im Anschluss an die nicht ausreichenden Eigenleistungen werden Sach- und Geldleistungen gewährt.[898] Dieses abgestufte System wird auch in einer Kommissionsempfehlung aus dem Jahre 2008 empfohlen, in welcher Konzepte dargestellt werden, die arbeitsfähigen Unionsbürgern die Wiedereingliederung in den Arbeitsmarkt ermöglichen. Dabei sollen nur diejenigen Zuwendungen erhalten, die selber keiner eigenständigen Beschäftigung nachgehen können.[899] Andere Personen erhalten nur Leistungen, wenn sie sich redlich bemühen, eine neue Beschäftigung zu finden. Dieses sogenannte Prinzip des „Fördern und Forderns" findet sich beispielsweise auch im deutschen Sozialhilferecht wieder.[900]

Die Aktivierung der Eigeninitiative des Bedürftigen entfaltet auch eine anspruchsbegrenzende Wirkung. Die Menschenwürde gibt nicht nur einen Mindeststandard an Leistungen vor, sondern begrenzt diesen auch in der Hinsicht, dass die gewährten Leistungen nicht dazu führen dürfen, dass der Bedürftige keinen Ansporn entfaltet, sich selbstständig um seine Existenzsicherung zu kümmern. Reziprok dürfen die Leistungen auch nicht so ausgestaltet sein, dass der Bedürftige keine Möglichkeit mehr hat, sich eigenständig aus der

---

895 Vgl. *Bieritz-Harder*, Menschenwürdig leben, S. 215 ff.

896 BVerwGE 27, 58 (63); 67, 1 (5).

897 BVerwGE 27, 58 (63); vgl. auch: *Eichenhofer*, in: Das Dogma der Unantastbarkeit, 215 (225).

898 Vgl. *Rothkegel*, in: Sozialhilferecht, 125 (131); vgl. insoweit auch: *Eichenhofer*, in: Das Dogma der Unantastbarkeit, 215 (225), welcher herausstellt, dass die Selbstverantwortung die Regel und Familien- und Sozialverantwortung die begründungsbedürftigen Ausnahmen darstellen.

899 Empf. der Kommission, 2008/867/EG, Abl. L 307 v. 18.11.2008, S. 11; vgl. auch: *Schwarzburg*, Die Menschenwürde im Recht der EU, S. 150.

900 So trägt schon das erste Kapitel des SGB II den Titel „Fördern und Fordern", vgl. *Kador*, in: *Schlegel/Voelzke*, Juris Praxiskommentar SGB I, Art. 70 VO (EG) 883/2004, Rn. 27. Der Anspruch auf passive Leistungen (z.B. §§ 19, 20, 22 SGB II) ist dabei an die Verpflichtung des Bedürftigen geknüpft sich um eine Wiedereingliederung in den Arbeitsmarkt zu bemühen. vgl. auch: *Klerks*, info-also 2016, 51, welcher dem Prinzip des Fördern und Fordern eine „überragende Bedeutung" zuspricht.

Abhängigkeit vom Staat zu befreien.[901] Auch diese Prüfung ist jedoch nur möglich, soweit eine Einzelfallentscheidung durchgeführt wird. Mithin unterstreicht der Erbringungsmodus noch einmal die Stellung der Menschenwürde als ein absolutes Prinzip.[902]

IV. Fazit: Menschenwürde mit Gehalt sozialer Vergünstigung in der Europäischen Union

Die Menschenwürde spielt eine entscheidende Rolle bei der Bestimmung eines Grundsatzes der sozialen Vergünstigung. Auf unionsrechtlicher Ebene wird die Menschenwürde als der Kern des europäischen Identitätsgedankens angesehen und ist dort in den unionsrechtlichen Verträgen an mehreren prominenten Stellen genannt. Besondere Bedeutung erhält die Menschenwürde durch Art. 1 EUGRCh. Sie wird hier zum einen als objektiver Grundsatz angesehen, zum anderen wird ihr auch ein subjektivrechtliches Element zugesprochen. Durch die Positionierung an erster Stelle im Grundrechtekatalog wird die Menschenwürde als das Fundament aller anderen Grundrechte anerkannt. Die rechtliche Kodifizierung der Menschenwürde wird zudem durch die Rechtsprechung des EuGH flankiert. Dieser äußerte sich zwar erst relativ spät zur Menschenwürde, erkennt diese jedoch auch als subjektives Recht an. Hervorzuheben ist, dass der EuGH die Menschenwürde als so fest verankert ansieht, dass diese keiner Herleitung mehr bedarf. Eine genaue Umschreibung des Schutzbereichs bleibt der EuGH jedoch schuldig. Eine Konkretisierung scheint aufgrund des weiten Begriffs der Menschenwürde auch nicht möglich. Der Gehalt der Menschenwürdegarantie muss daher einzeln für jeden Aspekt, somit auch für die soziale Facette herausgearbeitet werden und obliegt den Gerichten und der Literatur.

Der sozialrechtliche Gehalt der Menschenwürde muss sich somit aus der Menschenwürde selbst ergeben. Die Menschenwürde dient dem einzelnen Menschen und soll diesem ermöglichen, als soziales Wesen mit anderen Mitmenschen zu interagieren. Es reicht jedoch nicht nur aus, diese soziale Facette grundsätzlich für die Menschenwürde zu bestimmen. Speziell im Recht der Europäischen Union muss diese Konnexität zwischen Menschenwürde und sozialer Vergünstigung vorhanden sein. Deutlich wird dies in der EUGRCh anhand der Verbindung zwischen Art. 1 EUGRCh und Art. 34 III EUGRCh. Der Wortlaut des Art. 34 III EUGRCh, sowie die historische und teleologische Auslegung

901 Vgl. *Bieritz-Harder*, Menschenwürdig leben, S. 267 f.; vgl. *Rothkegel*, in: Sozialhilferecht, 125 (131).

902 Siehe für die Einordnung der Menschenwürde als absolutes Prinzip oben: G.II.

lassen nur eine Verbindung beider Normen zu. Auch die einzelstaatlichen Verfassungen sprechen für einen sozialen Aspekt der Menschenwürdegarantie auf europäischer Ebene. Primär ist hier das deutsche Grundgesetz zu nennen, aus welchem konkret ein Grundrecht auf ein menschenwürdiges Existenzminimum abgeleitet wird. Aber auch die Verfassungen der anderen Staaten weisen in vielen Fällen einen sozialrechtlichen Gehalt auf. Bedenkt man, dass flächendeckend die Menschenwürde als der „Urgrund" aller Rechte angesehen wird, kann sich daraus nur ergeben, dass auch die Verfassungen der Mitgliedstaaten der Menschenwürde zumindest indirekt eine soziale Facette zusprechen. Zudem gibt auch die EUGRCh noch einmal selbst einen Hinweis darauf, dass der Menschenwürde flächendeckend ein sozialrechtlicher Gehalt zugesprochen wird. Nach dem Verständnis der Verfasser der EUGRCh soll diese kein neues Recht bilden, sondern lediglich bereits vorhandenes Recht kodifizieren. Wenn also die Verfasser der EUGRCh eine Verknüpfung zwischen der Menschenwürde und Sozialleistungen herstellen, kann sich daraus nur ergeben, dass diese Verbindung schon vorher vorhanden gewesen sein muss.

Zudem ist hervorzuheben, dass, auch wenn der Wortlaut des Art. 1 EUGRCh gegen eine Einschränkbarkeit spricht, sowohl der EuGH als auch die EUGRCh selbst die Menschenwürde einer Abwägung zugänglich machen. Dennoch darf die besondere Bedeutung der Menschenwürde nicht außer Acht gelassen werden. Der Kern der Menschenwürde bleibt weiterhin abwägungsresistent. Daraus ergibt sich, dass die Menschenwürdegarantie als ein absolutes Prinzip im Sinne der Regel-/Prinzipiendiskussion einzuordnen ist. Gerade für die Herleitung einer Untergrenze eines Grundsatzes steht die Einordnung als ein absolutes Prinzip der Herleitung eines Grundsatzes der sozialen Vergünstigung nicht entgegen. Der sich aus dem absoluten Prinzip ergebende abwägungsresistente Kern darf dann im Rahmen der Bestimmung eines Grundsatzes der sozialen Vergünstigung lediglich nicht unterlaufen werden, wenn eine vorherige Abwägung ergibt, dass die Menschenwürde als ein absolutes Prinzip Vorrang gegenüber dem mit ihr kollidierenden Prinzip genießt.

Aus alledem resultiert, dass die Menschenwürde auch in der Europäischen Union einen sozialrechtlichen Gehalt aufweist, welcher das Existenzminimum jedes Einzelnen gewährleisten muss. Der Begriff des Existenzminimums war in der Vergangenheit stetigem Wandel ausgesetzt und schließt heute das soziokulturelle Existenzminimum ein. Dieses soll dem Leistungsempfänger ermöglichen, mit seinen Mitmenschen sozial zu interagieren und ihn so vor einer Ausgrenzung schützen. Die Menschenwürde stellt im Rahmen des Existenzminimums nicht nur den Grund für die Gewährleistung dar, sondern bestimmt gerade auch die Bemessungsgrundlage für die Leistungshöhe sowie den Erbringungsmodus für die Leistungen. Demgemäß wird vom Leistungsempfänger verlangt, sich selbst zu versorgen. Zwar ist die vom Staat zu gewährende Leistungshöhe festgesetzt, dennoch muss sie so flexibel sein, dass sie aufgrund von außergewöhnlichen Belastungen, welche in der Sphäre des Leistungsempfängers auftreten, angepasst werden kann. Die Leistungshöhe darf jedoch auch nicht so großzügig ausgestaltet sein, dass der Empfänger den Ansporn verliert, sich selbst aus der Abhängigkeit des Staates zu lösen.

H. Kollision mit dem Solidaritätsprinzip

Im Rahmen des Grundsatzes der sozialen Vergünstigung nimmt das Solidaritätsprinzip eine doppelte Funktion ein. Zum einen eine begründende Funktion.[903] Naheliegend müsste sich ein Prinzip der sozialen Vergünstigung für nichterwerbstätige Unionsbürger aus dem Solidaritätsprinzip begründen, diesem ist gerade die wechselseitige Unterstützung inhärent.[904] Zum anderen hat es eine begrenzende Funktion.[905] Der notwendige Solidaritätsrahmen entscheidet, welche Personen Solidaransprüche geltend machen können und welche nicht,[906] da nicht jeder Mensch eine gegenseitige Unterstützung erwarten kann. Der Solidaritätsrahmen in der EU bestimmt sich nach den von den Mitgliedstaaten im EURecht implementierten Normen.[907] Die Brandbreite dieses Rahmens lässt sich jedoch nur im Sinne des prinzipientheoretischen Ansatzes durch eine im Einzelfall durchzuführende Verhältnismäßigkeitsprüfung bestimmen.[908]

I. Positive Gewährleistung der Solidarität

Unter Solidarität versteht man ganz allgemein die Bereitschaft, aufgrund gemeinsamer Interessen und Ziele, Angelegenheiten anderer Personen oder Gruppen als eigene Angelegenheiten anzuerkennen und für diese einzustehen.[909] Dies ist nur möglich, wenn die den Anderen antreibenden Werte als würdig

---

903 Siehe unten: H.I.

904 So leitet das BVerfG aus dem Sozialstaatsprinzip die Forderung ab, „daß die staatliche Gemeinschaft in der Regel Lasten mitträgt, die aus einem von der Gesamtheit zu tragenden Schicksal […] entstanden sind“, BVerfGE 27, 253 (283); 41, 126 (153 f.); vgl. auch: *Heinig*, Der Sozialstaat im Dienst der Freiheit, S. 122. *Depenheuer* spricht in diesem Zusammenhang der Solidarität die Eigenschaft als „Kern des Sozialstaatsgedankens“ zu, *Depenheuer*, Solidarität im Verfassungsstaat, S. 16. Untermauert wird dies in verteilungspolitischen Auseinandersetzungen, welche von einer Solidaritätsrhetorik geprägt sind; vgl. *Heinig*, Der Sozialstaat im Dienst der Freiheit, S. 121 f.

905 Siehe unten: H.II.

906 Siehe unten: H.III.

907 Siehe unten: H.IV.

908 Siehe unten: H.V. u. H.VI.

909 Vgl. *Bieber*, in: Solidarität und europäische Integration, 41 (46); ebenso: *Calliess*, Subsidiaritäts- und Solidaritätsprinzip in der Europäischen Union, S. 187; sowie: *Frenz*, Handbuch Europarecht, Bd. 4, Europäische Grundrechte, Rn. 3583 f.; sowie: *Hieronymi*, Solidarität als Rechtsprinzip in der Europäischen Union, S. 13.

und schutzbedürftig erachtet werden und dadurch die Grenze zwischen rein eigennützigen und gemeinnützigen Motiven zu der unterstützenden Person überwunden werden kann.[910] Die Überwindung von Grenzen bedeutet unter Umständen auch, eigene Nachteile in Kauf nehmen zu müssen, beziehungsweise auf eigene Vorteile verzichten zu müssen.[911] Dies bedeutet nicht zwangsläufig immer eine monetäre Unterstützung. Die finanzielle Unterstützung bildet im Rahmen der Anerkennung gemeinsamer Ziele, Interessen und Angelegenheiten nur eine mögliche Einstandsform. Auch andere Formen der Solidarität sind denkbar.[912] So sieht Art. 122 AEUV beispielsweise vor, dass sich die Staaten bei Versorgungsproblemen im Energiebereich gegenseitig unterstützen.[913] Insoweit zieht ein Akt der Solidarität auch nicht zwangsläufig eine Umverteilung von finanziellen Ressourcen nach sich.

Solidarität hat in diesem Rahmen gleichwohl auch einen Selbstzweck. Wechselseitige Beziehungen mit anderen Gruppen gehören heutzutage zu den Voraussetzungen stabiler sozialer Systeme. Gerade Staaten verlieren in einer immer mehr internationalisierten Welt die Fähigkeit, alle Entscheidungen selbst zu bestimmen. Sie können die Bedürfnisse ihrer Bürger nicht alleine zufriedenstellend sichern, sondern sind auf Unterstützung von außerhalb angewiesen.[914] Nur auf diese Weise können die Staaten gewährleisten, ihren staatlichen Pflichten und Aufgaben im gebotenen Maße nachzukommen.

---

910 Vgl. *Calliess,* Subsidiaritäts- und Solidaritätsprinzip in der Europäischen Union, S. 188.

911 Vgl. *Bieber,* in: Solidarität und europäische Integration, 41 (46); sowie: *Calliess,* Subsidiaritäts- und Solidaritätsprinzip in der Europäischen Union, S. 187.

912 Vgl. *Calliess,* Subsidiaritäts- und Solidaritätsprinzip in der Europäischen Union, S. 187.

913 Siehe für die klare Unterscheidung zwischen finanzieller und nichtfinanzieller Unterstützung im Rahmen von Art. 122 AEUV: EuGH, Urteil vom 27.11.2012, C-370/12, *Pringle,* NVwZ 2013, 49 ff., Rn. 116 ff.; vgl. auch: *Frenz/Ehlenz,* EWS 2010, 65 (68); sowie: *Häde,* in: *Calliess/Ruffert,* EUV/AEUV Kommentar, Art. 122 AEUV, Rn. 3; *Hattenberger,* in: *Schwarze* u.a., EU-Kommentar, Art. 122 AEUV, Rn. 3; a.A.: *Steiner,* ZfRV 2013, 244 (247 f.). Siehe für die Inbezugnahme des Art. 122 AEUV auf die Solidarität: *Hattenberger,* in: *Schwarze* u. a., EU-Kommentar, Art. 122 AEUV, Rn. 1; sowie: *Kempen,* in: *Streinz,* EUV/AEUV Kommentar, Art. 122 AEUV, Rn. 4; ebenso: *Smulders/Keppenne,* in: *Groeben/Schwarze/Hatje,* Europäisches Unionsrecht, Art. 122 AEUV, Rn. 1

914 Vgl. *Bieber,* Solidarität und Loyalität durch Recht, S. 17; sowie: *Hobe,* Der offene Verfassungsstaat, S. 93 ff., 183 ff., dort werden als Beispiele insbesondere die Aufgaben der Friedenssicherung beleuchtet.

II. Gegenläufiges Interesse der Solidarität

Aus der positiven Gewährleistung der Solidarität ergibt sich jedoch keine unbegrenzte Einstandspflicht für alle bedürftigen Personen oder Gruppen. Der Solidarität ist nämlich auch ein der unbegrenzten Einstandspflicht entgegenlaufendes Interesse inhärent. Solidarleistungen können nur durch einen hohen finanziellen Aufwand bereitgestellt werden, da die Erfüllung sozialer Grundrechte und die zur Verfügungstellung sozialer Leistungen sehr kostenintensiv ist.[915] Beispielsweise belaufen sich die Kosten der Sozialleistungen für das Jahr 2017 in der Bundesrepublik Deutschland auf ca. 962 Mrd. Euro.[916] Dies entspricht 29,8 Prozent des jährlichen Bruttoinlandprodukts (sog. Sozialquote).[917] Die sich bereits in der Solidargruppe befindenden Subjekte können daher keine immer größer werdende Solidargruppe wollen, da sie selbst für die weitreichendere Finanzierung der Solidarleistungen sorgen müssen, es sei denn, die Sozialquote steigt weiter an. Der Anstieg der Sozialquote hätte jedoch zur Folge, dass die nun für die Sozialleistung zusätzlich zur Verfügung gestellten Finanzmittel an anderer Stelle nicht mehr genutzt werden können. Ein erweiterter Solidarrahmen darf zudem auch nicht dazu führen, dass das Niveau der gesamten Sozialleistungen abgesenkt wird. Zumindest darf ein solches Leistungsniveau nicht unter die von der Menschenwürde gedeckte Untergrenze sinken, da diese sonst verletzt würde.[918] Ein erweiterter Solidarrahmen kann daher nicht durch die Verringerung der Solidarleistungen „erkauft" werden. Gleichzeitig ist aber zu beachten, dass Mittel, die einer Solidargruppe zur Verfügung stehen, nicht so umfangreich sind und unbegrenzt zur Verfügung stehen, um eine angemessene Unterstützung für jeden potentiellen Bedürftigen zu gewährleisten. Aufgrund dessen kann die Bezugsgruppe für Solidarleistungen nicht immer größer gefasst werden, ohne die vorhandenen Ressourcen zu stark zu beanspruchen.[919]

Nicht nur der erweiterte Kostenrahmen stellt ein gegenläufiges Interesse der Solidarität dar, sondern auch der mit dem weiteren Kostenrahmen verbundene Finanzierungsaufwand. Da der zur Leistungserbringung verpflichtete Staat

---

915 Vgl. *Alexy*, Theorie der Grundrechte, S. 464; vgl. auch: *Depenheuer*, in: Solidarität in Knappheit, 41 (50 f.), welcher Solidarität als „knappe Ressource" bezeichnet.

916 Sozialbericht 2017 vom Bundesministerium für Arbeit und Soziales, Stand Juli 2017, S. 196.

917 Sozialbericht 2017 vom Bundesministerium für Arbeit und Soziales, Stand Juli 2017, S. 198.

918 S.o. G.

919 Vgl. *Depenheuer*, in: Solidarität in Knappheit, 41 (61).

selbst nur über ein begrenztes eigenes Umverteilungspotential verfügt, muss der Leistungsgeber vorab die finanziellen Mittel durch Steuern einnehmen,[920] es sein denn, er kürzt andere Ausgaben[921]. Der Sozialstaat ist daher notwendigerweise immer auch ein Abgabenstaat.[922] Je höher die finanziellen Ausgaben für die Solidarleistungen ausfallen, desto mehr steigt auch die steuerliche Gemeinlast für alle Personen, welche die Solidarleistungen finanzieren, da die steuerliche Gemeinlast auch die Kosten der zu erbringenden Solidarleistungen umfasst.[923] Diese Erhebung von Steuern bedeutet jedoch einen Eingriff in die Freiheitsrechte der steuerpflichtigen Bürger, welcher wiederrum gerechtfertigt werden muss.[924] Gerade dann, wenn der Kreis der Personen weiter gefasst wird und so auch die finanzielle Belastung des Staates sowie der Bürger steigt, ist eine Rechtfertigung notwendig. Die Personen, welche sich innerhalb der Solidargruppe befinden, haben daher ein Interesse daran, diese Gruppe möglichst klein zu halten. Denn eine unbegrenzte Solidarität mit allen Menschen ist kaum möglich.[925]

---

920 Vgl. *Depenheuer,* Solidarität im Verfassungsstaat, S. 5; *Häberle,* in: VVDStRL 30 (1972), 44 (60); vgl. auch: *Kirchhof,* JZ 1982, 305 (305); sowie: *Schmitt,* in: Verfassungsrechtliche Aufsätze, 489 (492 ff.).

921 Vgl. *Jachmann* welcher feststellt, dass durch die Steuererhebung Verwaltungsaufgaben wahrgenommen werden können, *Jachmann*, Verfassungsrechtliche Grenzen der Besteuerung, S. 24 f.

922 Vgl. *Kirchhof,* JZ 1982, 305 (305); sowie: *Kirchhof,* in: Freiheit und Verantwortung im Verfassungsstaat, 157 (158 ff.); *Kirchhof,* in: VVDStRL 39 (1981), 213 (281); vgl. ferner: *Klawonn,* Die Eigentumsgewährleistung als Grenze der Besteuerung, S. 36 f.

923 Vgl. *Kirchhof,* Deutschland im Schuldensog, welcher den „Zusammenhang zwischen steuerlicher Gemeinlast und budgetrechtlichen Gemeinaufgaben" beschreibt; vgl. auch: *Häberle,* in: VVDStRL 30 (1972), 44 (60).

924 Vgl. *Depenheuer,* Solidarität im Verfassungsstaat, S. 5; vgl. auch: *Hey,* in: *Tipke/Lang,* Steuerrecht, § 3, Rn. 180 ff.; *Jachmann,* in: FS für Schiedermair, 391 (391 f.); sowie: *Kirchhof,* JZ 1982, 305 (305); ebenso: *Kirchhof,* Besteuerung im Verfassungsstaat, S. 10; siehe auch: *Kirchhof,* in: VVDStRL 39 (1981), 213 (281), welcher feststellt: „Ein Grundrecht des Eigentümers hindert nicht eine Finanzausstattung des Staates zu Lasten des Privateigentums, sondern fordert eine eigentumsschonende Deckung staatlichen Finanzbedarfs".

925 Vgl. *Butzer,* Freiheitsrechtliche Grenzen der Steuer- und Sozialabgabenlast, S. 131 f., welcher das Verhältnis zwischen Sozialstaat und Abgabenstaat nicht als „Entweder-Oder" Konstellation sieht, sondern sich beide gegenüber stehen. So spricht er dann auch vom „freiheitlichen Sozialstaat". Siehe für den Begriff des „freiheitlichen Sozialstaats": *Zacher,* in: HdStR, Bd. II, 659, § 28, Rn. 26; Siehe für die Unmöglichkeit einer unbegrenzten Solidarität: *Depenheuer,* in: Solidarität in Knappheit, 41 (41 ff., insb. 50 f.).

Die Rechtfertigung eines solchen Eingriffs ist nur anhand einer Abwägung zwischen dem Interesse der Bürger an einer kleinen Solidargruppe und dem Grundsatz der sozialen Vergünstigung möglich.[926] Die Größe der Solidargruppe bestimmt sich folglich nicht nur durch die tatsächlich vorhandenen finanziellen Mittel, sondern auch dadurch, inwieweit der Staat in die Freiheitsrechte der anderen Bürger eingreifen darf, um die sozialen Leistungen einer größeren Gruppe zu finanzieren.[927] Dies erkennt auch der EuGH an, wenn er von einer „bestimmten finanziellen Solidarität" spricht.[928] Ausschlaggebend ist somit, wie die geforderte Solidargruppe bestimmt werden kann.

III. Notwendiger Solidaritätsrahmen

Entscheidend für die Bestimmung der Reichweite der Solidarleistungen ist der Solidaritätsrahmen. Derjenige, der eigene Nachteile auf sich nimmt, um andere zu unterstützen, handelt nur in der Annahme, dass die Unterstützten dasselbe für ihn auf sich nehmen würden.[929] Die Einstandspflicht besteht mithin in einem gewissen Solidaritätsrahmen.[930] Auf diese Weise kann sichergestellt werden, dass die Personen innerhalb der Solidargruppe bereit sind, den Solidaritätsrahmen auszuweiten.

Bis zum Einsetzen des Prozesses der zunehmenden Internationalisierung stellte der Nationalstaat den geforderten Solidaritätsrahmen dar, welcher aufgrund gemeinsamer Kultur und Geschichte gewachsen war.[931] Im Nationalstaat wird die Solidarität als Grundlage des Zusammenlebens im Staat angesehen. Innerhalb des Nationalstaates organisiert das Solidaritätsprinzip den Zusammenhalt

926 Vgl. allgemein für die Steuererhebung: BVerfGE 115, 97, 115 ff.; vgl. auch: *Hey,* in: *Tipke/Lang,* Steuerrecht, § 3, Rn. 196.

927 Vgl. *Alexy,* Theorie der Grundrechte, S. 463 f.; vgl. auch: *Butzer,* Freiheitsrechtliche Grenzen der Steuer- und Sozialabgabenlast, S. 69, welcher hervorhebt, dass der Gesetzgeber Sozialpolitik im Rahmen der freiheitsrechtlichen Grenzen betreiben kann.

928 EuGH, Urteil vom 20.09.2001, C-184/99, *Grzelczyk,* Slg. 2001, I-6193, Rn. 44.

929 Vgl. *Calliess,* Subsidiaritäts- und Solidaritätsprinzip in der Europäischen Union, S. 187; *Giddens* stellt schon die besondere Bedeutung des Vertrauens im Rahmen der Solidarität heraus, vgl.: *Giddens,* Jenseits von Links und Rechts, S. 177 ff.; a.A.: *Hieronymi,* Solidarität als Rechtsprinzip in der Europäischen Union, S. 13.

930 Vgl. *Calliess,* Subsidiaritäts- und Solidaritätsprinzip in der Europäischen Union, S. 187; vgl. auch: *Pernice,* in: Europäische Solidarität und nationale Identität, 25 (28).

931 Vgl. *Tomuschat,* in: Liber Amicorum Pierre Pescatore, 729 (754).

und die gegenseitige Hilfe der Bürger des jeweiligen Staates.[932] So spricht dann auch *Tomuschat* dem Nationalstaat im Bereich der Solidarität eine herausragende Bedeutung zu: „Das erprobte Gefäß einer Solidarität, die Opfer für einander erbringt, ist der Nationalstaat; auch dort aber ist Solidarität keine Selbstverständlichkeit, sondern bedarf stets der Erneuerung und Bewährung. Nur eine Gruppe, die sich als soziale Einheit empfindet, wird auf Dauer zur gegenseitigen Lastentragung bereit sein."[933] *Tomuschat* rückt folglich die „soziale Einheit" in den Fokus der Solidarität.

In Zeiten zunehmender Internationalisierung kann der Nationalstaat jedoch nicht mehr alleine das „Gefäß" für die soziale Einheit bilden.[934] Der Nationalstaat wird immer mehr internationalen Einflüssen ausgesetzt, insbesondere dann, wenn er in ein institutionelles Geflecht wie der Europäischen Union eingebunden ist.[935] Insofern ist die im Nationalstaat organisierte Solidargruppe alleine nicht mehr in der Lage, die gegenseitige Lastentragung zu übernehmen. Die Trennung von nationalen Aufgaben und Akten der internationalen Solidarität wird dadurch immer schwerer. Dies liegt daran, dass die klassische Abgrenzung der Staaten untereinander mit der Pflicht des Staates zur Erhaltung internationaler Solidarität kollidiert – grundsätzlich schließen sich Solidarität und Abgrenzung innerhalb des Solidaritätsrahmens gegenseitig aus.[936]

Solidarität ist jedoch nicht nur einfach ein Geschäft, welches auf Gegenseitigkeit beruht. Vielmehr beruht Solidarität auf der Anerkennung von Gemeinsamkeit.[937] Diese Gemeinsamkeit beziehungsweise die von *Tomuschat* benannte „soziale Einheit" bildet im Nationalstaat das Volk. Das Volk gründet auf einer gemeinsamen Geschichte, seiner gemeinsamen Kultur und Sprache und bildet

932 Vgl. *Kingreen,* EuR, Beiheft 1 2007, 44 (22 ff., 128 ff.); sowie: *Lais,* Das Solidaritätsprinzip im europäischen Verfassungsverbund, S. 25 ff.; vgl. ferner: *Bogdandy,* in: Europäisches Verfassungsrecht – Theoretische und dogmatische Grundzüge, 13 (69).

933 *Tomuschat,* in: Liber Amicorum Pierre Pescatore, 729 (754 f.); vgl. zur Lehre *Duguits,* welche die soziale Gruppe als Grundlage für eine „solidarité sociale" ansieht: *Grimm,* Solidarität als Rechtsprinzip, S. 40 ff.

934 Vgl. *Pernice,* in: Europäische Solidarität und nationale Identität, 25 (28).

935 Siehe als Beispiel für den wachsenden Einfluss internationaler Regeln auf das mitgliedstaatliche Regelungsregime im Bereich des Sozialrechts oben: C.

936 Vgl. *Calliess,* Subsidiaritäts- und Solidaritätsprinzip in der Europäischen Union, S. 188; vgl. ferner: *Sangiovanni,* OJLS 2013, 213 (234), welche die internationale Solidarität im Konflikt mit der nationalen Solidarität sieht.

937 Vgl. *Bieber,* Solidarität und Loyalität durch Recht, S. 17; sowie: *Calliess,* Subsidiaritäts- und Solidaritätsprinzip in der Europäischen Union, S. 188.

so die geforderte Einheit.[938] Das Volk als soziale Einheit stellt dann den Solidaritätsrahmen für die Solidarität dar; die diesem Volk angehörigen Personen bilden die Solidargruppe. Der Begriff des Volkes wird hierbei als Schicksalsgemeinschaft angesehen. Das Schicksal der Bürger ist mit dem der Gemeinschaft verknüpft, welche sich durch Gemeinsamkeiten bestimmt.[939]

Das Volk ist jedoch nur eine mögliche Form einer Solidargruppe. Auch andere Formen sind möglich. Unterschieden werden können zwei unterschiedliche Solidargruppen, mithin zwei unterschiedliche Solidaritätsrahmen. Zum einen die geborene Solidargruppe – die Solidargemeinschaft -, zum anderen die gekorene Solidargruppe, die Solidargesellschaft.[940]

1. Solidargemeinschaft

Den ursprünglichen Solidaritätsrahmen stellte die Solidargemeinschaft als die geborene Solidargruppe dar. Eine Gemeinschaft ist die „naturgewachsene Einheit“[941] von mehreren Menschen, die auf unbewusst wirkenden Kriterien beruht, zum Beispiel des Verstehens und Vertrauens, der Liebe und der Treue. Diese naturgegebene Verbundenheit manifestiert sich in verschiedenen Formen wie beispielsweise der Familie oder dem Volk. Das Volk als eine mögliche Form einer Solidargemeinschaft erkennt auch *Tomuschat* an, indem er feststellt, dass das „erprobte Gefäß einer Solidarität“ der Nationalstaat sei.[942] Die Zugehörigkeit zu einer Gemeinschaft begründet sich durch die Geburt des Einzelnen in die Gemeinschaft.[943] Der Einzelne kann keine Wahl treffen, ob er zu dieser Gemeinschaft dazugehören möchte oder nicht. Er ist mit allem „Wohl und Wehe“ an diese Gemeinschaft gebunden.[944] Die Gemeinschaft zeichnet sich dann dadurch aus, dass die Einzelnen innerhalb dieser Gemeinschaft für die anderen Individuen einstehen. Dies macht die Solidarität der Gemeinschaft aus. Die Solidarität wurzelt darin, dass die Anderen für einen einstehen, weil „alle als Genossen an der Integrität ihres gemeinsamen Lebenszusammenhangs in derselben Weise

---

938 Vgl. *Pernice,* in: Europäische Solidarität und nationale Identität, 25 (27).

939 Vgl. *Pernice,* in: Europäische Solidarität und nationale Identität, 25 (27 f.).

940 Vgl. *Depenheuer,* in: Solidarität in Knappheit, 41 (60 ff.). Die Unterscheidung zwischen der Solidargemeinschaft und der Solidargesellschaft geht zurück auf *Tönnies,* Gemeinschaft und Gesellschaft, S. 9 ff., S. 45 ff. Vgl. auch: *David,* in: *Klose/Mantl/Zsifkovits,* Katholisches Soziallexikon, Begriff: Gemeinschaft.

941 *David,* in: *Klose/Mantl/Zsifkovits,* Katholisches Soziallexikon, Begriff: Gemeinschaft.

942 S.o. H.

943 Vgl. *Tönnies*, Gemeinschaft und Gesellschaft, S. 4.

944 Vgl. *Tönnies*, Gemeinschaft und Gesellschaft, S. 4.

interessiert sein müssen".[945] Voraussetzung für die Solidarität ist folglich eine Verknüpfung der Gruppenmitglieder, die aus gemeinsamen Erfahrungen resultiert und die sich daraus ergebende Sicherheit, dass die Gruppe die Notlage einzelner Gruppenmitglieder auffängt.[946]

Die gemeinsamen Erfahrungen bewirken, dass auch die Personen, die erst nach den erlebten Erfahrungen geboren werden, automatisch zur Solidargemeinschaft zählen. Die Erfahrungen werden von den vorherigen Generationen übertragen. Aufgrund der Wichtigkeit dieser Erfahrungen können diese jedoch nur langsam wachsen und entwickeln sich erst mit der Zeit. Gerade die einzelnen Mitgliedstaaten können die gemeinsamen Erfahrungen vorweisen. Sie zeichnen sich durch eine lange Geschichte aus, welche nach und nach auch die in diesem Mitgliedstaat lebenden Menschen durch die gemeinsam erlebten Ereignisse und gemeinsamen Erfahrungen zu einem Volk haben zusammenwachsen lassen.

Auf europäischer Ebene können diese Erfahrungen noch nicht derart gewachsen sein, dass sich eine Solidargemeinschaft zwischen allen Bürgern der Europäischen Union gebildet haben kann. Zwar geht die gemeinsame Geschichte der EU bis zur Gründung der Montanunion im Jahre 1951 zurück. Die Intensität der Verbindungen zwischen den einzelnen Staaten entwickelte sich jedoch erst mit der Zeit. Zu Beginn stand allein der wirtschaftliche Aspekt im Vordergrund und nur Regelungen, welche eine Verbindung zu wirtschaftlichen Aspekten aufzeigen konnten, wurden als nötig erachtet.[947] Die gemeinsamen Erfahrungen beruhen folglich auf wirtschaftlichen Gründen und Aspekten. Eine Unterstützung nichterwerbstätiger Personen weist aber gerade keinen wirtschaftlichen Bezug auf.

Eine Begründung der notwendigen Gemeinsamkeit ist auch durch die Unionsbürgerschaft denkbar. Die Unionsbürgerschaft besteht neben der nationalen Staatsbürgerschaft[948] und könnte folglich als Parallele zur nationalen

---

945 *Habermas,* in: Zur Bestimmung der Moral (311); vgl. auch: *Blanke/Pilz,* EuR 2014, 541 (542 f.).

946 Vgl. *Schöbener/Knauff,* Allgemeine Staatslehre, § 3, Rn. 15d, welche darstellen, dass eine Gemeinschaft eine Verknüpfung aufweisen muss.

947 Vgl. für die Entwicklung von rein wirtschaftlichen Bezügen zu auch nichtwirtschaftlichen Bezügen am Beispiel des Sozialrechts oben: C.

948 Art. 20 I 1 AEUV; vgl. grundlegend: *Kluth,* in: *Calliess/Ruffert,* EUV/AEUV Kommentar, Art. 20 AEUV, Rn. 5; vgl. für eine genauere Analyse der Unionsbürgerschaft und ihren Unterschieden zur nationalen Staatsbürgerschaft: *Hobe,* Der Staat 1993, 245 (257 ff., 267); sowie: *Randelzhofer,* in: GS für Eberhard Grabitz, 581 (592); ebenso: *Sauerwald,* Die Unionsbürgerschaft und das Staatsangehörigkeitsrecht in den MS der EU, S. 76 f.; *Schoch,* in: FS für Kay Hailbronner, 355 (355 ff.).

Staatsbürgerschaft verstanden werden. Die Unionsbürgerschaft kann jedoch nicht die historische Begründung für die notwendige Schicksalsgemeinschaft für die Solidarität liefern wie sie das „Volk“ im Nationalstaat leistet.[949] Die Unionsbürgerschaft ist im Vergleich zu den nationalen Staatsbürgerschaften ein noch sehr „junges“ Konzept. Erst durch den Vertrag von Maastricht von 1992 erhielt das Konzept der Unionsbürgerschaft Einzug in das Unionsrecht.[950] Die notwendigen Erfahrungen für das Hervorbringen einer Solidargemeinschaft, welche auch nichterwerbstätige Personen umfasst, müssen vor allem nichtwirtschaftliche Aspekte beinhalten, um als Begründung einer solchen Gemeinschaft dienen zu können. Zur Zeit sind diese Unterschiede zwischen den einzelnen Staatsvölkern noch zu groß. So stellt dann auch *Tomuschat* fest: „Nur allmählich werden die Völker Westeuropas in eine echte Lebens- und Erfahrungsgemeinschaft hineinwachsen, die sich auch als solche versteht“.[951] Von einer Solidargemeinschaft auf europäischer Ebene, welche auch die nichterwerbstätigen Unionsbürger einbezieht, kann folglich noch nicht die Rede sein.[952]

2. Solidargesellschaft

Aufgrund des fehlenden Vorliegens einer Solidargemeinschaft auf Unionsebene muss der notwendige Solidaritätsrahmen anderweitig legitimiert werden. Möglich scheint daher eine Legitimierung durch eine Solidargesellschaft. Die Solidargesellschaft bildet im Gegensatz zur naturgewachsenen Solidargemeinschaft einen verstandesgemäß-willkürlich eingegangenen Interessenverband.[953]

---

949 Vgl. *Böckenförde,* in: HdStR, Bd. II, 429, S. 445, welcher zwar das Wort „Schicksalsgemeinschaft“ nicht verwendet, aber herausstellt, dass die Staatsangehörigen mit dem politischen Leben und Schicksal des Staates, den sie bilden und tragen als seine Mitglieder auf Dauer verknüpft seien. Dies umfasst auch die „inneren Schwächen“ sowie die dem Staat von „außen drohenden Gefahren“; sowie: *Pernice,* in: Europäische Solidarität und nationale Identität, 25 (25 ff.). Vgl. auch *Simson,* EuR 1991, 1 (1 ff.), welcher von einem notwendigen, bisher jedoch noch nicht vorhandenen Europamythos spricht, um ein Volk auf europäischer Ebene zu begründen. Siehe aber auch *Häberle,* welcher feststellt, dass das Volk kein starres Gebilde sei, sondern eine „immer neu werdende pluralistische Größe“ darstelle; *Häberle,* in: HdStR, Bd. II, 317 (351).

950 S.o C.III.4.b).

951 *Tomuschat,* in: Liber Amicorum Pierre Pescatore, 729 (755).

952 Auch *Schmahl* sieht die Unionsbürgerschaft noch auf dem „Weg“ und stellt daher die Frage: Auf dem Weg zu einer genuinen europäischen Personalhoheit? *Schmahl,* in: FS für Kay Hailbronner, 339 (339).

953 Vgl. *Tönnies*, Gemeinschaft und Gesellschaft, S. 46.

Die Solidargesellschaft gründet sich folglich auf einer Willensentscheidung einer Gruppe von Individuen, die beschließen, sich selbst einen Solidaritätsrahmen zu geben. Dies können auch schon vorhandene Solidargemeinschaften sein, die sich dann zu einer Solidargesellschaft zusammenschließen wollen.[954] Die Verbundenheit der Gesellschaft als Interessenverbund entsteht dann auf einer abstrakten Ebene, welche nach außen hin direkt nicht sichtbar ist. Gegenläufig zur Solidargemeinschaft gibt es bei der Solidargesellschaft gerade keine nach außen hin sichtbaren Merkmale der Verbundenheit, wie etwa eine gemeinsame Staatszugehörigkeit. Der Zusammenschluss der Solidargesellschaft basiert lediglich auf der Anerkennung von gemeinsamen Werten, welche dann durch eine Kodifizierung manifestiert und für alle sichtbar gemacht werden müssen.[955] Hier kommt dem existierenden Recht in der EU eine besondere Bedeutung zu, wenn der Umfang der Solidarität in der Europäischen Union festgestellt werden soll.[956] Das Recht selbst bildet in diesem Zusammenhang die Voraussetzung, um ein auf Solidarität basierendes Zusammenleben der Staaten und ein europäisches Gemeinwohl zu begründen.[957] Auf europäischer Ebene kann dieser Wille nur durch die europäischen Verträge nach außen hin dargestellt werden. Demnach müssen die die Solidarität konkretisierenden Rechtsnormen im Recht der Europäischen Union auf den Gehalt der sozialen Vergünstigung für nichterwerbstätige Unionsbürger untersucht werden.

---

954 Vgl. *Depenheuer*, in: Solidarität in Knappheit, 41 (61).

955 Vgl. *Helle*, in: *Klose/Mantl/Zsifkovits*, Katholisches Soziallexikon, Begriff: Gesellschaft, welcher davon spricht, dass die die Gemeinschaft bestimmenden Werte „verkündet" werden. Vgl. auch: *Depenheuer*, in: Solidarität in Knappheit, 41 (61 f.); vgl. ferner: *Habermas*, Faktizität und Geltung, S. 632 ff., insbesondere S. 642, wo von „Verfassungspatriotismus" gesprochen wird; kritisch dazu: *Depenheuer*, DÖV 1995, 854 (854 ff.).

956 Vgl. *Calliess*, Subsidiaritäts- und Solidaritätsprinzip in der Europäischen Union, S. 188. Siehe grundlegend für die Bedeutung des Rechts für die Europäische Integration schon: *Hallstein*, Der unvollendete Bundesstaat, S. 33. Siehe für die Bedeutung des Rechts im Rahmen des Zusammenhaltes der EG: *Zuleeg*, ZEuP 1993, 475.

957 Vgl. *Bieber*, Solidarität und Loyalität durch Recht, S. 19; sowie: *Calliess*, Subsidiaritäts- und Solidaritätsprinzip in der Europäischen Union, S. 188.

IV. Solidaritätsprinzip in der Europäischen Union

1. Solidarität als Fundament der Europäischen Union

Das Solidaritätsprinzip spielte von Beginn des europäischen Integrationsprozesses an eine zentrale Rolle.[958] Auch wenn in den Regelungen zur EWG die Solidarität nicht ausdrücklich erwähnt wurde, war der Solidaritätsgedanke bereits in Regelungen der EWG vorgesehen.[959] Hervorgehoben wurde der Solidaritätsgedanke durch den *Tindemans*-Bericht von 1975, in welchem zum Ausdruck kommt, dass die Solidarität ein Fundament der europäischen Völkergemeinschaft darstellen sollte.[960] Der *Tindemans*-Bericht konkretisierte auch direkt den Begriff der Solidarität auf unionsrechtlicher Ebene.[961] Das europäische Gemeinwohl solle gestärkt werden, indem der „faktischen Solidarität unserer Volkswirtschaften, unserer Finanzen und unseres sozialen Lebens eine organische Form" gegeben wird.[962] Nach dem Tindemans-Bericht sollte Solidarität jedoch nicht nur ein abstraktes Konzept bleiben, sondern im Alltag für den einzelnen Bürger greifbar sein.[963] *Tindeman* sah die Solidarität somit als Integrationsprogramm an, welches das Wohl Aller fördern sollte.[964] Dabei sollten die Staaten nicht mehr

---

958 So hob *Robert Schuman* schon am 09.05.1950 hervor: „Europa lässt sich nicht mit einem Schlage herstellen und auch nicht durch eine einfache Zusammenfassung. Es wird durch konkrete Tatsachen entstehen, die zunächst eine Solidarität der Tat schaffen". Vgl. auch *Frenz,* Handbuch Europarecht, Bd. 4, Europäische Grundrechte, Rn. 3581; sowie: *Härtel,* in: Handbuch Föderalismus, Föderalismus in Europa und der Welt, Rn. 237; *Hilpold,* EuR 2016, 373 (374).

959 So z.B. auf den Gebieten der Gemeinsamen Agrarpolitik und ihrer Finanzierung, die Strukturfonds zur Regionalentwicklung, sowie für die Zulässigkeit staatlicher Beihilfen für wirtschaftliche unterentwickelte Gebiete. Auch der EuGH berief sich früh auf das Solidaritätsprinzip: EuGH, Urteil vom 10.12.1969, C-6/69, *Kommission/ Frankreich,* Slg. 1969, I-523, Rn. 14/17.

960 Vgl. *Härtel,* in: Handbuch Föderalismus, Föderalismus in Europa und der Welt, Rn. 237.

961 Vgl. *Härtel,* in: Handbuch Föderalismus, Föderalismus in Europa und der Welt, Rn. 237.

962 Vgl. Text des *Tindemans*-Bericht, *Wiedenfeld,* Materialien zur Politischen Union, S. 314.

963 Vgl. Text des *Tindemans*-Bericht, *Wiedenfeld,* Materialien zur Politischen Union, S. 338; vgl. auch: *Gussone,* Das Solidaritätsprinzip in der Europäischen Union und seine Grenzen, S. 114.

964 Vgl. *Gussone,* Das Solidaritätsprinzip in der Europäischen Union und seine Grenzen, S. 114.

im Mittelpunkt stehen, sondern der einzelne Unionsbürger.[965] Deutlich wird dies durch die Betonung des „sozialen Lebens“ im *Tindemans*-Bericht. Das soziale Leben wurde hier neben der Solidarität der Volkswirtschaften und der Solidarität der Finanzen genannt und folglich als ein neben den anderen beiden Feldern eigener und gleichwertiger Bereich angesehen. Laut dem *Tindemans*-Bericht sollte die Solidarität somit nicht nur als Mittel zur wirtschaftlichen und finanziellen Stärkung genutzt werden, sondern auch dem einzelnen Unionsbürger als unterstützendes Instrument dienen.

Die Solidarität blieb aber nicht nur ein ungeschriebenes Prinzip im Unionsrecht.[966] In der Folgezeit wurde das Solidaritätsprinzip nach und nach in die europäischen Verträge integriert. So bezog schon das Europäische Parlament die Solidarität in seinem Spinelli-Entwurf von 1984 mit ein, welche später mit ähnlichem Wortlaut auch im Vertrag von Maastricht (EGV) verankert wurde. In der Präambel wurde das Ziel benannt, „die Solidarität zwischen ihren Völkern unter Achtung ihrer Geschichte, ihrer Kultur und ihrer Tradition zu stärken“.

Neben der schriftlichen Fixierung der Solidarität im EGV wurde das Prinzip der Solidarität durch die EUGRCh weiter aufgewertet. So hebt die Präambel der EUGRCh hervor, dass die Union sich „auf die unteilbaren und universellen Werte der Würde des Menschen, der Freiheit, der Gleichheit und der Solidarität“ gründet. Daneben wurde der Solidarität ein eigener Titel in der EUGRCh gewidmet, welcher soziale Grundrechte und Grundsätze regelt. Der IV. Titel der EUGRCh, welcher mit der Überschrift „Solidarität“ tituliert ist, gewährleistet unter anderem den Schutz der Familie und der Arbeitnehmer, regelt den Zugang zu Leistungen der sozialen Vergünstigung sowie zur Gesundheitsvorsorge und garantiert den Umwelt- und Verbraucherschutz.[967]

Diese Entwicklung wurde im Vertrag von Lissabon konsequent weitergeführt. Der solidarische Gedanke kommt im Vertrag von Lissabon in vielen unterschiedlichen Bereichen zum Tragen.[968] So wurde in der Präambel des EUV

965 Vgl. *Gussone*, Das Solidaritätsprinzip in der Europäischen Union und seine Grenzen, S. 114.

966 So noch: *Usher*, General Principles of EC Law, S. 8; vgl. auch: *Bieber*, in: Europäische Solidarität und nationale Identität, 67 (69).

967 Siehe für die in dieser Arbeit relevanten Normen des IV Titels der EUGRCh oben: F.III.

968 So ausdrücklich in Art. 21 u. 24 II, III EUV, 67, 80, 122, 194, 222 AEUV; vgl. dazu: *Bieber/Maiani*, Schweizerisches Jahrbuch für Europarecht 2012, 297; sowie: *Bieber*, in: Europäische Solidarität und nationale Identität, 67 (68 f.); ebenso: *Hilpold*, EuR 2016, 373 (375).

gleichlaufend zum Vertrag von Maastricht der „Wunsch, die Solidarität zwischen ihren Völkern unter Achtung ihrer Geschichte, ihrer Kultur und ihrer Traditionen zu stärken", unterstrichen. Daneben zählt Art. 2 EUV die Solidarität als eines der zentralen Merkmale der europäischen Werte- und Rechtsgemeinschaft auf. Auch die Ziele des Art. 3 EUV erwähnen die Solidarität mehrmals. Auf diese Weise soll die intergenerationelle Solidarität sowie der wirtschaftliche, soziale und territoriale Zusammenhalt und die Solidarität zwischen den Mitgliedstaaten gefördert werden. Zudem soll die Außenpolitik einen Beitrag zur Solidarität unter den Völkern leisten. Ähnlich wie im *Tindemans*-Bericht, wird neben dem wirtschaftlichen Zusammenhalt der soziale Zusammenhalt hervorgehoben. Erste Anzeichen werden deutlich, dass die Solidarität in der EU auch einen sozialen Aspekt in Bezug auf den einzelnen Unionsbürger hat.

Zudem führte der EuGH in der Rs. *Kommission/Italien* aus, dass die Mitgliedstaaten durch ihren Beitritt zur damaligen EWG eine Solidaritätspflicht eingegangen seien. In der Entscheidung sah der EuGH eine Verletzung des Solidaritätsprinzips darin, dass ein Staat unionsrechtliche Vorschriften unter Berufung auf nationale Interessen nicht befolgte.[969] Weiter führte der EuGH aus, dass einseitige staatliche Maßnahmen gegen das vertraglich kodifizierte Solidaritätsgebot verstoßen, wenn dadurch das Funktionieren der Gemeinschaft gestört werde.[970] Dieser Verstoß liege selbst dann vor, wenn die in Frage stehende Maßnahme im ausschließlichen Zuständigkeitsbereich der Mitgliedstaaten läge.[971] Somit erkennt auch der EuGH die Solidarität flächendeckend in der EU an, eine genaue Definition bleibt aber auch er schuldig.

Die Solidarität ist heute in den Unionsverträgen vielfach implementiert und wird vom EuGH anerkannt.[972] Trotz der zahlreichen Kodifizierungen und der Berufung des EuGH auf die Solidarität wurde der Begriff der Solidarität jedoch bisher noch nicht definiert.[973] Somit ist nicht klar, ob das Solidaritätsprinzip eine

---

969 EuGH, Urteil vom 07.02.1973, C-39/72, *Kommission/Italien,* Slg. 1973 101, Rn. 25.

970 EuGH, Urteil vom 10.12.1969, C-11/69, *Kommission/Frankreich,* Slg. 1970 523, Rn. 14/17.

971 EuGH, Urteil vom 10.12.1969, C-11/69, *Kommission/Frankreich,* Slg. 1970 523, Rn. 14/17 u. 41/44.

972 Vgl. *Bieber,* in: Europäische Solidarität und nationale Identität, 67 (67 ff.); sowie: *Farahat,* DÖV 2016, 45 (53); ebenso: *Hatje,* EuR 2005, 148 (152), welcher die Solidarität als einen der zentralen Rechtsgrundsätze der EU bezeichnet; vgl. auch: *Kadelbach,* in: Solidarität als europäisches Rechtsprinzip?, 9 (9 ff.).

973 Vgl. *Bieber,* in: Europäische Solidarität und nationale Identität, 67 (69); sowie ferner: *Hatje,* EuR 2005, 148 (153).

Solidargemeinschaft begründet, welche auch nichterwerbstätige Unionsbürger umfasst. Festgehalten werden kann jedoch, dass sich die Solidarität nicht grundsätzlich nur auf die Mitgliedstaaten beschränken, sondern auch den einzelnen Bürger mitumfassen sollte. Die Solidarität bezog sich schon seit Beginn der EWG in den unterschiedlichen Verträgen nicht nur auf die Solidarität zwischen den Staaten, sondern bezog auch die Bürger ein. Ob davon auch die nichterwerbstätigen Unionsbürger umfasst sein sollen, muss eine Analyse der unterschiedlichen Arten der Solidarität aufspüren.

2. Solidarität als unbestimmtes Prinzip

Auch wenn das Solidaritätsprinzip in den Europäischen Verträgen nicht definiert ist, haben sich doch anerkannte Arten von Solidarität in der Europäischen Union herauskristallisiert.[974] Die unterschiedlichen Arten von Solidarität beziehen sich auf das Verhältnis verschiedener Akteure im europäischen System. Daher bildeten sich mehrere unterschiedliche Konstellationen von Gruppen, zwischen welchen ein Solidaritätsverhältnis im europäischen Rechtssystem herrscht.[975] Für das vorliegende Thema sind insbesondere die Solidarität zwischen den Staaten und die Solidarität zwischen den einzelnen Bürgern relevant. Diese beiden Konstellationen können den geeigneten Solidaritätsrahmen bilden, welcher auch Leistungen der sozialen Vergünstigung umfasst. So müssten die Staaten Leistungen der sozialen Vergünstigung finanzieren. Diese Finanzierung kann eine zwischenstaatliche Solidarität darstellen. Die einzelnen Bürger wiederum würden indirekt durch die Entrichtung von Steuern zur Finanzierung der

974 Vgl. *Hilpold,* EuR 2016, 373 (375).

975 Vgl. *Hilpold,* EuR 2016, 373 (375), welcher zwischen der Solidarität zwischen einzelnen Mitgliedstaaten, Solidarität zwischen Mitgliedstaaten und Individuen und der intergenerationellen Solidarität unterscheidet; sowie: *Kadelbach*, in: Solidarität als europäisches Rechtsprinzip?, 9 (17); siehe auch: *Heinig*, in: Europäische Solidarität und nationale Identität, 143, welcher Solidarität in die Gruppen „Solidarität mit den Schwachen", „Gruppensolidarität" und „Solidarität in der Massengesellschaft" einteilt; *Becker* unterscheidet nur zwischen Solidarität der Mitgliedstaaten und Solidarität zwischen der EU und den Unionsbürgern, *Becker,* EuR, Beiheft 2 2015, 19 (36); *Bieber,* Solidarität und Loyalität durch Recht, S. 8, unterscheidet zwischen Solidarität zwischen Staaten, Solidarität zwischen Völkern und Solidarität zwischen Staaten und der Union; *Sangiovanni,* OJLS 2013, 213 (217), unterscheidet zwischen innernationaler Solidarität zwischen Staatsbürgern und Personen, die sich in dem betreffenden Staat aufhalten, Solidarität zwischen Mitgliedstaaten und „transnationaler Solidarität" zwischen den Unionsbürgern untereinander.

Solidarleistungen belastet, wodurch auch die Solidarität zwischen den einzelnen Bürgern betroffen ist.

Diese Arten der Solidarität können jedoch nicht direkt zur Herleitung ungeschriebener Rechte und Pflichten angewandt werden. Zwar stellt die Solidarität einen Wert[976] dar und dient als Auslegungshilfe sowie Normenkontrollmaßstab für Akte der EU.[977] Die Solidarität bedarf jedoch immer der Konkretisierung durch gesetzliche Rechtsakte, wenn sich aus ihr Rechtsfolgen ableiten lassen sollen.[978] Die Konkretisierung in Rechtsakten ist gerade dann relevant, wenn die Solidarität genutzt werden soll, um eine Solidargesellschaft zu definieren. Diese bestimmt sich durch einen gewollten Zusammenschluss, welcher im geschriebenen Recht seinen Ausdruck findet.

3. Solidarität zwischen den einzelnen Mitgliedstaaten

Die Solidarität zwischen den einzelnen Mitgliedstaaten scheint schon aufgrund der vielfältigen Nennungen in den EU-Verträgen als die von den einzelnen Mitgliedstaaten wichtigste Solidaritätsform erachtet zu werden. Bei der Bestimmung der Solidarität zwischen den Mitgliedstaaten ist zu beachten, dass die Solidarität zwischen den Mitgliedstaaten nicht losgelöst von einer personellen Solidarität betrachtet werden kann. Deutlich wird dies schon durch den Wortlaut des EUV. Dort heben sowohl die Präambel als auch Art. 3 EUV die Solidarität zwischen den einzelnen Mitgliedstaaten hervor. Art. 3 EUV spricht zwar lediglich von der Solidarität zwischen den Mitgliedstaaten, was auf eine Solidarität allein unter den Mitgliedstaaten hindeutet, welche die Unionsbürger auslassen. Die Präambel des EUV manifestiert jedoch die Solidarität zwischen den Mitgliedstaaten, indem sie feststellt, dass „die Solidarität zwischen ihren Völkern unter Achtung ihrer Geschichte, ihrer Kultur und ihrer Traditionen zu stärken" ein Ziel der Europäischen Union sei. Erstaunlich ist hier die Wortwahl der „Völker" und nicht der „Staaten" oder „Mitgliedstaaten". Unter dem Begriff der Völker im Sinne der Präambel des EUV wird die Summe aller Staatsangehörigen der in einem Staatenverband zusammengefassten Völker, verstanden[979] und nicht die Summe aller

---

976 Vgl. für die Einordnung der Solidarität als Wert der EU oben: H.IV.

977 Vgl. *Calliess*, in: *Calliess/Ruffert*, EUV/AEUV Kommentar, Art. 2 EUV, Rn. 12; sowie: *Hilf/Schorkopf*, in: *Grabitz/Hilf/Nettesheim*, Das Recht der Europäischen Union, Art. 2 EUV, Rn. 19.

978 Vgl. *Becker*, EuR, Beiheft 2 2015, 19 (36); ebenso: *Kadelbach*, in: Solidarität als europäisches Rechtsprinzip?, 9 (17); sowie: *Volkmann*, Solidarität, S. 69.

979 Vgl. *Hieronymi*, Solidarität als Rechtsprinzip in der Europäischen Union, S. 64.

Staaten als solche. Durch den gewählten Wortlaut wird deutlich, dass sich die Solidarität nicht nur auf die einzelnen Mitgliedstaaten als solche beziehen soll, sondern auch die hinter diesen stehenden Unionsbürger mit umfassen soll.[980] Die Bestimmungen über die Solidarität zwischen den einzelnen Mitgliedstaaten im EUV sehen folglich schon vom Wortlaut aus vor, die hinter den Staaten stehenden Bürger mit in die Solidarität zwischen den Mitgliedstaaten einzubeziehen.

Auch im Rahmen der Kohäsionspolitik der Europäischen Union gemäß Art. 174 ff. AEUV wird der einzelne Bürger von dem dort implementierten Solidaritätsprinzip mit umfasst. Die Solidarität spielt für die Kohäsionspolitik eine wichtige Rolle, auch wenn dort der Begriff „Solidarität“ selbst nicht ausdrücklich genannt wird.[981] Kohäsionspolitik in der EU beschreibt die Stärkung des wirtschaftlichen, territorialen und sozialen Zusammenhalts der EU als Ganzes.[982] Der wirtschaftliche, territoriale und soziale Zusammenhalt gewährleistet jedoch die Solidarität zwischen den Mitgliedstaaten.[983] Auch wenn Art. 174 AEUV nur einen programmatischen Charakter hat,[984] ist auffallend, dass hier explizit Bezug auf den sozialen Zusammenhalt unter den einzelnen Mitgliedstaaten genommen wird. Zur Förderung der benachteiligten Gebiete sollen nicht nur die ökonomischen Aspekte der betroffenen Gebiete gestärkt werden, sondern die Menschen vor Ort sollen auch vor Ausgrenzung geschützt werden.[985] Dies beinhaltet nicht nur den Schutz vor wirtschaftlicher Ausgrenzung, sondern auch vor sozialer Ausgrenzung. Die Kommission hat erkannt, dass eine nachhaltige Entwicklung der gesamten Europäischen Union nur durch die Förderung der benachteiligten Gebiete und der dort lebenden Menschen erfolgen kann.[986] Diese Förderung

980 Vgl. *Hieronymi,* Solidarität als Rechtsprinzip in der Europäischen Union, S. 64; ebenso: *Volkmann,* Staatswissenschaften und Staatspraxis 1998, 17 (31); sowie: *Martenczuk,* EuR 2000, 351 (363), welcher hervorhebt, dass die Solidarität der Mitgliedstaaten die Entwicklung einer „europäischen Bürgersolidarität“ verlange.

981 Vgl. *Hilpold,* Jahrbuch des öffentlichen Rechts 2007, 195 (207).

982 Vgl. *Magiera,* in: *Streinz,* EUV/AEUV Kommentar, Art. 174 AEUV, Rn. 13; sowie: *Priebe,* in: *Schwarze* u.a., EU-Kommentar, Art. 174 AEUV, Rn. 6.

983 Art. 174, 175 AEUV.

984 EuGH, Urteil vom 23.11.1999, C-149/96, *Kommission/Rat,* Slg. 1999 I-8395, Rn. 86; vgl. *Kern/Eggers,* in: *Grabitz/Hilf/Nettesheim,* Das Recht der Europäischen Union, Art. 174 AEUV, Rn. 24; vgl. auch: *Priebe,* in: *Schwarze* u. a., EU-Kommentar, Art. 174 AEUV, Rn. 8, welcher von „strukturpolitischer Generalklausel“ spricht.

985 Siehe: Mitteilung der Kommission an das EP, den Rat, den AdR und den EWSA, Grünbuch zum territorialen Zusammenhalt, KOM/2008/616, S. 1.

986 Siehe: Mitteilung der Kommission an das EP, den Rat, den AdR und den EWSA, Grünbuch zum territorialen Zusammenhalt, KOM/2008/616.

wiederum, welche durch Wettbewerbsfähigkeit und Wohlstand gewährleistet wird, basiert auf der Fähigkeit der einzelnen Menschen, vor Ort alle territorialen Vorteile bestmöglich auszunutzen.[987]

An dieser Stelle wird deutlich, dass auch die in den jeweiligen Regionen lebenden Menschen nicht außer Acht gelassen werden sollen, obwohl die Kohäsionspolitik primär auf die Solidarität zwischen den Mitgliedstaaten abstellt. Die Miteinbeziehung von einzelnen Personen ist erstaunlich. Der einzelne Unionsbürger wird als ein Faktor gesehen, welcher die Wirtschaft der jeweiligen benachteiligten Region fördern kann, wenn ihm die Mittel zur Verfügung gestellt werden, um die in der jeweiligen Region vorherrschenden Vorteile auszunutzen. Dieser Aufgabe kann der Einzelne jedoch nur gerecht werden, wenn ihm zumindest das soziokulturelle Existenzminimum verbrieft wird. Dieses ist gerade darauf ausgelegt, dass der Einzelne mit anderen Personen in Interaktion treten kann und soll daher ein Konsumverhalten des betroffenen Unionsbürgers sicherstellen.[988] Nur so ist der Unionsbürger vor einer Ausgrenzung geschützt.[989]

Festgehalten werden kann, dass die mitgliedstaatliche Solidarität primär auf das Verhältnis zwischen einzelnen Staaten abstellt. Die hinter diesen stehenden Staatsbürger sind von der Solidarität dennoch, zumindest mittelbar, betroffen. Angelegt ist die mittelbare Betroffenheit schon durch die Formulierung in der Präambel des EUV, welche von „Völkern“ spricht und nicht von „Staaten“. Hier fällt auf, dass auch in klassischen Feldern der zwischenstaatlichen Solidarität die einzelnen Unionsbürger nicht außer Acht gelassen werden. So bezieht die Kohäsionspolitik die in den betroffenen Gebieten lebenden Unionsbürger mit ein. Auch wenn dies als Maßnahme genutzt wird, um die einzelnen Regionen zu stärken, werden die einzelnen Unionsbürger mit in das mitgliedstaatliche Solidaritätssystem integriert.

4. Unionsbürgerschaft als Ausfluss einer europäischen personellen Solidarität

Einen Wendepunkt in der Entwicklung des Solidaritätsprinzips gab es durch die Einführung der Unionsbürgerschaft. Zwar war die solidarische Dimension der

987 Siehe: Mitteilung der Kommission an das EP, den Rat, den AdR und den EWSA, Grünbuch zum territorialen Zusammenhalt, KOM/2008/616, S. 3.

988 S.o. G.III.1.b).

989 S.o. G.III.1.b).

Unionsbürgerschaft während ihrer Einführung umstritten.[990] Für die EU spielt die personelle Solidarität dennoch eine entscheidende Rolle. Ohne eine solche personelle Solidarität kann eine über die Grenzen des Mitgliedstaates hinausgehende Gemeinschaft nicht bestehen.[991] Nur wenn die Unionsbürger untereinander eine gemeinsame Solidarität entwickeln, kann sich auf unionaler Ebene eine effektive Solidarität bilden. Diese Solidarität bezieht sich dann nicht nur auf die Mitbürger aus dem eigenen Mitgliedstaat, sondern umfasst alle Unionsbürger jeglicher Mitgliedstaaten.[992] Eine solche personelle Solidarität ermuntert den einzelnen Unionsbürger, sich auf die Rechte zu berufen, die die Solidarität zwischen den Bürgern ausdrückt. Ziel ist dabei nicht nur die Besserstellung des einzelnen Unionsbürgers. Durch das Einräumen von Solidarrechten wird auch der Zusammenhalt der Gemeinschaft gefördert.[993]

a) Unionsbürgerschaft als entscheidendes Kriterium für Solidarrechte

Kurz nach dem Beginn der Rechtsprechung bezüglich der sozialen Rechte der Unionsbürger stellte der EuGH in seiner *Grzelcyk*-Entscheidung zumindest eine „bestimmte finanzielle Solidarität" zwischen den Unionsbürgern fest.[994] Die sich aus dieser Solidarität erwachsenden Rechte baute der EuGH in den Folgejahren kontinuierlich aus.[995] So sollte der dem Unionsbürger zugesprochene grundlegende

990 Vgl. *Hilpold,* EuR 2015, 133 (134); vgl. auch: *Duff,* in: Maastricht and Beyond: Building the European Union, 26 (33), welcher von einem bescheidenen Schritt in der Geschichte der Europäischen Integration spricht; sowie: *Everling,* ZfRV 1992, 241 (248), bezeichnet die Unionsbürgerschaft als „Sammelbegriff"; für *Isensee* war die Unionsbürgerschaft „mehr Schein als Sein": *Isensee,* in: Europa: Idee, Geschichte, Realität, 71 (93); siehe auch: *d'Oliveira,* in: A Citizens' Europe, 58 (124 ff.), welcher von einer „symbolischen Spielsache ohne materiellen Gehalt" sprach; oder *J.H.H. Weiler,* in: Jean Monnet Working Papers 1996/3, welcher die Unionsbürgerschaft als: „little more than a cynical exercise in public relations" bezeichnet.

991 Vgl. *Habermas,* Zur Verfassung Europas – Ein Essay, S. 75 f.

992 Vgl. *Habermas,* Zur Verfassung Europas – Ein Essay, S. 75 f.

993 Vgl. *Zuleeg,* in: Die Europäische Union als Rechtsgemeinschaft, 9 (22); vgl. auch: *Stotz,* in: Aktuelle Entwicklungen in der Europäischen Gemeinschaft, 21 (21), im speziellen zu der Rolle des EuGH bei der Bildung des rechtlichen Zusammenhaltes der Gemeinschaft.

994 EuGH, Urteil vom 20.09.2001, C 184/99, *Grzelczyk,* Slg. 2001, I-6193, Rn. 44; vgl. auch: *Farahat,* DÖV 2016, 45 (45); kritisch zur *Grzelczyk*-Entscheidung des EuGH: *Kanitz/Steinberg,* EuR 2003, 1013 (1024).

995 S.o. C.III.4.

Status auch von der sozialen Seite aus flankiert werden.[996] Beachtlich ist in diesem Zusammenhang die Aussage des BVerfG in seiner *Maastricht-Entscheidung* aus dem Jahr 1993, also zirka acht Jahre vor der *Grzelczyk*-Entscheidung des EuGH. Dort traf das BVerfG eine weitreichende Aussage über die Unionsbürgerschaft: „Mit der durch den Vertrag von Maastricht begründeten Unionsbürgerschaft wird zwischen den Staatsangehörigen der Mitgliedstaaten ein auf Dauer angelegtes rechtliches Band geknüpft, das zwar nicht eine der gemeinsamen Zugehörigkeit zu einem Staat vergleichbare Dichte besitzt, dem bestehenden Maße existentieller Gemeinsamkeit jedoch einen rechtlich verbindlichen Ausdruck verleiht."[997] Auch wenn der Begriff des „Maß[es] existenzieller Gemeinsamkeit" nicht weiter erläutert wird, ist dennoch bemerkenswert, dass es durch die Formulierung „existenziell" nicht nur um den wirtschaftlichen Aspekt der Unionsbürgerschaft gehen kann, sondern die Unionsbürgerschaft einen darüber hinaus gehenden Wert inne hat.[998] Zwar stellt die Unionsbürgerschaft nur ein qualitatives Minus zur Staatsangehörigkeit dar,[999] dennoch besteht diese neben der nationalen Staatsbürgerschaft und macht somit den Unionsbürger selbst zum Subjekt des Unionsrechts.[1000] Hier findet eine Loslösung vom Mitgliedstaat statt, dessen Staatsangehöriger der Unionsbürger ist. Das Unionsrecht emanzipiert den Unionsbürger von dem Staat, dass nicht mehr die Staatsbürgerschaft als solche das entscheidende Kriterium ist, um die Solidaritätsrechte einfordern zu können, sondern die Unionsbürgerschaft. Diese Emanzipierung galt jedoch nicht für alle Unionsbürger im gleichen Maße. So erstreckte sich die Solidarität zuerst nur auf die erwerbstätigen Unionsbürger und umfasste später erst den Unionsbürger an sich, unabhängig von seiner wirtschaftlichen Betätigung.

b) Marktwirtschaftliche Solidarität

Ausgangspunkt für Akte der personellen Solidarität bilden die Regelungen zur Arbeitnehmerfreizügigkeit. Eine personelle Solidarität zwischen den Unionsbürgern erstreckte sich zu Beginn nur auf Unionsbürger, welche selbst einen Beitrag zu den Systemen sozialer Vergünstigung beisteuerten.[1001] Dies waren nur solche, welche erwerbstätig waren und durch Steuern und Abgaben die Systeme sozialer

996 Siehe für die Unionsbürgerschaft als grundlegender Status oben: C.III.3.
997 BVerfGE 89, 155 (184).
998 Vgl. *Pernice*, in: Europäische Solidarität und nationale Identität, 25 (31).
999 S.o. C.III.4.b).
1000 Vgl. *Pernice*, in: Europäische Solidarität und nationale Identität, 25 (31).
1001 S.o.: C.III.

Vergünstigung mitfinanzierten. Im Rahmen der Arbeitnehmerfreizügigkeit entwickelte sich dadurch eine Solidarität zwischen den Bürgern des Aufnahmestaates und den Unionsbürgern, welche im Aufnahmestaat einer Erwerbstätigkeit nachgehen.[1002] Die erwerbstätigen Unionsbürger wurden durch das Diskriminierungsverbot und die Arbeitnehmerfreizügigkeit auf eine gleiche Stufe mit vergleichbaren inländischen Personengruppen der jeweiligen Mitgliedstaaten gesetzt. Parallel wurden die Personenkreise der erwerbstätigen Unionsbürger immer weiter gefasst, um möglichst viele Unionsbürger in den Genuss von Solidarleistungen zu bringen.[1003] Die nichterwerbstätigen Unionsbürger waren davon noch ausgeschlossen. Dies scheint nicht verwunderlich. Die EWG und die EG waren zuallererst Wirtschaftsgemeinschaften. Kern dieser Wirtschaftsgemeinschaft war der Gemeinsame Markt. Um diesen attraktiv zu gestalten, reichte es nicht nur aus, ökonomische Vorteile zu erzeugen. Den einzelnen Marktakteuren wurden individuelle Rechte und Pflichten auferlegt. Allein aufgrund der Stellung und dem Tätigwerden der einzelnen Marktakteure im europäischen Binnenraum entstand eine marktwirtschaftliche Solidarität.[1004] Das notwendige Kriterium, um von diesem Solidaritätsrahmen umfasst zu werden, war die Eigenschaft des Einzelnen als Arbeiternehmer oder Selbstständiger.[1005]

Die Staatsangehörigkeit spielte keine Rolle. Der Solidaritätsrahmen umfasste folglich zuerst nur die wirtschaftlich aktiven Unionsbürger, den sogenannten Marktbürger.[1006]

c) *Marktlosgelöste Solidarität*

Durch die Einführung der Unionsbürgerschaft im Zuge des Vertrags von Maastricht (EGV), änderte sich auch der Status der Bürger in der Union und somit auch der Solidaritätsrahmen. Nicht nur in wirtschaftlichen Bereichen, sondern auch in solchen Bereichen, die direkt den Bürgerstatus des Einzelnen betreffen, wurde der Unionsbürger gestärkt. Insbesondere der demokratische Status des Unionsbürgers wurde weiter ausgebaut. Der Vertrag von Maastricht fixierte daher in seinem Art. 9 erstmals schriftlich die demokratische Gleichheit aller

1002 Vgl. dazu nur: *Wollenschläger,* Grundfreiheit ohne Markt, S. 253 f., welcher von einer „nahezu unbedingten Solidarität" spricht.

1003 S.o. C.III.1.–C.IV.

1004 Vgl. *Witte,* ELJ 2012, 694 (705).

1005 Man erkennt dies schon daran, dass die Kriterien für die Bestimmung der Erwerbstätigkeit immer weiter gefasst wurden. Die Staatsangehörigkeit war irrelevant; s.o. C.IV.

1006 Siehe für den Begriff des Marktbürgers oben: C.III.4.a).

Unionsbürger und stattete die Unionsbürger mit umfangreichen Partizipationsrechten aus – unabhängig davon, ob die Unionsbürger erwerbstätig oder nichterwerbstätig waren.[1007] Anknüpfend an Art. 9 EUV wurde die Unionsbürgerschaft stark aufgewertet.[1008] Der „Marktbürger", der bis dahin als alleiniges individuelles Rechtssubjekt galt, wurde durch den Unionsbürger ersetzt.[1009] Ausschlaggebendes Kriterium, um in den Genuss der Solidarität zu gelangen, war nicht mehr die Erwerbstätigkeit des entsprechenden Unionsbürgers, sondern lediglich seine Unionsbürgerschaft als solche. Es wurde erkannt, dass der notwendige Solidaritätsrahmen auch auf die nichterwerbstätigen Unionsbürger angewendet werden musste, um Spannungen zwischen der weit fortgeschrittenen wirtschaftlichen Integration und der hinter dieser nur langsam nachkommenden sozialen Integration auszugleichen.[1010]

Der erweiterte Solidaritätsrahmen wurde dann durch die Rechtsprechung des EuGH in Bezug auf soziale Teilhaberechte deutlich: Der EuGH sprach nun auch solchen Unionsbürgern einen Anspruch auf Gleichbehandlung in Bezug auf den Zugang zu Sozialleistungen in anderen Mitgliedstaaten zu, wenn sie dort nicht wirtschaftlich tätig waren und somit gerade keinen Beitrag zur Erhaltung der Systeme der sozialen Vergünstigungen leisteten.[1011] Aber auch der EuGH sprach sich nicht für eine unbegrenzte Solidarität mit allen Unionsbürgern aus. Er stellte

---

1007 Art. 9 EUV verfolgt nicht nur das Ziel, allen Unionsbürgern ein „gleiches Maß an Aufmerksamkeit" von Seiten der Organe zukommen zulassen, sondern auch die Partizipationsrechte aller Unionsbürger anzugleichen und rückt den einzelnen Unionsbürger in das Zentrum der demokratischen Legitimation der EU. So erhielten die Unionsbürger das Recht, direkt das Europäische Parlament zu wählen und sich direkt mit einer Petition an das Parlament zu wenden, Art. 227 AEUV; das Recht, Beschwerden direkt an das Parlament zu richten, Art. 228 AEUV; zudem sind sie berechtigt, an den Kommunalwahlen ihres jeweiligen Wohnortes teilzunehmen und zwar unabhängig davon, ob sie die jeweilige Staatsangehörigkeit besitzen oder nicht, Art. 22 II AEUV; daneben können sie in ihrer jeweiligen Landessprache Auskunft von den Einrichtungen und Organen der EU verlangen, Art. 24 S. 4; ferner können die Unionsbürger durch eine Bürgerinitiative die Kommission auffordern, im Rahmen ihrer Befugnisse geeignete Vorschläge für neue Rechtsakte aufzustellen, Art. 11 EUV. Vgl. *Ruffert*, in: *Calliess/Ruffert*, EUV/AEUV Kommentar, Art. 9 EUV, Rn. 24; vgl. auch: *Rabenschlag*, Leitbilder der Unionsbürgerschaft, S. 327, welcher die Unionsbürgerschaft als den „Quell der Demokratie in der Europäischen Union" bezeichnet.

1008 Siehe für die Bedeutung der Verbindung von demokratischen und sozialen Rechten oben: E.II.2.e).

1009 Vgl. dazu grundlegend: *Wollenschläger*, Grundfreiheit ohne Markt.

1010 Vgl. *Farahat*, DÖV 2016, 45 (54).

1011 S.o. C.III.4.

lediglich eine „bestimmte finanzielle Solidarität" zwischen den Unionsbürgern fest.[1012] Begründet wurde diese beschränkte Solidarität mit dem Aufenthaltsrecht des die Sozialleistung beantragenden Unionsbürgers.[1013] Auch das Aufenthaltsrecht sieht vor, dass der Unionsbürger zumindest in einem gewissen Maße Sozialleistungen empfangen kann, ohne sein Aufenthaltsrecht zu verlieren.[1014]

Zu beachten ist in dieser Hinsicht, dass die bis ins Jahr 2004 geltenden Aufenthaltsrichtlinien,[1015] welche den Aufenthalt von nichterwerbstätigen Unionsbürgern regelten, alle feststellten, dass die Finanzen des Aufnahmestaates nicht „über Gebühr" belastet werden sollen.[1016] Ein Zugang zu Sozialleistungen, mithin eine gewisse Solidarität zwischen den einzelnen Unionsbürgern, war dort bereits vorgesehen. Im Jahr 2006 wurden die drei Aufenthaltsrichtlinien von der RL 2004/38/EG abgelöst. Aber auch die RL 2004/38/EG spricht weiterhin davon, dass keine Ausweisung erfolgen soll, „solange die Aufenthaltsberechtigten die Sozialleistungen des Aufnahmemitgliedstaates nicht unangemessen in Anspruch nehmen".[1017] Die personelle Solidarität besteht unverändert weiter. Bedenkt man, dass der EuGH seine Rechtsprechung zur sozialen Reichweite der Unionsbürgerschaft mit dem Urteil in der Rs. *Martínez Sala* im Jahr 1998 begann, hatte der europäische Gesetzgeber und mit ihm die Mitgliedstaaten genügend Zeit, gegen diese Entwicklung vorzugehen, wenn sie zumindest eine „gewisse personelle Solidarität" nicht gewollt hätten. Gerade dies taten sie jedoch nicht. Die marktlosgelöste Solidarität zwischen Unionsbürgern, welche auch Leistungen der sozialen Vergünstigung mit einbezieht, sollte bestehen bleiben. Die Mitgliedstaaten erweiterten dadurch bewusst den Solidaritätsrahmen und wollten weiterhin alle Unionsbürger mit umfasst sehen.

Entscheidend für den Bezug von Leistungen der sozialen Vergünstigung war die Freizügigkeit des Unionsbürgers. Die Freizügigkeit sollte jedem Unionsbürger ermöglicht werden, unabhängig davon, ob er auf Systeme der sozialen Vergünstigung angewiesen ist oder nicht. Diese Ansicht untermauerte der EuGH

1012 EuGH, Urteil vom 20.09.2001, C-184/99, *Grzelczyk*, Slg. 2001, I-6193, Rn. 44.

1013 EuGH, Urteil vom 20.09.2001, C-184/99, *Grzelczyk*, Slg. 2001, I-6193, Rn. 40 ff.

1014 S.o. C.V.2.

1015 RL 90/364/EWG des Rates v. 28.06.1990 über das Aufenthaltsrecht, Abl. Nr. L 180 v. 13.07.1990, S. 26 f.; RL 90/365/EG des Rates v. 28.06.1990 über das Aufenthaltsrecht der aus dem Erwerbsleben ausgeschiedenen Arbeitnehmer und selbständig Erwerbstätigen, Abl. Nr. L 180 v. 13.07.1990, S. 28 f., RL 93/96/EWG des Rates v. 29.10.1993 über das Aufenthaltsrecht der Studenten, Abl. Nr. L 317 v. 18.12.1993, S. 59 f.

1016 Jeweils in den Präambeln der RL 90/364/EWG, RL 90/365/EG, RL 93/96/EWG.

1017 Art. 14 I RL 2004/38/EG.

mit seiner Rechtsprechung zur sozialen Teilhabe. Gerade die im Rahmen der RL 2004/38/EG von rein wirtschaftlichen Kriterien losgelöste Abwägung ermöglicht es Unionsbürgern, Teil einer Solidargemeinschaft zu werden.[1018] Kriterien zur Feststellung der Freizügigkeit wie der bisherige Aufenthalt in dem Mitgliedstaat oder die persönlichen familiären Verbindungen zu dem Aufenthaltsstaat zeigen, dass es auf die Integration des jeweiligen Unionsbürgers ankommt – losgelöst von einer rein wirtschaftlichen Integration. Diese umfangreichen Kriterien ermöglichen es festzustellen, wann eine einzelne Person soweit integriert ist, um diese zur Solidargemeinschaft zu zählen.

Diese Loslösung von einer reinen wirtschaftlichen Integration wird ferner durch die Neuakzentuierung der Freizügigkeit durch den Vertrag von Maastricht deutlich. Dort hat die Freizügigkeit durch die Einführung der Unionsbürgerschaft eine Aufwertung erhalten und soll nicht mehr nur als „Annex" zu einer Erwerbstätigkeit gelten, sondern schon um ihrer selbst willen.[1019] Ausdruck erlangt diese Aufwertung durch die Stellung der Freizügigkeit im Unionsrecht. Die Freizügigkeit für nichterwerbstätige Unionsbürger wurde von einer rein sekundärrechtlichen Regelung zu einer primärrechtlichen Verbürgung ausgebaut.[1020] Zudem setzte sich die EG das Ziel, die Rechte und Interessen der Angehörigen der Mitgliedstaaten durch die Einführung der Unionsbürgerschaft zu stärken.[1021] Die Aufwertung der Unionsbürgerschaft und der damit einhergehenden Ausweitung des Solidaritätsrahmens ist auch in der Präambel des EUV zu erkennen. Demnach soll zum einen der mit der Gründung der EG eingeleitete Prozess der europäischen Integration auf eine neue Stufe gehoben werden, zum anderen sind

---

1018 Vgl. *Frenz*, Handbuch Europarecht, Bd. 4, Europäische Grundrechte, Rn. 4172. Vgl. für das weite Spektrum der Kriterien oben: C.V.2.

1019 Vgl. *Wollenschläger*, ZEuS 2009, 1 (25).

1020 Kurz vor Einführung der Unionsbürgerschaft war die Freizügigkeit der nichterwerbstätigen Unionsbürger neu geordnet worden, s.o. C.V. Aufgrund der kurz zuvor vollzogenen sekundärrechtlichen Neuordnung wurde der Zugewinn der primärrechtlichen Kodifizierung der allgemeinen Freizügigkeit als gering eingeschätzt, vgl: „Union Citizenship may have constitutionalised the Communty law rights of free movement, but it has not added much that is substantially new to existing community law", *Kostakopoulou*, Citizenship, identity and immigration in the European Union, S. 66; vgl. auch: *Fischer*, EuZW 1992, 566 (569); sowie: *Magnette*, La citoyenneté européene, S. 162: „la valeur ajoutée de la citoyenneté de l'Union apparaît nulle jusqu'à présent"; *O'Leary*, CMLR 1995, 519 (519 f.); *Stein*, in: 30 Jahre Freizügigkeit in Europa, 29 (30); eher zurückhaltend: *Bernard*, Multilevel Governance in the European Union, S. 186 ff.

1021 Siehe Art. 2, 3. Spiegelstrich EGV; vgl. auch: *Wollenschläger*, ZEuS 2009, 1 (25).

die Mitgliedstaaten entschlossen, eine gemeinsame Unionsbürgerschaft für ihre Staatsangehörigen einzuführen. Im Vergleich zu Art. 2, 3. Spiegelstrich des EGV ist erstaunlich, dass in der Präambel des EUV nun von einer gemeinsamen Unionsbürgerschaft und nicht nur von der Unionsbürgerschaft an sich die Rede ist.

Diese Aufwertung in den unionsrechtlichen Verträgen, sowie die Umsetzung dieser Ziele durch den EuGH zeigen, dass sich die Solidarität vom wirtschaftlichen Aspekt losgelöst hat und alle Unionsbürger umfassen soll. Infolgedessen ist die Unionsbürgerschaft als Ausdruck einer personellen Solidarität zu verstehen.[1022]

Deutlich wird aber auch, dass der Solidaritätsrahmen nicht uneingeschränkt alle Unionsbürger umfassen sollte. Eine Begrenzung ist ausdrücklich vorgesehen. Lediglich ein angemessener Sozialleistungsbezug wird toleriert. Dieser Begrenzung trägt auch der EuGH Rechnung, wenn er inzwischen von seiner ausweitenden Rechtsprechung bezüglich der sozialen Teilhabe durch die Entscheidungen in den Rs. *Dano, Alimanovic* und *Garcia Nieto* abgerückt ist. Der EuGH verknüpft die Solidarität inzwischen wieder mehr mit dem Freizügigkeitsrecht und erkennt nur einen begrenzten Solidaritätsrahmen an.[1023] Anknüpfend an das Freizügigkeitsrecht und die in ihm aufgestellten Kriterien zur Feststellung von ausreichenden Existenzmitteln bzw. des unangemessenen Sozialleistungsbezugs ist lediglich ein begrenzter Solidaritätsrahmen anerkannt.

5. EUGRCh als Ausdruck eines personellen Solidaritätsprinzips

Bedenkt man, dass das Solidaritätsprinzip primär dazu gedacht war, das Verhältnis zwischen den Mitgliedstaaten untereinander zu bestimmen und die Unionsbürger nur indirekt mit einzubeziehen,[1024] steht die EUGRCh im kompletten Gegensatz dazu. Die EUGRCh hat gerade den einzelnen Unionsbürger als das entscheidende Subjekt ausgemacht und nicht die Mitgliedstaaten.[1025] Das scheint

---

1022 Vgl. *Farahat,* DÖV 2016, 45 (54), welche jedoch von „transnationaler Solidarität“ spricht.

1023 S.o. C.III.4.c).

1024 S.o. H.IV.3.

1025 Schon in den Schlussfolgerungen des Europäischen Rates in Köln vom 03. und 04. Juni 1999 wurde hervorgehoben, dass eine Charta erforderlich sei, die die Bedeutung der Grundrechte für die Unionsbürger sichtbar macht; siehe Schlussfolgerungen des Vorsitzes des Europäischen Rats in Köln vom 3. und 4. Juni 1999, Anhang IV. Die EUGRCh sollte zudem den bis dahin vom EuGH vorangetriebenen Grundrechteschutz nun auf vertraglicher Ebene verankern, *Knecht,* in: *Schwarze* u. a., EU-Kommentar, Präambel EUGRCh, Rn. 5; vgl. auch: *Kahl/Schwind,* EuR 2014, 170 (170), welche die

nur konsequent, die EUGRCh sollte auch zur Schaffung einer Wertegemeinschaft dienen und so die Wirtschaftgemeinschaft flankieren.[1026] Für das durch die EUGRCh in den Fokus rückende Individuum hatte diese Neuakzentuierung Folgen. Der Unionsbürger wurde auf europäischer Ebene mit konkreten individuellen Abwehr-, Schutz- und Teilhaberechten ausgestattet. Diese umfassten auch umfangreiche Regelungen zu sozialen Teilhaberechten.

Für die EUGRCh im Allgemeinen und die sozialen Teilhaberechte im Besonderen spielt die Solidarität eine entscheidende Rolle.[1027] Insbesondere im Rahmen der durch die EUGRCh gewährten sozialen Rechte ist die Solidarität eine der drei Säulen, auf denen die sozialen Rechte fußen.[1028] Das 3-Säulen-Modell sieht die sozialen Grundrechte auf drei verschiedenen Säulen gestützt. Die erste Säule hebt die Solidarität auf eine Ebene mit den Prinzipien der Freiheit, der Demokratie, der Achtung der Menschenwürde sowie der Rechtsstaatlichkeit.[1029] Die zweite Säule sieht eine Kodifizierung aller wirtschaftlichen und sozialen Grundrechte vor, welche von allen Mitgliedstaaten unstreitig anerkannt werden.[1030] Die dritte Säule stellt eine Querschnittsklausel dar, welche verhindert, dass bereits national erreichte Standards durch die EUGRCh unterlaufen werden und dass sowohl die nationalen, als auch die internationalen Standards im Bereich der sozialen Grundrechte bei der Auslegung der EUGRCh-Normen berücksichtigt werden müssen.[1031] Die Solidarität wird folglich für das 3-Säulen-Modell als ein notwendiges Element angesehen.[1032] Ohne den Bezug auf die Solidarität wäre eine Aufnahme der sozialen Rechte, so wie sie im IV Titel der EUGRCh

---

Europäischen Grundrechte als eine der beiden „wichtigsten Kategorien subjektiver öffentlicher Rechte“ bezeichnen; vgl. auch: *Kahl/Ohlendorf,* JA 2011, 41 (42).

1026 Vgl. *Bernsdorff,* NdsVBl 2001, 177 (179); sowie: *Meyer,* ZRP 2000, 114 (314); ebenso: *Meyer/Engels,* ZRP 2000, 368 (370).

1027 Dies wird gerade durch die Aufnahme der Solidarität in der Präambel deutlich: „In dem Bewusstsein ihres geistigreligiösen und sittlichen Erbes gründet sich die Union auf die unteilbaren und universellen Werte der Würde des Menschen, der Freiheit, der Gleichheit und der Solidarität“.

1028 Vgl. *Meyer/Engels,* ZRP 2000, 368 (370 f.).

1029 Vgl. *Rudolf,* in: *Meyer,* Charta der Grundrechte der Europäischen Union, Art. 34, Rn. 15.

1030 Vgl. *Rudolf,* in: *Meyer,* Charta der Grundrechte der Europäischen Union, Art. 34, Rn. 15.

1031 Vgl. *Rudolf,* in: *Meyer,* Charta der Grundrechte der Europäischen Union, Art. 34, Rn. 16.

1032 Vgl. *Meyer/Engels,* ZRP 2000, 368 (370).

kodifiziert sind, kaum möglich gewesen.[1033] Die Überschrift des vierten Titels der EUGRCh, welcher mit „Solidarität" betitelt ist, unterstreicht dann noch einmal die Bedeutung der Solidarität für die EUGRCh und untermauert, dass die in diesem Titel aufgelisteten Regelungen gerade als Konkretisierung der Solidarität verstanden werden. Dadurch wird neben der Solidarität zwischen den Mitgliedstaaten eine Solidarität auch in Bezug auf das Individuum sichtbar.

Zudem wird in der Präambel der EUGRCh der Bezug zum Solidaritätsprinzip gezeigt. Die Solidarität wird dort als ein unteilbarer und universeller Wert beschrieben. Art. 27–38 EUGRCh, welche Titel IV der EUGRCh bilden, konkretisieren dann den in der Präambel aufgeworfenen Solidaritätsgedanken der EUGRCh. Herausragende Bedeutung haben im Zusammenhang mit der sozialen Vergünstigung für nichterwerbstätige Unionsbürger die Art. 34 II und III EUGRCh.[1034] Diese regeln den Zugang für nichterwerbstätige Unionsbürger zu Leistungen der sozialen Vergünstigung.

Die EUGRCh drückt folglich die personelle Solidarität aus, welche das einzelne Individuum mit einbezieht. Gerade für einen Grundsatz der sozialen Vergünstigung für nichterwerbstätige Unionsbürger spielt die Verknüpfung der Solidarität mit konkreten Normen, welche Leistungen der sozialen Vergünstigung gewährleisten können, eine besondere Rolle. Hierdurch zeigt es sich, dass das Solidaritätsprinzip in der EU auch den einzelnen Unionsbürger mit einbeziehen will und diesem sogar sozialrechtliche Ansprüche zuspricht.

6. Fazit: Personelle Solidarität mit Gehalt sozialer Vergünstigung in der Europäischen Union

Das Solidaritätsprinzip ist in unterschiedlichen Konstellationen in der Europäischen Union vorhanden. Zwar wird es an einigen Stellen in den unionsrechtlichen Verträgen erwähnt. Eine genaue Definition lässt sich jedoch nicht finden. Dennoch sind heute verschiedene Arten von Solidarität anerkannt. Diese Arten der Solidarität können einen Beitrag zur Bestimmung eines Prinzips der sozialen Vergünstigung leisten. So sind für eine solche Bestimmung die Solidarität zwischen den Mitgliedstaaten und die personelle Solidarität relevant.

1033 Vgl. *Gussone*, Das Solidaritätsprinzip in der Europäischen Union und seine Grenzen, S. 157 f.; sowie: *Meyer/Engels*, ZRP 2000, 368 (370), ebenso: *Rudolf*, in: *Meyer*, Charta der Grundrechte der Europäischen Union, Vorbemerkungen Titel IV. Solidarität, Rn. 4 ff.

1034 S.o. F.III.1. u. F.III.2.

Die mitgliedstaatliche Solidarität bestimmt zwar primär das Verhältnis unter den einzelnen Staaten, hat aber indirekt auch Einfluss auf den einzelnen Unionsbürger. Dieser Einfluss hat zwar nicht zum Ziel, die Rechtsstellung des Unionsbürgers zu stärken; er ist nur Mittel zum Zweck, um beispielsweise im Rahmen der Kohäsionspolitik Strukturdefizite abzubauen. In Kauf genommen wird eine Stärkung des Unionsbürgers dennoch. Hinzu kommt, dass auch die Formulierung in der Präambel des EUV, welche von Solidarität zwischen den „Völkern" spricht, in der mitgliedstaatlichen Solidarität auch indirekt eine Solidarität zwischen den hinter den Staaten stehenden Bürgern sieht.

Die personelle Solidarität wurde durch die Einführung der Unionsbürgerschaft im Vertrag von Maastricht stark aufgewertet, in vielen Bereichen erst umfangreich ermöglicht. Bis zum Vertrag von Maastricht bezog sich die Solidarität nur auf solche Personen, die einer Erwerbstätigkeit in einem anderen Mitgliedstaat nachgingen. Durch die damals neue Unionsbürgerschaft, welche auch nichterwerbstätige Unionsbürger mit einbezog, wurde dann der für die Solidarität notwendige Rahmen weiter gefasst. Indem es nicht mehr auf eine wirtschaftliche Betätigung ankommt, sondern der Unionsbürgerstatus als solcher ausreicht, Rechte in anderen Mitgliedstaaten zu gewähren, entsteht ein Solidaritätsrahmen für alle Unionsbürger. Ausgangspunkt ist dann der Unionsbürgerstatus und das mit diesem einhergehende Freizügigkeitsrecht. Die personelle Solidarität wird zudem durch die EUGRCh weiter gestärkt und konkretisiert. Die EUGRCh beinhaltet eine Vielzahl von Kodifizierungen, die sich aus Sicht der Vertragsparteien aus der Solidarität ergeben. Insbesondere der IV Titel der EUGRCh, welcher konkret solidarische Rechte kodifiziert, zeigt, dass sich die Solidarität von einem lediglich auf zwischenstaatliche Konstellationen anwendbaren Konzept auch zu einem das Verhältnis zwischen den Unionsbürgern bestimmenden System entwickelt hat und zwar unabhängig vom wirtschaftlichen Status des Unionsbürgers. Die Unionsbürgerschaft stellt daher den durch die EUGRCh ausgefüllten, für die Solidarität notwendigen Solidaritätsrahmen dar.[1035] Die Solidarität umfasst jedoch nicht uneingeschränkt alle Unionsbürger. Die nichterwerbstätigen Unionsbürger werden nur unter bestimmten Voraussetzungen in die Solidargesellschaft mit aufgenommen.

Aufgrund der gegenläufigen Interessen des Solidaritätsprinzips und eines Grundsatzes der sozialen Vergünstigung liegt eine Prinzipienkollision im Sinne des prinzipientheoretischen Ansatzes vor.[1036] Daher müssen die entgegenlaufenden Interessen beider kollidierender Prinzipien durch eine Verhältnismäßigkeitsprüfung

---

1035 S.o. H.

1036 S.o. D.III.2.

im Einzelfall derart in Einklang gebracht werden, dass die Inhalte beider im größtmöglichen Maße realisiert werden.[1037]

V. Pflicht zur Begründung von Einzelfallentscheidungen

Im Rahmen einer Prinzipienkollision muss immer der jeweilige Einzelfall beachtet werden.[1038] Erst durch die Miteinbeziehung der Kriterien des konkreten Falles kann eine den Anforderungen des prinzipientheoretischen Ansatzes angemessene Verhältnismäßigkeitsprüfung durchgeführt werden.[1039] Diese Herangehensweise verlangt auch der EuGH, welcher regelmäßig die von den einzelnen Mitgliedstaaten angewandten Kriterien zur Feststellung eines unangemessenen Sozialleistungsbezugs und der sich daraus ableitenden „bestimmten finanziellen Solidarität" im Sinne der Grzelzyk-Entscheidung als rechtswidrig eingestuft hat.[1040] Der EuGH vertritt hier klar einen prinzipientheoretischen Ansatz, indem er eine hinreichend flexible und die besonderen Umstände des Einzelfalles berücksichtigende Prüfung der Kriterien verlangt.[1041] Eine solche Einzelfallüberprüfung führt zu den differenziertesten Ergebnissen in einem juristischen Prinzipiendisput, da auf diese Weise eine kleinschrittige Abstufung der zu gewährenden Leistungen möglich ist. Für das Feld der sozialen Vergünstigung bedeutet das: Je stärker die Bindung zu dem Staat ist, welcher die Leistungen der sozialen Vergünstigung erbringen soll, umso höher soll auch das von dem Unionsbürger zu fordernde mögliche Leistungsspektrum sein. Diese auch als „progressive

---

1037 S.o. D.IX.

1038 Vgl. für das Gebiet des Sozialrechts: *Farahat,* DÖV 2016, 45 (49); sowie: *Häberle/Kotzur,* Europäische Verfassungslehre, S. 682; *Schreiber,* ZESAR 2014, 36 (48).

1039 S.o. D.III.2.

1040 Vgl. bsplw.: EuGH, Urteil vom 20.09.2001, C-184/99, *Grzelczyk,* Slg. 2001, I-6193; EuGH, Urteil vom 11.07.2002, C-224/98, *D'Hoop,* Slg. 2002, I-6191, Rn. 40; EuGH, Urteil vom 17.09.2002, C-413/99, *Baumbast und* R, Slg. 2002, I-7091, Rn. 92 f.; EuGH, Urteil vom 23.03.2004, C-138/02, *Collins,* Slg. 2004, I-2703, Rn. 66 ff.; EuGH, Urteil vom 07.09.2004, C-456/02, *Trojani,* Slg. 2004, I-7573, Rn. 44 ff.; EuGH, Urteil vom 15.03.2005, C-209/03, *Bidar,* Slg. 2005, I-2119, Rn. 63; EuGH, Urteil vom 15.09.2005, C-258/04, *Ioannidis,* Slg. 2005, I-8275, Rn. 33; EuGH, Urteil vom 26.10.2006, C-192/05, *Tas-Hagen,* Slg. 2006, I-10451, Rn. 37 ff.; EuGH, Urteil vom 09.11.2006, C-520/04, *Turpeinen,* Slg. 2006, I-10685, Rn. 32 ff.; EuGH, Urteil vom 11.09.2007, *Schwarz u. Gootjes-Schwarz,* Slg. 2007, I-6849, Rn. 86 ff.; vgl. auch: *Mangold,* in: Enzyklopädie Europarecht, Bd. 7, Europäisches Arbeits- und Sozialrecht, § 4, Rn. 112.

1041 Vgl. *Mangold,* in: Enzyklopädie Europarecht, Bd. 7, Europäisches Arbeits- und Sozialrecht, § 4, Rn. 112.

Inklusion"[1042] bezeichnete Zuordnung zum Leistungsstaat ermöglicht eine abgestufte Überprüfung mit einer Vielzahl von Kriterien, um zu einem sachgerechten Ergebnis zu kommen. Progressive Inklusion bedeutet, dass Personen, die keine Staatsangehörigen des Staates sind, in welchem sie sich aufhalten, mit sozialen Teilhaberechten ausgestattet werden sollen, um so eine Integration in die soziale, politische und wirtschaftliche Ordnung des jeweiligen Staates gewährleisten zu können.[1043] Die progressive Inklusion ist folglich nicht nur Mittel, um den Unionsbürger mit sozialen Rechten auszustatten, sondern sie soll auch dem Leistungsempfänger die Möglichkeit eröffnen, am sozialen, kulturellen Leben in dem Staat partizipieren zu können. Im Rahmen der progressiven Inklusion sollen dann die Möglichkeiten zur sozialen Partizipation des ausländischen Empfängers von Leistungen der sozialen Vergünstigung nach und nach den Rechten der Staatsangehörigen angepasst werden.[1044] Beurteilungsmaßstab für den Erhalt von Leistungen der sozialen Vergünstigung sind die Verbindungen, welche zum Aufenthaltsstaat bestehen. Diese Methode der Zuordnung bietet sich für die hier notwendige Verhältnismäßigkeitsprüfung an. Dann würde man zum einen den hohen Anforderungen des EuGH gerecht werden, differenzierte Kriterien losgelöst von der Staatsangehörigkeit aufzustellen,[1045] zum anderen die notwendige Rechtssicherheit im Rahmen des prinzipientheoretischen Ansatzes erfüllen.

VI. Interessenausgleich durch Verhältnismäßigkeitsprüfung

Jede Prinzipienkollision zwischen dem Grundsatz der sozialen Vergünstigung und dem gegenläufigen Interesse der sich in der Solidaritätsgruppe befindenden Personen muss in jedem Einzelfall derart gelöst werden, dass beide kollidierenden Prinzipien in größtmöglichem Maße realisiert werden, da sowohl der Grundsatz der sozialen Vergünstigung als auch das Solidaritätsprinzip beide prima facie-Charakter genießen.[1046] Zudem genießen weder der Grundsatz

1042 Vgl. *Farahat,* DÖV 2016, 45 (49); ebenso: *Mangold,* in: Enzyklopädie Europarecht, Bd. 7, Europäisches Arbeits- und Sozialrecht, § 4, Rn. 112. Vgl. für eine ausführliche Erläuterung des Begriffs der „progressiven Inklusion": *Farahat,* Progressive Inklusion, S. 75 ff.; sowie: *Farahat,* Der Staat 2013, 187; vgl. ferner: *Bast,* ZAR 2013, 353 (357); *Eichenhofer,* ZAR 2016, 251 (253); *Farahat,* ZAR 2014, 60; *Kirsch,* ZAR 2012, 65 (66); *Lehmann,* ZAR 2015, 212 (213).

1043 Vgl. *Farahat,* DÖV 2016, 45 (51).

1044 Vgl. *Farahat,* DÖV 2016, 45 (51); sowie: *Farahat,* Der Staat 2013, 187 (203).

1045 Vgl. für die Irrelevanz der Staatsangehörigkeit im Rahmen des Diskriminierungsverbotes oben: C.III.4.

1046 Prinzipien genießen immer prima facie-Charakter, s.o.: D.V.

der sozialen Vergünstigung noch das Solidaritätsprinzip absoluten Vorrang.[1047] Daher können die prima facie-Charaktere des Grundsatzes der sozialen Vergünstigung und des Solidaritätsprinzips durch eine Verhältnismäßigkeitsprüfung gewährleistet werden. Die Verhältnismäßigkeitsprüfung im Rahmen der Kollision zwischen dem Grundsatz der sozialen Vergünstigung und dem Solidaritätsprinzip umfasst die Geeignetheit, die Erforderlichkeit sowie die Verhältnismäßigkeit im engeren Sinne.[1048]

Das Verhältnismäßigkeitsprinzip ist in der EU allgemein anerkannt und stellt einen Grundsatz der Unionsrechtsordnung dar.[1049] Daher kann das Verhältnismäßigkeitsprinzip auch auf europäischer Ebene genutzt werden, um eine Prinzipienkollision zu lösen.

1. Ausschluss ohne Verhältnismäßigkeitsprüfung

Grundsätzlich muss im Rahmen einer Prinzipienkollision immer eine Verhältnismäßigkeitsprüfung durchgeführt werden.[1050] Fraglich erscheint, ob ausnahmsweise eine Abwägung der beiden kollidierenden Prinzipien ausbleiben kann. Der EuGH bejaht dies und schließt Unionsbürger teilweise ohne eine Verhältnismäßigkeitsprüfung von Leistungen der sozialen Vergünstigung aus. Demnach könne schon die reine Motivation des Unionsbürgers, aufgrund derer er in den Aufnahmestaat gereist ist, ausreichen, einen Ausschluss aufgrund nicht hinreichender Integration anzunehmen, ohne vorab noch eine Verhältnismäßigkeitsprüfung durchzuführen.[1051] In diesem Fall geht der EuGH gar nicht

---

1047 *Alexy* erwägt lediglich das Prinzip der Menschenwürde als ein absolutes Prinzip einzuordnen, relativiert aber auch für die Menschenwürde den absoluten Charakter der Norm, vgl. *Alexy*, Theorie der Grundrechte, S. 82. Siehe für eine genauere Betrachtung von absoluten Prinzipien oben: D.IV.

1048 S.o. D.IX.

1049 St. Rspr. EuGH, vgl. nur: EuGH, Urteil vom 19.06.1980, C-41/79, 121/79, 796/79, verb. Rs. *Testa, Maggio u. Vitale*, Slg. 1980, 1979, Rn. 21; vgl. auch: *Brigola*, EuZW 2017, 406 (406); *Calliess*, in: *Calliess/Ruffert*, EUV/AEUV Kommentar, Art. 5 EUV, Rn. 43; *Danwitz*, EWS 2003, 393; *Häberle/Kotzur*, Europäische Verfassungslehre, S. 682; sowie: *Pache*, NVwZ 1999, 1033; *Trstenjak/Beysen*, EuR 2012, 265 (265). Vgl. für einen umfassenden Überblick über das Verhältnismäßigkeitsprinzip in der EU: *Schwarze*, Europäisches Verwaltungsrecht, S. 661 ff., insb. S. 690 ff.

1050 S.o. D.IX.

1051 Eingegangen wird hier nicht auf die Frage, ob die Motivation überhaupt als wirksames Kriterium im Rahmen der Verhältnismäßigkeit herangezogen werden darf. Dies scheint zumindest zweifelhaft. Zwar hat der EuGH die Intention des Unionsbürgers in der Rs. *Dano* ausreichen lassen, um einen Sozialleistungsbezug zu verweigern,

erst auf eine Verhältnismäßigkeitsprüfung ein, sondern schließt eine notwendige hinreichende Integration von vornherein aus.[1052] Wenn die einzige Motivation des Unionsbürgers darin bestand, Sozialleistungen im Aufnahmestaat zu beziehen, fehlt es dem EuGH schon an den Voraussetzungen, überhaupt eine Verhältnismäßigkeitsprüfung zuzulassen.[1053] Damit trägt er dem Interesse der einzelnen Mitgliedstaaten und damit den dahinter stehenden Staatsangehörigen Rechnung, die ihre Sozialleistungssysteme vor einem unangemessenen Sozialleistungsbezug schützen wollen,[1054] mithin der Solidaritätsrahmen der Solidargesellschaft nicht zu weit gefasst wird.[1055] Ferner erhofft man sich durch einen Ausschluss von den Sozialleistungen ohne Verhältnismäßigkeitsprüfung, dem Unionsbürger den Anreiz zu nehmen, lediglich aufgrund der Sozialleistungen von seinem Freizügigkeitsrecht Gebrauch zu machen.[1056] Es soll ein möglicher Sozialtourismus unterbunden werden.

Im Rahmen des hier vertretenen prinzipientheoretischen Ansatzes kann diese Herangehensweise nur so verstanden werden, dass das Interesse der Staaten, ihre Sozialsysteme bei offensichtlichem Missbrauch vor Sozialleistungstourismus zu schützen, als eine Regel im Sinne des Regel-/Prinzipienmodels angesehen wird.[1057] Folgt man dem EuGH hier, würde dies bedeuten, dass zumindest ein Kern des Solidaritätsprinzips abwägungsresistent wäre. Ordnet man das Solidaritätsprinzip jedoch als ein „normales" Prinzip ein, muss dieses im Falle einer Prinzipienkollision auch einer Abwägung zugänglich gemacht werden. In diesem Zusammenhang scheint es daher mehr als zweifelhaft, ob eine Entscheidung ohne Verhältnismäßigkeitsprüfung überhaupt möglich erscheint. Zumal

---

EuGH, Urteil vom 11.11.2014, C-333/13, *Dano,* NJW 2015, 145. Damit widerspricht er jedoch seinen vorher getätigten Aussagen, in welchen er klarstellte, dass die Motive des Unionsbürgers, weshalb dieser sich in einen anderen Mitgliedstaat begibt, keine Rolle für die Annahme einer hinreichenden Verbindung im Aufnahmestaat spielen, EuGH, Urteil vom 23.03.1982, 53/81, *Levin,* Slg. 1982, 1035, Rn. 22; EuGH, Urteil vom 23.09.2003, C-109/01, *Akrich,* Slg. 2003 I-9607, Rn. 55. Vereinzelte Stimmen gehen sogar so weit, auch die Motive von nichterwerbstätigen Unionsbürgern als unbeachtlich zu erklären, vgl. Schlussantrag GA Geelhoed, C-209/03, *Bidar,* Slg. 2005 I-2119, Rn. 19; Schlussantrag GA Sharpston, C-73/08, *Bressol,* Slg. 2010 I-2735, Rn. 95.

1052 Vgl. *Verschueren,* CMLR 2015, 363 (373).

1053 In diese Richtung auch argumentierend: Schlussantrag GA Wathelet, C- 67/14, *Alimanovic,* Rn. 88 ff.

1054 Vgl. *Verschueren,* CMLR 2015, 363 (372).

1055 Vgl. für das Interesse der Staatsangehörigen den Solidarrahmen klein zu halten: H.II.

1056 Schlussantrag GA Wathelet, EuGH, C-333/13, *Dano,* Rn. 131.

1057 Siehe für den Begriff der Regel oben: D.I.

der EuGH sich dadurch gegen seine vorherigen Aussagen aus seiner *Grzelcyk*-Entscheidung stellt, in welcher er eine „bestimmte finanzielle Solidarität" feststellte.[1058] Durch die Nutzung der Formulierung „bestimmte" gibt der EuGH zu erkennen, dass er das Solidaritätsprinzip einer Abwägung zugänglich machen will und daher die Solidarität auch als ein Prinzip im Sinne des prinzipientheoretischen Ansatzes versteht. Zudem ist die Begründung des EuGH nicht plausibel. Es ist nicht ersichtlich, weshalb durch die Öffnung der Verhältnismäßigkeitsprüfung die mitgliedstaatlichen Sozialsysteme weniger geschützt werden. Auch im Rahmen einer Verhältnismäßigkeitsprüfung kann klar zum Ausdruck gebracht werden, dass ein Sozialleistungstourismus nicht akzeptiert wird und daher in solchen Fällen der Ausschluss von Sozialleistungen rechtmäßig ist. Ferner ist anzuzweifeln, ob die Versagung ohne Verhältnismäßigkeitsprüfung eine größere Abschreckungswirkung hat als eine Versagung im Rahmen einer Verhältnismäßigkeitsprüfung, in welcher festgestellt wird, dass die Intention des Unionsbürgers, lediglich Sozialleistungen zu beziehen, eine vom EuGH geforderte bestimmte finanzielle Solidarität ausschließt.[1059]

2. Notwendige Verhältnismäßigkeitsprüfung

Es muss daher immer eine Verhältnismäßigkeitsprüfung durchgeführt werden, um das Solidaritätsprinzip und den Grundsatz der sozialen Vergünstigung in Einklang bringen zu können. Die Verhältnismäßigkeitsprüfung wird im Rahmen des Bezugs von Sozialleistungen als eine Kosten/Nutzen-Rechnung angesehen.[1060] Gerade in einem juristischen Prinzipiendiskurs müssen jedoch neutrale Kriterien festgelegt werden, welche den Prinzipienkonflikt im Einzelfall lösen können. Nur dadurch kann dem Rechtsanwender Rechtssicherheit verschafft werden.[1061] Freilich kann hier keine abschließende Aufzählung aller Kriterien erfolgen. Dennoch haben sich sowohl in den einzelnen Mitgliedstaaten als auch durch den EuGH einige Kriterien herauskristallisiert, welche für die Prüfung der Verhältnismäßigkeit genutzt werden können. Beachtet werden muss, dass,

---

1058 EuGH, Urteil vom 20.09.2001, C-184/99, *Grzelczyk*, Slg. 2001, I-6193, Rn. 44; vgl. auch oben: H.IV.4.

1059 Vgl. EuGH, Urteil vom 11.11.2014, C-333/13, *Dano*, NJW 2015, 145 ff., Rn. 77 ff.; Schlussantrag GA Wathelet, EuGH, C-333/13, *Dano*, Rn. 93 ff.

1060 Vgl. Schlussantrag GA Sharpson, EuGH, C-523/11 u. C-585/11, *Prinz u. Seeberger*, paras 58–72; Schlussantrag GA Sharpson, EuGH, C 359/13, *Martens*, para 102 f.; vgl. auch: *Skovgaard-Petersen*, LIEI 2015, 281 (297).

1061 Vgl. in Bezug auf den Zugang zu Sozialleistungen: *Skovgaard-Petersen*, LIEI 2015, 281 (297).

gerade auf dem Gebiet der Solidarität, der Verbundenheit zu einer Gruppe eine besondere Bedeutung zugesprochen wird. Dann können nicht nur Kriterien bedacht werden, welche sich lediglich auf finanzielle Aspekte beziehen. Der EuGH stellt auch fest, dass rein wirtschaftliche Aspekte nicht ausreichen können, die Grundfreiheiten einzuschränken.[1062] Vielmehr müssen es die Kriterien im Rahmen der Verhältnismäßigkeit ermöglichen, eine enge Verbindung zum Aufnahmestaat neben der wirtschaftlichen Verbundenheit darzustellen. Vor diesem Hintergrund spielen gerade die nichtwirtschaftlichen Aspekte eine wichtige Rolle bei der Bestimmung der notwendigen Verbindung zum Aufnahmestaat. Der schon oben angesprochene Ansatz der progressiven Inklusion scheint aufgrund dessen sinnvoll,[1063] da die progressive Inklusion insbesondere die Bindungen berücksichtigt, die nicht vom Rechtsstatus des Bedürftigen zum leistungspflichtigen Staat abhängen.[1064]

Vor dem Hintergrund einer progressiven Inklusion verwundert es auch nicht, dass die bisherige Aufenthaltsdauer des Unionsbürgers ein anerkanntes Merkmal für die Bestimmung der Verbindung des Unionsbürgers zum Aufnahmestaat ist.[1065] Dem folgend haben die Niederlande ein Punktesystem entwickelt, wonach sich lediglich nach der Aufenthaltsdauer entscheidet, wie lange eine Person aus einem anderen Mitgliedstaat Leistungen der sozialen Vergünstigung fordern kann.[1066] Diese Herangehensweise scheint jedoch im Ergebnis zu eng, da sie lediglich die Aufenthaltsdauer als relevantes Kriterium benennt.

Differenzierter ist der Ansatz Tschechiens, wonach ein Punktesystem bestimmt, ob und in welchem Umfang eine Person aus einem anderen Mitgliedstaat Leistungen der sozialen Vergünstigung fordern kann, ohne ausgewiesen

1062 EuGH, Urteil vom 26.04.1988, 352/85, *Bond van Adverteerders u.a.*, Slg. 1988, 2085, Rn. 34; EuGH, Urteil vom 25.07.1991, C-288/89, *Collectieve Antennevoorziening Gouda*, Slg. 1991, I-4007, Rn. 11; EuGH, Urteil vom 05.06.1997, C-398/95, *SETTG*, Slg. 1997, I-3091, Rn. 23; EuGH, Urteil vom 28.04.1998, C-158/96, *Kohll*, Slg. 1998, I-1931, Rn. 41; EuGH, Urteil vom 28.04.1998, C-120/95, *Decker*, Slg. 1998, I-1831, Rn. 39; EuGH, Urteil vom 06.06.2000, C-35/98, *Verkooijen*, Slg. 2000, I-4071, Rn. 48; EuGH, Urteil vom 16.01.2003, C-388/01, *Kommission/Italien*, Slg. 2003, I-721, Rn. 22; EuGH, Urteil vom 17.03.2005, C-109/04, *Kranemann*, Slg. 2005, I-2421, Rn. 34; EuGH, Urteil vom 11.03.2010, C-384/08, *Attansio Group*, Slg. 2010, I-2055, Rn. 55; EuGH, Urteil vom 24.10.2013, C-220/12, *Thiele Meneses*, NJW 2014, 1077 ff., Rn. 43; vgl. auch: *Verschueren*, EJML 2014, 147 (172).

1063 Siehe für den Begriff der „progressiven Inklusion" oben: H.V.

1064 Vgl. nur: *Farahat*, Der Staat 2013, 187 (190 f.).

1065 S.o. C.V.2.d).

1066 Vgl. *Kramer*, CYELS 2016, 270 (283 f.); sowie: *Minderhoud*, JSSL 2011, 153 (161).

zu werden.[1067] Das Punktesystem berücksichtigt unter anderem die Dauer des bisherigen Aufenthaltes, die bisherige Dauer der Erwerbstätigkeit oder eines vorherigen Studiums in Tschechien sowie die Erfolgsaussichten, eine neue Erwerbstätigkeit zu finden.[1068]

Zudem ist auch die Leistungsart der zu erhaltenden sozialen Vergünstigung für die Verhältnismäßigkeitsprüfung relevant.[1069] Je nachdem welchen Zweck eine solche Leistung verfolgt, kann die notwendige Verbindung zum Aufnahmestaat geringeren Anforderungen genügen als bei anderen Leistungen. Zu welchem Grad die Verbindung vorhanden sein muss, bestimmt sich im Einzelfall nach dem durch die Leistung verfolgten Zweck sowie durch die zu erwartende Bezugsdauer als auch die Leistungshöhe. Je „näher" eine Leistung an dem Kern der sozialen Vergünstigung steht, umso geringer sind die Anforderungen an die Verbindung zum Aufnahmestaat, die der Unionsbürger vorweisen muss.

3. Verknüpfung mit dem Aufenthaltsrecht

Neben der Aufenthaltsdauer wird dem Aufenthaltsrecht eine besondere Bedeutung zugesprochen. Nicht nur der EuGH betrachtet das Aufenthaltsrecht als notwendige Voraussetzung für den Erhalt von Sozialleistungen.[1070] Auch die einzelnen Mitgliedstaaten setzen ein Aufenthaltsrecht voraus. So verlangt beispielsweise der großbritannische Gesetzgeber unter anderem eine Überprüfung des Aufenthaltsrechts des Unionsbürgers, bevor diesem der Zugang zu Sozialleistungen gewährt wird.[1071] Auch in den Niederlanden ist ein Aufenthaltsrecht Voraussetzung für den Bezug von Leistungen der sozialen Vergünstigung.[1072] Zu beachten ist jedoch, dass das Aufenthaltsrecht von über drei Monaten für nichterwerbstätige Unionsbürger lediglich ausreichende Existenzmittel voraussetzt. Wie oben bereits dargestellt,[1073] führt aber nicht jeder Bezug von Sozialleistung

1067 Vgl. *Minderhoud*, JSSL 2011, 153 (161).

1068 Vgl. *Minderhoud*, JSSL 2011, 153 (161). Zumindest die Erfolgsaussichten, eine neue Erwerbstätigkeit zu finden, sah auch GA Wahl in seinem Schlussantrag in der Rs. *Brey*, C-140/12, Rn. 84, als ein wichtiges Kriterium für die Bestimmung der Unangemessenheit an. Vgl. aber auch für eine kritische Auseinandersetzung mit dem gewöhnlichen Aufenthaltsrecht als Kriterium für die Bestimmung der notwendigen Verbindung zum Aufnahmestaat: *Devetzi*, EuR 2014, 638 (647 f.).

1069 Vgl. *Lais*, Das Solidaritätsprinzip im europäischen Verfassungsverbund, S. 331.

1070 Vgl. oben: C.III.4.

1071 Vgl. oben: E.II.2.c).

1072 S.o. E.II.2.d).

1073 S.o. C.V.2.

automatisch zum Wegfall des Aufenthaltsrechts. Vielmehr muss in jedem Einzelfall festgestellt werden, ob das Sozialleistungssystem des Aufenthaltstaates über Gebühr beansprucht wird. Erstaunlich erscheint, dass auch bei der Bestimmung der ausreichenden Existenzmittel für den Erhalt des Aufenthaltsrechts die persönlichen Bindungen des Unionsbürgers zum jeweiligen Aufenthaltsstaat eine Rolle spielen. Je intensiver diese ist, umso höher liegt die Schwelle, einen unangemessenen Sozialleistungsbezug anzunehmen.[1074] Auch bei der Bestimmung des unangemessenen Sozialleistungsbezuges im Rahmen der Prüfung des Aufenthaltsrechts, wird folglich – zumindest in Teilen – die Methode der progressiven Inklusion genutzt.[1075]

Umso erstaunlicher erscheint es, dass sich der EuGH in seinen Entscheidungen *Dano*[1076] und *Alimanovic*[1077] von der Idee der progressiven Inklusion löst und lediglich das Aufenthaltsrecht des Unionsbürgers als das entscheidende Kriterium ansieht. Zwar war in der Rs. *Dano* die Rechtslage noch eindeutig: Hier konnte sich Frau *Dano* mangels ausreichender Existenzmittel und dem Fehlen irgendeiner Verbindung zum Aufnahmestaat nicht auf ein Aufenthaltsrecht gemäß Art. 7 I lit. b) RL 2004/38/EG berufen. Im Fall *Alimanovic* waren jedoch Verbindungen der Antragstellerin zum Aufnahmestaat vorhanden. Dennoch wurden die Verbindungen als nicht ausreichend erachtet, um ihr ein Aufenthaltsrecht zuzusprechen. Dies ist erstaunlich. Beachtet man, dass es gerade im Rahmen des Solidaritätsprinzips auf eine Verbindung des sozialleistungsempfangenden Unionsbürgers zu der Gruppe der Staatsangehörigen des jeweiligen Mitgliedstaats, in welchem sich der Unionsbürger aufhält, ankommt, kann nicht nur auf das Aufenthaltsrecht als einziges Kriterium abgestellt werden. Vor diesem Hintergrund scheint der Ansatz des Vereinigten Königreichs vorzugswürdiger.[1078] Dort werden Leistungen der sozialen Vergünstigung nur gewährt, wenn der jeweilige Unionsbürger ein Aufenthaltsrecht vorweisen kann und gleichzeitig auch seinen gewöhnlichen Aufenthalt im Vereinigten Königreich hat.

1074 S.o. C.V.2.

1075 Siehe für den Begriff der „progressiven Inklusion" oben: H.V.

1076 EuGH, Urteil vom 11.11.2014, C-333/13, *Dano*, NJW 2015, 145 ff.; Siehe für eine Einordnung des Urteils in das Themenfeld der sozialen Vergünstigung oben: C.III.4.c)aa).

1077 EuGH, Urteil vom 15.09.2015, *Alimanovic*, NJW 2016, 555 ff. Siehe für eine Einordnung des Urteils in das Themenfeld der sozialen Vergünstigung oben: C.III.4.c)bb).

1078 S.o E.II.2.c).

4. Einfluss der Menschenwürde auf die Verhältnismäßigkeitsprüfung

Im Rahmen der Verhältnismäßigkeit muss beachtet werden, dass sich ein Grundsatz der sozialen Vergünstigung u.a. auch aus der Menschenwürde selbst ableiten lässt. Die Menschenwürde als ein absolutes Prinzip im Regel-/Prinzipiendiskurs[1079] führt dazu, dass eine besondere Abwägung zwischen dem Grundsatz der sozialen Vergünstigung und dem Solidaritätsprinzip stattfinden muss. Absolute Prinzipien bestehen aus einem Regelteil sowie einem Prinzipienteil. Nur der Prinzipienteil kann in ein Abwägungsverhältnis mit kollidierenden Prinzipien gesetzt werden.[1080] Da der Kern der Menschenwürde gerade nicht abwägungsfähig ist, spielt insbesondere das Kriterium der Art der zu erbringenden Sozialleistung eine entscheidende Rolle. Wenn die beantragte Leistung der sozialen Vergünstigung den Kern, sprich den Regelteil der Menschenwürde betrifft, muss die Verhältnismäßigkeitsprüfung in jedem Falle zu Gunsten des Grundsatzes der sozialen Vergünstigung ausfallen. Die Abwägung des Prinzipienteils der Menschenwürde mit dem Solidaritätsprinzip führt dann immer dazu, dass der Regelteil der Menschenwürde unbedingt befolgt werden muss. Daraus ergibt sich, dass der entsprechende Mitgliedstaat verpflichtet ist, den Unionsbürger zumindest in Notsituationen, in welchen seine körperliche Unversehrtheit oder seine Gesundheit gefährdet ist, zu unterstützen.[1081] Eine Missachtung der für den Unionsbürger bedrohlichen Situation, in welcher seine Gesundheit gefährdet ist und die damit einhergehende Verweigerung von beispielsweise einer ärztlichen Versorgung, würde sonst dazu führen, dass dem menschlichen Individuum seine durch die Menschenwürde garantierte Subjektqualität abgesprochen würde.[1082]

Zudem wird das soziokulturelle Existenzminimum als eine Konsequenz der Menschenwürde gesichert werden müssen.[1083] In diesem Falle ist es irrelevant, ob der entsprechende Unionsbürger über ein Aufenthaltsrecht im jeweiligen Mitgliedstaat verfügt oder nicht. Die dann zu gewährende Leistung ist mit der gleichen Leistungshöhe anzusetzen wie sie den Staatsangehörigen des Mitgliedstaates, in welchem sich der beantragende Unionsbürger aufhält, gewährt werden. Andernfalls kann nicht gewährleistet werden, dass der beantragende Unionsbürger

1079 Vgl. oben: D.IV. u. G.II.

1080 Vgl. für das Kollisionsverhalten von absoluten Prinzipien oben: D.IV.

1081 Vgl. *Frenz*, NJW 2013, 1210 (1212).

1082 Siehe für die durch die Menschenwürde garantierte Subjektqualität des Menschen oben: G.; vgl. auch: *Frenz*, NJW 2013, 1210 (1212).

1083 Siehe für die Ableitung des soziokulturellen Existenzminimums aus der Menschenwürde oben: G.III.1.

nicht von der übrigen Gesellschaft in dem Mitgliedstaat, in welchem er sich aufhält, ausgegrenzt wird.[1084] Dies soll aber gerade das soziokulturelle Existenzminimum gewährleisten. Auf die Lebensverhältnisse und die Leistungshöhe im Heimatstaat des Unionsbürgers kann mithin nicht verwiesen werden.[1085]

Dient die beantragte Leistung der sozialen Vergünstigung hingegen nicht nur der Sicherung des Existenzminimums, ist eine vollumfängliche Verhältnismäßigkeitsprüfung durchzuführen. In Betracht kommen etwa Leistungen wie Beihilfen für Studenten.[1086] Hier können dann alle die Kriterien genutzt werden, um vor allem die Verbindung zu dem jeweiligen Mitgliedstaat nachzuweisen, in welchem sich der Unionsbürger aufhält. Je stärker die Verbindung des Unionsbürgers zum Mitgliedstaat ist, umso umfangreichere Sozialleistungen kann er fordern, bis er schließlich Leistungen der sozialen Vergünstigung im gleichen Maße verlangen kann wie ein Staatsangehöriger des Mitgliedstaates, in welchem sich der Unionsbürger aufhält. Bedacht werden muss auch, dass der Unionsbürger immer noch in seinen Heimatstaat ausgewiesen werden kann, sollte er nicht über ein Aufenthaltsrecht im Aufenthaltsstaat verfügen. Dort gilt er als Staatsbürger des jeweiligen Staates dann als Teil der jeweiligen Solidargemeinschaft „Volk". Das jeweilige Volk muss dann die Solidarleistungen aufbringen, um die Menschenwürde des Bedürftigen zu gewährleisten.

VII. Fazit

Das Solidaritätsprinzip spielt eine wichtige Rolle bei der Bestimmung eines Grundsatzes der sozialen Vergünstigung. Es kann selbst als Begründung genutzt werden. Das Solidaritätsprinzip stellt ganz allgemein die Bereitschaft dar, aufgrund einer gemeinsamen Zugehörigkeit für andere Personen oder Gruppen einzustehen.

Relevanter bei der Bestimmung eines Grundsatzes der sozialen Vergünstigung ist jedoch die begrenzende Funktion des Solidaritätsprinzips. Schon aufgrund von tatsächlichen Gegebenheiten wie der Finanzierung von Solidaritätsleistungen, ist es nicht möglich, die Solidarität und damit einhergehend auch die Solidargruppe unbegrenzt auszuweiten. Die Solidargruppe hat daher ein Interesse daran, den Solidaritätskreis so klein wie möglich zu halten. Eine Solidargruppe

1084 Vgl. für die Wahl der richtigen Vergleichsgruppe oben: G.III.2.

1085 Vgl. *Frenz*, NJW 2013, 1210 (1212).

1086 Siehe in Bezug auf Studienbeihilfen beispielsweise EuGH, Urteil vom 20.09.2001, C-184/99, *Grzelcyk*, Slg. 2001, I-6193; EuGH, Urteil vom 15.03.2005, C-209/03, *Bidar*, Slg. 2005, I-2119; vgl. auch: *Bode*, EuZW 2005, 276 (280 ff.).

setzt sich entweder aus einer geborenen Personengruppe, der Solidargemeinschaft, oder einer gekorenen Personengruppe, der Solidargesellschaft, zusammen. In der EU gibt es trotz der inzwischen langen gemeinsamen Geschichte noch keine Solidargemeinschaft, sodass es sich bei der Solidargruppe lediglich um eine gewillkürte Solidargesellschaft handelt. Diese muss ihren Ausdruck im Recht der Europäischen Union selbst finden und dort den von ihr gewollten Solidarrahmen manifestieren.

Die Solidarität ist in der EU in vielfachen Formen anerkannt. Relevanz für einen Grundsatz der sozialen Vergünstigung erlangen hier vor allem die Formen der mitgliedstaatlichen Solidarität sowie die Unionsbürgerschaft und die EUGRCh als Ausdruck einer personellen Solidarität. Selbst die Solidarität zwischen den einzelnen Mitgliedstaaten, welche sich primär auf das Verhältnis zwischen den Mitgliedstaaten bezieht, bedenkt auch die in diesen lebenden Menschen. Im Rahmen Solidarität zwischen den Mitgliedstaaten werden die Bürger als Mittel gesehen, um wirtschaftlich schwache Regionen zu stärken. So ergibt sich aus der mitgliedstaatlichen Solidarität zumindest auch indirekt eine Solidarität, die den einzelnen Unionsbürger miteinbezieht.

Die Unionsbürgerschaft und die EUGRCh hingegen drücken konkret eine Solidarität zwischen den Unionsbürgern aus. Gerade durch die Unionsbürgerschaft wurde die personelle Solidarität in der EU stark aufgewertet. Die sich aus der Unionsbürgerschaft ergebene Freizügigkeit umfasst in gewissem Umfang auch vom Markt losgelöste Solidarleistungen. Unterstrichen wird dies von der EUGRCh, welche jedem Unionsbürger die gleichen Rechte zuspricht, unabhängig davon, ob er wirtschaftlich aktiv ist oder nicht. Aus alledem folgt, dass auch das Solidaritätsprinzip als Begründung für einen Grundsatz der sozialen Vergünstigung dient. Die Begründungsfunktion des Solidaritätsprinzips gilt jedoch nicht uneingeschränkt sondern hat eine begrenzende Funktion inne. Aufgrund dessen kollidiert das Solidaritätsprinzip somit auch mit dem Grundsatz der sozialen Vergünstigung.

Infolge der Prinzipienkollision müssen das Solidaritätsprinzip und der Grundsatz der sozialen Vergünstigung derart in Einklang gebracht werden, dass sie gemäß dem Regel-/Prinzipienmodell jeweils in größtmöglichem Maße realisiert werden. Da sowohl der Grundsatz der sozialen Vergünstigung als auch das Solidaritätsprinzip beide prima facie-Charakter haben und keine der beiden Normen absoluten Vorrang genießt, können sie nur durch eine Verhältnismäßigkeitsprüfung in jedem Einzelfall in größtmöglichem Maße realisiert werden. Im Rahmen der Verhältnismäßigkeit muss sodann festgestellt werden, ob die Verbindung des Unionsbürgers ausreichend ist, um Leistungen der sozialen

Vergünstigung erhalten zu können. Bei der Feststellung können zwar auch das Aufenthaltsrecht sowie wirtschaftliche Gesichtspunkte berücksichtigt werden. Die beiden Aspekte dürfen für sich allein jedoch nicht den Ausschlag für eine Versagung von Leistungen der sozialen Vergünstigung sein. Daher bietet es sich an, durch die Methode der progressiven Inklusion festzustellen, inwieweit der Unionsbürger in dem Mitgliedstaat, von welchem er Leistungen der sozialen Vergünstigung verlangt, integriert ist. Dadurch werden umfangreich auch nichtwirtschaftliche Belange berücksichtigt.

Im Rahmen der Verhältnismäßigkeitsprüfung muss zudem beachtet werden, dass sich der Grundsatz der sozialen Vergünstigung auch aus der Menschenwürde ableiten lässt. Dies hat zur Folge, dass die besondere Eigenschaft der Menschenwürde als absolutes Prinzip im Sinne der Regel-/Prinzipiendiskussion hinreichend berücksichtigt werden muss. Daraus folgt, dass alle Leistungen, die für die Gewährleistung des soziokulturellen Existenzminimums notwendig sind, dem Unionsbürger zugesprochen werden müssen. Bei allen anderen Leistungen der sozialen Vergünstigung muss eine vollumfängliche Verhältnismäßigkeitsprüfung durchgeführt werden.

I. Kollision mit dem Subsidiaritätsprinzip

Durch die positive Gewährleistung der Solidarität und der damit einhergehenden Begründungswirkung eines Grundsatzes der sozialen Vergünstigung kann das Subsidiaritätsprinzip mit einem Grundsatz der sozialen Vergünstigung kollidieren. Dies ist dann der Fall, wenn das Solidaritätsprinzip als Vorrang des Gemeininteresses vor dem Eigeninteresse seine Wirkung entfaltet.[1087] Das Subsidiaritätsprinzip hingegen dient gerade der Abwehr einer zu großen Beanspruchung des Eigeninteresses durch die Gemeinschaft. Beide Prinzipien haben folglich gegenläufige Zielrichtungen. Somit ist zu prüfen, wie das Subsidiaritätsprinzip mit dem Solidaritätsprinzip auf dem Gebiet der sozialen Vergünstigung für nichterwerbstätige Unionsbürger in Einklang gebracht werden kann. Hierfür ist zuerst die allgemeine Bedeutung des Subsidiaritätsprinzips und darauf aufbauend, die Bedeutung des Subsidiaritätsprinzips im Gemeinschaftsrecht darzustellen.[1088] Anschließend wird das Subsidiaritätsprinzip in den prinzipientheoretischen Ansatz eingeordnet und das Spannungsverhältnis zwischen Solidarität und Subsidiarität beschrieben.[1089] Letztlich wird ein Ansatz gezeigt, um die Kollision des Solidaritätsprinzips und des Subsidiaritätsprinzips im prinzipientheoretischen Kontext auf dem Gebiet der sozialen Vergünstigung für nichterwerbstätige Unionsbürger zu lösen.[1090]

I. Gegenläufiges Interesse der Subsidiarität

Der Begriff der Subsidiarität entwickelte sich parallel zum Begriff der Solidarität.[1091] Es scheint daher auch nicht verwunderlich, dass beide Prinzipien miteinander in Kollision geraten können. Allgemein versteht man heute unter Subsidiarität, dass in einer Gruppe das Handeln der kleineren Einheit Vorrang gegenüber dem Handeln der größeren Einheit im Rahmen ihrer Leistungsfähigkeit genießt.[1092] Das Subsidiaritätsprinzip nimmt hierfür zwei Aufgaben wahr: Zum einem kann aus dem Subsidiaritätsprinzip eine Pflicht zur Hilfeleistung der

---

1087 S.o. H.

1088 S.u. I.I. u. I.II.

1089 S.u. I.IV. u. I.III.

1090 S.u. I.V.

1091 Vgl. *Hieronymi,* Solidarität als Rechtsprinzip in der Europäischen Union, S. 127.

1092 Vgl. *Calliess,* Subsidiaritäts- und Solidaritätsprinzip in der Europäischen Union, S. 32 f.; *Isensee,* Subsidiaritätsprinzip und Verfassungsrecht, S. 71 f.

größeren Einheit für die kleinere Einheit abgeleitet werden, wenn die kleinere Einheit ihre zugewiesenen Aufgaben alleine nicht bewerkstelligen kann. Zum anderen schützt das Subsidiaritätsprinzip die kleinere Einheit in einem Verbund vor nicht notwendigen Eingriffen einer größeren Einheit.[1093] Damit steht das Subsidiaritätsprinzip im Gegensatz zum Solidaritätsprinzip, welches den Einzelnen dazu animieren will, sich für die Ziele, Interessen und Angelegenheiten anderer Personen oder Gruppen einzusetzen und für diese einzustehen, sowie um diese Ziele zu erreichen seine eigenen Interessen zurückzustellen.[1094] Mithin fordert das Solidaritätsprinzip eine einzelne Einheit auf, eine andere Einheit bei ihren Aufgaben zu unterstützen und ggf. auch deren Aufgaben wahrzunehmen. Das Subsidiaritätsprinzip hingegen schützt gerade den Handlungsspielraum der kleineren Einheit vor dem Tätigwerden der größeren Einheit.

Für die Anwendung des Subsidiaritätsprinzips haben sich mehrere anerkannte Kriterien herausgebildet.[1095] Demnach müssen verschiedene Einheiten in einem gestuften und hierarchischen Über-/Unterordnungsverhältnis zueinander stehen. Zudem müssen sie über einen gemeinsamen Aufgabenkreis verfügen, sprich konkurrierende Kompetenzen inne haben, und ein gemeinsames Ziel verfolgen.

Das gemeinsame Ziel, das *bonum commune,* ergibt sich aus einem möglichen Solidaritätsverhältnis zwischen den einzelnen Einheiten. Ein solches besteht auf dem Gebiet der sozialen Vergünstigung auf europäischer Ebene.[1096] Der gemeinsame Aufgabenkreis der unterschiedlichen Einheiten, welcher insbesondere durch die konkurrierende Gesetzgebung deutlich wird,[1097] besteht auch

---

1093 Vgl. *Calliess,* Subsidiaritäts- und Solidaritätsprinzip in der Europäischen Union, S. 186; sowie: *Hieronymi,* Solidarität als Rechtsprinzip in der Europäischen Union, S. 128; *Isensee,* Subsidiaritätsprinzip und Verfassungsrecht, S. 31; *Pernice,* CJEL 1996, 403 (407 f.); *Pieper,* DVBl 1993, 705 (S. 33, 36 f.).

1094 S.o. H.I.

1095 Die Kriterien gehen zurück auf: *Isensee,* Subsidiaritätsprinzip und Verfassungsrecht, S. 71; vgl. *Calliess,* Subsidiaritäts- und Solidaritätsprinzip in der Europäischen Union, S. 186; sowie: *Calliess,* in: *Calliess/Ruffert,* EUV/AEUV Kommentar, Art. 5 EUV, Rn. 21; ebenso: *Hieronymi,* Solidarität als Rechtsprinzip in der Europäischen Union, S. 126.

1096 S.o. H.

1097 Siehe dafür, dass die konkurrierende Gesetzgebung einen gemeinsamen Aufgabenkreis beschreibt: *Calliess,* in: *Calliess/Ruffert,* EUV/AEUV Kommentar, Art. 2 AEUV, Rn. 4, welcher explizit von „Aufgaben" spricht; vgl. auch: *Nettesheim,* in: *Grabitz/Hilf/Nettesheim,* Das Recht der Europäischen Union, Art. 4 AEUV, Rn. 4, welcher von einem „Nebeneinander" spricht.

hinsichtlich der sozialen Vergünstigung im Gemeinschaftsrecht.[1098] Die EU ist zudem gestuft aufgebaut und hierarchisch strukturiert[1099] und erfüllt damit das notwendige gestufte und hierarchische Über-/Ünterordnungsverhältnis als dritte Voraussetzung für das Vorliegen des Subsidiaritätsprinzips.

II. Subsidiaritätsprinzip in der EU

Art. 5 I 2, III EUV implementiert das Subsidiaritätsprinzip zwar in der EU, dieses gilt jedoch nicht uneingeschränkt für das gesamte Unionsrecht. Art. 5 III EUV statuiert, dass das Subsidiaritätsprinzip nur für Maßnahmen in den Bereichen gilt, in denen die Union keine ausschließliche Zuständigkeit inne hat, die Mitgliedstaaten diese Maßnahmen weder auf zentraler noch auf regionaler oder lokaler Ebene ausreichend verwirklichen können und aufgrund des Umfangs oder der Wirkung der Maßnahme diese auf Unionsebene besser verwirklicht werden kann.

1. Maßnahmen unter dem Subsidiaritätsprinzip

Gemäß Art. 5 III EUV ist das Subsidiaritätsprinzip bei allen „Maßnahmen" zu beachten. Durch den Begriff der „Maßnahme" wird bestimmt, welche Tätigkeiten in der Union nur unter Beachtung des Subsidiaritätsprinzips durchgeführt werden können. Bei Einführung des Subsidiaritätsprinzips sollten vor allem die Gesetzgebungskompetenzen der Union darunter fallen.[1100] Art. 5 III EUV fasst den Begriff der „Maßnahme" nun hingegen sehr weit. Lediglich eine gewisse Konkretisierung der Tätigkeit wird verlangt. Auch kontrollierende Tätigkeiten, wie solche der Kommission als „Hüterin der Verträge" gemäß Art. 258 AEUV oder der des EuGH, fallen zumindest indirekt in den Anwendungsbereich des Subsidiaritätsprinzips und müssen daher auch von diesen Organen beachtet werden.[1101] Im Rahmen der sozialen Vergünstigung für nichterwerbstätige Unionsbürger ist vor allem die Gesetzgebungskompetenz aufgrund der bisher schon vielfältigen Normgebung im Sekundärrecht und die Kontrolltätigkeit des EuGH durch seine manigfaltigen Urteile im sozialrechtlichen Bereich entscheidend.[1102]

1098 S.o. F.

1099 Vgl. *Härtel*, in: Handbuch Föderalismus, Föderalismus in Europa und der Welt, Rn. 256.

1100 Vgl. *Calliess*, in: *Calliess/Ruffert*, EUV/AEUV Kommentar, Art. 5 EUV, Rn. 29.

1101 Vgl. *Calliess*, in: *Calliess/Ruffert*, EUV/AEUV Kommentar, Art. 5 EUV, Rn. 29; differenzierend dazu: *Walter*, Rechtsfortbildung durch den EuGH, S. 259 ff.

1102 Vgl. dazu oben: C.

Da diese Tätigkeiten, die Gesetzgebungskompetenz direkt, die Entscheidungen des EuGH zumindest indirekt, in den Anwendungsbereich des Subsidiaritätsprinzips fallen, ist das Subsidiaritätsprinzip auch für die Bestimmung eines Grundsatzes der sozialen Vergünstigung relevant.

2. Anwendbarkeit des Subsidiaritätsprinzips auf dem Gebiet der Sozialpolitik

Das Kriterium der ausschließlichen Zuständigkeit bezieht sich auf die abschließend in Art. 3 EUV festgeschriebenen Zuständigkeiten der EU.[1103] Fällt eine Maßnahme in eine dieser ausschließlichen Zuständigkeiten, ist das Subsidiaritätsprinzip nicht zu beachten. Im Umkehrschluss ergibt sich daraus, dass für alle übrigen Maßnahmen das Subsidiaritätsprinzip angewendet werden muss.[1104] Auf dem Gebiet der Sozialpolitik nimmt die Union zumindest unterstützende Maßnahmen gemäß Art. 153 AEUV wahr.[1105] Sowohl unterstützende Maßnahmen generell als auch die Spezialkompetenz der EU im Bereich der Sozialpolitik fallen in den Anwendungsbereich des Subsidiaritätsprinzips.[1106]

3. Transnationale Aspekte des Grundsatzes der sozialen Vergünstigung

Als weitere Voraussetzung darf die Maßnahme „weder auf zentraler noch auf regionaler oder lokaler Ebene ausreichend verwirklicht“ werden können. Dieses Negativkriterium verlangt eine Überprüfung, ob die angestrebte Maßnahme in solchem Maße transnationale Aspekte aufweist, als sie durch die Mitgliedstaaten nicht hinreichend erfüllt werden könnten.[1107] Für diese Analyse wird insoweit eine Erforderlichkeitsprüfung verlangt, wonach das durch die Maßnahme betroffene Sachgebiet grenzüberschreitende Aspekte aufweisen muss, welche durch

---

1103 Vgl. *Calliess*, in: *Calliess/Ruffert*, EUV/AEUV Kommentar, Art. 5 EUV, Rn. 29; vgl. auch: *Calliess*, EuZW 1995, 693 (696); sowie: *Kadelbach*, in: *Groeben/Schwarze/Hatje*, Europäisches Unionsrecht, Art. 5 EUV, Rn. 31; ebenso: *Lienbacher*, in: *Schwarze* u. a., EU-Kommentar, Art. 5 EUV, Rn. 20.

1104 Vgl. *Lienbacher*, in: *Schwarze* u.a., EU-Kommentar, Art. 5 EUV, Rn. 20.

1105 S.o. F.I.

1106 Vgl. *Calliess*, in: *Calliess/Ruffert*, EUV/AEUV Kommentar, Art. 5 EUV, Rn. 27.

1107 Siehe Bericht der Kommission „Bessere Rechtsetzung 2003“ gemäß Artikel 9 des Protokolls über die Anwendung der Grundsätze der Subsidiarität und der Verhältnismäßigkeit vom 12.12.2003, KOM (2003) 770 endg., S. 19; Vgl. auch: *Calliess*, in: *Calliess/Ruffert*, EUV/AEUV Kommentar, Art. 5 EUV, Rn. 33.

einzelstaatliche Maßnahmen nicht ausreichend geregelt werden können.[1108] Entscheidend ist, ob mitgliedstaatliche Maßnahmen allein, beziehungsweise das Fehlen unionaler Maßnahmen, nicht mit den Verträgen vereinbar sind oder die Interessen der Mitgliedstaaten dadurch erheblich beeinträchtigt werden.[1109] Als Beeinträchtigung der Interessen der Verträge wird beispielsweise sowohl das Erfordernis, Wettbewerbsverzerrungen zu beheben oder verschleierte Handelsbeschränkungen zu vermeiden als auch den wirtschaftlichen und sozialen Zusammenhalt zu stärken, angesehen.[1110] Die Maßnahme darf zudem nur dann Einheitlichkeit innerhalb der Mitgliedstaaten anstreben, wenn „Gleichberechtigung oder Wettbewerb eindeutig gefährdet werden könnten".[1111]

Wie oben bereits dargestellt,[1112] dient die Angleichung der sozialen Rechte nichterwerbstätiger Unionsbürger der Sicherung der Freizügigkeit innerhalb der EU. Wichtigstes Werkzeug für die Sicherstellung des sozialen Aspekts der Freizügigkeit ist das Diskriminierungsverbot.[1113] Dieses dient gerade dem Schutz der Gleichberechtigung. Sichtbar wird die enge Verbindung zwischen Freizügigkeit und sozialer Vergünstigung sowie der damit einhergehenden Erforderlichkeit der sozialen Vergünstigung für die Freizügigkeit durch Art. 21 AEUV, welcher die Unionsbürgerfreizügigkeit in der EU implementiert. Art. 21 II AEUV enthält

---

1108 Die sog. „Erforderlichkeitsprüfung I", siehe: Bericht der Kommission „Bessere Rechtsetzung 2003" gemäß Artikel 9 des Protokolls über die Anwendung der Grundsätze der Subsidiarität und der Verhältnismäßigkeit vom 12.12.2003, KOM (2003) 770 endg., S. 19. Vgl. dazu auch einen Großteil der Literatur: *Hailbronner,* in: Europa der Zukunft, 49 (54 ff.); *Kahl,* in: AöR 1993, 414 (426); *Schweitzer/Fixson,* JURA 1992, 579 (581); *Stein,* in: Subsidiarität als Rechtsprinzip?, 77 (29 f.); *Lenaerts,* Fordham Int'l.J. 1994, 846 (849 ff.); *Lienbacher,* in: *Schwarze* u.a., EU-Kommentar, Art. 5 EUV, Rn. 24; *Schima,* Das Subsidiaritätsprinzip im Europäischen Gemeinschaftsrecht, S. 112. *Borries,* EuR 1994, 263 (277), spricht insoweit von „Notwendigkeitstest"; a.A.: *Calliess,* in: *Calliess/Ruffert,* EUV/AEUV Kommentar, Art. 5 EUV, Rn. 35.

1109 Sog. „Erforderlichkeitsprüfung II", siehe: Bericht der Kommission „Bessere Rechtsetzung 2003" gemäß Artikel 9 des Protokolls über die Anwendung der Grundsätze der Subsidiarität und der Verhältnismäßigkeit vom 12.12.2003, KOM (2003) 770 endg., S. 19; vgl. auch: *Calliess,* in: *Calliess/Ruffert,* EUV/AEUV Kommentar, Art. 5 EUV, Rn. 33.

1110 Vgl. Schlussfolgerungen des Vorsitzes des Europäischen Rates von Edinburgh, Teil A Anlage 1 S. 7 a, abgedruckt in: *Calliess,* Subsidiaritäts- und Solidaritätsprinzip in der Europäischen Union, S. 391 ff.

1111 EP, Ausschuß für konstitutionelle Fragen, Bericht vom 24.04.2002, A5-0133/2002, Entschließungsantrag Rn. 23.

1112 S.o. C.III.

1113 S.o. C., insb. C.III.3.

eine Ausübungserleichterungsvorschrift, welche ein Tätigwerden der EU zur Erreichung der Freizügigkeit für Unionsbürger vorsieht und daher dem europäischen Gesetzgeber eine Gesetzgebungskompetenz einräumt, sollte dies für die Erreichung des Ziels der Freizügigkeit notwendig sein. Diese Notwendigkeit sah der europäische Gesetzgeber als gegeben an und erließ im Rahmen seiner Gesetzgebungskompetenz die Freizügigkeitsrichtlinien, welche auch Regeln bezüglich des Zugangs zu Leistungen der sozialen Vergünstigung festlegen.[1114] Die Notwendigkeit einer einheitlichen unionalen Gesetzgebung in Bezug auf die Freizügigkeit wird auch anhand der RL 2004/38/EG deutlich. In ihren Erwägungsgründen sieht die RL 2004/38/EG das Bedürfnis, einheitliche Normen festzulegen, um beispielsweise einheitliche Formalitäten im Zusammenhang mit der Freizügigkeit und einheitliche Verwaltungspraktiken zu gewährleisten.[1115] Zudem sei die Freizügigkeit der Unionsbürger ein zentraler Punkt für die Gewährleistung eines europäischen Binnenmarktes.[1116] Gesetzgebung, die den Binnenmarkt betrifft, unterfällt der geteilten Zuständigkeit zwischen Union und den Mitgliedstaaten.[1117] Mithin reichen mitgliedstaatliche Maßnahmen allein nicht aus, um die Freizügigkeit sozial so auszugestalten, dass die Freizügigkeit nicht beeinträchtigt wird. Zudem dienen Leistungen der sozialen Vergünstigung auch dem sozialen Zusammenhalt im Sinne der Unionsverträge, wie anhand der Solidarität als Begründung für Leistungen der sozialen Vergünstigung deutlich wird.[1118] Die Solidarität als solche kann nicht ohne Zutun der EU sichergestellt werden.

4. Bessere Verwirklichung des Grundsatzes der sozialen Vergünstigung auf Unionsebene

Ferner muss die Maßnahme aufgrund ihres Umfangs oder ihrer Wirkungen „besser“ auf Unionsebene verwirklicht werden. „Besser“ bedeutet in diesem Zusammenhang, dass das Tätigwerden der Union deutliche Vorteile einbringt, gegenüber dem alleinigen Handeln der Mitgliedstaaten.[1119] Insofern wird ein

1114 S.o. C.III.3.

1115 Vgl. Erwägungsgründe 7 u. 14 RL 2004/38/EG.

1116 2. Erwägungsgrund RL 2004/38/EG.

1117 Art. 4 II lit. a) AEUV.

1118 S.o. H.

1119 Vgl. auch: Bericht der Kommission „Bessere Rechtsetzung 2003“ gemäß Artikel 9 des Protokolls über die Anwendung der Grundsätze der Subsidiarität und der Verhältnismäßigkeit vom 12.12.2003, KOM (2003) 770 endg., S. 19.

Mehrwert der Maßnahme verlangt.[1120] Im Rahmen der Prüfung des Mehrwerts sollen insbesondere die Größenordnung und der grenzüberschreitende Charakter sowie die Folgen eines Verzichts der Unionsmaßnahmen berücksichtigt werden.[1121] Im Bereich der sozialen Vergünstigung ist zu beachten, dass die Freizügigkeit auch für nichterwerbstätige Unionsbürger in der Vergangenheit immer weiter ausgebaut wurde.[1122] Ein grenzüberschreitender Charakter ist sichtbar. Zudem betrifft eine Regelung der sozialen Vergünstigung alle nichterwerbstätigen Unionsbürger, welche sich über drei Monate in einem anderen Mitgliedstaat aufhalten und auf Leistungen der sozialen Vergünstigung angewiesen sind, mithin keinen kleinen Personenkreis.[1123] Daneben dienen die Leistungen nicht selten der sich aus der Menschenwürde ergebenden Sicherung des soziokulturellen Existenzminimums[1124] und haben daher eine besondere Bedeutung für den, nicht zuletzt durch die EUGRCh, in der EU immer mehr in den Fokus rückenden Grundrechtsschutz.

III. Spannungsverhältnis zwischen Subsidiarität und Solidarität in der EU

Das oben bereits dargestellte[1125] Spannungsverhältnis zwischen Solidarität und Subsidiarität besteht auch auf europäischer Ebene. Die Solidarität in der EU tritt in manigfaltigen Formen auf.[1126] Doch auch auf europäischer Ebene bedeutet Solidarität immer, dass individuelle – nationale – Interessen hinter das Gemeininteresse der EU und aller Mitgliedstaaten zurückstehen müssen. Den stärksten Ausdruck findet dieses Hintenanstellen des Eigeninteresses in den an die EU übertragenen ausschließlichen Kompetenzen gemäß Art. 3 AEUV.[1127] Die Mitgliedstaaten verzichten in diesen Bereichen gänzlich auf ihre eigenen Interessen.

1120 Vgl. *Bast*, in: *Grabitz/Hilf/Nettesheim*, Das Recht der Europäischen Union, 62. EL Juli 2017, Art. 5 EUV, Rn. 57; *Calliess*, in: *Calliess/Ruffert*, EUV/AEUV Kommentar, Art. 5 EUV, Rn. 39; *Langhut*, in: *Lenz/Borchardt*, EU-Verträge Kommentar nach dem Vertrag von Lissabon, Art. 5 EUV, Rn. 35; *Lienbacher*, in: *Schwarze* u. a., EU-Kommentar, Art. 5 EUV, Rn. 25.

1121 *Calliess*, in: *Calliess/Ruffert*, EUV/AEUV Kommentar, Art. 5 EUV, Rn. 39.

1122 S.o. C.V.

1123 S.o. C.V.

1124 S.o. G.III.1.

1125 S.o. I.I.

1126 Siehe nur schon für die Erscheinungsformen der Solidarität auf dem Gebiet der sozialen Vergünstigung oben: H.IV.

1127 Vgl. *Hieronymi*, Solidarität als Rechtsprinzip in der Europäischen Union, S. 129.

Aber auch abgeschwächtere Formen des Zurückstellens der eigenen Interessen werden beispielsweise auf mitgliedstaatlicher Ebene durch die Kohäsionspolitik oder auf Ebene der Unionsbürger durch die marktwirtschaftliche Solidarität deutlich.[1128] In diesen Bereichen stehen den Mitgliedstaaten zumindest nur begrenzte Einwirkungsmöglichkeiten zur Verfügung.

Die Subsidiarität hingegen bestimmt, dass die EU von Kompetenzen, die sie sich mit den Mitgliedstaaten teilt, nur dann Gebrauch machen darf, sofern und soweit die Ziele der in Betracht gezogenen Maßnahmen von den Mitgliedstaaten weder auf zentraler noch auf regionaler oder lokaler Ebene ausreichend verwirklicht werden können, und vielmehr wegen ihres Umfangs oder ihrer Wirkungen auf Unionsebene besser zu verwirklichen sind.[1129] Durch die Formulierung „nur" in Art. 5 III EUV wird deutlich, dass grundsätzlich die Mitgliedstaaten auf dem Gebiet der geteilten Kompetenzen Vorrang vor dem Handeln der EU haben. Die Mitgliedstaaten können dadurch sicherstellen, dass auch wenn sie sich mit der Union Gesetzgebungskompetenzen teilen, die Union nur unter engen Voraussetzungen tätig werden darf. Der Mitgliedstaaten haben hier erkannt, dass ihre Eigeninteressen Priorität vor den Interessen der EU haben und schutzbedürftig sind. So besteht ein Konflikt mit der durch die Solidarität geforderten Hintenanstellung der Eigeninteressen der Mitgliedstaaten.

IV. Subsidiarität als formelles Prinzip

Bevor das zwischen der Subsidiarität und dem Grundsatz der sozialen Vergünstigung auftretende Spannungsverhältnis gelöst werden kann, muss das Subsidiaritätsprinzip selbst noch in den prinzipientheoretischen Ansatz eingeordnet werden. Das Subsidiaritätsprinzip in der EU regelt die Frage, unter welchen Voraussetzungen die Union tätig werden darf, oder ob die Union die im Raum stehende Maßnahme den einzelnen Mitgliedstaaten überlassen muss. Mithin stellt das Subsidiaritätsprinzip keine materielle Norm dar, sondern gibt lediglich an, „ob" die EU tätig werden darf, sprich ein Bedarf für ein Unionshandeln besteht.[1130] Das Subsidiaritätsprinzip gibt somit nur prozedurale Anwendungskriterien vor. Einen darüber hinaus materiellrechtlichen Gehalt kann das

---

1128 Vgl. oben: H.IV.3. u. H.IV.4.b).

1129 Art. 5 III AEUV.

1130 Vgl. *Calliess*, in: *Calliess/Ruffert*, EUV/AEUV Kommentar, Art. 5 EUV, Rn. 25; sowie: *Möschel*, NJW 1993, 3025 (3027); ebenso: *Schmidhuber/Hitzler*, NVwZ 1992, 720 (723); *Schmidhuber*, DVBl 1993, 417 (718); vgl. auch: *Pieper*, DVBl 1993, 705 (707 ff.). Vgl. auch die Schlussfolgerungen des Vorsitzes des Europäischen Rates von

Subsidiaritätsprinzip nicht aufweisen.[1131] Diese „Entmaterialisierung"[1132] wirkt sich auch auf die Einordnung des Subsidiaritätsprinzips in den hier vertretenen prinzipientheoretischen Ansatz aus. Prinzipien, die lediglich die Art der Ausführung eines Norminhalts oder den Ausführungsadressaten bestimmen, sind formelle Prinzipien im Sinne des prinzipientheoretischen Ansatzes.[1133] Durch den fehlenden materiellrechtlichen Gehalt der Subsidiarität kann diese kein materielles Prinzip im Sinne des prinzipientheoretischen Ansatzes darstellen. Das Subsidiaritätsprinzip stellt folglich ein formelles Prinzip dar.

V. Abwägung zwischen Subsidiarität und sozialer Vergünstigung

Durch die sich widerstreitenden Interessen des Solidaritätsprinzips und der damit einhergehenden sozialen Vergünstigung sowie des Subsidiaritätsprinzips entsteht ein Spannungsverhältnis zwischen beiden Normen. Dieses Spannungsverhältnis kann nur durch eine Abwägung der sich entgegenstehenden Interessen der Solidarität und der Subsidiarität aufgehoben werden.[1134] Im Wege des prinzipientheoretischen Ansatzes bedeutet dies, dass die Inhalte beider Prinzipien im rechtlich und tatsächlich größtmöglichem Maße realisiert werden müssen.[1135] Das gemeinsame Solidaritätsinteresse der sozialen Vergünstigung kann daher nur verfolgt werden, wenn die im Einzelfall vorliegenden Tatsachen die gegenseitige Unterstützung im Rahmen der Solidarität als notwendiger ansehen, als die Wahrung des einzelstaatlichen Gestaltungsspielraums. Ordnet man das Subsidiaritätsprinzip als ein formelles Prinzip ein, bedeutet dies, dass die Abwägung mit der sozialen Vergünstigung nur die Frage beantworten kann, ob auf europäischer Ebene Maßnahmen ergriffen werden dürfen oder ob die Mitgliedstaaten weiterhin alleine auf dem Gebiet der sozialen Vergünstigung

---

Edinburgh vom 12.12.1992, Anlage I, abgedruckt in: *Calliess*, Subsidiaritäts- und Solidaritätsprinzip in der Europäischen Union, S. 391 ff.

1131 Vgl. *Calliess*, in: *Calliess/Ruffert*, EUV/AEUV Kommentar, Art. 5 EUV, Rn. 21; sowie: *Mager*, ZEuS 2003, 471 (471 ff.).

1132 *Calliess*, in: *Calliess/Ruffert*, EUV/AEUV Kommentar, Art. 5 EUV, Rn. 25.

1133 Siehe für den Begriff des „formellen Prinzips" oben: D.VI.

1134 Vgl. *Calliess*, Subsidiaritäts- und Solidaritätsprinzip in der Europäischen Union, S. 186 f.; vgl. auch: *Hieronymi*, Solidarität als Rechtsprinzip in der Europäischen Union, S. 130; sowie: *Möschel*, NJW 1993, 3025 (3027); vgl. auch: *Kadelbach*, in: Solidarität als europäisches Rechtsprinzip?, 9 (13), welcher von „Systemwettbewerb" spricht.

1135 Siehe für die Lösung eines Prinzipienkonflikts oben: D.III.2.

für nichterwerbstätige Unionsbürger tätig werden können. Das Ausmaß und die Art der zu gewährenden Leistungen der sozialen Vergünstigung können nur bedingt eine Rolle bei der Abwägung zwischen dem Solidaritätsprinzip und dem Subsidiaritätsprinzip spielen. Das Subsidiaritätsprinzip bildet nicht das richtige „Werkzeug“, den Inhalt eines Grundsatzes der sozialen Vergünstigung mitzubestimmen.[1136]

Zu beachten ist auch hier, dass die soziale Vergünstigung durch die Menschenwürde zumindest einen abwägungsresistenten Regelteil innehat. Ein solcher muss daher auch im Rahmen der Abwägung zwischen Subsidiarität und der sozialen Vergünstigung berücksichtigt werden. Daraus ergibt sich, dass für Leistungen der sozialen Vergünstigung, die die Sicherung des soziokulturellen Existenzminimums gewähren, das durch die Subsidiarität geschützte Eigeninteresse der Staaten zurückstehen muss.[1137] Die EU darf folglich nur dann Maßnahmen ergreifen, wenn dadurch die Absicherung der Menschenwürde gewährleistet wird. Dass die Union tätig werden darf, bedeutet jedoch nicht, dass dieser Schutz nicht schon auf mitgliedstaatlicher Ebene existiert. Die einzelnen Mitgliedstaaten haben in ihren nationalen Rechtsordnungen schon Schutzmechanismen für die Gewährleistung eines menschenwürdigen Existenzminimums implementiert.[1138] Wenn diese so flächendeckend und umfangreich wie oben beschrieben gewährleistet wird, muss der Grundsatz der sozialen Vergünstigung hinter dem Subsidiaritätsprinzip zurückstehen. Ist das soziokulturelle Existenzminimum nicht gewährleistet, findet der Grundsatz der sozialen Vergünstigung Anwendung. Der unionsrechtliche Gesetzgeber kann dann gemäß Art. 18 II AEUV tätig werden.[1139] Normen, die Leistungen gewähren, die über das soziokulturelle Existenzminimum hinaus gehen, sind hingegen nicht mehr mit dem Subsidiaritätsprinzip vereinbar.

1136 *Krebber*, in: *Calliess/Ruffert*, EUV/AEUV Kommentar, Art. 151 AEUV, Rn. 21; differenziert dazu: *Heinze*, in: Soziale Sicherheit in Gefahr, 183 (190).

1137 Sinngemäß: *Kanitz/Steinberg*, EuR 2003, 1013 (1026).

1138 S.o. E.II.

1139 Der unionsrechtliche Gesetzgeber hat auf dieser Grundlage die RL 2004/38/EG erlassen, welche sich in ihrem Art. 24 mit dem Zugang zu Sozialleistungen befasst. Vgl. Abl. Nr L 158, v. 30.04.2004, S. 77; vgl. auch: *Streinz*, in: *Streinz*, EUV/AEUV Kommentar, Art. 18 AEUV, Rn. 69.

VI. Fazit

Das Subsidiaritätsprinzip spielt für die Bestimmung eines Grundsatzes eine wichtige Rolle. Dies ist insbesondere der gegensätzlichen Zielrichtung des Subsidiaritätsprinzips und des Solidaritätsprinzips geschuldet. Letzteres begründet unter anderem den Grundsatz der sozialen Vergünstigung.

Allgemein schützt das Subsidiaritätsprinzip in einem hierarchisch organisierten Verbund eine kleinere Einheit vor dem Tätigwerden der größeren Einheit. Ein solcher Verbund besteht in Form der EU. Die Voraussetzungen für das Subsidiaritätsprinzip sind in der EU auf dem Gebiet der sozialen Vergünstigung gegeben, wodurch im Rahmen der sozialen Vergünstigung das Subsidiaritätsprinzip beachtet werden muss.

Das beschriebene Spannungsverhältnis zwischen Subsidiarität und Solidarität wirkt sich auf den Grundsatz der sozialen Vergünstigung aus. Beachtet werden muss, dass die Subsidiarität im prinzipientheoretischen Ansatz als ein formelles Prinzip angesehen wird, da es lediglich regelt, welche Einheit in der EU eine Maßnahme durchführen darf. Einen darüber hinaus gehenden materiellrechtlichen Gehalt kann das Subsidiaritätsprinzip daher nicht vorweisen. Im Rahmen einer Abwägung zwischen dem Subsidiaritätsprinzip und dem Grundsatz der sozialen Vergünstigung kann daher nur die Frage geklärt werden, ob die Union überhaupt tätig werden darf oder ob weiterhin die Mitgliedstaaten alleine für die Gewährung von Leistungen der sozialen Vergünstigung zuständig sind. Für die Beantwortung der Frage muss der abwägungsresistente Kern des Grundsatzes der sozialen Vergünstigung berücksichtigt werden. Das Eigeninteresse der einzelnen Mitgliedstaaten muss zumindest dann zurücktreten, wenn die Leistungen der Sicherung der Menschenwürde dienen. Dies ist gerade dann der Fall, wenn die gewährten Leistungen der Gewährleistung des soziokulturellen Existenzminimums dienen. Wenn es um die Sicherung des soziokulturellen Existenzminimums geht, müssen die Mitgliedstaaten ihrer Solidaritätspflicht nachkommen und Leistungen der sozialen Vergünstigung gewähren.

J. Gesamtergebnis

Im Folgenden werden die Ergebnisse der Arbeit in Form von Thesen zusammengefasst.

I. Zum Begriff der „sozialen Vergünstigung" im Unionsrecht

Unter den Begriff der sozialen Vergünstigung werden alle Sozialleistungen gefasst, unabhängig davon, ob sie einen Bezug zu einer Erwerbstätigkeit haben oder nicht. Einzige Ausnahme bilden solche Sozialleistungen, die eine enge Beziehung zum gewährenden Staat haben.[1140] Damit unterscheidet sich der in der vorliegenden Arbeit entwickelte Begriff der sozialen Vergünstigung von dem Begriff der sozialen Vergünstigung der EUGRCh, welcher lediglich solche Leistungen umfasst, die gerade keinen Bezug zur Erwerbstätigkeit aufweisen.[1141]

II. Zur Internationalisierung sozialer Rechte in der EU

(1) Ursprünglich war das Sozialrecht ein klassisches, rein von den Nationalstaaten geregeltes Rechtsgebiet. Der persönliche Schutzbereich des Sozialrechts erstreckte sich zuerst nur auf die Staatsangehörigen und wurde dann teilweise auf all die Personen erweitert, die sich im Territorium des Staates aufhalten.[1142]

(2) Durch die EU und ihre Vorgängerinstitutionen wurde das nationale Sozialrecht immer mehr internationalen Einflüssen ausgesetzt. Die von der Union ausgehende Gesetzgebung zielte zunächst nur auf erwerbstätige Unionsbürger ab und sollte den Binnenmarkt sowie die Freizügigkeit der erwerbstätigen Unionsbürger sozial flankieren.[1143]

(3) Nach und nach erfasste die Internationalisierung der sozialen Rechte in der Union auch nichterwerbstätige Unionsbürger. Die sozialen Rechte nichterwerbstätiger Unionsbürger wurden vor allem durch die Rechtsprechung des EuGH vorangetrieben, der, gestützt auf das Diskriminierungsverbot, die sozialen Rechte nichterwerbstätiger Unionsbürger denen erwerbstätiger

1140 S.o. B., insbesondere: B.II. u. B.III.
1141 Siehe für den Unterschied beider Begriffe oben: F.III.1.d).
1142 S.o. C.I. u. C.II.
1143 S.o.C.III.1. u. C.III.2.

Unionsbürger angeglichen hat.[1144] In letzter Zeit wendet sich der EuGH von seiner immer auf Ausweitung angelegten Rechtsprechung wieder ab und verwehrt nichterwerbstätigen Unionsbürgern zunehmend den Zugang zu Sozialleistungen.[1145]

III. Zum prinzipientheoretischen Ansatz

(1) Im Rahmen des prinzipientheoretischen Ansatzes wird zwischen Regeln und Prinzipien unterschieden.[1146] Grundsätze stellen Prinzipien dar[1147] und müssen daher, wenn sie mit anderen Prinzipien kollidieren, im jeweils rechtlich und tatsächlich größtmöglichen Maße realisiert werden.[1148]

(2) Auch absolute Prinzipien sind genau wie einfache Prinzipien einer Abwägung zugänglich. Für die Abwägung werden absolute Prinzipien in einen abwägungsresistenten Regelteil und einen abwägungsfähigen Prinzipienteil aufgegliedert.[1149]

(3) Prinzipien legen immer prima facie-Gebote auf. Prinzipien geben daher lediglich Gründe an, welche durch gegenläufige Gründe neutralisiert werden können.[1150]

(4) Formelle Prinzipien weisen keinen materiellrechtlichen Inhalt auf, sondern befassen sich einzig mit der Frage der Normfestlegungsbefugnis und der Umsetzung.[1151]

(5) Die prinzipientheoretische Herangehensweise umfasst neben Gleichheits- und Abwehrrechten auch Leistungsrechte, wodurch die Leistungen der sozialen Vergünstigung anhand des prinzipientheoretischen Ansatzes hergeleitet werden können.[1152]

(6) Gerichte verfügen nur über eine begrenzte Überprüfungsmöglichkeit in Bezug auf Grundsätze. Sie können Grundsätze nur insoweit kontrollieren, dass sie feststellen, ob sich eine Maßnahme noch im rechtlichen Rahmen

1144 S.o. C.III.3., C.III.4.a) u. C.III.4.b).
1145 S.o. C.III.4.c).
1146 S.o. D.I.
1147 S.o. D.XI.
1148 S.o. D.II. u. D.III.
1149 S.o. D.IV.
1150 S.o. D.V.
1151 S.o. D.VI.
1152 S.o. D.VII.

befindet. Es ist daher nicht möglich, konkrete Voraussetzungen für den Erhalt von Leistungen der sozialen Vergünstigung herzuleiten.[1153]

(7) Der prinzipientheoretische Ansatz ist auf unionsrechtlicher Ebene anwendbar und kann daher für die Herleitung eines Grundsatzes der sozialen Vergünstigung genutzt werden.[1154]

(8) Prinzipien können durch internationale Verträge, gemeinsame Verfassungsüberlieferungen der Mitgliedstaaten, sowie durch die Verknüpfung mit Rechtsnormen des Unionsrechts hergeleitet werden.[1155]

IV. Zur sozialen Vergünstigung in internationalen Abkommen und als allgemeiner Rechtsgrundsatz

Der Grundsatz der sozialen Vergünstigung lässt sich in einer Vielzahl von internationalen Abkommen und nationaler Gesetzgebung finden. Freilich sind die Regelungsgehalte unterschiedlich stark ausgeprägt. Gerade die internationalen Abkommen variieren stark in ihren Ausgestaltungen. Abkommen, die über einen konkreten Überprüfungs- und Durchsetzungsmechanismus verfügen, sind, im Vergleich zu Abkommen, die lediglich politischen Charakter haben, in Bezug auf Leistungen der sozialen Vergünstigung nicht so konkret gefasst. Dennoch lässt sich ein grundsätzlicher Konsens erkennen, dass Leistungen der sozialen Vergünstigung, bei Vorliegen bestimmter Voraussetzungen, an nichterwerbstätige Personen ausgezahlt werden, die keine Staatsangehörigen des auszahlenden Staats sind.[1156]

V. Zur EU als Staatenverbund mit normativen sozialen Grundzügen

(1) Anhaltspunkte für einen Grundsatz der sozialen Vergünstigung finden sich direkt in unionsrechtlichen Normen. Die direkte Verknüpfung mit unionsrechtlichen Normen ist gerade für einen juristischen Prinzipiendiskurs von besonderer Relevanz. Zum einen wird dem Rechtsanwender ermöglicht, sich direkt auf eine konkrete Norm stützen zu können. Zum anderen hat, im Falle einer juristischen Überprüfung, das überprüfende Organ der Judikative eine normative Grundlage, auf welcher eine Entscheidung begründet werden

1153 S.o. D.VIII.
1154 S.o. D.X.
1155 S.o. D.XIII.–D.XV.
1156 S.o. E.

kann. Der rechtlichen Verknüpfung kommt daher eine besondere Bedeutung zu. Auf den ersten Blick bietet die Unionsrechtsordnung eine Vielzahl von normativen Anknüpfungspunkten. Zu nennen sind hier die Koordinierungsregeln, die Grundfreiheiten, die Unionsbürgerschaft, sowie Art. 34 II und III EUGRCh. Als Legitimation für einen Grundsatz der sozialen Vergünstigung sind die genannten Normen jedoch nur bedingt geeignet.[1157]

(2) Die Koordinierungsregelungen umfassen zwar die nichterwerbstätigen Unionsbürger, der sachliche Anwendungsbereich des Koordinierungsrechts erstreckt sich hingegen fast ausschließlich auf die klassischen beitragsfinanzierten Sozialleistungen. Der nichterwerbstätige Unionsbürger wird jedoch regelmäßig vorab keine Beiträge in die Sozialkassen geleistet haben. Daher dienen die Koordinierungsregeln nicht zur Herleitung eines Grundsatzes der sozialen Vergünstigung.[1158]

(3) Durch die Rechtsprechung des EuGH kommen auch die Grundfreiheiten oder die Unionsbürgerschaft als legitimatorische Anknüpfungspunkte für einen Grundsatz der sozialen Vergünstigung in Betracht. Zu bedenken ist hier, dass die bisherige Rechtsprechung des EuGH schon auf heftige Kritik gestoßen ist. Teilweise wird vertreten, dass der EuGH seine Kompetenzen überschritten und in die Freizügigkeit und das Diskriminierungsverbot eine soziale Komponente hineininterpretiert habe, die in diesem Umfang vom europäischen Gesetzgeber nicht gewollt war. Eine rechtliche Legitimation eines Grundsatzes der sozialen Vergünstigung ist so durch die Grundfreiheiten und die Unionsbürgerschaft nicht möglich.[1159]

(4) Zwar beinhalten Art. 34 II und III EUGRCh detaillierte Voraussetzungen für den Erhalt von Leistungen der sozialen Vergünstigung. Die EUGRCh sieht jedoch strenge Anwendungsvoraussetzungen für die in der EUGRCh kodifizierten Normen vor. Der enge Anwendungsbereich findet zudem in Art. 51 II EUGRCh seinen Ausdruck, welcher statuiert, dass der Geltungsbereich der Charta nicht über den Zuständigkeitsbereich der Union hinausgeht und auch keine neuen Zuständigkeiten begründet. Eine alleinige rechtliche Verknüpfung eines Grundsatzes der sozialen Vergünstigung ist daher nicht möglich.[1160]

1157 S.o F.
1158 S.o. F.I.
1159 S.o. F.II.
1160 S.o. F.III.

VI. Zur Menschenwürde als Untergrenze

(1) Die Menschenwürde stellt die notwendige Legitimation für einen Grundsatz der sozialen Vergünstigung dar. Die Menschenwürde ist in der Union anerkannt und hat durch Art. 1 EUGRCh eine rechtliche Kodifizierung auf Unionsebene erhalten.[1161] Durch die Verknüpfung des Art. 1 EUGRCh mit Art. 34 III EUGRCh wird der Menschenwürde im Unionsrecht eine soziale Facette zugesprochen. Daraus lässt sich auch auf Unionsebene ein sozialer Gehalt der Menschenwürde ableiten, welcher zu einem Anspruch auf Sozialleistungen direkt aus Art. 1 EUGRCh führt, wie er beispielsweise auch in Deutschland durch ein Grundrecht auf ein menschenwürdiges Existenzminimum gemäß Art 1 i.V.m Art. 20 GG hergeleitet wird.[1162]

(2) Die Menschenwürde verleiht dem Grundsatz der sozialen Vergünstigung einen absoluten Kern.[1163]

(3) Neben der Begründungswirkung gibt die Menschenwürde zudem auch den Mindestgehalt des Grundsatzes der sozialen Vergünstigung vor und bildet daher die Untergrenze eines solchen Grundsatzes. Die Menschenwürde fordert, dass zumindest das soziokulturelle Existenzminimum gewährleistet wird. Dieses beinhaltet alle Leistungen, die nicht nur das Überleben des Bedürftigen sichern, sondern ihn auch in eine solche Lage versetzen, dass er mit seinen Mitmenschen sozial interagieren kann.[1164]

VII. Zur Kollision mit dem Solidaritätsprinzip

(1) Das Solidaritätsprinzip nimmt im Gegensatz zur Menschenwürde eine ambivalente Stellung bei der Herleitung des Grundsatzes der sozialen Vergünstigung ein.

(2) Aus dem Solidaritätsprinzip lässt sich ein gegenseitiges Füreinander einstehen herleiten.[1165]

(3) Das Solidaritätsprinzip hat ein begrenzendes Element im Zusammenspiel mit dem Grundsatz der sozialen Vergünstigung inne. Die sich bereits in einer Solidargruppe befindenden Individuen haben kein Interesse daran, dass der Solidarrahmen der Solidargruppe immer weiter gefasst wird. Der

---

1161 S.o. G.I.

1162 S.o. G.I.3.

1163 S.o. G.II. u. H.VI.4.

1164 S.o. G.III.

1165 S.o. H.I.

Solidarrahmen dient der Abgrenzung der Solidargruppe zu sich außerhalb dieser Gruppe befindender Individuen. Durch einen immer größer werdenden Solidarrahmen steigen die Kosten für das Solidarsystem, welche vorab durch Steuern eingenommen oder an anderer Stelle eingespart werden müssen. Die Solidargruppe versucht daher den Solidarrahmen möglichst klein halten.[1166]

VIII. Zur Kollision mit dem Subsidiaritätsprinzip

(1) Neben dem Solidaritätsprinzip kollidiert der Grundsatz der sozialen Vergünstigung zudem mit dem Subsidiaritätsprinzip.[1167] Das Subsidiaritätsprinzip regelt die Frage, ob die Union Maßnahmen ergreifen darf und ist daher lediglich ein formelles Prinzip im Sinne des prinzipientheoretischen Ansatzes. Einen darüber hinausgehenden materiellrechtlichen Gehalt kann das Subsidiaritätsprinzip nicht vorweisen.[1168]

(2) Im Rahmen der Abwägung zwischen dem Grundsatz der sozialen Vergünstigung und dem Subsidiaritätsprinzip kann nur die Frage geklärt werden, ob die Union überhaupt tätig werden darf. Aufgrund des durch die Menschenwürde inhärenten abwägungsresistenten Kerns des Grundsatzes der sozialen Vergünstigung darf die Union nur dann tätig werden, wenn dieser beeinträchtigt ist.[1169]

1166 S.o. H.II. u. H.III.

1167 S.o. I.I. u. I.III.

1168 S.o. I.IV.

1169 S.o. I.V.

K. Schlussbemerkung

Ein Grundsatz der sozialen Vergünstigung ist im Unionsrecht nachweisbar und das Unionsrecht bietet mehrere Anknüpfungspunkte, um solch einen Grundsatz effektiv umsetzen zu können. Es ist daher schwer nachvollziehbar, weshalb der unionsrechtliche Gesetzgeber sowie der EuGH bisher sehr restriktiv im Bereich der sozialen Vergünstigung vorgeht; zumal sich mit Art. 34 II und III EUGRCh Normen für die Ausgestaltung eines Grundsatzes der sozialen Vergünstigung aufdrängen. Beiden Normen wird heute schon Signalwirkung zugesprochen.[1170] Der Gesetzgeber und der EuGH müssen nun den Mut aufbringen und diese auch auf die einschlägigen Fälle anzuwenden. Es ist zwar rechtspolitisch zu Teilen nachvollziehbar, dass in Zeiten des Brexits und dem Erstarken antieuropäischer Parteien in den einzelnen Nationalstaaten die Union sehr zurückhaltend auf dem Gebiet der sozialen Vergünstigung für nichterwerbstätige Unionsbürger tätig wird. Rechtsdogmatisch hingegen muss die Union jedoch den Zugang zu Leistungen der sozialen Vergünstigung für nichterwerbstätige Unionsbürger gewähren – in Bezug auf das soziokulturelle Existenzminimum umfassend und ohne Einschränkungen.

Eine Gewährung von Leistungen der sozialen Vergünstigung für nichterwerbstätige Unionsbürger würde zudem auch ein zukunftweisendes positives Signal für einen wachsenden Zusammenhalt in der Union darstellen, welches in der gerade angedachten Neuausrichtung der Union eine nicht unerhebliche Bedeutung hätte.[1171]

Eine Verwendung der Art. 34 II und III EUGRCh würde darüber hinaus auch die eingangs erwähnten Bestrebungen des anstehenden Reformprozesses der Union fördern, dass volle bereits vorhandene Potential des Unionsrechts zu nutzen. So können die aktuellen und ggf. zukünftigen Herausforderungen mit dem bereits vorhandenen Unionsrecht gemeistert werden und eine inhaltliche Anpassung der Verträge kann vermieden werden. Der Vorteil einer Anwendung der Art. 34 II und III EUGRCH wäre, dass beide Normen detailliert die Tatbestandsvoraussetzungen vorgeben, unter denen Leistungen der sozialen Vergünstigung gewährt werden können. Es ist daher umso bedauerlicher, dass der EuGH bisher noch keine Stellung bezüglich Art. 34 II und III EUGRCh bezogen

1170 Vgl. für die Signalwirkung des Art. 34 II EUGRCh: *Frenz,* Handbuch Europarecht, Bd. 4, Europäische Grundrechte, Rn. 4168.

1171 Siehe für den zur Zeit geführten Reformprozess: *Schorkopf,* NVwZ 2018, 9.

hat, wenn es um Leistungen der sozialen Vergünstigung geht, obwohl die vorlegenden Gerichte regelmäßig auch die Vereinbarkeit eines Ausschlusses mit der EUGRCh hinterfragten.[1172]

Gerade der Art. 34 II EUGRCh, welcher ein subjektives Recht darstellt, kann bei der Durchsetzung des Grundsatzes der sozialen Vergünstigung eine zentrale Rolle einnehmen. Im Rahmen der in Art. 34 II EUGRCh durchzuführenden Verhältnismäßigkeitsprüfung können dann alle Kriterien genutzt werden, um die ausreichende Verbindung zum Aufnahmestaat darzulegen. Besonderes Augenmerk muss hier auf die wirtschaftsunabhängigen Kriterien des Einzelfalles gelegt werden, wie beispielsweise familiäre Bindungen in dem Aufnahmestaat oder die Aufenthaltsdauer. Daher bietet sich hier der Ansatz der progressiven Inklusion an. Die progressive Inklusion ermöglicht Unionsbürgern einen gestuften Zugang zu Sozialleistungen eines Mitgliedsstaats. Welche Leistungen der Unionsbürger fordern kann, hängt von seiner Verbindung zum jeweiligen Mitgliedstaat ab. Für die Bestimmung der Verbindungsintensität zwischen bedürftigem Unionsbürger und Mitgliedstaat müssen dann umfangreich Kriterien bedacht werden, welche im konkreten Fall die Verbindung darlegen können. Hier darf jedoch nicht dem EuGH gefolgt werden, welcher inzwischen auch eine abstrakt-generelle Betrachtungsweise für zulässig hält, in welcher die unangemessene Belastung des mitgliedstaatlichen Sozialleistungssystems anhand der Betrachtung aller Leistungsanträge von Unionsbürgern geprüft wird und der Einzelfall unbeachtet bleibt.[1173] Eine Einzelfallbetrachtung ist in jedem Fall notwendig und immer durchzuführen. Nur so können für alle Beteiligten nachvollziehbare Ergebnisse erzielt werden, welche dann wiederum auch Akzeptanz in der breiten Bevölkerung finden würde.

1172 EuGH, Urteil vom 11.11.2014, C-333/13, *Dano*, NJW 2015, 145 ff., Rn. 45; EuGH, Urteil vom 15.09.2015, C-67/14, *Alimanovic*, NJW 2016, 555 ff., Rn. 38; EuGH, Urteil vom 25.02.2016, C-299/14, *García Nieto*, NJW 2016, 1145 ff., Rn. 34. Vgl. auch *Greiner/Kock*, NZS 2017, 201 (205).

1173 Vgl. *Greiner/Kock*, NZS 2017, 201 (205).

Literaturverzeichnis

Aarnio, Aulis, Taking Rules Seriously, in: *Maihofer, Werner/Sprenger, Gerhard* (Hrsg.), Law and the States in Modern Times, Stuttgart 1990, 180–192, *zitiert als: Aarnio,* in: Law and the States in Modern Times.

Alexy, Robert, A theory of constitutional rights, Oxford, New York 2002, *zitiert als: Alexy,* A theory of constitutional rights.

Ders., Begriff und Geltung des Rechts, Freiburg, München 1992, *zitiert als: Alexy,* Begriff und Geltung des Rechts.

Ders., Die Gewichtsformel, in: *Jickeli, Joachim/Kreutz, Peter/Reuter, Dieter* (Hrsg.), Gedächtnisschrift für Jürgen Sonnenschein, Berlin 2003, 771–792, *zitiert als: Alexy,* in: GS Sonnenschein.

Ders., Grundrechte als subjektive Rechte und als objektive Normen, Der Staat 1990, 49–68, *zitiert als: Alexy,* Der Staat 1990, 49.

Ders., Idee und Struktur eines vernünftigen Rechtssystems, in: *Alexy, Robert/ Dreier, Ralf/Neumann, Ulfrid* (Hrsg.), Rechts- und Sozialphilosophie in Deutschland heute, 1991, 30–44, *zitiert als: Alexy,* in: Rechts- und Sozialphilosophie in Deutschland heute.

Ders., Recht, Vernunft, Diskurs: Studien zur Rechtsphilosophie, Frankfurt am Main 1995, *zitiert als: Alexy,* Recht, Vernunft, Diskurs.

Ders., Rechtsregeln und Rechtsprinzipien, in: *Maccormick, Neil/Panou, Stavros/ Vallauri, Luigi Lombardi* (Hrsg.), Conditions of validity and cognition in modern legal thought, Stuttgart 1985, 13–29, *zitiert als: Alexy,* in: Conditions of validity and cognition in modern legal thought.

Ders., Rechtssystem und praktische Vernunft, Rechtstheorie 1987, 405–419, *zitiert als: Alexy,* Rechtstheorie 1987, 405.

Ders., Theorie der Grundrechte, 7. Aufl., Baden-Baden 2015, *zitiert als: Alexy,* Theorie der Grundrechte.

Ders., Zum Begriff des Rechtsprinzips, Rechtstheorie Beiheft 1 1979, 59–87, *zitiert als: Alexy,* Rechtstheorie Beiheft 1 1979, 59.

Alkema, Evert Albert, Der Schutz der sozialen Grundrechte in der Rechtsordnung der Niederlande, in: *Iliopoulos-Strangas, Julia* (Hrsg.), Soziale Grundrechte in Europa nach Lissabon, Baden-Baden, Athen, Brüssel, Wien 2010, 471–496, *zitiert als: Alkema,* in: Soziale Grundrechte in Europa nach Lissabon.

Almhofer, Martina, Zwei Schritte vor und einer zurück? – Korrekturen in der extensiven Judikatur zum Recht auf Aufenthalt gemäß Art. 20 und Art. 21 AEUV, ZEuS 2015, 95–113, *zitiert als: Almhofer,* ZEuS 2015, 95.

Andrade, José Carlos Vieira de, Der Schutz der sozialen Grundrechte in der Rechtsordnung Portugals, in: *Iliopoulos-Strangas, Julia* (Hrsg.), Soziale Grundrechte in Europa nach Lissabon, Baden-Baden, Athen, Brüssel, Wien 2010, 541–562, *zitiert als*: *Andrade,* in: Soziale Grundrechte in Europa nach Lissabon.

Antoniolli, Walter, Die rechtliche Tragweite der Baugesetze, in: *Imboden, Max u. a.* (Hrsg.), Festschrift für Adolf Merkl, München, Salzburg 1970, 33–42, *zitiert als*: *Antoniolli,* in: FS für Adolf Merkl.

Axer, Peter, Grundrechte-Charta und sozialrechtliche Kompetenzen der EU, in: *Schlachter, Monika/Heinig, Michael* (Hrsg.), Enzyklopädie Europarecht, Band 7, Europäisches Arbeits- und Sozialrecht, Baden-Baden 2016, *zitiert als*: *Axer,* in: Enzyklopädie Europarecht, Bd. 7, Europäisches Arbeits- und Sozialrecht.

Bachof, Otto, Begriff und Wesen des sozialen Rechtsstaates, in: VVDStRL 12 (1954), 37–79, *zitiert als*: *Bachof,* in: VVDStRL 12 (1954).

Badura, Peter, Staatsrecht, 6. Aufl., München 2015, *zitiert als*: *Badura,* Staatsrecht.

Barriga, Stefan, Die Entstehung der Charta der Grundrechte der Europäischen Union, Baden-Baden 2003, *zitiert als*: *Barriga,* Die Entstehung der Charta der Grundrechte der Europäischen Union.

Bast, Jürgen, Denizenship als rechtliche Form der Inklusion in eine Einwanderungsgesellschaft, ZAR 2013, 353–357, *zitiert als*: *Bast,* ZAR 2013, 353.

Bast, Jürgen/Rödl, Florian, Wohlfahrtstaatlichkeit und „soziales Europa" im Kontext der Euro-Krise, EuR, Beiheft 1 2013, 5–12, *zitiert als*: *Bast/Rödl,* EuR, Beiheft 1 2013, 5.

Becker, Ulrich, Arbeitnehmerfreizügigkeit, in: *Ehlers, Dirk* (Hrsg.), Europäische Grundrechte und Grundfreiheiten, 4. Aufl., Berlin, Boston 2014, 355–383, *zitiert als*: *Becker,* in: Europäische Grundrechte und Grundfreiheiten.

Ders., Der Sozialstaat in der Europäischen Union, in: *Becker, Ulrich/Tenfelde, Klaus/Hockerts, Hans Günther* (Hrsg.), Sozialstaat Deutschland: Geschichte und Gegenwart, Bonn 2010, 313–335, *zitiert als*: *Becker,* in: Sozialstaat Deutschland: Geschichte und Gegenwart.

Ders., Migration und soziale Rechte, ZESAR 2017, 101–108, *zitiert als*: *Becker,* ZESAR 2017, 101.

Ders., Sozialstaatlichkeit in der Europäischen Union, EuR, Beiheft 2 2015, 19–38, *zitiert als*: *Becker,* EuR, Beiheft 2 2015, 19.

Begg, Ian, Brexit: warum, was nun und wie?, Integration 2016, 230–241, *zitiert als*: *Begg,* Integration 2016, 230.

Bergmann, Jan, Das Menschenbild der Europäischen Menschenrechtskonvention, Baden-Baden 1995, *zitiert als*: *Bergmann,* Das Menschenbild der Europäischen Menschenrechtskonvention.

Ders., Handlexikon der Europäischen Union, 5. Aufl., Baden-Baden 2015, *zitiert als: Bearbeiter,* in: *Bergmann,* Handlexikon der Europäischen Union.

Bergmann, Jan/Dienelt, Klaus, Ausländerrecht, 11. Aufl., München 2016, *zitiert als: Bearbeiter,* in: *Bergmann/Dienelt,* Ausländerrecht.

Bernard, Nick, Multilevel Governance in the European Union, Den Haag, London, New York 2002, *zitiert als*: *Bernard,* Multilevel Governance in the European Union.

Bernegger, Sabine, Anspruch auf Notstandshilfe als vermögenswertes Recht i.S.v. Art. 1 des 1. ZPEMRK / Umsetzung des EGMR-Urteils im Fall Gaygusuz durch den VfGH mit sofortiger Wirkung, EuGRZ 1998, 665–669, *zitiert als*: *Bernegger,* EuGRZ 1998, 665.

Bernsdorff, Norbert, Die Charta der Grundrechte der Europäischen Union – Notwendigkeit, Prozess und Auswirkungen, NdsVBl 2001, 177–184, *zitiert als*: *Bernsdorff,* NdsVBl 2001, 177.

Beschorner, Jürgen, Die beitragsunabhängigen Geldleistungen i.S.v. Art. 4 Abs. 2a VO (EWG) Nr. 1408/71 in der Rechtsprechung des EuGH, ZESAR 2008, 320–328, *zitiert als*: *Beschorner,* ZESAR 2008, 320.

Besselink, Leonard, Grundlagen und Grundzüge staatlichen Verfassungsrechts: Niederlande, in: *Bogdandy, Armin von/Villalón, Pedro Cruz/Huber, Peter M.* (Hrsg.), Handbuch Ius Publicum Europaeum Band I, Heidelberg 2007, 327–388, *zitiert als*: *Besselink,* in: Handbuch Ius Publicum Europaeum Bd. I.

Bieber, Roland, Gegenseitige Verantwortung – Grundlage des Verfassungsprinzips der Solidarität in der Europäischen Union, in: *Calliess, Christian* (Hrsg.), Europäische Solidarität und nationale Identität, 2013, 67–82, *zitiert als*: *Bieber,* in: Europäische Solidarität und nationale Identität.

Ders., Solidarität als Verfassungsprinzip der Europäischen Union, in: *Bogdandy, Armin* von/*Kadelbach, Stefan* (Hrsg.), Solidarität und europäische Integration – Kolloquium zum 65. Geburtstag von Manfred Zuleeg, Baden-Baden 2002, 41–52, *zitiert als*: *Bieber,* in: Solidarität und europäische Integration.

Ders., Solidarität und Loyalität durch Recht, Bonn 1997, *zitiert als*: *Bieber,* Solidarität und Loyalität durch Recht.

Bieber, Roland/Maiani, Francesco, Ohne Solidarität keine Europäische Union: Über Krisenentscheidungen in der Wirtschafts- und Währungsunion und im Europäischen Asylsystem, Schweizerisches Jahrbuch für Europarecht 2012, 297–327, *zitiert als*: *Bieber/Maiani,* Schweizerisches Jahrbuch für Europarecht 2012, 297.

Bieritz-Harder, Renate, Menschenwürdig leben, Berlin 2001, *zitiert als*: *Bieritz-Harder,* Menschenwürdig leben.

Blanke, Hermann-Josef/Pilz, Stefan, Solidarische Finanzhilfen als Lackmustest föderaler Balance in der Europäischen Union, EuR 2014, 541–567, *zitiert als*: *Blanke/Pilz,* EuR 2014, 541.

Böckenförde, Ernst-Wolfgang, Demokratie und Verfassungsprinzip, in: *Isensee, Josef/Kirchhof, Paul* (Hrsg.), Handbuch des Staatsrechts, Band II, 3. Aufl., Heidelberg 2004, 429–496, *zitiert als*: *Böckenförde,* in: HdStR, Bd. II.

Ders., Grundrechtstheorie und Grundrechtsinterpretation, NJW 1974, 1529–1538, *zitiert als*: *Böckenförde,* NJW 1974, 1529.

Ders., Staat, Gesellschaft, Freiheit, Frankfurt am Main 1976, *zitiert als*: *Böckenförde,* Staat, Gesellschaft, Freiheit.

Bode, Stephanie, Unterhaltsbeihilfen für ausländische Studenten ohne Daueraufenthaltsstatus, EuZW 2005, 276–282, *zitiert als*: *Bode,* EuZW 2005, 276.

Bogdandy, Armin von, Grundprinzipien, in: *Bogdandy, Armin von/Bast, Jürgen* (Hrsg.), Europäisches Verfassungsrecht – Theoretische und dogmatische Grundzüge, 2. Aufl., Heidelberg 2009, 13–71, *zitiert als*: *Bogdandy,* in: Europäisches Verfassungsrecht – Theoretische und dogmatische Grundzüge.

Ders., Grundrechtsgemeinschaft als Integrationsziel?, JZ 2001, 157–171, *zitiert als*: *Bogdandy,* JZ 2001, 157.

Borchardt, Klaus-Dieter, Die rechtlichen Grundlagen der Europäischen Union, 6. Aufl., Brüssel 2015, *zitiert als*: *Borchardt,* Die rechtlichen Grundlagen der Europäischen Union.

Borowski, Martin, Die Glaubens- und Gewissensfreiheit des Grundgesetzes, Tübingen 2005, *zitiert als*: *Borowski,* Glaubens- und Gewissensfreiheit.

Ders., Formelle Prinzipien und Gewichtsformel, in: *Klatt, Matthias* (Hrsg.), Prinzipientheorie und Theorie der Abwägung, Tübingen 2013, 151–199, *zitiert als*: *Borowski,* in: Prinzipientheorie und Theorie der Abwägung.

Ders., Grundrechte als Prinzipien, Baden-Baden 1997, *zitiert als*: *Borowski,* Grundrechte als Prinzipien.

Borries, Reimer von, Das Subsidiaritätsprinzip im Recht der Europäischen Union, EuR 1994, 263–300, *zitiert als*: *Borries,* EuR 1994, 263.

Breuer, Marten, Fundamentalgarantien, in: *Grabenwarter, Christoph* (Hrsg.), Enzyklopädie Europarecht, Band 2, Europäischer Grundrechteschutz, Baden-Baden 2014, 303–346, *zitiert als*: *Breuer,* in: Enzyklopädie Europarecht, Bd. 2, Europäischer Grundrechteschutz.

Ders., „Wasch mir den Pelz, aber mach mich nicht nass!" Das zweite Gutachten des EuGH zum EMRK-Beitritt der Europäischen Union, EuR 2015, 330–351, *zitiert als*: *Breuer,* EuR 2015, 330.

Brigola, Alexander, Der Grundsatz der Verhältnismäßigkeit im Gefüge der EU-Grundfreiheiten – Steuerungsinstrument oder Risikofaktor?, EuZW 2017, 406–412, *zitiert als*: *Brigola,* EuZW 2017, 406.

Brinkmann, Gisbert, Zehn Jahre Freizügigkeitsgesetz, ZAR 2014, 213–220, *zitiert als*: *Brinkmann,* ZAR 2014, 213.

Bröhmer, Jürgen, Zulässige Untersagung eines Tötungsspiels, EuZW 2004, 753–757, *zitiert als*: *Bröhmer,* EuZW 2004, 753.

Buck, Carsten, Über die Auslegungsmethoden des Gerichtshofs der Europäischen Gemeinschaft, Frankfurt am Main, Berlin, Bern, New York, Paris, Wien 1998, *zitiert als*: *Buck,* Über die Auslegungsmethoden des EuGH.

Buergenthal, Thomas, Die Bedeutung der Allgemeinen Erklärung der Menschenrechte für den internationalen Menschenrechtsschutz, in: *Klein, Eckart* (Hrsg.), 50 Jahre Allgemeine Erklärung der Menschenrechte, 1999, 19–30, *zitiert als*: *Buergenthal,* in: 50 Jahre Allgemeine Erklärung der Menschenrechte.

Buerstedde, Wolfgang, Juristische Methodik des Europäischen Gemeinschaftsrechts, Baden-Baden 2006, *zitiert als*: *Buerstedde,* Juristische Methodik des Europäischen Gemeinschaftsrechts.

Bülow, Kim-Thorben, Die Europäische Union, die Freizügigkeit und das deutsche Sozialleistungssystem, ZAR 2015, 181–187, *zitiert als*: *Bülow,* ZAR 2015, 181.

Bungenberg, Marc, Soziale Rechte, in: *Grabenwarter, Christoph* (Hrsg.), Enzyklopädie Europarecht, Band 2, Europäischer Grundrechteschutz, 1. Aufl., Baden-Baden 2014, 683–738, *zitiert als*: *Bungenberg,* in: Enzyklopädie Europarecht, Bd. 2, Europäischer Grundrechteschutz.

Butzer, Hermann, Freiheitsrechtliche Grenzen der Steuer- und Sozialabgabenlast, Berlin 1999, *zitiert als*: *Butzer,* Freiheitsrechtliche Grenzen der Steuer- und Sozialabgabenlast.

Bydlinski, Franz, Grundzüge der juristischen Methodenlehre, 2. Aufl., Wien 2012, *zitiert als*: *Bydlinski*, Grundzüge der juristischen Methodenlehre.

Calliess, Christian, Bausteine einer erneuerten Europäischen Union. Auf der Suche nach dem europäischen Weg: Überlegungen im Lichte des Weißbuchs der Europäischen Kommission zur Zukunft Europas, NVwZ 2018, 1–9, *zitiert als*: *Calliess,* NVwZ 2018, 1.

Ders., Der Schlüsselbegriff der „ausschließlichen Zuständigkeit" im Subsidiaritätsprinzip des Art. 3 b II EGV, EuZW 1995, 693–700, *zitiert als*: *Calliess,* EuZW 1995, 693.

Ders., Die Menschenwürde im Recht der Europäischen Union, in: *Gröschner, Rolf/Lembcke, Oliver W.* (Hrsg.), Das Dogma der Unantastbarkeit, Tübingen 2009, 133–173, *zitiert als*: *Calliess,* in: Das Dogma der Unantastbarkeit.

Ders., Subsidiaritäts- und Solidaritätsprinzip in der Europäischen Union, 2. Aufl., Baden-Baden 1999, *zitiert als*: *Calliess,* Subsidiaritäts- und Solidaritätsprinzip in der Europäischen Union.

Calliess, Christian/Meiser, Christian, Menschenwürde und Biotechnologie: Die EG-Biopatentrichtlinie auf dem Prüfstand des europäischen Verfassungsrechts – EuGH, EuZW 2001, 691, JuS 2002, 426–432, *zitiert als*: *Calliess/Meiser,* JuS 2002, 426.

Calliess, Christian/Ruffert, Matthias, EUV/AEUV Kommentar, 5. Aufl., München 2016, *zitiert als: Bearbeiter,* in: *Calliess/Ruffert,* EUV/AEUV Kommentar.

Canaris, Claus-Wilhelm, Systemdenken und Systembegriff in der Jurisprudenz, 2. Aufl., Berlin 1983, *zitiert als*: *Canaris,* Systemdenken und Systembegriff in der Jurisprudenz.

Christie, George, The model of Principles, Duke Law Journal 1968, 649–669, *zitiert als*: *Christie,* Duke Law Journal 1968, 649.

Craig, Paul, The Lisbon Treaty: Law, Politics, and Treaty Reform, Oxford 2010, *zitiert als*: *Craig,* The Lisbon Treaty.

Cremer, Wolfram, Grundrechtsverpflichtete und Grundrechtsdimensionen nach der Charta der Grundrechte der Europäischen Union, EuGRZ 2011, 545–554, *zitiert als*: *Cremer,* EuGRZ 2011, 545.

Ders., Negative und positive Integration: Die Europäische Gemeinschaft als Sozial- und Bildungsunion, EuR, Beiheft 1 2007, 75–95, *zitiert als*: *Cremer,* EuR, Beiheft 1 2007, 75.

Ders., Unionsinterne Migration als integrationspolitische und unionsrechtliche Herausforderung, EuR 2017, 681–700, *zitiert als*: *Cremer,* EuR 2017, 681.

Danwitz, Thomas von, Der Einfluss des nationalen Rechts und der Rechtsprechung der Gerichte der Mitgliedstaaten auf die Auslegung des Gemeinschaftsrechts, ZESAR 2008, 57–64, *zitiert als*: *Danwitz,* ZESAR 2008, 57.

Ders., Der Grundsatz der Verhältnismäßigkeit im Gemeinschaftsrecht, EWS 2003, 393–402, *zitiert als*: *Danwitz,* EWS 2003, 393.

Danwitz, Thomas von/*Paraschas, Katherina,* A fresh start for the Charter: Fundamental questions on the application of the European Charter of Fundamental Rights, Fordham Int'l.J. 2012, 1396–1425, *zitiert als*: *Danwitz/Paraschas,* Fordham Int'l.J. 2012, 1396.

Däubler, Wolfgang, Das Verbot der Ausgrenzung einzelner Bevölkerungsgruppen – Existenzminimum und Arbeitslosengeld II, NZS 2005, 225–231, *zitiert als*: *Däubler,* NZS 2005, 225.

Davy, Ulrike, European social citizenship: Ein Zwischenstand, ZESAR 2010, 307–313, *zitiert als*: *Davy,* ZESAR 2010, 307.

Depenheuer, Otto, Integration durch Verfassung?, DÖV 1995, 854–860, *zitiert als*: *Depenheuer,* DÖV 1995, 854.

Ders., „Nicht alle Menschen werden Brüder". Unterscheidung als praktische Bedingung von Solidarität. Eine rechtsphilosophische Erwägung in praktischer Absicht, in: *Isensee, Josef* (Hrsg.), Solidarität in Knappheit: zum Problem der Priorität, Berlin 1998, 41–66, *zitiert als*: *Depenheuer,* in: Solidarität in Knappheit.

Ders., Solidarität im Verfassungsstaat, Norderstedt 2009, *zitiert als*: *Depenheuer,* Solidarität im Verfassungsstaat.

Derksen, Roland, Das Aufenthaltsrecht von Unionsbürgern aus anderen Mitgliedstaaten der Europäischen Union und ihr Zugang zu Grundsicherungsleistungen im Aufenthaltsstaat unter besonderer Berücksichtigung der Rechtslage in Deutschland, Infobrief Deutscher Bundestag, PE 6 - 3010 - 096/14 2015, *zitiert als*: *Derksen,* Das Aufenthaltsrecht von Unionsbürgern aus anderen Mitgliedstaaten.

Ders., Keine Grundsicherung für Arbeitsuchende für [!] EU-Ausländer?, ZAR 2016, 324–329, *zitiert als*: *Derksen,* ZAR 2016, 324.

Deter, Gerhard, Grundsicherungsleistungen für arbeitsuchende Unionsbürger, ZFSH/SGB, 462–473, *zitiert als*: *Deter,* ZFSH/SGB, 462.

Devetzi, Stamatia, Die „Verbindung" zu einem (Sozial-)Staat: Wann ist der Bund stark genug?, EuR 2014, 638–659, *zitiert als*: *Devetzi,* EuR 2014, 638.

Di Fabio, Udo, Grundrechte als Wertordnung, JZ 2004, 1–8, *zitiert als*: *Di Fabio,* JZ 2004, 1.

Díez-Picazo, Luis/Ponthoreau, Marie-Claire, The Constitutional Protection of Social Rights: Some Comparative Remarks, San Domenico 1991, *zitiert als*: *Díez-Picazo/Ponthoreau,* The Constitutional Protection of Social Rights.

d'Oliveira, Hans Ulrich Jessurun, Union Citizenship: Pie in the Sky?, in: *Rosas, Allan/Antola, Esko* (Hrsg.), A Citizens' Europe, London, Thousand Oaks, New Delhi 1995, 58–84, *zitiert als*: *d'Oliveira,* in: A Citizens' Europe.

Domröse, Ronny/Kubicki, Philipp, Das unionsbürgerliche Freizügigkeitsrecht und der Zugang zu sozialen Leistungen des Herkunftsstaates, EuR 2008, 873–891, *zitiert als*: *Domröse/Kubicki,* EuR 2008, 873.

Dröge, Cordula, Positive Verpflichtungen der Staaten in der Europäischen Menschenrechtskonvention, Berlin/Heidelberg/New York/Barcelona/Hongkong/London/Mailand/Paris/Tokio 2003, *zitiert als*: *Dröge*, Positive Verpflichtungen der Staaten in der EMRK.

Dröge, Cordula/Marauhn, Thilo, Soziale Grundrechte in der Europäischen Grundrechtscharta – aus der Perspektive der EMRK, in: *BMAS* (Hrsg.), Soziale Grundrechte in der Europäischen Union, Baden-Baden 2001, 77–94, *zitiert als*: *Dröge/Marauhn,* in: Soziale Grundrechte in der Europäischen Union.

Duff, Andrew, The Main reforms, in: *Duff, Andrew/Pinder, John/Pryce, Roy* (Hrsg.), Maastricht and Beyond: Building the European Union, London, New York 1994, 26–37, *zitiert als*: *Duff,* in: Maastricht and Beyond: Building the European Union.

Dürig, Günter, Der Grundrechtssatz von der Menschenwürde: Entwurf eines praktikablen Wertsystems der Grundrechte aus Art. 1 Abs. I in Verbindung mit Art. 19 Abs. II des Grundgesetzes, in: *Grewe, W. u. a.* (Hrsg.), AöR 1956, 117–157, *zitiert als*: *Dürig,* in: AöR 1956.

Dworkin, Ronald, Bürgerrechte ernstgenommen, Frankfurt am Main 1984, *zitiert als*: *Dworkin,* Bürgerrechte ernstgenommen.

Edward, David A.O. u. a., Der Schutz der sozialen Grundrechte in der Rechtsordnung des Vereinigten Königreichs, in: *Iliopoulos-Strangas, Julia* (Hrsg.), Soziale Grundrechte in Europa nach Lissabon, Baden-Baden, Athen, Brüssel, Wien 2010, 645–696, *zitiert als*: *Edward* u.a., in: Soziale Grundrechte in Europa nach Lissabon.

Eichenhofer, Eberhard, Das Sozialrecht in der Rechtsprechung des Europäischen Gerichtshof – Zur Genealogie der Thematisierung des Sozialrechts durch den EuGH, ZeS-Arbeitspapier Nr. 9/96, *zitiert als*: *Eichenhofer,* ZeS-Arbeitspapier Nr. 9/96.

Ders., Einführung in die Sozialrechtsvergleichung, NZS 1997, 97–102, *zitiert als*: *Eichenhofer,* NZS 1997, 97.

Ders., EuGH in Rechtssache Brey, InfAuslR 2014, 63, *zitiert als*: *Eichenhofer,* InfAuslR 2014, 63.

Ders., Geschichte des Sozialstaats in Europa, München 2007, *zitiert als*: *Eichenhofer,* Geschichte des Sozialstaats in Europa.

Ders., Integrationsgesetzgebung, ZAR 2016, 251–262, *zitiert als*: *Eichenhofer,* ZAR 2016, 251.

Ders., Soziale Menschenrechte im Völker-, europäischen und deutschen Recht, Tübingen 2012, *zitiert als*: *Eichenhofer,* Soziale Menschenrechte im Völker-, europäischen und deutschen Recht.

Ders., Soziale Sicherung nichterwerbstätiger EU-Bürger, ZESAR 2012, 357–361, *zitiert als*: *Eichenhofer,* ZESAR 2012, 357.

Ders., Sozialrecht, 9. Aufl., Tübingen 2015, *zitiert als*: *Eichenhofer,* Sozialrecht

Ders., Sozialrechtlicher Gehalt der Menschenwürde, in: *Gröschner, Rolf/Lembcke, Oliver W.* (Hrsg.), Das Dogma der Unantastbarkeit, Tübingen 2009, 215–234, *zitiert als*: *Eichenhofer,* in: Das Dogma der Unantastbarkeit.

Eisner, Carolin, Die Schrankenregelung der Grundrechtecharta der Europäischen Union, Baden-Baden 2004, *zitiert als*: *Eisner,* Die Schrankenregelung der EUGRCh.

Elsmore, Matthew/Starup, Peter, Union Citizenship-Background, Jurisprudence, and Perspective: The Past, Present and Future of Law and Policy, Yearbook of European Law 2007, 57–113, *zitiert als*: *Elsmore/Starup,* Yearbook of European Law 2007, 57.

Enders, Christoph, Die Menschenwürde in der Verfassungsordnung, Tübingen 1997, *zitiert als*: *Enders,* Die Menschenwürde in der Verfassungsordnung.

Engels, Markus, Soziale Grundrechte in der Europäischen Grundrechtscharta, in: *Frank, Thomas/Jenichen, Anne/Rosemann, Nils* (Hrsg.), Soziale Menschenrechte – die vergessenen Rechte?, Berlin 2001, 77–89, *zitiert als*: *Engels,* in: Soziale Menschenrechte.

Esser, Josef, Grundsatz und Norm, 4. Aufl., Tübingen 1990, *zitiert als*: *Esser,* Grundsatz und Norm.

Evans, Matthew, EU migrants, abuse and access to welfare, JIANL 2015, 273–288, *zitiert als*: *Evans,* JIANL 2015, 273.

Everling, Ulrich, Die Stellung des Bürgers in der Europäischen Gemeinschaft, ZfRV 1992, 241–256, *zitiert als*: *Everling,* ZfRV 1992, 241.

Farahat, Anuscheh, Empowerment und Zuordnung im Migrationsrecht – Das Prinzip der progressiven Inklusion, Der Staat 2013, 187–218, *zitiert als*: *Farahat,* Der Staat 2013, 187.

Dies., Lost in Transnationalism: Transnationale Familien als Herausforderung für das nationale Aufenthaltsrecht, ZAR 2014, 60–69, *zitiert als*: *Farahat,* ZAR 2014, 60.

Dies., Progressive Inklusion: Zugehörigkeit und Teilhabe im Migrationsrecht, Heidelberg. New York, Dordrecht, London 2014, *zitiert als*: *Farahat,* Progressive Inklusion.

Dies., Solidarität und Inklusion, Umstrittene Dimensionen der Unionsbürgerschaft, DÖV 2016, 45–55, *zitiert als*: *Farahat,* DÖV 2016, 45.

Felten, Elias, Sozialtourismus in der EU – Möglichkeiten und Grenzen der Optimierung von Sozialleistungen nach dem Unionsrecht, DRdA 2012, 461–471, *zitiert als*: *Felten,* DRdA 2012, 461.

Fischer, Hans Georg, Die Unionsbürgerschaft, EuZW 1992, 566–569, *zitiert als*: *Fischer,* EuZW 1992, 566.

Frahm, Katharina/Gebauer, Jochen, Patent auf Leben? – Der Luxemburger Gerichtshof und die Biopatent-Richtlinie, EuR 2002, 78–95, *zitiert als: Frahm/Gebauer,* EuR 2002, 78.

Franzius, Claudio, Europäische Verfassung als Rahmenordnung demokratischer Politik, EuR, Beiheft 1 2013, 155–178, *zitiert als: Franzius,* EuR, Beiheft 1 2013, 155.

Fremuth, Michael Lysander, Die Europäische Union auf dem Weg in die Supranationalität: Untersuchung der Rechtsnatur der Europäischen Union anhand der polizeilichen und justitiellen Zusammenarbeit in Strafsachen, Berlin, Münster 2010, *zitiert als: Fremuth,* Die Europäische Union auf dem Weg in die Supranationalität.

Ders., Menschenrechte – Grundlagen und Dokumente, Bonn 2015, *zitiert als: Fremuth,* Menschenrechte – Grundlagen und Dokumente.

Frenz, Walter, „Armutseinwanderung" zwischen EU-Freizügigkeit und Menschenwürde, NJW 2013, 1210–1212, *zitiert als: Frenz,* NJW 2013, 1210.

Ders., Handbuch Europarecht, Band 4, Europäische Grundrechte, Berlin, Heidelberg 2009, *zitiert als: Frenz,* Handbuch Europarecht, Bd. 4, Europäische Grundrechte.

Ders., Menschenwürde und Dienstleistungsfreiheit, NVwZ 2005, 48–50, *zitiert als: Frenz,* NVwZ 2005, 48.

Frenz, Walter/Ehlenz, Christian, Der Euro ist gefährdet: Hilfsmöglicheiten bei drohendem Staatsbankrott?, EWS 2010, 65–70, *zitiert als: Frenz/Ehlenz,* EWS 2010, 65.

Frenz, Walter/Kühl, Andrea, Die Freizügigkeitsrichtlinie und ihre defizitäre Umsetzung ins deutsche Recht, ZESAR 2007, 315–325, *zitiert als: Frenz/Kühl,* ZESAR 2007, 315.

Frings, Dorothee, Grundsicherung für Arbeitsuchende und Migration: Einschlüsse und Ausschlüsse nach der Staatsangehörigkeit und dem Aufenthaltsstatus, in: *Knuth, Matthias* (Hrsg.), Arbeitsmarktintegration und Integrationspolitik – zur notwendigen Verknüpfung zweier Politikfelder, 2010, 23–41, *zitiert als: Frings,* in: Arbeitsmarktintegration und Integrationspolitik.

Frings, Dorothee, Grundsicherungsleistungen für Unionsbürger unter dem Einfluss der VO (EG) Nr. 883/2004, ZAR 2012, 317–327, *zitiert als: Frings,* ZAR 2012, 317.

Frings, Dorothee/Steffen, Eva, „Alimanovic" als Herausforderung für die deutsche Sozialgerichtsbarkeit, in: *Barwig, Klaus/Beichel-Benedetti, Stephan/Brinkmann, Gisbert* (Hrsg.), Gerechtigkeit in der Migrationsgesellschaft: Hohenheimer Tage zum Ausländerrecht, Baden-Baden 2016, 195–212, *zitiert als: Frings/Steffen,* in: Gerechtigkeit in der Migrationsgesellschaft.

Frohwerk, Arno, Soziale Not in der Rechtsprechung des EGMR, Tübingen 2012, *zitiert als: Frohwerk,* Soziale Not in der Rechtsprechung des EGMR.

Fuchs, Maximilian, Arbeitnehmerfreizügigkeit und Sozialleistungen, ZESAR 2015, 95–101, *zitiert als: Fuchs,* ZESAR 2015, 95.

Ders., Die Rechtsprechung des Gerichtshofs der Europäischen Union zum Sozialrecht im Jahr 2013, NZS 2014, 121–129, *zitiert als: Fuchs,* NZS 2014, 121.

Ders., Europäisches Sozialrecht, 6. Aufl., Baden-Baden 2013, *zitiert als: Bearbeiter,* in: *Fuchs,* Europäisches Sozialrecht.

Funck, Jean-François, Droit de la sécurité sociale, 2. Aufl., 2014, *zitiert als: Funck,* Droit de la sécurité sociale.

Funk, Bernd-Christian, Die sozialen Rechte der Grundrechtecharta vor dem Hintergrund des EG-Rechtsbestandes und im Vergleich zur Europäischen Sozialcharta, in: *Duschanek, Alfred/Griller, Stefan* (Hrsg.), Grundrechte für Europa – Die Europäische Union nach Nizza, Wien, New York 2002, 39–54, *zitiert als: Funk,* in: Grundrechte für Europa.

Giddens, Anthony, Jenseits von Links und Rechts, Frankfurt am Main 1997, *zitiert als: Giddens,* Jenseits von Links und Rechts.

Giegerich, Thomas, Europäische Verfassung und deutsche Verfassung im transnationalen Konstitutionalisierungsprozeß: Wechselseitige Rezeption, konstitutionelle Evolution und föderale Verflechtung, Berlin, Heidelberg 2003, *zitiert als: Giegerich,* Europäische Verfassung und deutsche Verfassung im transnationalen Konstitutionalisierungsprozeß.

Giesen, Richard, Arbeitsmarktpolitische Aktivierungsmaßnahmen und EU-Sozialrechtskoordinierung, ZESAR 2015, 193–198, *zitiert als: Giesen,* ZESAR 2015, 193.

Göhler, Daniel/Jopp, Mathias, Die europäische Verfassungskrise und die Strategie des „langen Atems“, Integration 2006, 91–105, *zitiert als: Göhler/Jopp,* Integration 2006, 91.

Gomien, Donna/Harris, David/Zwaak, Leo, Law and practice of the European Convention on Human Rights and the European Social Charter, Straßbourg 1999, *zitiert als: Gomien/Harris/Zwaak,* Law and practice of the ECHR and the ESC.

Gött, Henner, Die ultra vires-Rüge nach dem OMT-Vorlagebeschluss des Bundesverfassungsgerichts, EuR 2014, 514–541, *zitiert als: Gött,* EuR 2014, 514.

Grabenwarter, Christoph, Auf dem Weg in die Grundrechtsgemeinschaft?, EuGRZ 2004, 563–570, *zitiert als: Grabenwarter,* EuGRZ 2004, 563.

Ders., Sozialstandards in der Europäischen Menschenrechtskonvention, in: Die Implementierung internationaler Sozialstandards, Baden-Baden 2006,

85–121, *zitiert als*: *Grabenwarter*, in: Die Implementierung internationaler Sozialstandards.

Grabenwarter, Christoph/Pabel, Katharina, Europäische Menschenrechtskonvention, München 2016, *zitiert als*: *Grabenwarter/Pabel,* Europäische Menschenrechtskonvention.

Grabitz, Eberhard/Hilf, Meinhard/Nettesheim, Martin, Das Recht der Europäischen Union, München 57. Ergänzungslieferung August 2015, *zitiert als: Bearbeiter,* in: *Grabitz/Hilf/Nettesheim,* Das Recht der Europäischen Union.

Graser, Alexander, Einmal mehr: Zur Europäisierung der Sozialpolitik, EuR, Beiheft 1 2013, 15–30, *zitiert als*: *Graser,* EuR, Beiheft 1 2013, 15.

Ders., Gemeinschaft ohne Grenzen, Tübingen 2008, *zitiert als*: *Graser,* Gemeinschaft ohne Grenzen.

Greiner, Stefan/Kock, Maja-Carolin, Sozialleistungsansprüche für Unionsbürger im Spannungsfeld von Missbrauchsprävention und Arbeitnehmerfreizügigkeit, NZS 2017, 201–207, *zitiert als*: *Greiner/Kock,* NZS 2017, 201.

Grimm, Dieter, Solidarität als Rechtsprinzip, Frankfurt am Main 1973, *zitiert als*: *Grimm,* Solidarität als Rechtsprinzip.

Groeben, Hans von der/Schwarze, Jürgen/Hatje, Armin, Europäisches Unionsrecht, 7. Aufl., Baden-Baden 2015, *zitiert als: Bearbeiter,* in: *Groeben/Schwarze/Hatje,* Europäisches Unionsrecht.

Groß, Helene, Das Gesetz über die allgemeine Freizügigkeit von Unionsbürgern, ZAR 2005, 81–86, *zitiert als*: *Groß*, ZAR 2005, 81.

Ders., Die Umsetzung der EU-Freizügikeitsrichtlinie im deutschen Recht, ZAR 2006, 61–64, *zitiert als*: *Groß*, ZAR 2006, 61.

Gussone, Peter, Das Solidaritätsprinzip in der Europäischen Union und seine Grenzen, Berlin 2006, *zitiert als*: *Gussone,* Das Solidaritätsprinzip in der Europäischen Union und seine Grenzen.

Gutiérrez, Ignacio, Die Menschenwürde als europäischer Verfassungsbegriff – Rechtsvergleichender und verfassungsgeschichtlicher Beitrag zur deutschen Debatte um die Menschenwürde, Kritische Vierteljahresschrift für Gesetzgebung und Rechtswissenschaft 2006, 384–400, *zitiert als*: *Gutiérrez,* Kritische Vierteljahresschrift für Gesetzgebung und Rechtswissenschaft 2006, 384.

Häberle, Peter, Die Menschenwürde als Grundlage der staatlichen Gemeinschaft, in: *Isensee, Josef/Kirchhof, Paul* (Hrsg.), Handbuch des Staatsrechts, Band II, 3. Aufl., 2004, 317–368, *zitiert als*: *Häberle,* in: HdStR, Bd. II.

Ders., Europäische Rechtskultur, Baden-Baden 1994, *zitiert als*: *Häberle,* Europäische Rechtskultur.

Ders., Europäische Verfassungslehre in Einzelstudien, Baden-Baden 1999, *zitiert als*: *Häberle,* Europäische Verfassungslehre in Einzelstudien.

Ders., Grundrechte im Leistungsstaat, in: VVDStRL 30 (1972), 44–141, *zitiert als*: *Häberle,* in: VVDStRL 30 (1972).

Häberle, Peter/Kotzur, Markus, Europäische Verfassungslehre, 8. Aufl., Baden-Baden 2016, *zitiert als*: *Häberle/Kotzur,* Europäische Verfassungslehre.

Habermas, Jürgen, Faktizität und Geltung, Frankfurt am Main 1992, *zitiert als*: *Habermas,* Faktizität und Geltung.

Ders., Gerechtigkeit und Solidarität. Eine Stellungnahme zur Diskussion über „Stufe 6", in: *Edelstein, Wolfgang/Nunner-Winkler, Gertrud* (Hrsg.), Zur Bestimmung der Moral, 291–318 1986, *zitiert als*: *Habermas,* in: Zur Bestimmung der Moral.

Ders., Zur Verfassung Europas – Ein Essay, Berlin 2011, *zitiert als*: *Habermas,* Zur Verfassung Europas – Ein Essay.

Hailbronner, Kay, Das Subsidiaritätsprinzip als Rechtsprinzip nach dem Maastrichter Vertrag, in: *Ders.* (Hrsg.), Europa der Zukunft – Zentrale und dezentrale Lösungsansätze, Köln 1994, 49–63, *zitiert als*: *Hailbronner,* in: Europa der Zukunft.

Ders., Die sozialrechtliche Gleichbehandlung – ein menschenrechtliches Postulat?, JZ 1994, 397–401, *zitiert als*: *Hailbronner,* JZ 1994, 397.

Ders., Die Unionsbürgerschaft, in: *Hailbronner, Kay/Renner, Günter/Maaßen, Hans-Georg* (Hrsg.), Staatsangehörigkeitsrecht, München 2010, 190–244, *zitiert als*: *Hailbronner,* in: Staatsangehörigkeitsrecht.

Hailbronner, Kay, Die Unionsbürgerschaft und das Ende rationaler Jurisprudenz durch den EuGH?, NJW 2004, 2185–2189, *zitiert als*: *Hailbronner,* NJW 2004, 2185.

Ders., Diskriminierungsverbot, Unionsbürgerschaft und gleicher Zugang zu Sozialleistungen, ZaöRV 2004, 603–619, *zitiert als*: *Hailbronner,* ZaöRV 2004, 603.

Ders., EU-Freizügigkeit für nichterwerbstätige Unionsbürger, JZ 2014, 869–877, *zitiert als*: *Hailbronner,* JZ 2014, 869.

Ders., Union Citizenship and Access to Social Benefits, CMLR 2005, 1245–1267, *zitiert als*: *Hailbronner,* CMLR 2005, 1245.

Ders., Unionsbürgerschaft und Zugang zu den Sozialsystemen, JZ 2005, 1138–1144, *zitiert als*: *Hailbronner,* JZ 2005, 1138.

Hain, Karl-Eberhard, Die Grundsätze des Grundgesetzes, Baden-Baden 1999, *zitiert als*: *Hain,* Die Grundsätze des Grundgesetzes.

Hallstein, Walter, Der unvollendete Bundesstaat, Düsseldorf, Wien 1969, *zitiert als*: *Hallstein,* Der unvollendete Bundesstaat.

Ders., Die Europäische Gemeinschaft, 5. Aufl., Düsseldorf, Wien 1979, *zitiert als*: *Hallstein,* Die Europäische Gemeinschaft.

Haratsch, Andreas, Die Solange-Rechtsprechung des Europäischen Gerichtshofs für Menschenrechte – Das Kooperationsverhältnis zwischen EGMR und EUGH, ZaöRV 66 (2006), 927–947, *zitiert als*: *Haratsch,* ZaöRV 66 (2006), 927.

Hare, H.M., Moral Thinking, Oxford 1981, *zitiert als*: *Hare,* Moral Thinking.

Harris, D.J., A fresh impetus for the European Social Charter, ICLQ 1991, 659–676, *zitiert als*: *Harris,* ICLQ 1991, 659.

Härtel, Ines, Kohäsion durch föderale Selbstbindung – Gemeinwohl und die Rechtsprinzipien Loyalität, Solidarität und Subsidiarität in der Europäischen Union, in: *Ders.* (Hrsg.), Handbuch Föderalismus Bd. IV, Föderalismus in Europa und der Welt, 2012, 64–240, *zitiert als*: *Härtel,* in: Handbuch Föderalismus, Föderalismus in Europa und der Welt.

Hatje, Armin, Grenzen der Flexibilität einer erweiterten Europäischen Union, EuR 2005, 148–161, *zitiert als*: *Hatje,* EuR 2005, 148.

Heij, Karen/Visser, Wessel, De Grondwet in eenvoudig Nederlands, Den Haag 2007, *zitiert als*: *Heij/Visser,* De Grondwet in eenvoudig Nederlands.

Heinig, Michael, Art. 18 i.V.m. Art. 12 EG als Schlüssel zur Teilhabe von arbeitssuchenden Unionsbürgern aus anderen Mitgliedstaaten an steuerfinanzierten Sozialleistungen in Deutschland, ZESAR 2008, 465–475, *zitiert als*: *Heinig,* ZESAR 2008, 465.

Ders., Der Sozialstaat im Dienst der Freiheit, Tübingen 2008, *zitiert als*: *Heinig,* Der Sozialstaat im Dienst der Freiheit.

Ders., Die (nicht bestehende) wechselseitige Abhängigkeit von Wirtschafts- und Sozialordnung aus juristischer Sicht, in: *SDSRV* (Hrsg.), Das Sozialrecht in der Finanzkrise: Bundestagung des Deutschen Sozialrechtsverbandes e.V. Berlin 2014, 9–23, *zitiert als*: *Heinig,* in: Das Sozialrecht in der Finanzkrise.

Ders., Solidarität im föderalen Verbund: Rückwirkungen auf den Status des Bürgers und seiner Rechte, in: *Calliess, Christian* (Hrsg.), Europäische Solidarität und nationale Identität, Tübingen 2013, 143–157, *zitiert als*: *Heinig,* in: Europäische Solidarität und nationale Identität.

Ders., Territorialität sozialer Sicherheit und transnationale Rechte, EuR, Beiheft 1 2013, 31–48, *zitiert als*: *Heinig,* EuR, Beiheft 1 2013, 31.

Heinze, Meinhard, Der Einfluss der europäischen Integration auf die Sozialpolitik, in: *Döring, Dieter* (Hrsg.), Soziale Sicherheit in Gefahr, Frankfurt am Main 1995, 183–221, *zitiert als*: *Heinze,* in: Soziale Sicherheit in Gefahr.

Henningsen, Bernd, Die schönste Nebensache Europas – Zur Geschichte der EG-Sozialpolitik, Sozialer Fortschritt 1992, 203–212, *zitiert als*: *Henningsen,* Sozialer Fortschritt 1992, 203.

Hieronymi, Tonia, Solidarität als Rechtsprinzip in der Europäischen Union, Frankfurt am Main 2003, *zitiert als*: *Hieronymi,* Solidarität als Rechtsprinzip in der Europäischen Union.

Hilpold, Peter, Der Schutz sozialer Grundrechte in der Europäischen Union, in: *Weber, Karl/Wimmer, Norbert* (Hrsg.), Vom Verfassungsstaat am Scheideweg – Festschrift für Peter Pernthaler, Wien/New York 2005, 167–187, *zitiert als*: *Hilpold,* in: FS für Peter Pernthaler.

Ders., Die Unionsbürgerschaft – Entwicklung und Probleme, EuR 2015, 133–148, *zitiert als*: *Hilpold,* EuR 2015, 133.

Ders., Solidarität als Rechtsprinzip – völkerrechtliche, europarechtliche und staatsrechtliche Betrachtungen, Jahrbuch des öffentlichen Rechts 2007, 195–214, *zitiert als*: *Hilpold,* Jahrbuch des öffentlichen Rechts 2007, 195.

Ders., Solidarität im EU-Recht: Die „Inseln der Solidarität" unter besonderer Berücksichtigung der Flüchtlingsproblematik und der Europäischen Wirtschafts- und Währungsunion, EuR 2016, 373–404, *zitiert als*: *Hilpold,* EuR 2016, 373.

Hilson, Chris, Rights and Principles in EU Law: A Distinction without Foundation, MJECL 2008, 193–215, *zitiert als*: *Hilson,* MJECL 2008, 193.

Hirsch, Günter, Soziale Grundrechte in der Europäischen Grundrechtscharta, in: *Blank, Michael* (Hrsg.), Soziale Grundrechte in der Europäischen Grundrechtscharta, Frankfurt am Main 2002, 9–23, *zitiert als*: *Hirsch,* in: Soziale Grundrechte in der Europäischen Grundrechtscharta.

Hobe, Stephan, Der kooperationsoffene Verfassungsstaat, Der Staat 1998, 521–546, *zitiert als*: *Hobe,* Der Staat 1998, 521.

Ders., Der offene Verfassungsstaat zwischen Souveränität und Interdependenz, Berlin 1996, *zitiert als*: *Hobe*, Der offene Verfassungsstaat.

Ders., Die Unionsbürgerschaft nach dem Vertrag von Maastricht, Der Staat 1993, 245–268, *zitiert als*: *Hobe*, Der Staat 1993, 245.

Ders., Europarecht, 8. Aufl., München 2014, *zitiert als*: *Hobe,* Europarecht.

Höfler, Rosemarie, Die Unionsbürgerfreizügigkeit, Berlin 2009, *zitiert als*: *Höfler,* Die Unionsbürgerfreizügigkeit.

Dies., Europa auf dem Weg zu einer sozialen Union? Die EuGH-Rechtsprechung zu unionsrechtlichen Ansprüchen auf Sozialhilfe, NVwZ 2002, 1206–1208, *zitiert als*: *Höfler,* NVwZ 2002, 1206.

Hofmann, Ekkehard, Abwägung im Recht: Chancen und Grenzen numerischer Verfahren im Öffentlichen Recht, Tübingen 2007, *zitiert als*: *Hofmann,* Abwägung im Recht.

Hofmann, Ekkehard/Kummer, Marie-Therese, Sozialleistungen im europäischen Mehrebenensystem, ZESAR 2013, 199–208, *zitiert als*: *Hofmann/Kummer,* ZESAR 2013, 199.

Hofmann, Rainer, Ausländerrecht, 2. Aufl., Baden-Baden 2016, *zitiert als: Bearbeiter,* in: *Hofmann,* Ausländerrecht.

Horrer, Stefan, Das Asylbewerberleistungsgesetz, die Verfassung und das Existenzminimum, Berlin 2001, *zitiert als*: *Horrer,* Das Asylbewerberleistungsgesetz, die Verfassung und das Existenzminimum.

Huber, Bertold, Aufenthaltsgesetz, 2. Aufl., München 2016, *zitiert als: Bearbeiter,* in: *Huber,* Aufenthaltsgesetz.

Huber, Peter M., Das Kooperationsverhältnis zwischen BVerfG und EuGH in Grundrechtsfragen, EuZW 1997, 517–521, *zitiert als*: *Huber,* EuZW 1997, 517.

Hughes, Graham, Rules, Policy and Decision Making, The Yale Law Journal 1968, 411–439, *zitiert als*: *Hughes,* The Yale Law Journal 1968, 411.

Husmann, Manfred, Auswirkungen des EG-Primärrechts auf den Erwerb von Sozialleistungen, NZS 2009, 547–554, *zitiert als*: *Husmann,* NZS 2009, 547.

Ders., Reaktionen in der Freizügigkeits-RL 2004/38 und im deutschen Sozialleistungsrecht auf die Rechtsprechung des EUGH, NZS 2009, 652–657, *zitiert als*: *Husmann,* NZS 2009, 652.

Iliopoulos-Strangas, Julia, Der Schutz sozialer Grundrechte in der Charta der Grundrechte der Europäischen Union vor dem Hintergrund des Schutzes sozialer Grundrechte in den Verfassungsordnungen der Mitgliedstaaten, in: *Scheuing, Dieter* (Hrsg.), Europäische Verfassungsordnung, Baden-Baden 2003, 133–193, *zitiert als*: *Iliopoulos-Strangas,* in: Europäische Verfassungsordnung.

Ipsen, Hans Peter, Europäisches Gemeinschaftsrecht, Tübingen 1972, *zitiert als*: *Ipsen,* Europäisches Gemeinschaftsrecht.

Ipsen, Hans Peter/Nicolaysen, Gert, Europäisches Gemeinschaftsrecht, NJW 1964, 339–344, *zitiert als*: *Ipsen/Nicolaysen,* NJW 1964, 339.

Ipsen, Knut, Völkerrecht, 6. Aufl., München 2014, *zitiert als: Bearbeiter,* in: *Ipsen,* Völkerrecht.

Isberg, Magnus, The Constitution of Sweden – The fundamental laws and the Riksdag Act, Stockholm 2016, *zitiert als*: *Isberg,* The Constitution of Sweden – The fundamental laws and the Riksdag Act.

Isensee, Josef, Europäische Union – Mitgliedstaaten. Im Spannungsfeld von Integration und nationaler Selbstbehauptung, Effizienz und Idee, in: *AWL* (Hrsg.), Europa: Idee, Geschichte, Realität / 2. Symposion der deutschen Akademien der Wissenschaften, Mainz 1996, 71–106, *zitiert als*: *Isensee,* in: Europa: Idee, Geschichte, Realität.

Ders., Subsidiaritätsprinzip und Verfassungsrecht, 2. Aufl., Berlin 2011, *zitiert als*: *Isensee,* Subsidiaritätsprinzip und Verfassungsrecht.

Jachmann, Monika, Freiheitsgrundrechtliche Grenzen steuerlicher Belastungswirkungen, in: *Dörr, Dieter u. a.* (Hrsg.), Die Macht des Geistes – Festschrift für Hartmut Schiedermair, Heidelberg 2001, 391–404, *zitiert als*: *Jachmann,* in: FS für Schiedermair.

Dies., Verfassungsrechtliche Grenzen der Besteuerung, Aachen 1996, *zitiert als*: *Jachmann,* Verfassungsrechtliche Grenzen der Besteuerung.

Jacquesion, Catherine, Union Citizenship and the Court of Justice: something new under the sun? Towards social citizenship, ELRev 2002, 260–281, *zitiert als*: *Jacquesion,* ELRev 2002, 260.

Janda, Constanze, Das Recht auf Existenzsicherung – Eine Frage der Kostenersparnis?, ZRP 2016, 152–154, *zitiert als*: *Janda,* ZRP 2016, 152.

Ders., Quo vadis, AsylbLG? Möglichkeiten der Neugestaltung der existenzsichernden Leistungen für Personen mit vorübergehendem Aufenthalt nach dem Urteil des BVerfG, ZAR 2013, 175–182, *zitiert als*: *Janda,* ZAR 2013, 175.

Jarass, Hans D., Charta der Grundrechte der Europäischen Union, 3. Aufl., München 2016, *zitiert als: Bearbeiter,* in: *Jarass,* Charta der Grundrechte der Europäischen Union.

Jeck, Thiemo, „Riester-Rente" teilweise gemeinschaftsrechtswidrig, EuZW 2009, 743–752, *zitiert als*: *Jeck,* EuZW 2009, 743.

Joerges, Christian/Rödl, Florian, Das soziale Defizit des Europäischen Integrationsprojekts, KJ 2008, 149–165, *zitiert als*: *Joerges/Rödl,* KJ 2008, 149.

Kadelbach, Stefan, Solidarität als europäisches Rechtsprinzip?, in: *Ders.* (Hrsg.), Solidarität als europäisches Rechtsprinzip?, Baden-Baden 2014, 9–18, *zitiert als*: *Kadelbach,* in: Solidarität als europäisches Rechtsprinzip?

Kador, Tobias/Greiser, Johannes, Neueste Entscheidungen zum Leistungsaustausch nach § 7 Abs. 1 Satz 2 Nr. 2 SGB II, ZFSH/SGB 2014, 152–157, *zitiert als*: *Kador/Greiser,* ZFSH/SGB 2014, 152.

Kahl, Wolfgang, Möglichkeiten und Grenzen des Subsidiaritätsprinzips nach Art. 3b EG-Vertrag, in: *Badura, Peter/Hesse, Konrad/Lerche, Peter* (Hrsg.), AöR 1993, 414–446, *zitiert als*: *Kahl,* in: AöR 1993.

Kahl, Wolfgang/Ohlendorf, Lutz, Die Europäisierung des subjektiven öffentlichen Rechts, JA 2011, 41–48, *zitiert als*: *Kahl/Ohlendorf,* JA 2011, 41.

Kahl, Wolfgang/Schwind, Manuel, Europäische Grundrechte und Grundfreiheiten – Grundbausteine einer Interaktionslehre, EuR 2014, 170–195, *zitiert als: Kahl/Schwind,* EuR 2014, 170.

Kälin, Walter, Die Allgemeine Erklärung der Menschenrechte: Eine kopernikanische Wende im Völkerrecht?, in: *Amnesty International* (Hrsg.), Menschenrechte im Umbruch: 50 Jahre Allgemeine Erklärung der Menschenrechte, Neuwied, Kriftel 1998, 5–18, *zitiert als: Kälin,* in: Menschenrechte im Umbruch.

Kanalan, Ibrahim, Gilt das Grundrecht auf das menschenwürdige Existenzminimum auch für Unionsbürger? (Teil 1), ZESAR 2016, 365–370, *zitiert als: Kanalan,* ZESAR 2016, 365.

Ders., Gilt das Grundrecht auf das menschenwürdige Existenzminimum auch für Unionsbürger? (Teil 2), ZESAR 2016, 414–421, *zitiert als: Kanalan,* ZESAR 2016, 414.

Kanitz, Ralf/Steinberg, Philipp, Grenzenloses Gemeinschaftsrecht? Die Rechtsprechung des EuGH zu Grundfreiheiten, Unionsbürgerschaft und Grundrechten als Kompetenzproblem, EuR 2003, 1013–1036, *zitiert als: Kanitz/Steinberg,* EuR 2003, 1013.

Karl, Wolfram, Die Rolle der Menschenwürde in der EU-Verfassungsdebatte, in: *Fischer, Michael* (Hrsg.), Der Begriff der Menschenwürde, 2004, 25–43, *zitiert als: Karl,* in: Der Begriff der Menschenwürde.

Kempny, Simon/Reimer, Philipp, Die Gleichheitssätze, Tübingen 2012, *zitiert als: Kempny/Reimer,* Die Gleichheitssätze.

Kingreen, Thorsten, Die Universalisierung sozialer Rechte im europäischen Gemeinschaftsrecht, EuR, Beiheft 1 2007, 44–74, *zitiert als: Kingreen,* EuR, Beiheft 1 2007, 44.

Ders., Epochen der Europäisierung des Sozialrechts, in: *Masuch, Peter u. a.* (Hrsg.), Grundlagen und Herausforderungen des Sozialstaats – Denkschrift 60 Jahre Bundesverfassungsgericht Band 1, Berlin 2014, 313–331, *zitiert als: Kingreen,* in: Grundlagen und Herausforderungen des Sozialstaats.

Ders., In love with the single market? Die EuGH-Entscheidung Alimanovic zum Ausschluss von Unionsbürgern von sozialen Grundsicherungsleistungen, NVwZ 2015, 1503–1506, *zitiert als: Kingreen,* NVwZ 2015, 1503.

Ders., Migration und Sozialleistungen: Rechtliche Anmerkungen zu einem bayerischen Aufreger, BayVBl 2014, 289–296, *zitiert als: Kingreen,* BayVBl 2014, 289.

Ders., Schätzungen „ins Blaue hinein“: Zu den Auswirkungen des Hartz IV-Urteils des Bundesverfassungsgerichts auf das Asylbewerberleistungsgesetz, NVwZ 2010, 558–562, *zitiert als: Kingreen,* NVwZ 2010, 558.

Ders., Soziale Grundrechte, in: *Ehlers, Dirk* (Hrsg.), Europäische Grundrechte und Grundfreiheiten, Berlin, Boston 2014, *zitiert als*: *Kingreen,* in: Europäische Grundrechte und Grundfreiheiten.

Ders., Staatsangehörigkeit als Differenzkriterium im Sozialleistungsrecht, SGb 2013, 132–139, *zitiert als*: *Kingreen,* SGb 2013, 132.

Kirchhof, Paul, Besteuerung im Verfassungsstaat, Tübingen 2000, *zitiert als*: *Kirchhof,* Besteuerung im Verfassungsstaat.

Ders., Besteuerung und Eigentum, in: VVDStRL 39 (1981), 213–285, *zitiert als*: *Kirchhof,* in: VVDStRL 39 (1981).

Ders., Deutschland im Schuldensog, München 2012, *zitiert als*: *Kirchhof,* Deutschland im Schuldensog.

Ders., Freiheit im ausgleichenden Finanzstaat, in: *Rüthers, Bernd/Stern, Klaus* (Hrsg.), Freiheit und Verantwortung im Verfassungsstaat: Festgabe zum 10jährigen Jubiläum der Gesellschaft für Rechtspolitik, München 1984, 157–176, *zitiert als*: *Kirchhof,* in: Freiheit und Verantwortung im Verfassungsstaat.

Ders., Steuergerechtigkeit und sozialstaatliche Geldleistungen, JZ 1982, 305–312, *zitiert als*: *Kirchhof,* JZ 1982, 305.

Kirsch, Andrea, Integration – Partizipation – Assimilation? Gesellschaftspolitische Ansprüche im Migrationsrecht, ZAR 2012, 65–71, *zitiert als*: *Kirsch,* ZAR 2012, 65.

Kischel, Uwe, Die Kontrolle der Verhältnismäßigkeit durch den Europäischen Gerichtshof, EuR 2000, 380–402, *zitiert als*: *Kischel,* EuR 2000, 380.

Klatt, Matthias/Schmidt, Johannes, Spielräume im öffentlichen Recht: Zur Abwägungslehre der Prinzipientheorie, Tübingen 2010, *zitiert als*: *Klatt/Schmidt,* Spielräume im öffentlichen Recht.

Klawonn, Markus, Die Eigentumsgewährleistung als Grenze der Besteuerung, Köln 2007, *zitiert als*: *Klawonn*, Die Eigentumsgewährleistung als Grenze der Besteuerung.

Klerks, Uwe, Das SGB II – Rückblick und Ausblick aus anwaltlicher Sicht, info-also 2016, 51–55, *zitiert als*: *Klerks,* info-also 2016, 51.

Klose, Alfred/Mantl, Wolfgang/Zsifkovits, Katholisches Soziallexikon, Insbruck, Wien, München 1980, *zitiert als: Bearbeiter,* in: *Klose/Mantl/Zsifkovits,* Katholisches Soziallexikon.

Koch, Hans-Joachim/Rüßmann, Helmut, Juristische Begründungslehre, München 1982, *zitiert als*: *Koch/Rüßmann*, Juristische Begründungslehre.

Kokott, Juliane, Die Freizügigkeit der Unionsbürger als neue Grundfreiheit, in: *Dupuy, Pierre-Marie u. a.* (Hrsg.), Völkerrecht als Wertordnung – Festschrift für Christian Tomuschat, Kehl 2006, 207–226, *zitiert als*: *Kokott,* in: FS für Christian Tomuschat.

Kokott, Juliane/Doehring, Karl/Buergenthal, Thomas, Grundzüge des Völkerrechts, 3. Aufl., Heidelberg 2003, *zitiert als: Kokott/Doehring/Buergenthal,* Grundzüge des Völkerrechts.

Koskenniemi, Martti, General Principles: Reflexions on Constructivist Thinking in International Law, in: *Ders.* (Hrsg.), Sources of International Law, Aldershot 2000, 359–402, *zitiert als*: *Koskenniemi,* in: Sources of International Law.

Kostakopoulou, Theodora, Citizenship, identity and immigration in the European Union, Manchester, New York 2001, *zitiert als*: *Kostakopoulou,* Citizenship, identity and immigration in the European Union.

Kötter, Ute, Ansprüche von BürgerInnen der Europäischen Union auf Leistungen der sozialen Grundsicherung nach dem SGB II zwischen Gleichbehandlungsanspruch und Demokratieprinzip, info-also 2013, 243–252, *zitiert als*: *Kötter,* info-also 2013, 243.

Dies., Die Entscheidung des EuGH in der Rechtssache Alimanovic – das Ende der europäischen Sozialbürgerschaft, info-also 2016, 3–8, *zitiert als*: *Kötter,* info-also 2016, 3.

Kramer, Dion, Earning Social Citizenship in the European Union: Free Movement and Access to Social Assistance Benefits Reconstructed, CYELS 2016, 270–301, *zitiert als*: *Kramer,* CYELS 2016, 270.

Kramer, Urs, Das Verbot von die Menschenwürde gefährdenden Spielen, NVwZ 2004, 1083–1085, *zitiert als*: *Kramer,* NVwZ 2004, 1083.

Krebber, Sebastian, Das Binnenmarktrecht der Arbeitnehmerfreizügigkeit, in: *Müller-Graf, Peter-Christian* (Hrsg.), Enzyklopädie Europarecht, Band 4, Europäisches Wirtschaftsordnungsrecht, Baden-Baden 2015, 121–158, *zitiert als*: *Krebber,* in: Enzyklopädie Europarecht, Bd. 4, Europäisches Wirtschaftsordnungsrecht.

Krieger, Heike, Funktionen von Grund- und Menschenrechten, in: *Dörr, Oliver/ Grote, Rainer/Marauhn, Thilo* (Hrsg.), EMRK/GG Konkordanzkommentar, 2. Aufl., Tübingen 2013, 287–365, *zitiert als*: *Krieger,* in: EMRK/GG Konkordanzkommentar.

Kutscher, Hans, Methoden der Auslegung aus der Sicht eines Richters des Gerichtshofes, in: Gerichtshof der europäischen Gemeinschaften: Begegnung von Justiz und Hochschule, Luxemburg 1967, *zitiert als*: *Kutscher,* in: Gerichtshof der europäischen Gemeinschaften.

Ders., Über den Gerichtshof der Europäischen Gemeinschaft, EuR 1981, 392–413, *zitiert als*: *Kutscher,* EuR 1981, 392.

Lais, Martina, Das Solidaritätsprinzip im europäischen Verfassungsverbund, Baden-Baden 2007, *zitiert als*: *Lais,* Das Solidaritätsprinzip im europäischen Verfassungsverbund.

Larenz, Karl, Methodenlehre der Rechtswissenschaft, 6. Aufl., Berlin, Heidelberg, New York, London, Paris 1991, *zitiert als*: *Larenz,* Methodenlehre der Rechtswissenschaft.

Ders., Richtiges Recht: Grundzüge einer Rechtsethik, München 1979, *zitiert als*: *Larenz,* Richtiges Recht: Grundzüge einer Rechtsethik.

Lecheler, Helmut, Einführung in das Europarecht, 2. Aufl., München 2003, *zitiert als*: *Lecheler,* Einführung in das Europarecht.

Lehmann, Katrin, Es gilt die Freizügigkeit der Unionsbürger zu stärken – nicht zu schwächen, ZAR 2015, 212–219, *zitiert als*: *Lehmann,* ZAR 2015, 212.

Leisner, Walter Georg, Existenzsicherung im Öffentlichen Recht, Tübingen 2007, *zitiert als*: *Leisner,* Existenzsicherung im Öffentlichen Recht.

Lenaerts, Koen, In Vielfalt geeint / Grundrechte als Basis des europäischen Integrationsprozesses, EuGRZ 2015, 353–361, *zitiert als*: *Lenaerts,* EuGRZ 2015, 353.

Ders., The Principle of Subsidiarity and the Environment in the European Union: Keeping the Balance of Federalism, Fordham Int'l.J. 1994, 846–895, *zitiert als*: *Lenaerts,* Fordham Int'l.J. 1994, 846.

Lenaerts, Koen/Ypersele, Patrick van/Ypersele, Joël van, Der Schutz der sozialen Grundrechte in der Rechtsordnung Belgiens, in: *Iliopoulos-Strangas, Julia* (Hrsg.), Soziale Grundrechte in Europa nach Lissabon, Baden-Baden, Athen, Brüssel, Wien 2010, 41–88, *zitiert als*: *Lenaerts/Ypersele/Ypersele,* in: Soziale Grundrechte in Europa nach Lissabon.

Lenz, Carl Otto/Borchardt, Klaus-Dieter, EU-Verträge Kommentar nach dem Vertrag von Lissabon, 6. Aufl., Köln 2013, *zitiert als: Bearbeiter,* in: *Lenz/Borchardt,* EU-Verträge Kommentar nach dem Vertrag von Lissabon.

Letzner, Peggy, Sozialhilfe für Student aus anderem Mitgliedstaat – EuGH, EuZW 2002, 52, JuS 2003, 118–122, *zitiert als*: *Letzner,* JuS 2003, 118.

Lhoest, André, Le Citoyen a la une de l'Europe, Revue du Marché Commun 1975, 431–435, *zitiert als*: *Lhoest,* Revue du Marché Commun 1975, 431.

Lorenz, Jacob, Ueber Existenzminimum und Minimallohn, Winterthur 1920, *zitiert als*: *Lorenz,* Ueber Existenzminimum und Minimallohn.

Ludwigs, Markus, Der Ultra-vires-Vorbehalt des BVerfG – Judikative Kompetenzanmaßung oder legitimes Korrektiv?, NVwZ 2015, 537–543, *zitiert als*: *Ludwigs,* NVwZ 2015, 537.

Mäder, Werner/Tiemann, Friedrich, Armut und Obdachlosigkeit – Zu den drei Prinzipien der Bekämpfung sozialer Ausgrenzung: Multidimensionalität, Partnerschaft und Partizipation, ZFSH/SGB 1997, 529–541, *zitiert als: Mäder/ Tiemann,* ZFSH/SGB 1997, 529.

Mager, Ute, Die Prozeduralisierung des Subsidiaritätsprinzips im Verfassungsentwurf des Europäischen Konvents – Verbesserter Schutz vor Kompetenzverlagerung auf die Gemeinschaftsebene?, ZEuS 2003, 471–484, *zitiert als: Mager,* ZEuS 2003, 471.

Magiera, Siegfried, Die Grundrechtecharta der Europäischen Union, DÖV 2000, 1017–1026, *zitiert als: Magiera,* DÖV 2000, 1017.

Magnette, Paul, La citoyenneté européene, Brüssel 1999, *zitiert als: Magnette,* La citoyenneté européene.

Manessis, Aristovoulos, La protection constitutionelle des droits de l'homme en Grèce et dans les autres États membres de la Communauté Européenne, in: *Iliopoulos-Strangas, Julia* (Hrsg.), Grundrechtsschutz im europäischen Raum, Baden-Baden 1993, 15–56, *zitiert als: Manessis,* in: Grundrechtsschutz im europäischen Raum.

Mangold, Anna Katharina, Sozial- und arbeitsrechtliche Relevanz der Unionsbürgerschaft, in: *Schlachter, Monika/Heinig, Michael* (Hrsg.), Enzyklopädie Europarecht, Band 7, Europäisches Arbeits- und Sozialrecht, Baden-Baden 2016, 167–218, *zitiert als: Mangold,* in: Enzyklopädie Europarecht, Bd. 7, Europäisches Arbeits- und Sozialrecht.

Marauhn, Thilo, Recht auf soziale Sicherheit und Unterstützung, in: *Heselhaus, Sebastian/Nowak, Carsten* (Hrsg.), Handbuch der Europäischen Grundrechte, München 2006, 631–647, *zitiert als: Marauhn,* in: Handbuch der Europäischen Grundrechte.

Martenczuk, Bernd, Die differenzierte Integration und die föderale Struktur der Europäischen Union, EuR 2000, 351–364, *zitiert als: Martenczuk,* EuR 2000, 351.

Martens, Wolfgang, Grundrechte im Leistungsstaat, in: VVDStRL 30 (1972), 8–42, *zitiert als: Martens,* in: VVDStRL 30 (1972).

Maunz, Theodor/Dürig, Günter, Grundgesetz Kommentar, München, *zitiert als: Bearbeiter,* in: *Maunz/Dürig,* Grundgesetz Kommentar.

Meiser, Christian, Biopatentierung und Menschenwürde, Baden-Baden 2006, *zitiert als: Meiser,* Biopatentierung und Menschenwürde.

Menéndez, Agustín José, European Citizenship after Martínez Sala and Baumbast: Has the European Law Become more Human but less social?, in: *Maduro, Miguel Poiares/Azoulai, Loïc* (Hrsg.), The Past and Future of EU Law, Oxford 2010, 363–393, *zitiert als: Menéndez,* in: The Past and Future of EU Law.

Meyer, Frank, Der Grundsatz gegenseitigen Vertrauens – Konzeptualisierung und Zukunftsperspektiven eines neuen Verfassungsprinzips, EuR 2017, 163–186, *zitiert als*: *Meyer*, EuR 2017, 163.

Meyer, Jürgen, Charta der Grundrechte der Europäischen Union, 4. Aufl., Baden-Baden 2014, *zitiert als: Bearbeiter*, in: *Meyer*, Charta der Grundrechte der Europäischen Union.

Ders., Die EU ist auch eine Wertgemeinschaft – Die Grundrechtecharta soll die Integration fördern, ZRP 2000, 114–116, *zitiert als*: *Meyer*, ZRP 2000, 114.

Ders., Die Menschenwürde in der künftigen Verfassung der Europäischen Union, in: *Bräcklein, Susann/Meyer, Jürgen/Scherf, Henning* (Hrsg.), Politisches Denken ist: Festschrift für Margot von Renesse, Frankfurt am Main 2005, 53–64, *zitiert als*: *Meyer*, in: FS für Margot von Renesse.

Meyer, Jürgen/Engels, Markus, Aufnahme von sozialen Grundrechten in die Europäische Grundrechtecharta?, ZRP 2000, 368–371, *zitiert als*: *Meyer/Engels*, ZRP 2000, 368.

Meyer-Ladewig, Jens, Menschenwürde und Europäische Menschenrechtskonvention, NJW 2004, 981–984, *zitiert als*: *Meyer-Ladewig*, NJW 2004, 981.

Meyer-Ladewig, Jens/Nettesheim, Martin/Raumer, Stefan von, Europäische Menschenrechtskonvention, 4. Aufl., Baden-Baden 2017, *zitiert als: Bearbeiter*, in: *Meyer-Ladewig/Nettesheim/Raumer*, Europäische Menschenrechtskonvention.

Michael, Lothar, Gleichheitsrechte als grundrechtliche Prinzipien, in: *Sieckmann, Jan-Reinard* (Hrsg.), Die Prinzipientheorie der Grundrechte, Baden-Baden 2007, 123–149, *zitiert als*: *Michael*, in: Die Prinzipientheorie der Grundrechte.

Minderhoud, Paul, Directive 2004/38 and access to social assistance benefits, JSSL 2011, 153–166, *zitiert als*: *Minderhoud*, JSSL 2011, 153.

Montero, Carlos Closa, Martínez Sala and Baumbast: an institutionalist analysis, in: *Maduro, Miguel Poiares/Azoulai, Loïc* (Hrsg.), The Past and Future of EU Law, 2010, 394–401, *zitiert als*: *Montero*, in: The Past and Future of EU Law.

Möschel, Wernhard, Zum Subsidiaritätsprinzip im Vertrag von Maastricht, NJW 1993, 3025–3028, *zitiert als*: *Möschel*, NJW 1993, 3025.

Muckel, Stefan/Ogorek, Markus, Sozialrecht, 4. Aufl., München 2011, *zitiert als*: *Muckel/Ogorek*, Sozialrecht.

Mückenberger, Ulrich, Eine europäische Sozialverfassung?, EuR 2014, 369–400, *zitiert als*: *Mückenberger*, EuR 2014, 369.

Müller, Friedrich/Christensen, Ralph, Juristische Methodik, 3. Aufl., Bd. II, Berlin 2012, *zitiert als*: *Müller/Christensen*, Juristische Methodik.

Müller, Jörg Paul/Luzius, Wildhaber, Praxis des Völkerrechts, Bern 2001, *zitiert als*: *Müller/Luzius*, Praxis des Völkerrechts.

Münsterberg, Emil, Das Elberfelder-System: Festbericht aus Anlaß des fünfzigjährigen Bestehens der Elberfelder Armenverordnung, Leipzig 1903, *zitiert als*: *Münsterberg,* Das Elberfelder-System.

Nell-Breuning, Oswald v., Soziallehre der Kirche, 2. Aufl., Wien 1978, *zitiert als*: *Nell-Breuning,* Soziallehre der Kirche.

Nettesheim, Martin, Der „Kernbereich" der Unionsbürgerschaft – vom Schutz der Mobilität zur Gewährleistung eines Lebensumfelds, JZ 2011, 1030–1037, *zitiert als*: *Nettesheim,* JZ 2011, 1030.

Ders., Die Garantie der Menschenwürde zwischen metaphysischer Überhöhung und bloßem Abwägungstopos, in: *Di Fabio, Udo/Huber, Peter M./Robbers, Gerhard* (Hrsg.), AöR 2005, 71–113, *zitiert als*: *Nettesheim,* in: AöR 2005.

Ders., Grundrechtliche Prüfungsdichte durch den EuGH, EuZW 1995, 106–108, *zitiert als*: *Nettesheim,* EuZW 1995, 106.

Ders., Grundrechtskonzeptionen des EuGH im Raum der Freiheit, der Sicherheit und des Rechts, EuR 2009, 24–44, *zitiert als*: *Nettesheim,* EuR 2009, 24.

Neubeck, Xenia, Die Europäische Sozialcharta und deren Protokolle, Frankfurt am Main, Berlin, Bern, Brüssel, Ney York, Oxford, Wien 2001, *zitiert als*: *Neubeck,* Die Europäische Sozialcharta und deren Protokolle.

Neumann, Volker, Menschenwürde und Existenzminimum, NVwZ 1995, 426–432, *zitiert als*: *Neumann,* NVwZ 1995, 426.

Nielsen, Ruth, Der Schutz der sozialen Grundrechte in der Rechtsordnung Dänemarks, in: *Iliopoulos-Strangas, Julia* (Hrsg.), Soziale Grundrechte in Europa nach Lissabon, Baden-Baden, Athen, Brüssel, Wien 2010, 89–110, *zitiert als*: *Nielsen,* in: Soziale Grundrechte in Europa nach Lissabon.

Nußberger, Angelika, Sozialstandards im Völkerrecht – Eine Studie zur Entwicklung und Bedeutung der Normsetzung der Vereinten Nationen, der Internationalen Arbeitsorganisation und des Europarats zu Fragen des Sozialschutzes, Berlin 2005, *zitiert als*: *Nußberger,* Sozialstandards im Völkerrecht.

Oberhäuser, Thomas/Steffen, Eva, Rechtswidriger Leistungsausschluss für Unionsbürger, ZAR 2017, 149–153, *zitiert als*: *Oberhäuser/Steffen,* ZAR 2017, 149.

Obwexer, Walter, EuGH: Sozialhilfe für Student aus anderem Mitgliedstaat, EuZW 2002, 52–58, *zitiert als*: *Obwexer,* EuZW 2002, 52.

Oeter, Stefan, Föderalismus und Demokratie, in: *Bogdandy, Armin* von/Bast, *Jürgen* (Hrsg.), Europäisches Verfassungsrecht, 2. Aufl., Heidelberg 2009, 73–120, *zitiert als*: *Oeter,* in: Europäisches Verfassungsrecht.

Öhlinger, Theo, Entscheidungsbesprechung VfGH 11.03.1998, G 363/97 ua, JBl 1998, 438–443, *zitiert als*: *Öhlinger,* JBl 1998, 438.

O'Keeffe, David, Union Citizenship, in: *O'Keeffe, David/Twomey, Patrick* (Hrsg.), Legal Issues of the Maastricht Treaty, 1994, 87–107, *zitiert als: O'Keeffe,* in: Legal Issues of the Maastricht Treaty.

O'Leary, Siofra, Free Movements of Persons and Services, in: *Craig, Paul/Bùrca, Gráinne de* (Hrsg.), The Evolution of EU Law, 2. Aufl., Oxford, New York 2011, 499–545, *zitiert als: O'Leary,* in: The Evolution of EU Law.

Dies., The relationship between community citizenship and the protection of fundamental rights in community law, CMLR 1995, 519–554, *zitiert als: O'Leary,* CMLR 1995, 519.

Oppermann, Kai, Das gespaltene Königreich. Die politischen Hintergründe und Ursachen des „Brexit"-Referendums, Politische Vierteljahresschrift 2016, 516–533, *zitiert als: Oppermann,* Politische Vierteljahresschrift 2016, 516.

Oppermann, Thomas, Vom Marktbürger zum EU-Bürger?, in: *Nicolaysen, Gert/Quaritsch, Gerd* (Hrsg.), Lüneburger Symposium für Hans Peter Ipsen zur Feier des 80. Geburtstages, Baden-Baden 1988, 87–95, *zitiert als: Oppermann,* in: Lüneburger Symposium für Hans Peter Ipsen.

Pache, Eckhard, Der Grundsatz der Verhältnismäßigkeit in der Rechtsprechung der Gerichte der Europäischen Gemeinschaften, NVwZ 1999, 1033–1040, *zitiert als: Pache,* NVwZ 1999, 1033.

Ders., Die Europäische Grundrechtecharta – ein Rückschritt für den Grundrechtsschutz in Europa?, EuR 2001, 475–494, *zitiert als: Pache,* EuR 2001, 475.

Papier, Hans-Jürgen, Die Rezeption allgemeiner Rechtsgrundsätze aus den Rechtsordnungen der Mitgliedstaaten durch den Gerichtshof der Europäischen Gemeinschaften, EuGRZ 2007, 133–134, *zitiert als: Papier,* EuGRZ 2007, 133.

Pechstein, Matthias/Drechsler, Carola, Die Auslegung und Fortbildung des Primärrechts, in: *Riesenhuber, Karl* (Hrsg.), Europäische Methodenlehre, 3. Aufl., 2015, 125–145, *zitiert als: Pechstein/Drechsler,* in: Europäische Methodenlehre.

Peczenik, Alexander, Principles of Law. The Search for Legal Theory, Rechtstheorie 1971, 17–35, *zitiert als: Peczenik,* Rechtstheorie 1971, 17.

Penski, Ulrich, Rechtsgrundsätze und Rechtsregeln: ihre Unterscheidung und das Problem der Positivität des Rechts, JZ 1989, 105–114, *zitiert als: Penski,* JZ 1989, 105.

Pernice, Ingolf, Der europäische Verfassungsverbund auf dem Wege der Konsolidierung, in: *Häberle, Peter* (Hrsg.), JöR N.F. 48 (2000), 205–232, *zitiert als: Pernice,* in: JöR N.F. 48 (2000).

Ders., Solidarität in Europa – Eine Ortsbestimmung im Verhältnis zwischen Bürger, Staat und Europäischer Union, in: *Calliess, Christian* (Hrsg.), Europäische

Solidarität und nationale Identität, Tübingen 2013, 25–56, *zitiert als*: *Pernice*, in: Europäische Solidarität und nationale Identität.

Ders., The framework revisited: Constitutional, federal and subsidiarity issues, CJEL 1996, 403–420, *zitiert als*: *Pernice*, CJEL 1996, 403.

Peters, Anne, Einführung in die Europäische Menschenrechtskonvention, München 2003, *zitiert als*: *Peters*, Einführung in die Europäische Menschenrechtskonvention.

Pfeil, Walter, Ausgleichszulage und Aufenthaltsrecht für BezieherInnen einer Pension aus einem anderen Mitgliedstaat, DRdA 2014, 299–311, *zitiert als*: *Pfeil*, DRdA 2014, 299.

Pieper, Ulrich, Subsidiaritätsprinzip – Strukturprinzip der Europäischen Union, DVBl 1993, 705–712, *zitiert als*: *Pieper*, DVBl 1993, 705.

Pietsch, Jörg, Das Schrankenregime der EU-Grundrechtecharta, Baden-Baden 2005, *zitiert als*: *Pietsch*, Das Schrankenregime der EU-Grundrechtecharta.

Polakiewicz, Jörg, Soziale Grundrechte und Staatszielbestimmungen in den Verfassungsordnungen Italiens, Portugals und Spaniens, ZaöRV 1994, 340–391, *zitiert als*: *Polakiewicz*, ZaöRV 1994, 340.

Pötters, Stephan/Traut, Johannes, Die ultra-vires-Kontrolle des BVerfG nach „Honeywell" – Neues zum Kooperationsverhältnis von BVerfG und EuGH?, EuR 2011, 580–593, *zitiert als*: *Pötters/Traut*, EuR 2011, 580.

Pöyhöhnen, Juha, Auslegung contra legem als ein dekonstruktives Spiel von Regeln und Prinzipien im Recht, Rechtstheorie 1989, 211–220, *zitiert als*: *Pöyhöhnen*, Rechtstheorie 1989, 211.

Preis, Ulrich, Schlangenlinien in der Rechtsprechung des EuGH zur Altersdiskriminierung, NZA 2010, 1323–1328, *zitiert als*: *Preis*, NZA 2010, 1323.

Ders., Verbot der Altersdiskriminierung als Gemeinschaftsgrundrecht. Der Fall „Mangold" und die Folgen, NZA 2006, 401–410, *zitiert als*: *Preis*, NZA 2006, 401.

Preis, Ulrich/Temming, Felipe, Der EuGH, das BVerfG und der Gesetzgeber – Lehren aus Mangold II, NZA 2010, 185–198, *zitiert als*: *Preis/Temming*, NZA 2010, 185.

Quispe, Jorge Alexander Portocarrero, Zu Begriff und Struktur der formellen Prinzipien, in: *Klatt, Matthias* (Hrsg.), Prinzipientheorie und Theorie der Abwägung, Tübingen 2013, 200–235, *zitiert als*: *Quispe*, in: Prinzipientheorie und Theorie der Abwägung.

Raabe, Marius, Grundrechte und Erkenntnis, Baden-Baden 1998, *zitiert als*: *Raabe*, Grundrechte und Erkenntnis,

Rabenschlag, David, Leitbilder der Unionsbürgerschaft, Baden-Baden 2009, *zitiert als*: *Rabenschlag,* Leitbilder der Unionsbürgerschaft.

Randelzhofer, Albrecht, Marktbürgerschaft – Unionsbürgerschaft – Staatsbürgerschaft, in: *Randelzhofer, Albrecht/Scholz, Rupert/Wilke, Dieter* (Hrsg.), Gedächtnisschrift für Eberhard Grabitz, München 1995, 581–594, *zitiert als*: *Randelzhofer,* in: GS für Eberhard Grabitz.

Raschka, Johannes, Freizügigkeit von Unionsbürgern und Zugang zu sozialen Leistungen, EuR 2013, 116–127, *zitiert als*: *Raschka,* EuR 2013, 116.

Rau, Markus/Schorkopf, Frank, Der EuGH und die Menschenwürde, NJW 2002, 2448–2449, *zitiert als*: *Rau/Schorkopf,* NJW 2002, 2448.

Raz, Joseph, Legal Principles and the Limits of Law, The Yale Law Journal 1972, 823–854, *zitiert als*: *Raz,* The Yale Law Journal 1972, 823.

Rebhahn, Robert, Zugang der Unionsbürger zu Sozialleistungen, EuR, Beiheft 1 2015, 95–133, *zitiert als*: *Rebhahn,* EuR, Beiheft 1 2015, 95.

Reimer, Franz, Juristische Methodenlehre, Baden-Baden 2016, *zitiert als*: *Reimer,* Juristische Methodenlehre.

Ders., Verfassungsprinzipien, Berlin 2001, *zitiert als*: *Reimer,* Verfassungsprinzipien.

Reinhard, Hans-Joachim, Urteil des EUGH vom 21.7.2011 – Rs. C-503/09 Lucy Steward ./. Secretary of State for Work and Pensions, ZESAR 2012, 83–93, *zitiert als*: *Reinhard,* ZESAR 2012, 83.

Rengeling, Hans-Werner/Szczekalla, Peter, Grundrechte in der Europäischen Union, Köln, Berlin, München 2004, *zitiert als*: *Rengeling/Szczekalla,* Grundrechte in der Europäischen Union.

Rensmann, Thilo, Wertordnung und Verfassung, Tübingen 2007, *zitiert als*: *Rensmann,* Wertordnung und Verfassung.

Riedel, Eibe, Universeller Menschenrechtsschutz – Vom Anspruch zur Durchsetzung, in: *Baum, Gerhart/Riedel, Eibe/Schaefer, Michael* (Hrsg.), Menschenrechtsschutz in der Praxis der Vereinten Nationen, Baden-Baden 1998, 25–55, *zitiert als*: *Riedel,* in: Menschenrechtsschutz in der Praxis der Vereinten Nationen.

Riesenhuber, Karl, Die Auslegung, in: *Ders.* (Hrsg.), Europäische Methodenlehre, 3. Aufl., Berlin 2015, 199–224, *zitiert als*: *Riesenhuber,* in: Europäische Methodenlehre.

Rixen, Stephan, Würde des Menschen als Fundament der Grundrechte, in: *Heselhaus, Sebastian/Nowak, Carsten* (Hrsg.), Handbuch der Europäischen Grundrechte, München 2006, 335–360, *zitiert als*: *Rixen,* in: Handbuch der Europäischen Grundrechte.

Rödl, Florian, Zu Begriff und Perspektiven demokratischer und sozialer Union, EuR, Beiheft 1 2013, 179–204, *zitiert als*: *Rödl,* EuR, Beiheft 1 2013, 179.

Rodríguez-Piñero, Miguel, Der Schutz der sozialen Grundrechte in der Rechtsordnung Spaniens, in: *Iliopoulos-Strangas, Julia* (Hrsg.), Soziale Grundrechte in Europa nach Lissabon, Baden-Baden, Athen, Brüssel, Wien 2010, 597–643, *zitiert als*: *Rodríguez-Piñero,* in: Soziale Grundrechte in Europa nach Lissabon.

Romanski, Eva, Sozialstaatlichkeit und soziale Grundrechte im Grundgesetz der Bundesrepublik Deutschland und in der spanischen Verfassung, Frankfurt am Main, Berlin, Bern, Brüssel, New York, Wien 2000, *zitiert als*: *Romanski,* Sozialstaatlichkeit im GG und der spanischen Verfassung.

Rosas, Allan, The implementation of economic an social rights: Nordic legal systems, in: *Matscher, Franz* (Hrsg.), Die Durchsetzung wirtschaftlicher und sozialer Grundrechte, Kehl am Rhein, Straßbourg, Arlington 1991, 223–235, *zitiert als*: *Rosas,* in: Die Durchsetzung wirtschaftlicher und sozialer Grundrechte.

Ross, W.D., The Right and the Good. British moral philosophers, Oxford 2002, *zitiert als*: *Ross,* The Right and the Good.

Rossen, Helge, Grundrechte als Regeln und Prinzipien, in: *Grabenwarter, Christoph* (Hrsg.), Allgemeinheit der Grundrechte und Vielfalt der Gesellschaft, Stuttgart, Hannover, Berlin, Weimar, Dresden 1994, 41–60, *zitiert als*: *Rossen,* in: Allgemeinheit der Grundrechte und Vielfalt der Gesellschaft.

Rothkegel, Ralf, Das Gericht wirds richten – das AsylbLG-Urteil des Bundesverfassungsgerichts und seine Ausstrahlungswirkungen, ZAR 2012, 357–369, *zitiert als*: *Rothkegel,* ZAR 2012, 357.

Ders., Konsequenzen des Hartz IV-Urteils des Bundesverfassungsgerichts für die verfassungsrechtliche Beurteilung der Leistungen nach dem Asylbewerberleistungsgesetz, ZAR 2010, 373–378, *zitiert als*: *Rothkegel,* ZAR 2010, 373.

Ders., Teil III: Das Materielle Recht, Kapitel 1: Menschenwürde und Sozialhilfe, in: *Ders.* (Hrsg.), Sozialhilferecht, Baden-Baden 2005, 125–132, *zitiert als*: *Rothkegel,* in: Sozialhilferecht.

Rousseau, Dominique/Pavia, Marie-Luce/Dubut, Thomas, Der Schutz der sozialen Grundrechte in der Rechtsordnung Frankreichs, in: *Iliopoulos-Strangas, Julia* (Hrsg.), Soziale Grundrechte in Europa nach Lissabon, Baden-Baden, Athen, Brüssel, Wien 2010, 201–248, *zitiert als*: *Rousseau/Pavia/Dubut,* in: Soziale Grundrechte in Europa nach Lissabon.

Sander, Florian, Die Unionsbürgerschaft als Türöffner zu mitgliedstaatlichen Sozialversicherungssystemen, DVBl 2005, 1014–1022, *zitiert als*: *Sander,* DVBl 2005, 1014.

Sangiovanni, Andrea, Solidarity in the European Union, OJLS 2013, 213–241, *zitiert als: Sangiovanni,* OJLS 2013, 213.

Sauerwald, Christine, Die Unionsbürgerschaft und das Staatsangehörigkeitsrecht in den Mitgliedstaaten der Europäischen Union, Frankfurt am Main, Berlin, Bern, New York, Paris, Wien 1996, *zitiert als: Sauerwald,* Die Unionsbürgerschaft und das Staatsangehörigkeitsrecht in den MS der EU.

Scheuing, Dieter, Freizügigkeit als Unionsbürgerrecht, EuR 2003, 744–792, *zitiert als: Scheuing,* EuR 2003, 744.

Schilling, Theodor, Zu den Grenzen des Vorrangs des Gemeinschaftsrechts, Der Staat 1994, 555–580, *zitiert als: Schilling,* Der Staat 1994, 555.

Schima, Bernhard, Das Subsidiaritätsprinzip im Europäischen Gemeinschaftsrecht, Wien 1994, *zitiert als: Schima,* Das Subsidiaritätsprinzip im Europäischen Gemeinschaftsrecht.

Schlachter, Monika, Die Freizügigkeit der Arbeitnehmer in der Europäischen Union – Wer ist Träger dieses Rechts?, ZESAR 2011, 156–163, *zitiert als: Schlachter,* ZESAR 2011, 156.

Schlegel, Rainer/Voelzke, Thomas, Juris Praxiskommentar SGB I, 2. Aufl., Saarbrücken 2011, *zitiert als: Bearbeiter,* in: *Schlegel/Voelzke,* Juris Praxiskommentar SGB I.

Schmahl, Stefanie, Auf dem Weg zu einer genuinen europäischen Personalhoheit?, in: *Jochum, Georg/Fritzemeyer, Wolfgang/Marcel, Kau* (Hrsg.), Grenzüberschreitendes Recht – Crossing Frontiers – Festschrift für Kay Hailbronner, Heidelberg 2013, 339–353, *zitiert als: Schmahl,* in: FS für Kay Hailbronner.

Schmahl, Stefanie/Winkler, Tobias, Schutz vor Armut in der EMRK?, AVR 2010, 405–430, *zitiert als: Schmahl/Winkler,* AVR 2010, 405.

Schmähl, Winfried, Europäische Sozialpolitik und die sozialpolitische Bedeutung der europäischen Integration, in: *Schmähl, Winfried/Rische, Herbert* (Hrsg.), Europäische Sozialpolitik, Baden-Baden 1997, 9–37, *zitiert als: Schmähl,* in: Europäische Sozialpolitik.

Schmidhuber, Peter, Das Subsidiaritätsprinzip im Vertrag von Maastricht, DVBl 1993, 417–422, *zitiert als: Schmidhuber,* DVBl 1993, 417.

Schmidhuber, Peter/Hitzler, Gerhard, Die Verankerung des Subsidiaritätsprinzips im EWG-Vertrag – ein wichtiger Schritt auf dem Weg zu einer föderalen Verfassung der Europäischen Gemeinschaft, NVwZ 1992, 720–725, *zitiert als: Schmidhuber/Hitzler,* NVwZ 1992, 720.

Schmidt, Johannes, Die Grundsätze im Sinne der EU-Grundrechtecharta, Tübingen 2010, *zitiert als: Schmidt,* Die Grundsätze im Sinne der EU-Grundrechtecharta.

Schmidt, Laura V., Der Schutz der Menschenwürde als „Fundament" der EU-Grundrechtecharta unter besonderer Berücksichtigung der Rechte auf Leben und Unversehrtheit, ZEuS 2002, 633–662, *zitiert als*: *Schmidt,* ZEuS 2002, 633.

Schmidt, Marlene, The Principle of Non-discrimination in Respect of Age: Dimensions of the ECJ's Mangold Judgment, GLJ 2006, 505–524, *zitiert als*: *Schmidt,* GLJ 2006, 505.

Schmitt, Carl, Nehmen/Teilen/Weiden. Ein Versuch, die Grundfragen jeder Sozial- und Wirtschaftsordnung vom Nomos her richtig zu stellen, in: *Ders.* (Hrsg.), Verfassungsrechtliche Aufsätze, Berlin 1958, 489–504, *zitiert als*: *Schmitt,* in: Verfassungsrechtliche Aufsätze.

Schmittmann, Georg J., Rechte und Grundsätze in der Grundrechtecharta, Köln, Berlin, München 2007, *zitiert als*: *Schmittmann,* Rechte und Grundsätze in der Grundrechtecharta.

Schmitz, Thomas, Die Grundrechtecharta als Teil der Verfassung der Europäischen Union, EuR 2004, 191–713, *zitiert als*: *Schmitz,* EuR 2004, 191.

Schnath, Matthias, Das neue Grundrecht auf Gewährleistung eines menschenwürdigen Existenzminimums – Ein rechtspolitischer Ausblich nach dem Urteil des Bundesverfassungsgerichts –, NZS 2010, 297–302, *zitiert als*: *Schnath,* NZS 2010, 297.

Schöbener, Burkhard, Das Verhältnis des EU-Rechts zum nationalen Recht der Bundesrepublik Deutschland, JA 2011, 885–894, *zitiert als*: *Schöbener,* JA 2011, 885.

Ders., Völkerrecht: Lexikon zentraler Begriffe und Themen, Heidelberg, München, Landsberg, Frechen, Hamburg 2014, *zitiert als: Bearbeiter,* in: *Schöbener,* Völkerrecht: Lexikon zentraler Begriffe und Themen.

Schöbener, Burkhard/Knauff, Matthias, Allgemeine Staatslehre, 3. Aufl., München 2016, *zitiert als*: *Schöbener/Knauff,* Allgemeine Staatslehre.

Schoch, Friedrich, Europäisierung des Staatsangehörigkeits- und Aufenthaltsrechts durch den „Unionsbürgerstatus", in: *Jochum, Georg/Fritzemeyer, Wolfgang/Marcel, Kau* (Hrsg.), Grenzüberschreitendes Recht – Crossing Frontiers – Festschrift für Kay Hailbronner, Heidelberg 2013, 355–368, *zitiert als*: *Schoch,* in: FS für Kay Hailbronner.

Schönberger, Christoph, Unionsbürger, Tübingen 2005, *zitiert als*: *Schönberger,* Unionsbürger.

Schorkopf, Frank, „Europas neue Ordnung" – eine plurale Union. Auf der Suche nach dem europäischen Weg: Überlegungen zu den Szenarien der Europäischen Kommision zur Zukunft der EU, NVwZ 2018, 9–17, *zitiert als*: *Schorkopf,* NVwZ 2018, 9.

Ders., Würde des Menschen, in: *Ehlers, Dirk* (Hrsg.), Europäische Grundrechte und Grundfreiheiten, 4. Aufl., Berlin/Boston 2014, 581–602, *zitiert als*: *Schorkopf*, in: Europäische Grundrechte und Grundfreiheiten.

Schreiber, Frank, Bereichsspezifische Begrenzung des sozialen Gehalts der Unionsbürgerschaft oder „Rückkehr zum Marktbürger"?, NZS 2016, 847–855, *zitiert als*: *Schreiber*, NZS 2016, 847.

Ders., Der Arbeitslosengeld II-Anspruch von Unionsbürgern und Drittstaatsangehörigen, info-also 2008, 3–8, *zitiert als*: *Schreiber*, info-also 2008, 3.

Ders., Europäische Sozialrechtskoordinierung und Arbeitslosengeld II-Anspruch, NZS 2012, 647–652, *zitiert als*: *Schreiber*, NZS 2012, 647.

Ders., Freizügigkeit, ZESAR 2014, 36–48, *zitiert als*: *Schreiber*, ZESAR 2014, 36.

Ders., Unionsrechtliche Gleichbehandlung beim Arbeitslosengeld II-Bezug ohne Aufenthaltsrecht, info-also 2015, 3–7, *zitiert als*: *Schreiber*, info-also 2015, 3.

Schroeder, Werner, Das Gemeinschaftsrechtssystem: eine Untersuchung zu den rechtsdogmatischen, rechtstheoretischen und verfassungsrechtlichen Grundlagen des Systemdenkens im Europäischen Gemeinschaftsrecht, Tübingen 2002, *zitiert als*: *Schroeder*, Das Gemeinschaftsrechtssystem.

Schubert, Jens/Jerchel, Kerstin, Die aktuelle Entwicklung des europäischen Arbeitsrechts, EuZW 2015, 340–347, *zitiert als*: *Schubert/Jerchel*, EuZW 2015, 340.

Schulte, Bernd, Das „Europäische Sozialmodell" zwischen Realität und Normativität, in: *Becker, Ulrich/Tenfelde, Klaus/Hockerts, Hans Günther* (Hrsg.), Sozialstaat Deutschland: Geschichte und Gegenwart, Berlin 2010, 171–195, *zitiert als*: *Schulte*, in: Sozialstaat Deutschland: Geschichte und Gegenwart.

Ders., Europäisches Sozialrecht als Gegenstand rechtswissenschaftlicher Forschungen, in: *Maydell, Bernd Baron/Schulte, Bernd* (Hrsg.), Zukunftsperspektiven des Europäischen Sozialrechts, Berlin 1995, 45–110, *zitiert als*: *Schulte*, in: Zukunftsperspektiven des Europäischen Sozialrechts.

Schulz, Guido, Freizügigkeit für Unionsbürger, Frankfurt am Main 1997, *zitiert als*: *Schulz*, Freizügigkeit für Unionsbürger.

Schulz, Otto, Maastricht und die Grundlagen einer Europäischen Sozialpolitik, Köln, Berlin, Bonn, München 1996, *zitiert als*: *Schulz*, Maastricht und die Grundlagen einer Europäischen Sozialpolitik.

Schulz, Sönke E., Neues zum Grundrecht auf Gewährung des menschenwürdigen Existenzminimums, SGb 2010, 201–206, *zitiert als*: *Schulz*, SGb 2010, 201.

Schwarz, Michael, Die Menschenwürde als Ende der Europäischen Wertgemeinschaft?, Der Staat 2011, 533–566, *zitiert als*: *Schwarz*, Der Staat 2011, 533.

Schwarzburg, Katrin, Die Menschenwürde im Recht der Europäischen Union, Baden-Baden 2012, *zitiert als: Schwarzburg,* Die Menschenwürde im Recht der EU.

Schwarze, Jürgen, Die Abwägung von Zielen der europäischen Integration und mitgliedstaatlichen Interessen in der Rechtsprechung des EuGH, EuR 2013, 253–272, *zitiert als: Schwarze,* EuR 2013, 253.

Ders., Ein pragmatischer Verfassungsentwurf – Analyse und Bewertung des vom Europäischen Verfassungskonvent vorgelegten Entwurfs eines Vertrags über eine Verfassung für Europa –, EuR 2003, 535–573, *zitiert als: Schwarze,* EuR 2003, 535.

Ders., Europäisches Verwaltungsrecht, 2. Aufl., Baden-Baden 2005, *zitiert als: Schwarze,* Europäisches Verwaltungsrecht.

Ders., Soft Law im Recht der Europäischen Union, EuR 2011, 3–19, *zitiert als: Schwarze,* EuR 2011, 3.

Ders., Zwischen Tradition und Zukunft: Die Rolle allgemeiner Rechtsgrundsätze im Recht der Europäischen Union, DVBl 2011, 721–727, *zitiert als: Schwarze,* DVBl 2011, 721.

Schwarze, Jürgen u. a., EU-Kommentar, 3. Aufl., Baden-Baden 2012, *zitiert als: Bearbeiter,* in: *Schwarze* u.a., EU-Kommentar.

Schweitzer, Michael/Fixson, Oliver, Subsidiarität und Regionalismus in der Europäischen Gemeinschaft, JURA 1992, 579–586, *zitiert als: Schweitzer/Fixson,* JURA 1992, 579.

Schwichow, Lennart von, Die Menschenwürde in der EMRK, Tübingen 2016, *zitiert als: Schwichow,* Die Menschenwürde in der EMRK.

Searle, John, Prima Facie Obligations, in: *Raz, Joseph* (Hrsg.), Practical Reasoning, Oxford, London, Glasgow 1978, 81–90, *zitiert als: Searle,* in: Practical Reasoning.

Seifert, Achim, Mangold und kein Ende – die Entscheidung der Großen Kammer des EuGH v. 19.01.2010 in der Rechtssache Kücükdeveci, EuR 2010, 802–811, *zitiert als: Seifert,* EuR 2010, 802.

Shaw, Jo, A View of the Citizenship Classics: Martínez Sala and Subsequent Cases on Citizenship of the Union, in: *Maduro, Miguel Poiares/Azoulai, Loïc* (Hrsg.), The Past and Future of EU Law, Oxford 2010, 356–362, *zitiert als: Shaw,* in: The Past and Future of EU Law.

Shuibhne, Niamh Nic/Maci, Marsela, Proving Public Interest: The Growing Impact of Evidence in Free Movement Case Law, CMLR 2013, 965–1006, *zitiert als: Shuibhne/Maci,* CMLR 2013, 965.

Shuman, Samuel, Justification of Judicial Decisions, CalLRev 1971, 715–732, *zitiert als: Shuman,* CalLRev 1971, 715.

Sieckmann, Jan-Reinard, Das System richterlicher Bindungen und Kontrollkompetenzen, in: *Mellinghoff, Rudolf/Buchwald, Delf* (Hrsg.), Die Leistungsfähigkeit des Rechts. Methodik, Gentechnologie, internationales Verwaltungsrecht, 1988, 39–60, *zitiert als*: *Sieckmann,* in: Die Leistungsfähigkeit des Rechts.

Ders., Regelmodelle und Prinzipienmodelle des Rechtssystems, Baden-Baden 1990, *zitiert als*: *Sieckmann*, Regelmodelle und Prinzipienmodelle des Rechtssystems.

Simonius, August, Über Bedeutung, Herkunft und Wandlung der Grundsätze des Privatrechts, ZfSR 1952, 237–273, *zitiert als*: *Simonius,* ZfSR 1952, 237.

Simson, Werner von, Was heißt in einer europäischen Verfassung „Das Volk"?, EuR 1991, 1–18, *zitiert als*: *Simson,* EuR 1991, 1.

Skovgaard-Petersen, Henrik, Market Citizenship and Union Citizenship: An „Integrated" Approach? The Martens Judgement, LIEI 2015, 281–300, *zitiert als*: *Skovgaard-Petersen,* LIEI 2015, 281.

Sodan, Helge, EU-Osterweiterung und soziale Sicherungssysteme, JZ 2002, 53–60, *zitiert als*: *Sodan,* JZ 2002, 53.

Sommermann, Karl-Peter, Staatsziele und Staatszielbestimmungen, Tübingen 1997, *zitiert als*: *Sommermann*, Staatsziele und Staatszielbestimmungen.

Soria, José Martínez, Das Recht auf Sicherung des Existenzminimums, JZ 2005, 644–652, *zitiert als*: *Soria*, JZ 2005, 644.

Ders., Die Unionsbürgerschaft und der Zugang zu sozialen Vergünstigungen, JZ 2002, 643–651, *zitiert als*: *Soria,* JZ 2002, 643.

Spaventa, Eleanor, Seeing the Wood despite the Trees? On the Scope of Union Citizenship and its Constitutional Effects, CMLR 2008, 13–45, *zitiert als*: *Spaventa,* CMLR 2008, 13.

Spiegel, Bernhard, Anspruch auf Leistungen der sozialen Sicherheit von nicht aktiven Personen – wer fürchtet sich vor „Sozialtourismus"? Neue EuGH-Fälle: C-140/12, Brey, und C-333/13, Dano, ERA Forum 2014, 337–357, *zitiert als*: *Spiegel,* ERA Forum 2014, 337.

Starck, Christian, Buchbesprechung: Alexy, Robert, Begriff und Geltung des Rechts, Der Staat 1993, 473–478, *zitiert als*: *Starck,* Der Staat 1993, 473.

Ders., Der demokratische Verfassungsstaat, Tübingen 1995, *zitiert als*: *Starck,* Der demokratische Verfassungsstaat.

Steffen, Eva/Keßler, Stefan, Pacta sunt servanda – Ist der deutsche Vorbehalt zum Europäischen Fürsorgeabkommen wirksam?, ZAR 2012, 245–248, *zitiert als*: *Steffen/Keßler,* ZAR 2012, 245.

Stein, Torsten, Aufenthaltsrecht und aufenthaltsbeendende Maßnahmen, in: *Hailbronner, Kay* (Hrsg.), 30 Jahre Freizügigkeit in Europa, Heidelberg 1998, 29–39, *zitiert als*: *Stein,* in: 30 Jahre Freizügigkeit in Europa.

Ders., Die Durchsetzung der Verfassungsgrundlagen der EU in der Europäischen Verfassung – von Art. 7 EUV zum Recht auf Ausschluss?, in: *Calliess, Christian/Isak, Hubert* (Hrsg.), Der Konventsentwurf für eine EU-Verfassung im Kontext der Erweiterung, Baden-Baden 2004, 111–120, *zitiert als*: *Stein,* in: Der Konventsentwurf für eine EU-Verfassung.

Ders., Subsidiarität als Rechtsprinzip?, in: *Merten, Detlef* (Hrsg.), Die Subsidiarität Europas, 2. Aufl., Berlin 1994, 77–96, *zitiert als*: *Stein,* in: Subsidiarität als Rechtsprinzip?

Steiner, Silke, Die Verwirklichung des Solidaritätsprinzips im Unionsrecht, ZfRV 2013, 244–250, *zitiert als*: *Steiner,* ZfRV 2013, 244.

Stern, Klaus/Sachs, Michael, Europäische Grundrechte-Charta, München 2016, *zitiert als: Bearbeiter,* in: *Stern/Sachs,* Europäische Grundrechte-Charta.

Stewen, Susanne, Die Entwicklung des allgemeinen Freizügigkeitsrechts der Unionsbürger und seiner sozialen Begleitrechte, Tübingen 2011, *zitiert als*: *Stewen,* Die Entwicklung des allgemeinen Freizügigkeitsrechts der Unionsbürger und seiner sozialen Begleitrechte.

Stolleis, Michael, Geschichte des Sozialrechts in Deutschland: ein Grundriß, Stuttgart 2003, *zitiert als*: *Stolleis*, Geschichte des Sozialrechts in Deutschland.

Ders., Konstitution und Intervention, Frankfurt am Main 2001, *zitiert als*: *Stolleis,* Konstitution und Intervention.

Storr, Stefan, Zur Bonität des Grundrechtsschutzes in der Europäischen Union, Der Staat 1997, 547–573, *zitiert als*: *Storr,* Der Staat 1997, 547.

Stotz, Rüdiger, Die Rolle des Gerichtshofs bei der Integration, in: *Rengeling, Hans-Werner/Borries, Reimer* von (Hrsg.), Aktuelle Entwicklungen in der Europäischen Gemeinschaft, Köln, Berlin, Bonn, München 1992, 21–43, *zitiert als*: *Stotz,* in: Aktuelle Entwicklungen in der Europäischen Gemeinschaft.

Streinz, Rudolf, EUV/AEUV Kommentar, 2. Aufl., München 2012, *zitiert als: Bearbeiter,* in: *Streinz,* EUV/AEUV Kommentar.

Ders., Unmittelbare Anwendbarkeit der Unionsbürgerschaft – Sozialhilfe für Studenten, JuS 2002, 387–389, *zitiert als*: *Streinz,* JuS 2002, 387.

Strick, Kerstin, Ansprüche alter und neuer Unionsbürger auf Sozialhilfe und Arbeitslosengeld II, NJW 2005, 2182–2187, *zitiert als*: *Strick*, NJW 2005, 2182.

Tennstedt, Florian, Peitsche und Zuckerbrot oder ein Reich mit Zuckerbrot? Der Deutsche Weg zum Wohlfahrtsstaat 1871–1881, Zeitschrift für Sozialreform 1997, 88–101, *zitiert als*: *Tennstedt,* Zeitschrift für Sozialreform 1997, 88.

Terhechte, Jörg Philipp, Die Unionsrechtsordnung als Prinzipienordnung, in: *Hatje, Armin/Müller-Graf, Peter-Christian* (Hrsg.), Europäisches Organisations- und Verfassungsrecht, Baden-Baden 2014, 329–365, *zitiert als*: *Terhechte*, in: Europäisches Organisations- und Verfassungsrecht.

Tewocht, Hannah, Die Neuregelung des Freizügigkeitsgesetzes/EU, ZAR 2013, 221–228, *zitiert als*: *Tewocht*, ZAR 2013, 221.

Thüsing, Gregor, Europarechtlicher Gleichbehandlungsgrundsatz als Bindung des Arbeitgebers, ZIP 2005, 2149–2151, *zitiert als*: *Thüsing*, ZIP 2005, 2149.

Thym, Daniel, Die Rückkehr des „Marktbürgers" – zum Ausschluss nichterwerbstätiger EU-Bürger von Hartz IV-Leistungen, NJW 2015, 130–134, *zitiert als*: *Thym*, NJW 2015, 130.

Ders., Sozialleistungen für und Aufenthalt von nichterwerbstätigen Unionsbürgern, NZS 2014, 81–90, *zitiert als*: *Thym*, NZS 2014, 81.

Ders., Unionsbürgerschaft und Aufenthaltsrecht, ZAR 2014, 220–227, *zitiert als*: *Thym*, ZAR 2014, 220.

Tießler-Marenda, Elke, Sozialrechtliche Ansprüche von Ausländer/innen, SRa 2012, 11–14, *zitiert als*: *Tießler-Marenda*, SRa 2012, 11.

Tipke, Klaus/Lang, Joachim (Hrsg.), Steuerrecht, 22. Aufl., Köln 2015, *zitiert als: Bearbeiter*, in: *Tipke/Lang*, Steuerrecht.

Tomuschat, Christian, Case C-85/96, María Martínez Sala v. Freistaat Bayern, CMLR 2000, 449–457, *zitiert als*: *Tomuschat*, CMLR 2000, 449.

Ders., Gleichheit in der Europäischen Union, ZaöRV 68 (2008), 327–346, *zitiert als*: *Tomuschat*, ZaöRV 68 (2008), 327.

Ders., Solidarität in Europa, in: Du droit international au droit de l'integration: Liber Amicorum Pierre Pescatore, Baden-Baden 1987, 729–757, *zitiert als*: *Tomuschat*, in: Liber Amicorum Pierre Pescatore.

Ders., Staatsbürgerschaft – Unionsbürgerschaft – Weltbürgerschaft, in: *Drexl, Josef/Kreuzer, Karl/Scheuing, Dieter* (Hrsg.), Europäische Demokratie, 1999, 73–87, *zitiert als*: *Tomuschat*, in: Europäische Demokratie.

Tönnies, Ferdinand, Gemeinschaft und Gesellschaft, Leipzig 1887, *zitiert als*: *Tönnies*, Gemeinschaft und Gesellschaft.

Trstenjak, Verica/Beysen, Erwin, Das Prinzip der Verhältnismäßigkeit in der Unionsrechtsordnung, EuR 2012, 265–285, *zitiert als*: *Trstenjak/Beysen*, EuR 2012, 265.

Tryfonidou, Alina, In search of the aim of the EC free movement of persons provisions: Has the Court of Justice missed the point?, CMLR 2009, 1591–1620, *zitiert als*: *Tryfonidou*, CMLR 2009, 1591.

Usher, John, General Principles of EC Law, Essex 1998, *zitiert als*: *Usher,* General Principles of EC Law.

Van Overmeiren, Filip/Eichenhofer, Eberhard/Verschueren, Herwig, Analytical Study 2011 – Social security coverage of non-active persons moving to another Member State, Training und reporting on European Social Security 2011, *zitiert als*: *Van Overmeiren/Eichenhofer/Verschueren,* Analytical Study 2011.

Verdross, Alfred/Simma, Bruno, Universelles Völkerrecht, 3. Aufl., Berlin 1984, *zitiert als*: *Verdross/Simma,* Universelles Völkerrecht.

Verschueren, Herwig, Free Movement or Benefit Tourism: The unreasonable Burden of Brey, EJML 2014, 147–179, *zitiert als*: *Verschueren,* EJML 2014, 147.

Ders., Preventing „Benefit Tourism“ in the EU: A narrow or broad interpretation of the possibilities offered by the ECJ in Dano?, CMLR 2015, 363–390, *zitiert als*: *Verschueren,* CMLR 2015, 363.

Vida Soria, José, La mise en œvre des droits économiques et sociaux dans les systèmes juridiques de l'Espagne, du Portugal et de l'Amérique latine, in: *Matscher, Franz* (Hrsg.), Die Durchsetzung wirtschaftlicher und sozialer Grundrechte, Kehl am Rhein, Straßbourg, Arlington 1991, 287–320, *zitiert als*: *Vida Soria,* in: Die Durchsetzung wirtschaftlicher und sozialer Grundrechte.

Vitzthum, Graf Wolfgang, Die Entdeckung der Heimat der Unionsbürger, EuR 2011, 550–567, *zitiert als*: *Vitzthum,* EuR 2011, 550.

Volkmann, Uwe, Solidarität in einem vereinten Europa, Staatswissenschaften und Staatspraxis 1998, 17–44, *zitiert als*: *Volkmann,* Staatswissenschaften und Staatspraxis 1998, 17.

Ders., Solidarität – Programm und Prinzip der Verfassung, Tübingen 1998, *zitiert als*: *Volkmann,* Solidarität.

Voßkuhle, Andreas, Der Sozialstaat in der Rechtsprechung des Bundesverfassungsgerichts, SGb 2011, 181–187, *zitiert als*: *Voßkuhle,* SGb 2011, 181.

Voßkuhle, Andreas/Wischmeyer, Thomas, Grundwissen – Öffentliches Recht: Das Sozialstaatsprinzip, JuS 2015, 693–695, *zitiert als*: *Voßkuhle/Wischmeyer,* JuS 2015, 693.

Wallau, Philipp, Die Menschenwürde in der Grundrechtsordnung der Europäischen Union, Göttingen 2010, *zitiert als*: *Wallau,* Die Menschenwürde in der Grundrechtsordnung der EU.

Wallrabenstein, Astrid, Koordinierungssozialrecht – Grundstrukturen und allgemeine Prinzipien, in: *Schlachter, Monika/Heinig, Michael* (Hrsg.), Enzyklopädie Europarecht, Band 7, Europäisches Arbeits- und Sozialrecht, 2016, 867–893, *zitiert als*: *Wallrabenstein,* in: Enzyklopädie Europarecht, Bd. 7, Europäisches Arbeits- und Sozialrecht.

Walter, Christian, Internationalisierung des deutschen und Europäischen Verwaltungsverfahrens- und Verwaltungsprozessrechts – am Beispiel der Århus-Konvention, EuR 2005, 302–338, *zitiert als: Walter,* EuR 2005, 302.

Walter, Konrad, Rechtsfortbildung durch den EuGH, Berlin 2009, *zitiert als: Walter,* Rechtsfortbildung durch den EuGH.

Weber, Sebastian, Besondere beitragsunabhängige Leistungen, in: *Schlachter, Monika/Heinig, Michael* (Hrsg.), Enzyklopädie Europarecht, Band 7, Europäisches Arbeits- und Sozialrecht, Baden-Baden 2016, 1087–1098, *zitiert als: Weber,* in: Enzyklopädie Europarecht, Bd. 7, Europäisches Arbeits- und Sozialrecht.

Weiler, Joseph H. H., European Citizenship and Human Rights, in: *Winter, Jan u.a.* (Hrsg.), Reforming the Treaty on European Union, Den Haag, Boston, London 1995, 57–86, *zitiert als: Weiler,* in: Reforming the Treaty on European Union.

Ders., Les droits des citoyens européens, Revue du Marché Unique Européen 3 1969, 35–64, *zitiert als: Weiler,* Revue du Marché Unique Européen 3 1969, 35.

Welte, Hans-Peter, Rechtsverlust- oder Nichtbestehensfeststellung nach erfolglose Arbeitssuche, ZAR 2014, 190–194, *zitiert als: Welte,* ZAR 2014, 190.

Wendel, Mattias, Kompetenzrechtliche Grenzgänge: Karlsruhes Ultra-vires-Vorlage an den EuGH, ZaöRV 2014, 615–670, *zitiert als: Wendel,* ZaöRV 2014, 615.

Wennerberg, Hjalmar, Der Begriff der Familienähnlichkeit in Wittgensteins Spätphilosophie, in: *Savigny, Eike von* (Hrsg.), Ludwig Wittgenstein: Philosophische Untersuchungen, 2. Aufl., Berlin 2012, 33–54, *zitiert als: Wennerberg,* in: Ludwig Wittgenstein: Philosophische Untersuchungen.

Westerhäll, Lotta Vahlne, Der Schutz der sozialen Grundrechte in der Rechtsordnung Schwedens, in: *Iliopoulos-Strangas, Julia* (Hrsg.), Soziale Grundrechte in Europa nach Lissabon, Baden-Baden, Athen, Brüssel, Wien 2010, 563–596, *zitiert als: Westerhäll,* in: Soziale Grundrechte in Europa nach Lissabon.

Wiedenfeld, Werner, Materialien zur Politischen Union, Gütersloh 1991, *zitiert als: Wiedenfeld,* Materialien zur Politischen Union.

Wiese, Walter, Die Europäische Sozialcharta, Jahrbuch für Internationales Recht 1973, 328–353, *zitiert als: Wiese,* Jahrbuch für Internationales Recht 1973, 328.

Witte, Floris de, Transnational Solidarity and the Mediation of Conflicts of Justice in Europe, ELJ 2012, 694–710, *zitiert als: Witte,* ELJ 2012, 694.

Wittgenstein, Ludwig, Philosophische Untersuchungen, Frankfurt am Main 2001, *zitiert als: Wittgenstein,* Philosophische Untersuchungen.

Wolff, Hans, Rechtsgrundsätze und verfassunggestaltende Grundentscheidungen, in: *Bachof, Otto u. a.* (Hrsg.), Forschungen und Berichte aus dem Öffentlichen Recht – Gedächtnisschrift für Walter Jellinek, München 1955, 33–52, *zitiert als: Wolff,* in: GS für Walter Jellinek.

Wolfrum, Rüdiger, Handbuch Vereinte Nationen, 2. Aufl., München 1991, *zitiert als: Bearbeiter,* in: *Wolfrum,* Handbuch Vereinte Nationen.

Wollenschläger, Ferdinand, A New Fundamental Freedom beyond Market Integration: Union Citizenship and its Dynamics for Shifting the Economic Paradigm of European Integration, ELJ 2011, 1–34, *zitiert als: Wollenschläger,* ELJ 2011, 1.

Ders., Die Unionsbürgerschaft und ihre Dynamik für den Integrationsprozess jenseits des Marktes, ZEuS 2009, 1–53, *zitiert als: Wollenschläger,* ZEuS 2009, 1.

Ders., Grundfreiheit ohne Markt: Die Herausbildung der Unionsbürgerschaft im unionsrechtlichen Freizügigkeitsregime, Tübingen 2007, *zitiert als: Wollenschläger,* Grundfreiheit ohne Markt.

Ders., Keine Sozialleistungen für nichterwerbstätige Unionsbürger? Zur begrenzten Tragweite des Urteils des EuGH in der Rechtssache Dano vom 11.11.2014, NVwZ 2014, 1628–1632, *zitiert als: Wollenschläger,* NVwZ 2014, 1628.

Wunder, Annett, Der Leistungsausschluss des § 7 Abs. 1 S. 2 SGB II nach dem Urteil des EuGH in der Rs. Alimanovic, SGb 2015, 620–623, *zitiert als: Wunder,* SGb 2015, 620.

Wutscher, Claudia, Sicherung des sozialen Rechtsstaates durch die EMRK?, in: *Iliopoulos-Strangas, Julia* (Hrsg.), Die Zukunft des Sozialen Rechtsstaates in Europa, 2015, 81–96, *zitiert als: Wutscher,* in: Die Zukunft des Sozialen Rechtsstaates in Europa.

Zacher, Hans Friedrich, Das soziale Staatsziel, in: *Isensee, Josef/Kirchhof, Paul* (Hrsg.), Handbuch des Staatsrechts, Band II, 3. Aufl., 2004, 659–784, *zitiert als: Zacher,* in: HdStR, Bd. II.

Ders., Internationales und Europäisches Sozialrecht, München 1976, *zitiert als: Zacher,* Internationales und Europäisches Sozialrecht.

Zimmermann, Andreas, Die Charta der Grundrechte der Europäischen Union zwischen Gemeinschaftsrecht, Grundgesetz und EMRK, Baden-Baden 2002, *zitiert als: Zimmermann,* Die EUGRCh zwischen Gemeinschaftsrecht, GG und EMRK.

Zimmermann, Ludwig, Leistungsberechtigte nach dem SGB II, NJ 2011, 137–145, *zitiert als: Zimmermann,* NJ 2011, 137.

Zuck, Rüdiger, Subsidiaritätsprinzip und Grundgesetz, München 1968, *zitiert als: Zuck,* Subsidiaritätsprinzip und GG.

Zuleeg, Manfred, Der rechtliche Zusammenhalt der Europäischen Gemeinschaft, ZEuP 1993, 475–497, *zitiert als: Zuleeg,* ZEuP 1993, 475.

Ders., Der rechtliche Zusammenhalt der Europäischen Gemeinschaft, in: *Blomeyer, Wolfgang/Schachtschneider, Karl Albrecht* (Hrsg.), Die Europäische Union als Rechtsgemeinschaft, Berlin 1995, 9–36, *zitiert als: Zuleeg,* in: Die Europäische Union als Rechtsgemeinschaft.

Ders., Der Schutz sozialer Rechte in der Rechtsordnung der Europäischen Gemeinschaft, EuGRZ 1992, 329–334, *zitiert als: Zuleeg,* EuGRZ 1992, 329.

Ders., Die Auslegung des Europäischen Gemeinschaftsrechts, EuR 1969, 97–108, *zitiert als: Zuleeg,* EuR 1969, 97.

Zweigert, Konrad, Der Einfluss des Europäischen Gemeinschaftsrechts auf die Rechtsordnungen der Mitgliedstaaten, RabelsZ 1964, 601–643, *zitiert als: Zweigert,* RabelsZ 1964, 601.

Ders., Grundsatzfragen der europäischen Rechtsangleichung, ihrer Schöpfung und Sicherung, in: *Caemmerer, Ernst* von/*Nikisch, Arthur* (Hrsg.), Vom Deutschen zum Europäischen Recht – Festschrift für Hans Dölle, Band II, 1963, 401–418, *zitiert als: Zweigert,* in: FS für Hans Dölle.

www.ingramcontent.com/pod-product-compliance
Ingram Content Group UK Ltd.
Pitfield, Milton Keynes, MK11 3LW, UK
UKHW021840290926
8980IPUK00005B/556

9 783631 790069